中国政法大学检察公益诉讼研究基地系列丛书

检察公益诉讼
十大典型案例述评

2019 年

JIANCHA GONGYI SUSONG
SHIDA DIANXING ANLI SHUPING (2019)

刘 艺 ■ 主编

中国检察出版社

图书在版编目（CIP）数据

检察公益诉讼十大典型案例述评.2019年/刘艺主编.—北京：中国检察出版社，2021.7
ISBN 978-7-5102-2607-6

Ⅰ.①检… Ⅱ.①刘… Ⅲ.①诉讼—案例—中国—2019 Ⅳ.①D925.04

中国版本图书馆CIP数据核字（2021）第127303号

检察公益诉讼十大典型案例述评（2019年）
刘　艺　主编

责任编辑：柴凯菲
技术编辑：王英英
美术编辑：曹　晓

出版发行：	中国检察出版社
社　　址：	北京市石景山区香山南路109号（100144）
网　　址：	中国检察出版社（www.zgjccbs.com）
编辑电话：	（010）86423749
发行电话：	（010）86423726　86423727　86423728
	（010）86423730　86423732
经　　销：	新华书店
印　　刷：	保定市中画美凯印刷有限公司
开　　本：	710mm×960mm　16开
印　　张：	26.75
字　　数：	350千字
版　　次：	2021年7月第一版　2021年7月第一次印刷
书　　号：	ISBN 978-7-5102-2607-6
定　　价：	88.00元

检察版图书，版权所有，侵权必究
如遇图书印装质量问题本社负责调换

序　言

在两本著作付梓之际，受中国政法大学检察公益诉讼研究基地之邀作序，与有荣焉。

党的十八届四中全会提出"探索建立检察机关提起公益诉讼制度"，习近平总书记深刻地阐述了建立检察公益诉讼制度的必要性、现实意义和制度价值。2015年7月1日，十二届全国人大常委会第十五次会议作出全国人民代表大会常务委员会《关于授权最高人民检察院在部分地区开展公益诉讼试点工作的决定》。2017年6月27日，十二届全国人大常委会第二十八次会议表决通过全国人民代表大会常务委员会《关于修改〈中华人民共和国民事诉讼法〉和〈中华人民共和国行政诉讼法〉的决定》，检察机关提起公益诉讼被明确写入这两部法律。这标志着我国以立法形式正式确立了检察机关提起公益诉讼制度。从此，检察公益诉讼在中华大地如火如荼展开，从祖国的绿水青山到人民群众舌尖上的安全，从国有财产保护至国有土地使用权出让，立足"等"内积极探索安全生产、文物保护、金融消费者保护、扶贫、互联网个人信息保护"等"外，壮哉公益保护之画卷！

伟大的实践必以伟大的理论进行指导，伟大的理论必以伟大的实践为源泉。2017年9月11日，习近平总书记在第二十二届国际检察官联合会年会暨会员代表大会的贺信中指出："检察官作为公共利益的代表，肩负着重要责任。"总书记的鞭策言犹在耳。自试点以来，蓬勃的检察公益诉讼实践需要理论来总结、升华、指导。2019年6月，中国政法大学校党委书记胡明、校长马怀德拜会最高人民检察院张军检察长时，张军检察长提出了通过检察研究基地进一步加强检校合作的建议。8月30日，最高人民检察院召开了研究基地授牌仪式暨检察理论工作座谈会，张军检察长出席会议，并为包括中国政法大学检察公益诉讼研究基地在内的16所高校的检察理论研究机构授牌。为充分发挥基地检校合作的平台效应，最高人民检察院检察理论研究所定期汇总，并向基地提供实务中的前沿问题以及司法解释等文件，为基地开展检察理论研究提供一定的启发与思路。

中国政法大学第五次校长办公会审议批准决定检察公益诉讼研究基地为高水平研究基地，特为基地专设管理岗位，拨付基地活动经费，推动基地工作顺利启动。2019年12月7日，最高人民检察院副检察长张雪樵、第八检察厅厅长胡卫列、中国政法大学校长马怀德、副校长时建中等领导和中国社科院、北京大学、中国人民大学、清华大学、最高人民检察院检察理论研究所等几十所知名高校、研究机构的40余位专家学者共同见证了共建基地的揭牌。中国政法大学检察公益诉讼研究基地主任由知名环境法学者王灿发教授担任，精英行政法学者刘艺教授任执行主任，另聘杨建顺、杨秀清、高家伟、肖建华、秦天宝、杨会新等多位特邀研究员及30多位研究员和副研究员，可谓"群贤毕至，少长咸集"。基地自成立以来，为充分发挥沟通理论界与实务界的桥梁作用，开展了一系列的工作：邀请基地专家为检察系统学术会议提供智识支持，为检察实务工作建言献策，邀请检察系统实务专家来校交流等。基地秉承"为生民请命、为天地立心"，自觉回应实践的需求，形成了一系列具备问题意识的优秀成果。实践证明，依托高校建立检察公益诉讼研究基地，是推动法学理论与司法实务工作优势互补、合作共赢的有益尝试。

伟大时代呼唤伟大精神，崇高事业需要典型引领。"典型本身就是一种政治力量。"要用实实在在的办案成效写好习近平法治思想指导下的检察公益诉讼这篇文章。案例是对法规范最为直接、生动的演绎。虽然我国并非案例法国家，但案例仍然可对司法实践产生影响。因此，不论是理论界还是实务界都对案例给予了高度的关注，这也在客观上使案例成为理论界与实务界对话交流的重要桥梁。检察公益诉讼制度作为一项颇具中国特色的制度，通过两年试点以及全面推进的实践，办案数量已初具规模，且检察机关也在不断地尝试拓展办案领域，通过加强与其他国家机关的协同合作会签文件、在部门法中增加检察公益诉讼条款等方式，寻求检察公益诉讼新的增长点。而比之实践的蓬勃发展，法规范层面则仍处于制度确立的初步阶段，尚存在大量的规范空白和理论争议问题亟待解决，这加大了实践中具体案件办理的难度，不利于检察公益诉讼可持续发展。

有鉴于此，基地发挥联结理论界与实务界的积极作用，组织、举办了2019年度检察公益诉讼典型案例评选活动，打破办案机关与研究者之间的壁垒，带动检察公益诉讼的理论研究者与实务专家形成常态化的对话，进而吸引更多的学者来关注、研究检察公益诉讼，为其茁壮成长提供肥沃的理论土壤。

基地于2020年1月11日向全国各级人民检察院、人民法院发出了征集函，征集函发布后得到了全国各地、各级人民检察院的积极反馈。截至2020年4月4日，共收到了近600件检察公益诉讼案例，参评案例中刑事附带民事公益诉讼案件89件，行政公益诉讼诉前程序案件399件，行政公益诉讼诉讼程序案件62件，民事公益诉讼案件49件。此后，基地与研究院于4月、5月、6月分别组织了三轮评估活动，共有来自最高人民法院、最高人民检察院、北京大学、清华大学、中国人民大学、北京师范大学、中国政法大学、中央民族大学、武汉大学、吉林大学、南开大学、天津大学、华东政法大学、南京师范大学、北京市委党校、法学杂志社、行政法学研究杂志社、国家检察官学院学报杂志社等18家单位的专家学者提供了宝贵和富有创见性的评估意见。各位专家都是检察公益诉讼制度建设的参与者、观察者、思考者，分别专长于刑法学、刑事诉讼法学、民法学、民事诉讼法学、行政法与行政诉讼法学、环境法学等学科。不同学科学者的参与让这次评估的视野更加多元、审查更为严格、结果更为公平。在最终的评审环节中，综合考量入选案例在理论与实务、治理功效与法规范等多重维度的价值后，理论界与实务界的顶级专家学者共同对案例作出最终综合评定，评选出2019年度十大检察公益诉讼典型案例和优秀案例。本次案例评选活动，秉持检察公益诉讼制度创设的初心、积极响应党和国家推进国家治理体系和治理能力现代化的目标，深入挖掘参评案例的国家治理功效、法治规范意义、理论典型价值和实务引领作用。

历时7个月，从寒冬到酷暑，经过多方的精诚合作与不懈努力，2019年度检察公益诉讼典型案例发布会最终于2020年7月18日举行，参会人数多达300余人。十大典型案例和十大优秀案例从六百余件检察公益诉讼案例中脱颖而出，一方面，这是对参评检察机关和办案检察官的充分肯定，鼓舞了士气，有助于检察公益诉讼工作的后续推进；另一方面，典型案例评选发布的过程同时也是理论界与实务界不断交流的过程，评选活动虽结束，但过程中思想观点碰撞的火花将永远闪耀。为了继续推动各界对2019年度检察公益诉讼十大典型案例评选活动的关注与热度，基地邀请《人民检察》与《中国法律评论》两大期刊分别于2020年9月下旬刊和2020年第5期特辟专栏"中国政法大学检察公益诉讼研究基地征文""公益诉讼案例判解"，专栏刊发了检察公益诉讼研究基地组织的公益诉讼十大典型案例的专家点评文章。这些点评立足于多元化视角，秉持严谨的学术态度，对不同类型的检察公益诉讼典型案例进行深入解读，为司法实践提供了丰富的理论支持。这些智库成果的发表，有助于检察公益诉讼制度拓宽关注群体，更有助于"年轻"的公益诉讼制度破除单一学科、单一部门固有理念之钳制以及传统理论研究与实践操作分离的种种局限，为中国的公益诉讼事业提供更全面、更整体的理论供养与智慧支持。

而今，两本案例述评出版在即，真诚地希望各位专家和实务同志们心血凝结的成果能对今后的检察公益诉讼实践和理论研究贡献一份力量，特别是推动公益诉讼知识在人民群众中的普及。希望检察机关与高校携手建立的检察公益诉讼研究基地，能在推动法学理论与检察公益实践优势互补、合作共赢方面发挥更有价值、更高质量的积极作用。

是为序。

谢鹏程

2021 年 4 月 13 日于北京

目 录 CONTENTS

案例一 │ 江苏省睢宁县人民检察院诉睢宁县生态环境局行政公益诉讼案……… 1
　　案情简述……………………………………………………………… 1
　　推选理由……………………………………………………………… 2
　　办案人解读…………………………………………………………… 3
　　专家评析……………………………………………………………… 9
　　文书指引……………………………………………………………… 28

案例二 │ 湖北省赤壁市人民检察院诉赤壁市水利局怠于履行饮用水
　　　　　安全监管职责案…………………………………………………… 52
　　案情简述……………………………………………………………… 52
　　推选理由……………………………………………………………… 53
　　办案人解读…………………………………………………………… 54
　　专家评析……………………………………………………………… 61
　　文书指引……………………………………………………………… 79

案例三 │ 海南省人民检察院第一分院督促琼海市政府、省自然资源和规划厅
　　　　　对海南省上溪、尖岭自然保护区林地所有权依法履职案………… 105
　　案情简述……………………………………………………………… 105
　　推选理由……………………………………………………………… 106

1

办案人解读 107
专家评析 110
文书指引 128

案例四 山东省庆云县人民检察院诉庆云县水利局怠于履行职责案 141
案情简述 141
推选理由 142
办案人解读 143
专家评析 147
文书指引 155

案例五 湖北省钟祥市人民检察院诉钟祥市人民防空办公室怠于履行征收人防工程易地建设费法定职责案 174
案情简述 174
推选理由 175
办案人解读 176
专家评析 184
文书指引 203

案例六 辽宁省宽甸满族自治县人民检察院督促宽甸满族自治县农业农村局对"中华蜜蜂资源保护"依法履职案 233
案情简述 233
推选理由 234
办案人解读 235
专家评析 237
文书指引 252

案例七 河北省石家庄市人民检察院督促国家税务总局石家庄市税务局对十家企业违规申请环保退税依法履职案 257
案情简述 257

目录

　　推选理由·· 258
　　办案人解读·· 259
　　专家评析·· 262
　　文书指引·· 271

案例八 江西省龙南县人民检察院督促龙南县文化广电新闻出版旅游局
依法完全履行客家围屋保护监管职责案······················· 277
　　案情简述·· 277
　　推选理由·· 278
　　办案人解读·· 279
　　专家评析·· 281
　　文书指引·· 292

案例九 广东省东莞市人民检察院支持东莞市环境科学学会诉袁某某等
三人环境污染民事公益诉讼案······································· 305
　　案情简述·· 305
　　推选理由·· 306
　　办案人解读·· 307
　　专家评析·· 309
　　文书指引·· 329

案例十 内蒙古自治区锡林郭勒盟东乌珠穆沁旗人民检察院诉王某庆等三人
非法狩猎刑事附带民事公益诉讼案······························· 386
　　案情简述·· 386
　　推选理由·· 387
　　办案人解读·· 388
　　专家评析·· 392
　　文书指引·· 404

3

案例一　江苏省睢宁县人民检察院诉睢宁县生态环境局行政公益诉讼案

案情简述

在办理"冯某某等污染环境案"过程中，检察机关于2019年4月至5月间，多次到现场调查，发现徐州市睢宁县生态环境局[①]对于该案油泥的处置并没有依法履职，存在涉案油泥均未移交有处置危废资质的单位处置、转移停放地——某危险品运输有限公司不具备贮存油泥条件、贮存油泥现场未设置危险废物识别标志等问题。

2019年5月27日，睢宁县人民检察院向睢宁县生态环境局发出检察建议，要求该局对冯某某等污染环境案中涉案危险废物依法贮存进行监管，依法履行环境监管职责，尽快将涉案危险废物移交有危险废物处置资质的单位合法处置。由于行政机关仍未履职到位，经层报至江苏省人民检察院审批后，睢宁县人民检察院于2019年7月16日向徐州铁路运输法院提起行政公益诉讼。诉请确认被告对涉案危险废物的贮存情况不履行监管职责的行为违法。判决被告依法履行监管职责，尽快将涉案危险废物移交有处置危废资

[①] 因机构改革，该行政机关名称由睢宁县环境保护局改为睢宁县生态环境局。故本案中，睢宁县环境保护局与睢宁县生态环境局为同一行政主体。

质的单位依法处置。案件已于 2019 年 8 月 14 日开庭审理。在审理期间，睢宁县生态环境局依法履行了职责，审判机关对于检察机关的诉讼请求予以支持，依法判决行政机关不履职行为违法。

推选理由

本案厘清了《固体废物污染环境防治法》第 55 条所规定的"所在地"以及对应职责范围；对作为刑事案件中重要证据的油泥，在依照法定程序取证之后进行提前处置的意见，保护了受到侵害的社会公共利益。案件对于民事公益诉讼、行政公益诉讼之间的衔接进行了实践探讨，也厘清了刑事诉讼中作为证据使用的油泥的处置主体，实现通过监督行政机关将油泥无害化处理，取得良好的效果。

> 办案人解读

"四大检察"齐发力 为生态文明建设提供司法保障

戴广栋 *

一、基本案情

浙江省舟山市冯某某等26人在无危险废物经营许可证情况下，多次将船舶清舱油泥运输至江苏、山东、江西多地非法处置，其中运输至江苏省睢宁县岚山镇境内油泥98吨，已倾倒34吨。经鉴定，油泥系具有毒性和易燃性的危险废物。2018年7月，徐州铁路运输检察院以冯某某等26人涉嫌污染环境罪，向徐州铁路运输法院提起公诉；同年9月，睢宁县人民检察院提起刑事附带民事公益诉讼，徐州铁路运输法院于2019年8月8日判决：被告单位舟山市某清舱有限公司及被告人冯某某等人连带承担应急处置费用人民币共计587166元和放置油泥及油泥混合物、污染物停放场地的后续费用；被告单位舟山市某清舱有限公司及被告人冯某某等人连带承担涉案135.22吨油泥及油泥混合物、污染物处置费用共计784276元，并连带承担恢复原状及在媒体上公开赔礼道歉的民事责任。睢宁县人民检察院办案中发现，涉案98吨油泥被徐州市睢宁县生态环境局转移至一运输公司停车场贮存，该公司无处置危废资质，不具备贮存条件，现场未设置危废识别标志，也没有采取防止污染环境措施，部分油泥渗漏、流淌，已造成周边空气、土壤严重污染。

---

* 戴广栋，江苏省睢宁县人民检察院检察委员会委员、第五检察部主任。

二、诉讼过程

2019年5月27日,睢宁县人民检察院向徐州市睢宁县生态环境局发出行政诉前检察建议,要求该局依法履行环境监管职责,将涉案油泥移交有资质的单位合法处置。2019年7月2日,徐州市睢宁县生态环境局回复称:其对于本行政区域的生态环境保护仅有监督管理之责,对油泥没有处置的责任;且油泥系刑事案件涉案物证,不能予以处理;现场没有采取防扬散、防流失、防渗漏或者其他防止污染环境的措施也与其无关。

因该部门收到检察建议后仍未履行职责,致使存放油泥的区域环境持续受到破坏,经层报至江苏省人民检察院审批,2019年7月16日,睢宁县人民检察院以徐州市睢宁县生态环境局为被告,向徐州铁路运输法院提起行政公益诉讼,诉请确认被告对涉案危险废物的贮存情况不履行监管职责的行为违法,并判决被告依法履行监管职责,于15日内将涉案危险废物移交有危废处置资质的单位依法处理。2019年11月15日,法院依法判决徐州市睢宁县生态环境局对危险废物的贮存未全面及时履行环境保护行政监管职责的行为违法。案件审理期间,徐州市睢宁县生态环境局已将涉案油泥依法交由有资质公司进行无害化处理。

三、检察监督履职情况

1. 持续跟进,监督手段环环相扣。睢宁县检察机关紧盯生态环境保护等领域损害国家利益和社会公共利益的突出问题。从办理刑事案件,到提起"刑附民"公益诉讼,再到依法提起行政公益诉讼,始终准确把握宪法定位,打好履职"组合拳",合理有效履职。

2. 夯实根基,调查取证层层深入。在行政公益诉讼诉前阶段,面对行政机关推脱,检察机关并没有退缩,而是先后多次至案发现场采取多种形式拍照、录视频、收集证人证言固定证据,做实行政机关的监管及代处置油泥的责任，形成证据锁链，为决胜庭审打下坚实的基础。

3.整合资源，检察一体化优势充分发挥。在案件办理过程中，业务部门加强常态化联系，主动向上接力，争取上级检察机关业务指导，确保线索发现、调查取证、诉前程序、起诉审查、出席庭审等环节高质量高标准。

四、典型意义

该案系公安部挂牌督办跨省倾倒危险废物环境污染刑事案件，涉及浙江、江苏等地，涉案人数多，危险废物数量大，社会关注度高。检察机关切实增强责任感使命感，更新工作理念，办案中依法履行刑事检察监督职能，对涉嫌犯罪的依法批捕并提起公诉，又作为公益诉讼起诉人，先后提起刑事附带民事公益诉讼和行政公益诉讼。在案件办理过程中，不但厘清了作为刑事案件证据的危险废物如何贮存保管、谁来监管等法律焦点问题，还增强了企业经营者及社会大众的环境保护意识等社会问题；既依法严惩环境资源犯罪行为，又追究犯罪分子环境侵权责任、让其为恢复受损公益"买单"；还督促行政机关纠正违法积极履职。刑事检察、民事检察、行政检察、公益诉讼"四大检察"齐发力，更好地推动问题解决，守护公正、保护公益，为生态文明建设提供有力司法保障，也充分体现了检察机关提起公益诉讼制度的优越性。

发挥机制优势　强化协同联动
助推生态环境多元保护

王显波 *

睢宁县人民检察院诉睢宁县生态环境局不履行环保监管职责行政公益诉

---

* 王显波，江苏省徐州铁路运输法院淮北丘岗区域环境资源法庭副庭长。

讼一案系在同一跨行政区域倾倒危险废物污染环境犯罪引发的刑事和刑事附带民事公益诉讼案件基础上衍生。该案背景：2017年9月至10月，冯某某等人将从浙江省舟山市某清舱有限公司等处收集的四车油泥委托夏某甲等人运至江苏省睢宁县岚山镇某砖瓦厂内交由卢某某等人炼油。卢某等人将其中一车油泥倒入事先挖掘的渗坑中，剩余油泥尚未倾倒被睢宁县公安机关查获。睢宁县生态环境局会同睢宁县岚山镇政府对污染现场进行了应急处置，清理出油泥污染物30余吨。经江苏省环境科学研究院鉴定，上述油泥及其污染物均系具有毒性和易燃性的危险废物。后睢宁县生态环境局会同当地政府将上述油泥及污染物转移至一危险品运输公司停车场内存放。2018年7月26日，徐州铁路运输检察院就冯某某等人污染环境犯罪向徐州铁路运输法院提起公诉，同年11月7日提起刑事附带民事公益诉讼。在该刑事及"刑附民"公益诉讼案件审理过程中，因睢宁县生态环境局对涉案危险废物疏于监管怠于处置，经法院多次风险提示和司法督促及检察机关发出检察建议后仍拒不履职，睢宁县人民检察院依法提起本案行政公益诉讼。

在该起行政公益诉讼及其关联刑、民事案件审理过程中，徐州铁路运输法院注意发挥机制优势，融合审判职能，立足风险预防，强化司法协同，案件的审理和裁判收到了较好的法律、社会和生态效果。

一是立足风险预防，强化主导推动，防止污染后果持续扩大。在刑事及"刑附民"公益诉讼案件审理期间，考虑到涉案危险废物数量多、危害大且已长期不规范存放，二次污染风险极高，为及时处置涉案油泥，避免二次污染，法院实地查看危废现场，本着"保护优先、预防为主"的原则，提前介入涉案危废处置，协调督促睢宁县生态环境局及时进行处置，并于2019年4月17日组织睢宁县生态环境局、睢宁县人民检察院、睢宁县公安局及属地镇政府就涉案油泥及污染物处置召开专题协调会，形成了由睢宁县生态环境局牵头优先处置涉案危险废物的处理方案，积极为涉案危废及时处置创造了条件。

二是加强司法协同，畅通诉讼渠道，督促环保机关依法全面及时履职。因被告睢宁县生态环境局此前未依法履行环保监管职责，此后亦未按照达成的危废处置方案及时启动处置程序，在经多次风险提示其仍拒绝依法履职的情况下，我院及时向检察机关通报有关情况、移送怠于履职线索，建议检察机关行使检察监督权，对该生态环境局不作为行为提起行政公益诉讼，并于检察机关2019年7月19日提交起诉材料后及时审查立案。为客观了解涉案危险废物的存放情况，准确进行风险评估，法院于2019年8月9日再次至危废存放现场实地查看，发现涉案油泥仍未作规范处理，已经出现二次污染，于8月14日答辩期满后立即开庭审理，将睢宁县生态环境局怠于履职行为尽快纳入司法审查范围，通过快立快审、当庭及庭后风险提示督促履职等方式倒逼环保机关启动履职程序，最后促使其在本案审理期间将涉案危险废物依法妥善处置完毕，避免了二次污染持续扩大的危害后果。

三是融合审判职能，凸显"集聚"优势，推动生态环境多元保护和综合治理。本案系同一污染环境犯罪引发的刑事公诉、"刑附民"公益诉讼基础上提起的行政公益诉讼，是司法实践中环资案件"三合一"审判职能集聚的典型代表。徐州铁路运输法院紧紧依托全省环资案件"9+1"跨区划集中管辖机制，充分发挥"三合一"审判机制优势，其一，统筹协调刑事、民事和行政审判职能，在刑事、民事案件审理中发现行政监管漏洞，通过行政审判依法纠正行政机关监管缺失，促进生态环境污染修复和预防，对环资案件"三合一"审判机制进行了实践探索，具有一定示范意义；其二，通过刑事审判打击震慑污染环境犯罪，通过"刑附民"公益诉讼贯彻"损害担责"环保原则，通过行政公益诉讼督促行政机关及时妥善处置涉案危废，同时深挖环保履职问题根源，指出并纠正行政监管缺失，促进了政府依法行政，实现了审判职能有机融合，凸显环资案件诉讼集聚优势；其三，法院从立法本意出发解读相关法律条款，对环保行政机关针对跨区域输入危险废物的监管职责进行了司法厘定，对于正确理解环保行政机关的职责范围，促进行政公益诉讼制度功能发挥具有一定的积极意义。

> 专家评析

探索"行政不作为"公益诉讼新规则
——"睢宁油泥案"评析

吕忠梅 黄 凯[*]

探索建立检察机关提起公益诉讼制度,是党的十八届四中全会作出的一项重大改革决定,党的十九届四中全会再次对此作出新的重要战略部署,充分表明检察公益诉讼制度对于加大关系群众切身利益的重点领域行政执法力度、推进法治政府建设具有重大意义。为将中国独创的检察公益诉讼制度坚持好、完善好、发展好,全国各级检察机关和人民法院积极探索,不断为推进检察公益诉讼制度的成熟定型积累实践经验。本文将要展开分析的江苏省睢宁县人民检察院诉睢宁县环境保护主管部门行政公益诉讼案(以下简称"睢宁油泥案")[①],就是一个非常具有司法创新性和示范效应的典型案例。本案系在同一污染环境犯罪引发的刑事诉讼、刑事附带民事公益诉讼基础上,检察机关发现行政公益诉讼案件线索并依法提起环境行政公益诉讼,倒逼环境保护行政机关启动履职程序,促使其在案件审理期间将涉案危险废物依法处置完毕,有效避免了污染后果持续扩大。本案的司法过程对于行政公益诉讼的个案裁判和制度建构具有一定指导意义和示范价值,值得进行细致研究。

---

[*] 吕忠梅,法学博士,清华大学法学院双聘教授;黄凯,法学博士,内蒙古自治区人民检察院第八检察部副主任。

[①] 本案被中国政法大学检察公益诉讼研究基地、法治政府研究院评选为"2019年度十大检察公益诉讼典型案例"之首。参见《2019年度十大检察公益诉讼典型案例》,载《检察日报》2020年7月22日,第3版。

一、"睢宁油泥案"基本情况及争议焦点

2017年10月,冯某某等人在无危险废物经营许可证情况下将从浙江省舟山市某清舱有限公司在清理油轮船舱过程中收集的油泥运输至江苏省睢宁县岚山镇某砖瓦厂内进行非法倾倒,准备炼油,被睢宁县公安机关当场查获。案件发生后,睢宁县岚山镇人民政府组织人员进行应急处置,将非法倾倒的37.22吨油泥及其污染物清理转移至睢宁县鸿运危险品运输有限公司(以下简称"鸿运公司")的停车场内贮存。经江苏省环境科学研究院鉴定,上述油泥系危险废物,危险特性为毒性和易燃性。

2019年4月,睢宁县人民检察院(以下简称"县检察院")在刑事案件审查过程中获得该案有损害环境公共利益的线索并展开调查。经调查发现:涉案油泥及其污染物一直未移交有危险废物处置资质的单位依法处置,贮存油泥现场未设置危险废物识别标志,贮存油泥的塑料桶随意堆放,现场未采取防扬散、防流失、防渗漏等防污措施,已有部分油泥渗漏造成了二次污染。2019年5月27日,县检察院向睢宁县环境保护局①(以下简称"县环保局")发出诉前检察建议,督促该局依法履行环境监管职责,对涉案危险废物依法贮存并尽快移交有危险废物处置资质的单位进行合法处置。2019年7月2日,县环保局对涉案油泥依法贮存进行监管,并尽快将涉案油泥移交有危险废物处置资质的单位进行合法处置。2019年7月2日,县环保局回复称:一是该局对涉案油泥清理、运输及贮存进行全程监管,涉案油泥的处置完全符合危险废物转移、贮存的规范化标准;该局虽然具有对本行政区域固体废物污染防治监管职责,但是没有对固体废物处置的职责;二是贮存现场未设

---

① 2018年3月,根据第十三届全国人民代表大会第一次会议批准的国务院机构改革方案,将环境保护部的职责整合,组建中华人民共和国生态环境部。之后,县级以上地方人民政府环境保护主管部门也由环境保护厅(局)更名为生态环境厅(局)。为统一称谓,本文遵从裁判文书的表述,仍然称谓为环境保护局。

案例一 江苏省睢宁县人民检察院诉睢宁县生态环境局行政公益诉讼案

置危险废物标识标志，没有采取防扬散、防流失、防渗漏等措施，是因为危险品运输公司属于运输机构，不属于危险废物贮存、处置机构；三是涉案油泥是冯某某等人污染环境罪刑事案件的重要证据，该局已经多次催促公安机关抓紧对涉案危险废物进行处置，公安机关以刑事案件正在办理为由不予处置。因此，县环保局拒绝履职。

2019年7月16日，县检察院就县环保局不履行生态环境保护行政监管职责向徐州铁路运输法院提起行政公益诉讼，诉请确认被告对涉案危险废物的贮存情况不履行监管职责行为违法，并判决被告尽快将涉案危险废物移交有危险废物处置资质的单位依法处置。本案审理期间，县环保局通过招标方式对相关油泥及其污染物进行了专业化处理。2019年11月11日，县检察院将诉讼请求变更为"依法确认睢宁县环境保护局对涉案危险废物的贮存情况不履行监管职责的行为违法"。2019年11月15日，徐州铁路运输法院作出一审判决，确认被告县环保局对危险废物的贮存未全面及时履行生态环境保护行政监管职责的行为违法。一审判决后，当事人均未提出上诉，判决生效。

本案中，公益诉讼起诉人县检察院与被告县环保局的争议焦点主要有两个方面：一是对《固体废物污染环境防治法》第55条规定的"所在地"理解不一，由此对被告是否具有涉案危险废物监管法定职责产生分歧；二是双方对作为刑事案件中重要证据的涉案油泥可否提前处置认识不一，由此对被告是否构成怠于履职产生争议。徐州铁路运输法院在判决书中对此做出了回答，判决支持县检察院的诉讼请求，探索了检察机关提起"行政不作为"公益诉讼的新规则。

二、提起行政公益诉讼理据充分

本案的核心诉请是确认县环保局不履行法定职责，被告是否具有法定职责以及职责范围是案件事实认定和法律适用的基础。公益诉讼起诉人认为县环保局具有处置危险废物的法定职责,而被告以其非危险废物"所在地"环境保护主管部门,不具有监管职责进行抗辩。一审法院通过对《固体废物污染环境防治法》第55条所规定的"所在地"进行合理界定,厘清了跨区域倾倒危险废物环境污染案件中环境保护行政主管部门的职责范围,支持公益诉讼起诉人的主张,是一种有益的探索。

(一)厘清跨境倾倒危险废物"所在地"环保部门的职责范围

本案中危险废物的产生不在睢宁县,而是由冯某某等人在无危险废物经营许可证情况下实际运输至睢宁县岚山镇某砖瓦厂内进行非法倾倒,虽经镇政府集中贮存但依然处于无处置状态。县环保局在诉讼答辩中称,《固体废物污染环境防治法》第55条规定的由所在地县级以上地方人民政府环境保护行政主管部门落实相关处置措施,其"所在地""系产生危险废物单位或个人所在地,因产废单位不在被告辖区,故被告没有对涉案危险废物进行代处置的职责"。

《固体废物污染环境防治法》①第55条规定:"产生危险废物的单位,必须按照国家有关规定处置危险废物,不得擅自倾倒、堆放;不处置的,由所在地县级以上地方人民政府环境保护行政主管部门责令限期改正;……"此条款中关于"所在地"的规定明显是针对产生危险废物的单位自己处置的情况,对于此种行为,该生产单位所在地的环境保护行政主管部门负有监管职责。但是,如果从固体废物污染环境防治法的整体上看,该法第10条规定:县级以上地方人民政府环境保护行政主管部门对本行政区域内固体废物污染

---

① 《固体废物污染环境防治法》于1995年10月30日颁布,先后进行五次修改,最近一次修订文本于2020年9月1日起施行,本文撰写时该法尚未生效。本案判决书适用2016年修订的《固体废物污染环境防治法》第55条,故本文依此进行分析。

案例一 江苏省睢宁县人民检察院诉睢宁县
生态环境局行政公益诉讼案

环境的防治工作实施统一监督管理。针对本案涉及的危险废物，①《固体废物污染环境防治法》第 57 条明确赋予县级以上环境保护行政主管部门审批从事危险废物收集、贮存、利用、处置的经营许可证的权力；第 62 条规定县级以上环境保护行政主管部门具有对产生、收集、贮存、运输、利用、处置危险废物的单位的意外事故的防范措施和应急预案进行检查的权力。这些都是对县级以上环境保护行政主管部门对本辖区内的危险废物实施统一监管的授权，目的在于确保危险废物产生、收集、贮存、运输、利用、处置各环节不对生态环境造成不良影响，防止固体废物污染，保障人民健康，维护生态安全。

　　本案中，冯某某等人在无经营许可证的情况下从外地将危险废物运输至睢宁县进行非法倾倒，已经形成了危险废物在县环保局管辖范围内贮存并产生环境危害的事实，县环保局理应履行"所在地"环境保护行政主管部门的监管职责。因此，法院认定县环保局具有对其辖区范围内固体废物的贮存、处置等防治环境污染工作的法定职责，该法定职责不因危险废物来源和产生单位不在其辖区而免除。换言之，在跨境倾倒危险废物案件中，"所在地"并非仅仅是产废地，还应包括倾倒地、贮存地、处置地等与控制危险废物污染有关的区域，这些区域的环境保护行政主管部门，也都具有相应的监管职责。

　　由此，人民法院在厘清"所在地"含义的基础上，确定县环保局的法定监管职责范围，支持了检察机关的诉讼请求。在这个意义上，对"所在地"的解释，是解决检察机关对"跨境倾倒危险废物"案件能否提起环境行政公益诉讼督促县环保局依法履职的关键所在，对于检察机关办理同类案件具有

---

① 我国对固体废物实行分级分类管理，将固体废物分为工业固体废物、生活垃圾、建筑垃圾、农业固体废物以及危险废物等。危险废物，是指列入国家危险废物名录或者根据国家规定的危险废物鉴别标准和鉴别方法认定的具有危险特性的固体废物。根据《国家危险废物名录》的规定，固体废物（包括液态废物）具有以下两种情形的属于危险废物：（1）具有腐蚀性、毒性、易燃性、反应性或者感染性等一种或者几种危险特性的；（2）不排除具有危险特性，可能对环境或者人体健康造成有害影响，需要按照危险废物进行管理的。

树立裁判规则的重要意义。

（二）确定县环保局对涉案油泥有"代履行"职责

本案中，县环保局在答辩中所称"因产废单位不在被告辖区"而没有法定监管职责的理由被否定后，需要进一步解决的问题是县环保局在本案中为什么要承担"代履行"职责以及应该如何承担"代履行"职责？

根据"污染者负担原则"，一般情况下，处置危险废物是污染者的义务。当污染者不具备履行条件或者不能履行处置义务时，法律上规定了"代履行"制度①，目的在于及时消除污染风险，防止因污染扩散造成新的损害，从而实现保障人体健康、保护生态环境的立法目的。《固体废物污染环境防治法》第55条规定：产生危险废物的单位逾期不处置或者处置不符合国家有关规定的，由所在地县级以上地方人民政府环境保护行政主管部门指定单位按照国家有关规定代为处置，处置费用由产生危险废物的单位承担。

《行政强制法》第50条②将"危害交通安全、造成环境污染或者破坏自然资源"确定为"代履行"的范围，明确规定当环境行政相对人拒绝履行或没有能力履行行政义务时，环境行政机关可以自行或者委托第三人代替行政相对人履行行政义务，并向当事人收取履行费用。这一规定表明：第一，代履行的主体可以是行政机关，也可以是第三人；第二，代履行针对的是作为义务并且是可替代义务；第三，代履行属于间接强制，核心是义务的替代履行。③

---

① 代履行，是指义务人拒绝履行或没有能力履行义务时，行政机关可以自己代为履行或者委托第三人代为履行，向义务人征收代履行费用的强制执行制度。

② 《行政强制法》第50条规定："行政机关依法作出要求当事人履行排除妨碍、恢复原状等义务的行政决定，当事人逾期不履行，经催告仍不履行，其后果已经或者将危害交通安全、造成环境污染或者破坏自然资源的，行政机关可以代履行，或者委托没有利害关系的第三人代履行。"

③ 胡建淼、骆思慧：《论行政强制执行中的代履行——基于〈中华人民共和国行政强制法〉》，载《国家行政学院学报》2013年第3期。

案例一 江苏省睢宁县人民检察院诉睢宁县
生态环境局行政公益诉讼案

本案的涉案油泥属于危险废物，具有腐蚀性、毒性、感染性等严重危害特性，对生态环境和人民群众生命健康、安全具有极大威胁，必须得到妥善处置。但冯某某等人因涉嫌刑事犯罪，已被公安机关采取强制措施，客观上不可能对涉案危险废物进行处置；而对油泥的处置显然是一种作为义务且可以替代履行。因此，对涉案油泥的处置，符合"代履行"的基本条件。

根据固体废物污染环境防治法对危险废物的管理规定，县环保局对危险废物的收集、贮存、运输、处置等各环节均具有法定监管职责。具体包括：（1）依法、规范选择涉案危险废物贮存地点；（2）在涉案危险废物的收集、贮存过程中采取充分的防扬散、防流失、防渗漏等污染防治措施；（3）对危险废物的容器、包装物及在贮存场所设置危险废物识别标志；（4）危险废物在贮存期间出现流失、渗漏等突发情况，可能或已经造成二次污染的情况下，应及时采取应急处置措施，防止污染发生或扩大；（5）在危险废物所有的单位或个人不能处置危险废物情况下，应当及时指定有资质单位依法代为处置。

可见，本案应由县环保局及时指定单位按照国家有关规定代为处置，以及时消除污染环境危险，维护社会公共利益。正因如此，县检察院发出检察建议书，督促县环保局及时履行法定职责，指定有关单位对涉案危险废物进行处置。

三、判断县环保局构成"不依法履行法定职责"事实清楚

本案中，被告是否"依法全面履行监管职责"，是认定是否构成行政不作为的关键事实。县环保局在诉前程序和诉讼中均提出：涉案油泥系冯某某等人涉嫌污染环境犯罪的重要证物，因刑事案件尚未办结，公安机关不同意提前处置；且已对涉案油泥及污染物的清理、运输、贮存进行监督，应当视为已履行监管职责。人民法院根据事实和法律认定：在倾倒危险废物的行为人因被采取刑事强制措施而无法对危险废物进行处置的情况下，县环保局对已

经被鉴定为危险废物的油泥未移交给具有资质的单位处置，油泥贮存现场未设置危险废物识别标志，且未采取防扬散、防流失、防渗漏或者其他防止污染环境的措施，致使部分油泥渗漏造成二次环境污染，县环保局构成行政不作为违法。上述事实认定，涉及县环保局对涉案危险废物是否可以提前处置以及是否具有不履行法定职责的免责事由两方面的问题。

（一）关于涉案危险废物的提前处置

本案中，县环保局提出，在刑事侦查期间曾向公安机关提出过处置涉案油泥，公安机关认为涉案油泥为冯某某等人涉嫌污染犯罪的重要证物，刑事案件尚在办理之中，不准处置。

本案起诉前，徐州铁路运输法院曾与县检察院、县公安局、岚山镇政府及县环保局就涉案油泥及其污染物处置召开专题协调会，确定由被告承担涉案油泥的处置职责。被告辩称曾征求公安机关意见未获准许，但未提供证据证明，故人民法院根据《行政诉讼法》第34条规定①对县环保局的辩称主张未予支持。

其实，本案中县检察院的主张也可以根据《公安机关办理刑事案件程序规定》第230条②的规定直接予以支持。由于涉案油泥已经被江苏省环境科学研究院鉴定为危险废物，属于不易保管的物品，公安机关在对涉案油泥采取了拍照、录像等证据固定措施且鉴定完毕，涉案油泥当然可以提前处置。

---

① 《行政诉讼法》（2017年修订）第34条："被告对作出的行政行为负有举证责任，应当提供作出该行政行为的证据和所依据的规范性文件。被告不提供或者无正当理由逾期提供证据，视为没有相应证据。但是，被诉行政行为涉及第三人合法权益，第三人提供证据的除外。"

② 公安部2012年12月13日公布的《公安机关办理刑事案件程序规定》第230条规定："对查封、扣押的财物及其孳息、文件，公安机关应当妥善保管，以供核查。任何单位和个人不得使用、调换、损毁或者自行处理。对容易腐烂变质及其他不易保管的财物，可以根据具体情况，经县级以上公安机关负责人批准，在拍照或者录像后委托有关部门变卖、拍卖，变卖、拍卖的价款暂予保存，待诉讼终结后一并处理。"

因此，县环保局的抗辩主张不能成立，涉案油泥属于不宜保管证物，在履行批准和采证程序后可以提前处置。

（二）关于"不依法履行法定职责"的构成

我国行政公益诉讼制度设计了诉前程序与诉讼程序衔接机制，赋予检察机关在诉前程序中对行政机关是否履行法定职责进行审查与判定的职能。法律规定的行政公益诉讼案件分为违法行使职权和不作为两类①。实践中，检察机关办理的行政公益诉讼案件，几乎都集中于行政不作为。②因此，如何认定行政不作为（即"行政机关不依法履行法定职责"）既是行政公益诉讼中诉前程序向提起诉讼转化的核心，也是检察机关办理行政公益诉讼案件最重要的事实认定与法律适用问题。

根据行政法理论，行政不作为的法定构成要件有：一是行政机关具有法律上的职责；二是行政机关没有履行该法定职责；三是行政机关不履行法定职责属于主观上不为而非客观上不能为。③但在实践中，行政不作为的具体表现复杂多样，需要根据每个案件具体情况对这三个要件进行综合判断，并不容易。④本案中，对县环保局"不依法履行法定职责"的判断可以从以下

---

① 《行政诉讼法》（2017年修订）第25条第4款规定："人民检察院在履行职责中发现生态环境和资源保护、食品药品安全、国有财产保护、国有土地使用权出让等领域负有监督管理职责的行政机关违法行使职权或者不作为，致使国家利益或者社会公共利益受到侵害的，应当向行政机关提出检察建议，督促其依法履行职责。行政机关不依法履行职责的，人民检察院依法向人民法院提起诉讼。"

② 2016年1月6日最高人民检察院公布的《检察机关提起公益诉讼试点工作诉前程序典型案例》15个典型案例中，有14个都是行政机关不依法履行法定职责的案例。http：//legal.people.com.cn/n1/2016/0107/c188502-28024697.html，2020-07-28。

③ 黄学贤：《形式作为而实质不作为行政行为探讨——行政不作为的新视角》，载《中国法学》2009年第5期。

④ 胡卫列、迟晓燕：《从试点情况看行政公益诉讼诉前程序》，载《国家检察官学院学报》2017年第2期。

几个方面进行。

1.从行为要件看，县环保局未履行法定职责事实清楚。根据《固体废物污染环境防治法》第55条、第57条、第62条规定的环境保护行政主管部门危险废物污染监管职责，县环保局虽然在污染行为发生后对相关事实进行了调查取证，在将案件移送公安机关的同时对涉案油泥及污染物进行包装后进行转移，采取了一定的应急处置措施。但是，县环保局在明知涉案油泥系具有毒性、易燃性的危险废物且污染行为人被公安机关羁押不能处置的情况下，未依法及时指定具有危险废物处置资质的单位依法收集、贮存并及时处置，亦未寻找符合条件的贮存场所，而是简单堆放于无危险废物贮存管理资质的危险品运输公司停车场内；在收集、转移、贮存等过程中未采取任何防扬散、防流失、防渗漏等污染防治措施；在涉案油泥的包装物上及存放场所内未设置相关危险废物识别标志；涉案油泥贮存期间未进行有效的日常管护，在存放容器出现破损以致出现油泥流失、渗漏的情况下亦未及时采取有关污染防治应急处理措施，明显存在监管缺失。

2.从结果要件看，环境公共利益仍处于受侵害状态。"判断行政机关是否履行职责，以及是否应当从诉前程序转入诉讼程序应当符合一个总体的标准，即行政机关未能通过其行政行为及时制止损害的发生，国家和社会公共利益仍然处于受到侵害状态或者处于受到侵害的潜在威胁状态"。[1]本案中，涉案油泥为危险废物，处置不当，可能造成破坏生态环境、影响人类健康、制约经济发展[2]等严重后果，对生态环境安全和公众健康安全具有极大威胁。县环保局作为地方政府环境保护主管部门，具有专业的环境污染风险防控知识和技术，理应深知涉案油泥的危害特性及二次污染的危害，但其不仅未依

---

[1] 沈开举、邢昕：《检察机关提起行政公益诉讼诉前程序实证研究》，载《行政法学研究》2017年第5期。

[2] 林海英：《危险废物处置现状分析与发展研究》，载《中国资源综合利用》2020年第5期。

案例一 江苏省睢宁县人民检察院诉睢宁县生态环境局行政公益诉讼案

法积极作为,而且在涉案油泥已经出现滴落、流淌、渗漏,造成二次环境污染的情形下,仍未采取及时、有效的监管措施。尤其是检察机关发出检察建议后,依然放任污染后果蔓延,拒不履职,导致社会公共利益持续处于受侵害状态。

3.从免责要件看,被告不履职属于主观不作为,不能免责。行政不作为因形成的原因不同,可分为行政失职与行政不能两类。由于行政主体主观原因而不履行或不完全履行法定作为义务的行为状态是行政失职,应承担法律责任;由于不可归责于行政主体的客观原因不能履行或不能完全履行法定作为义务的行为状态为行政不能,可以免责。一般而言,行政不能具有非意志性、不可抗拒的客观原因、不可归责性等特征。① 本案中,不存在不可抗力、紧急避险、意外事件等客观原因,县环保局"不依法履行法定职责"并非行政不能,故不能予以免责。

正是由于县检察院对于县环保局"不依法履行法定职责"的证据调查充分、事实判断清楚、法律适用准确,徐州铁路运输法院才依法支持了县检察院的诉讼请求。

四、行政公益诉讼的个案探索与制度完善

本案在检察机关和审判机关的共同努力下,探索了环境行政公益诉讼案件的司法新规则,在跨区域污染案件中如何认定环保机关的法定职责和行政不作为具有示范意义,也为立法完善和出台新的司法解释积累了重要经验,其典型性自不待言。但是,本案在办理过程中,也还存在一定瑕疵;透过本案,更可以发现案件背后存在的法理不能自洽、法律供给不足等问题。这表明检察机关需要在案件办理中不断提升办案能力与业务水平;同时,也需

---

① 胡建淼:《行政法学》,法律出版社1998年版,第516页。

要通过更多的个案探索和更深入的理论研究，不断完善行政公益诉讼法律制度。

（一）紧急情形下的检察建议与先予执行

最高人民法院、最高人民检察院《关于检察公益诉讼案件适用法律若干问题的解释》第 21 条第 2 款规定，行政机关应当在收到检察建议书之日起 2 个月内依法履行职责，并书面回复人民检察院；出现国家利益或者社会公共利益损害继续扩大等紧急情形的，行政机关应当在 15 日内书面回复。本案中，县检察院调查发现涉案油泥的贮存现场未依法采取合理的防止污染环境措施，且已经造成二次污染，社会公共利益处于受侵害状态。加之涉案油泥属于危险废物，应当进行紧急处置。因此，本案属于社会公共利益损害继续扩大的紧急情形，检察机关应当在检察建议中要求行政机关在 15 日内书面回复。遗憾的是，县检察院没有作出"紧急情形"的判断，而是按照一般情况要求县环保局在 2 个月内回复。

人民法院在审理本案时，也对涉案油泥贮存现场进行了调查。现场勘查笔录显示：运输车上的油泥及存放在地上的油泥污染物未作实际处理，车辆上有大量油泥滴落地面并渗入地下，部分存放地面的塑料桶装油泥污染物因塑料桶损坏流淌到地面并已渗入地下，现场仅采用塑料薄膜对危险废物车辆和地面存放的油泥进行遮盖，未使用密封设备进行封存。上述证据表明，涉案油泥已对生态环境和公众健康造成重大威胁，且处于可能持续扩大的状态，属于情况紧急情形，应赋予人民法院适用先予执行措施的权力，要求被告立即采取措施消除危险。但《行政诉讼法》第 57 条对先予执行的规定，仅适用于"支付抚恤金、最低生活保障金和工伤、医疗社会保险金的案件"。这种先予执行制度显然不能适应生态环境行政公益诉讼的需要，迫切需要深入研究行政公益诉讼的相关理论，完善法律供给，为司法实践提供充分的制度保障。

（二）确认违法判决的定位

大陆法系中的确认违法诉讼，是以确认行政行为违法为目的的诉讼。因为所有的行政诉讼都以审查行政行为的合法性为前提，确认违法之诉可以存在于所有行政诉讼之中，故大陆法系国家普遍将确认违法诉讼定位为一种补充性的诉讼形式，即只有当形成之诉、给付之诉无法提起时，当事人方能通过确认违法之诉保全利益。① 我国行政诉讼法未区分诉讼类型，仅对判决类型进行分类。根据《行政诉讼法》第74条的规定②，实际是将确认违法判决定位为一种补充性的判决方式。只有在法院经审理后认为被诉行政行为违法但不适合作出撤销判决或者履行判决的，才可以作出确认行政行为违法的判决。

但是，由于行政公益诉讼是适应中国特色的行政管理体制而设计的专门制度，承载着督促行政机关依法履行职责的特定职能。因此，确认违法判决是一种独立的判决方式，而非补充性判决方式。最高人民法院、最高人民检察院《关于检察公益诉讼案件适用法律若干问题的解释》第24条明确规定，"在行政公益诉讼案件审理过程中，被告纠正违法行为或者依法履行职责而使人民检察院的诉讼请求全部实现，人民检察院撤回起诉的，人民法院应当裁定准许；人民检察院变更诉讼请求，请求确认原行政行为违法的，人民法院应当判决确认违法"。这意味着，即便被诉行政机关在诉讼过程中履行了法定职责，人民法院依然可以判决原行政行为违法。本案中，县环保局在诉讼过

---

① ［德］弗里德赫尔穆·胡芬：《行政诉讼法》，莫光华译，法律出版社2003年版，第333页。
② 《行政诉讼法》（2017年修订）第74条规定："行政行为有下列情形之一的，人民法院判决确认违法，但不撤销行政行为：（一）行政行为依法应当撤销，但撤销会给国家利益、社会公共利益造成重大损害的；（二）行政行为程序轻微违法，但对原告权利不产生实际影响的。行政行为有下列情形之一，不需要撤销或者判决履行的，人民法院判决确认违法：（一）行政行为违法，但不具有可撤销内容的；（二）被告改变原违法行政行为，原告仍要求确认原行政行为违法的；（三）被告不履行或者拖延履行法定职责，判决履行没有意义的。"

程中依法委托了有危险废物处置资质的单位对涉案油泥进行处置,县检察院将起诉时的请求确认违法并责令履职变更请求为仅确认违法。人民法院作出判决,确认县环保局对危险废物的贮存未全面及时履行环境保护行政监管职责的行为违法。

之所以在行政公益诉讼中将确认违法作为独立的判决形式。主要是因为"司法实践中仍然存在部分行政机关在接到检察建议后,既不回复也不依法及时履职,未能及时保护受损国家利益和社会公共利益的情形,必须遏制这种现象。所以当公益诉讼起诉人依法提起诉讼后,即使被告在诉讼过程中履行了法定职责,也应根据法律规定,围绕公益诉讼起诉人的诉讼请求,判决确认原行政行为违法,以督促行政机关提高依法行政意识,发挥公益诉讼的示范引导作用,最大限度维护国家利益和社会公共利益。"[1]也不能完全排除检察机关、审判机关在办理行政公益诉讼案件初期,由于能力、条件等多方面因素制约,希望通过确认违法判决,确立司法权威的考虑。

从实践效果看,单独确认行政机关不作为违法,的确可以充分发挥行政公益诉讼的优势,威慑行政机关工作人员和主要领导,达到心理强制作用,敦促其依法履行职责,避免再犯类似错误。但是,从法学理论上看,确认行政机关不作为违法判决的独立地位,还需要有进一步的合理性与合法性论证。

我们期待,检察机关与审判机关能够更好依法履行职责,更多从探索司法规律、提炼司法裁判规则的角度不断总结司法实践经验,为完善公益诉讼法律制度、提升公益诉讼办案能力与水平、促进公益诉讼法学理论深化提供好案例、贡献大智慧。

---

[1] 江必新:《认真贯彻落实民事诉讼法、行政诉讼法规定全面推进检察公益诉讼审判工作》,载《人民法院报》2018年3月5日,第3版。

案例一 江苏省睢宁县人民检察院诉睢宁县
生态环境局行政公益诉讼案

释法明理，确定环保机关代履行职责

沈 岿*

一、规范性和典型性简评

本案作为2019年度检察公益诉讼的典型案例，反映出睢宁县人民检察院和徐州铁路运输法院在履行检察公益诉讼相关职责过程中的规范性和严谨性。

睢宁县人民检察院依法进行实地调查、收集证据；向被告适时发出检察建议；收到回复后认定被告仍然没有履行法定职责，遂提起行政公益诉讼；而在诉讼过程中，检察机关又及时具函向法院反馈环保机关履职情况并变更诉讼请求为确认违法。这一系列动作和举措都是高度负责的检察机关在检察公益诉讼中所应做的。

徐州铁路运输法院根据公益诉讼起诉人和被告的各自主张，切中要害地指出了本案的两个焦点问题：第一，被告对涉案危险废物的贮存、处置是否具有法定监管职责；如具有相应监管职责，具体应当如何履职。第二，被告是否依法、全面履行了相关环保监管职责。法院也对这两个焦点问题进行了充分的分析和说理，具有相当的说服力。

本案的典型意义在于：通过睢宁县人民检察院提起的行政公益诉讼以及徐州铁路运输法院的裁判，明确了一项法律未予明确规定的环保机关的监管职责，即危险废物所在地环保机关的监管职责包括在危险废物处置义务主体没有能力处置时的代履行职责。

---

* 沈岿，博士，北京大学法学院教授。

二、法院在本案最核心问题上的法律续造

本案最核心的问题是：被告是否有责任处置或委托有资质的单位处置危险废物。

徐州铁路运输法院在应对第一个焦点问题的时候，有三个层次的分析：一是援引环境保护法、固体废物污染环境防治法的若干条款，指出被告"对涉案危险废物的收集、贮存、运输、处置等各环节均具有法定的监管职责"；二是分析这些条款，具体指出被告的监管职责包括哪些；三是从《固体废物污染环境防治法》（2016）第 55 条规定"代为处置"的目的出发，明确代履行是环保行政机关的法定职责。唯有如此逐层分析，才会最终判定被告对危险废物的贮存未全面及时履行环境保护行政监管职责的行为违法。

如果严格从法解释和法适用的方法角度看，法院的论理存在一些瑕疵。法院在判决中援引《环境保护法》第 10 条第 1 款、《固体废物污染环境防治法》（2016）第 10 条第 2 款、第 17 条第 1 款、第 52 条、第 55 条的规定之后，径直认定被告作为环境保护行政主管机关，"对其辖区范围内固体废物污染环境防治工作实施统一监督管理，对涉案危险废物的收集、贮存、运输、处置等各环节均具有法定的监管职责"。但是：

第一，《环境保护法》第 10 条第 1 款规定："国务院环境保护主管部门，对全国环境保护工作实施统一监督管理；县级以上地方人民政府环境保护主管部门，对本行政区域环境保护工作实施统一监督管理。"本案发生时适用的《固体废物污染环境防治法》（2016）第 10 条第 2 款规定："县级以上地方人民政府环境保护行政主管部门对本行政区域内固体废物污染环境的防治工作实施统一监督管理。县级以上地方人民政府有关部门在各自的职责范围内负责固体废物污染环境防治的监督管理工作。"这些条款实际上是一般性地规定环保机关的监督管理职责，是行政组织法意义上的部门权限划分，任何具体的、行政行为法意义上的监管职责并不能从此必然推演而出。

第二,《固体废物污染环境防治法》(2016)第17条第1款规定:"收集、贮存、运输、利用、处置固体废物的单位和个人,必须采取防扬散、防流失、防渗漏或者其他防止污染环境的措施;不得擅自倾倒、堆放、丢弃、遗撒固体废物。"该条款所指向的收集、贮存、运输、利用、处置固体废物的单位和个人,通常不应该包括环保机关。第52条规定:"对危险废物的容器和包装物以及收集、贮存、运输、处置危险废物的设施、场所,必须设置危险废物识别标志。"该条款虽未明确设置危险废物识别标志的主体,但一般也理解为是市场或社会行动者。因此,若要将这两个条款中的义务主体解释为包括环保机关,就需要加以更为细致的论证,而不能简单得出解释结论。

第三,《固体废物污染环境防治法》(2016)第55条规定:"产生危险废物的单位,必须按照国家有关规定处置危险废物,不得擅自倾倒、堆放;不处置的,由所在地县级以上地方人民政府环境保护行政主管部门责令限期改正;逾期不处置或者处置不符合国家有关规定的,由所在地县级以上地方人民政府环境保护行政主管部门指定单位按照国家有关规定代为处置,处置费用由产生危险废物的单位承担。"其中,第2句、第3句倒是的确指向产生危险废物单位所在地环保机关两项监管职责:责令限期改正和指定单位代为处置。

然而,值得肯定的是,法院在判决中有一定的创造性解释,即从立法目的、立法本意出发去理解相关条款,指出监管职责包括"在被告人不能处置涉案危废情况下,应及时指定有资质单位按照国家规定代为处置""涉案危废在贮存期间出现流失、渗透等突发情况,可能或已经造成二次污染的情况下,应及时采取应急处置措施,预防污染发生或扩大"以及"被告作为当地环保行政主管部门,理当履行代处置职责,以及时消除环境污染,维护社会公共利益"等。也就是说,法院对环保机关监管职责的阐释,并没有局限于《固体废物污染环境防治法》(2016)所规定的"指定单位代为处置",而且还扩大为"及时采取应急处置措施"以及自己"履行代处置职责"。

三、修法认可了法院的法律续造

《固体废物污染环境防治法》于 2020 年修订，无论立法者是否有明确的意识或意图，在结果上认可了徐州铁路运输法院的法律续造。新修订的法律第 113 条规定："违反本法规定，危险废物产生者未按照规定处置其产生的危险废物被责令改正后拒不改正的，由生态环境主管部门组织代为处置，处置费用由危险废物产生者承担；拒不承担代为处置费用的，处代为处置费用一倍以上三倍以下的罚款。"此处的"组织代为处置"显然既可以是指定有资质单位代履行，也可以是环保机关自身代为处置。

何以无讼：积极协动，各司其职 *

于文轩 **

睢宁县历史悠久，历史可以回溯到新石器时代。"睢水安宁"之寓意和出土于该县的汉画像石《牛耕图》，生动活泼地体现了古代睢宁地区人民安居乐业的喜乐图景。而这一切的前提，是良好的生态环境，尤其是水土环境。本案所涉及的固体废物（油泥）污染，恰恰对水土产生非常严重的负面影响。这一由于污染者排污和行政不作为所引起并加剧的环境污染，与《牛耕图》的图景形成鲜明的对照，让人痛心。本案是检察机关诉生态环境局不作为的行政公益诉讼案件，具有一定的典型性。

1. 司法机关的有益经验。在本案中，睢宁县人民检察院在办案组织方面、调查取证方面、内部沟通程序方面和办案组准确理解和适用法律条文方面，

---

* 根据 2020 年 7 月 18 日 2019 年度检察公益诉讼典型案例发布会上发言稿整理。
** 于文轩，法学博士，中国政法大学教授。

案例一 江苏省睢宁县人民检察院诉睢宁县
生态环境局行政公益诉讼案

都对类似的案件具有示范意义，取得了很好的可供参照的经验。同时，人民法院适用了《环境保护法》第5条、第19条、第20条的相关规定，基于预防原则、损害担责原则，运用了"三合一"的审判模式，是环境资源审判专门化方面的一个很好的实践。

2. 生态环境部门应依法履职。在本案中，睢宁县生态环境局行政不作为行为，在类似案件中具有代表性。从案情介绍可见，睢宁县生态环境局的行政不作为行为明显地违反了环境保护法、固体废物污染环境防治法等立法的规定（行政监管、代履行）。在检察机关督促之后，生态环境局仍然以各种理由不履行法定职责。行政机关的这种不作为行为，影响了生态环境保护的实际效果。这种行政不作为产生的负面影响，与生产建设单位对生态环境的污染和破坏所造成的负面后果一样，在环境法治建设中需要重点应对。从这个意义上讲，这个案例具有很强的典型性，也反映了目前在生态文明建设中亟待解决的一类的问题。

3. 行政权与司法权的协同。从更高的一个层面看，睢宁县人民检察院的经验也从一个侧面反映了行政部门和司法部门理顺协同关系的重要性。在此，行政职权的依法行使、司法监督权的适时介入，是实现生态环境保护目标、加强生态文明法治建设的重要推动因素。睢宁县人民检察院在处理本案过程中所采取的一系列法律措施，为我们提供了很好的经验。

司法的最高境界是"无讼"。我们希望环境污染和生态破坏的事件越少越好；同样也希望环保部门积极履行法定职责，行政不作为的情况越少越好，使得检察机关在生态环境保护方面无案可督、无事可促，从而实现"无讼"的目标、享受《牛耕图》上所描绘的喜乐与平安。

江苏省睢宁县人民检察院检察建议书

睢检行公〔2019〕32032400004号

徐州市睢宁生态环境局：

　　本院在履行职责过程中发现你单位对2017年10月10日污染环境案中运输至睢宁县岚山镇某村危险废物的贮存处置存在未尽到相应监管职责的情形。本院依法进行了调查。现查明：

　　冯某某等污染环境一案于2017年10月10日由群众举报至睢宁县公安局，该局经调查后立为"10·10污染环境案"侦查。侦查查明冯某某等在无危险废物经营许可证情况下多次将相关公司清舱过程中收集的油泥运输至江苏省滨海县、江苏省宜兴市、江苏省睢宁县等地非法处置。其中：2017年9月，舟山市某清舱有限公司（以下简称"某公司"），为牟利将清舱过程中收集的98吨油泥交由冯某某等处置。冯某某等通过邹某某认识了江苏省睢宁县的被告卢某某，谈好将油泥交由其处置。并在接受该批油泥后委托无危险废物运输资质的夏某甲运输，夏某甲组织夏某乙、郑某某、钱某某、马某某将该批油泥运输至江苏省睢宁县岚山镇某砖瓦厂内，卢某某、杨某某、祁某某经共谋后将34吨油泥倾倒入事先挖好的渗坑中，64吨油泥尚未倾倒被公安机关当场查获。案发后，经睢宁县岚山镇政府组织人员清理倾倒油泥污染物，过磅净重37.22吨。案件发生后，清理出的油泥及油泥污染物被转移至睢宁县鸿运危险品运输有限公司（以下简称"鸿运公司"）停车场内贮存，经鉴定，上述油泥为危险废物。2019年4月至5月,检察机关多次到现场调查,发现所有油泥均未移交有处置危废资质的单位处置,贮存油泥现场未设置危险废物识别标志,贮存油泥的塑料桶随意堆放在停车场一边,现场没有采取防扬散、防流失、防渗漏或者其他防止污染环境的措施,且有部分油泥渗漏造成二次环境污染。

本院认为,《中华人民共和国环境保护法》第10条规定:"县级以上地方人民政府环境保护主管部门,对本行政区域环境保护工作实施统一监督管理。"《中华人民共和国固体废物污染环境防治法》第10条第2款规定:"县级以上地方人民政府环境保护行政主管部门对本行政区域内固体废物污染环境的防治工作实施统一监督管理。"第17条第1款规定:"收集、贮存、运输、利用、处置固体废物的单位和个人,必须采取防扬散、防流失、防渗漏或者其他防止污染环境的措施;不得擅自倾倒、堆放、丢弃、遗撒固体废物。"第52条规定:"对危险废物的容器和包装物以及收集、贮存、运输、处置危险废物的设施、场所,必须设置危险废物识别标志。"第68条规定:"违反本法规定,有下列行为之一的,由县级以上人民政府环境保护行政主管部门责令停止违法行为,限期改正,处以罚款:……(七)未采取相应防范措施,造成工业固体废物扬散、流失、渗漏或者造成其他环境污染的。"你单位作为地方行政环境保护主管部门依法具有对本行政区域环境保护及固体废物污染环境防治工作实施统一监督管理及依法处置的职责。同时,在监管危险废物的过程中,知道或应当知道处置危险废物的程序、方式。而冯某某等污染环境案中清理出的危险废物转移贮存地——睢宁县鸿运公司停车场不符合贮存条件,且涉案危险废物截至检察机关调查时,尚未移交有处置危废资质的单位处置。

为更好维护环境公共利益,根据《中华人民共和国行政诉讼法》第25条第4款的规定,向你单位提出如下检察建议:

1. 对冯某某等污染环境案中涉案危险废物依法贮存进行监管。

2. 依法履行环境监管职责，尽快将涉案危险废物移交有处置危废资质的单位合法处置。

请于收到本检察建议书后2个月内依法履行职责，并书面回复本院。

2019年5月27日

关于睢宁县人民检察院检察建议书的回复

睢宁县人民检察院：

贵院《江苏省睢宁县人民检察院检察建议书》（睢检行公〔2019〕32032400004号）文件收悉，感谢贵院对我局提出了宝贵的意见。我局领导高度重视，针对检察建议书的内容进行了学习研究、分析，现结合实际情况，将有关工作汇报如下：

2017年10月，冯某某等人在我县岚山镇内非法倾倒油泥事件发生后，我局第一时间联合县公安局食药环大队进行现场执法，同时上报市环境保护局，对倾倒在岚山镇某砖瓦厂内的油泥进行取样鉴定，鉴定结果为危废。在对已倾倒的34吨油泥进行清理、运输及贮存过程中，我局全程监管，完全符合危险废物转移、贮存的规范化标准。根据最高人民法院、最高人民检察院《关于办理环境污染刑事案件适用法律若干问题的解释》（法释〔2016〕29号）第1条规定，实施《刑法》第338条规定的行为，具有下列情形之一的，应当认定为"严重污染环境"：……（二）非法排放、倾倒、处置危险废物三吨以上的。我局于2017年10月将该案移交县公安局。目前，该案仍未结案，油泥作为涉案证据由公安局安排属地岚山镇政府暂存于危险品运输公司。在暂存期间我局已经多次催促县公安局抓紧对涉案危废进行处置,都被案件办理过程中不能处置为由给予拒绝。贵院所说贮存现场未设置危险废物标识标志,没有采取防扬散、防流失、防渗漏等措施,是因为危险品运输公司属运输机构,不属于危险废物贮存、处置机构,未设置危险废物贮存场所。根据《中华人民共和国环境保护法》第10条规定,《中华人民共和国固体废物污染环境防治法》第10条第2款规定,我局作为地方环境保护主管部门依法具有对本行政区域环境保护及固体废物污染环境防治工作实施统一监督管理的职责,但是没有对固体废物处置的职责。

其次,由于案件跨度时间过久,作为案件最直接的证据公安机关不让处置,造成长期日晒、风化。时至今日,该案还没有终结,对于危险废物(直接犯罪证据)怎样处置还没有确定主体,下一步我局将根据案件的进展情况,持续跟踪服务,对涉案危险废物的处置,全过程进行监督管理。确保处置程序合法合规。

感谢贵院的关心和建议!

睢宁县环境保护局

2019年7月2日

江苏省睢宁县人民检察院行政公益诉讼起诉书

睢检行公〔2019〕32032400004号

公益诉讼起诉人:江苏省睢宁县人民检察院,住所地:睢宁县永昌路1号。

法定代表人：徐某某，检察长。

被告：徐州市睢宁县生态环境局（原睢宁县环境保护局），住所地：江苏省睢宁县环城北路。

法定代表人：孙某某，该局局长。

诉讼请求：

1. 请求确认被告对涉案危险废物的贮存情况不履行监管职责的行为违法。

2. 判决被告依法履行监管职责，尽快将涉案危险废物移交有处置危废物品资质的单位依法处置。

事实和理由：

本院在办理冯某某等人污染环境刑事附带民事公益诉讼一案中发现，徐州市睢宁县生态环境局不作为行为致使国家利益和社会公共利益受到侵害。本院经审查后于2019年5月22日作出行政公益诉讼的立案决定，同年5月27日履行检察建议程序。

经依法审查查明：

冯某某等人污染环境一案由群众于2017年10月10日举报至睢宁县公安局，该局经调查后立为"10·10污染环境案"侦查。审查查明：冯某某等人在无危险废物经营许可证情况下多次将相关公司在清舱过程中收集的油泥运输至江苏省滨海县、江苏省宜兴市、江苏省睢宁县等地非法处置。其中：2017年9月，舟山市某清舱有限公司（以下简称"某公司"），为牟利将清舱过程中收集的98吨油泥交由冯某某等处置。冯某某等人通过邹某某与江苏省睢宁县的被告人卢某某相识，双方协商将油泥交由被告人卢某某处置。后被告人卢某某在接收到该批油泥后委托无危险废物运输资质的被告人夏某甲运输，夏某甲组织夏某乙、郑某某、钱某某、马某某将该批油泥运输至江苏省睢宁县岚山镇某砖瓦厂内，卢某某、杨某某、祁某某经共谋后将其中34吨油泥倾倒入事先挖好的渗坑中，剩下的64吨油泥尚未倾倒即被睢宁县公安机关

案例一　江苏省睢宁县人民检察院诉睢宁县生态环境局行政公益诉讼案

当场查获。案发后，经睢宁县岚山镇政府组织人员清理倾倒油泥污染物，过磅净重37.22吨。案件发生后，清理出的油泥被转移至睢宁县鸿运危险品运输有限公司（以下简称"鸿运公司"）停车场内贮存。经鉴定，上述油泥为危险废物。2019年4月至5月，检察机关多次到现场调查，发现所有油泥均未移交有处置危废资质的单位处置，贮存油泥现场未设置危险废物识别标志，贮存油泥的塑料桶随意堆放在停车场一边，现场没有采取防扬散、防流失、防渗漏或者其他防止污染环境的措施，且有部分油泥渗漏造成二次环境污染。

依据《中华人民共和国环境保护法》第10条规定："县级以上地方人民政府环境保护主管部门，对本行政区域环境保护工作实施统一监督管理。"《中华人民共和国固体废物污染环境防治法》第10条第2款规定："县级以上地方人民政府环境保护行政主管部门对本行政区域内固体废物污染环境的防治工作实施统一监督管理。"第17条第1款规定："收集、贮存、运输、利用、处置固体废物的单位和个人，必须采取防扬散、防流失、防渗漏或者其他防止污染环境的措施；不得擅自倾倒、堆放、丢弃、遗撒固体废物。"第52条规定："对危险废物的容器和包装物以及收集、贮存、运输、处置危险废物的设施、场所，必须设置危险废物识别标志。"第55条规定："产生危险废物的单位，必须按照国家有关规定处置危险废物，不得擅自倾倒、堆放；不处置的，由所在地县级以上地方人民政府环境保护行政主管部门责令限期改正；逾期不处置或者处置不符合国家有关规定的，由所在地县级以上地方人民政府环境保护行政主管部门指定单位按照国家有关规定代为处置，处置费用由产生危险废物的单位承担。"第68条规定："违反本法规定，有下列行为之一的，由县级以上人民政府环境保护行政主管部门责令停止违法行为，限期改正，处以罚款：……（七）未采取相应防范措施，造成工业固体废物扬散、流失、渗漏或者造成其他环境污染的。"根据上述法律、法规的规定，徐州市睢宁县生态环境局在享有监督管理职责的情况下，既没有将危废物品交由有资质单位处置，也没有对造成环境污染的单位或者个人进行行政处罚，不依法履行职责，导致部分油泥渗漏、流淌，造成周边空气、土壤等区域严重污染，给周边群众的生产、生活造成了现实的威胁，国家利益和社会公共利益持续受到侵害。

为督促徐州市睢宁县生态环境局依法履行职责，促进行政机关依法行政，进而实现维护生态环境、保护国家利益和社会公共利益的目的，2019年5月27日，本院依法向徐州市睢宁县生态环境局发出检察建议：

1. 对冯某某等污染环境案中涉案危险废物依法贮存进行监管。

2. 依法履行环境监管职责，尽快将涉案危险废物移交有处置危废资质的单位合法处置。

2019年7月2日，徐州市睢宁县生态环境局对本院发出的检察建议予以回复，主要内容如下：

1. 该局在对已倾倒的34吨油泥进行清理、运输及贮存的过程中，全程监管，完全符合危险废物转移、贮存的规范化标准。该局依法具有对本行政区域环境保护及固体废物污染防治工作实施统一监督管理的职责，但是没有对固体废物处置的职责。

2. 贮存现场未设置危险废物标识标志，没有采取防扬散、防流失、防渗漏等措施，是因为危险品运输公司属于运输机构，不属于危险废物贮存、处置机构。

3. 油泥作为涉案证据，该局已经多次催促公安局抓紧对涉案危废进行处置，都被案件办理过程中不能处置为由给予拒绝，造成长期日晒、风化。危险废物怎样处置还没有确定主体，下一步该局将根据案件的进展情况，持续跟踪服务,对涉案危险废物的处置,全过程进行监督管理。

认定上述事实的证据如下:

1. 油泥危废物现场照片等物证;

2. 徐铁检刑附民诉〔2018〕22号刑事附带民事公益诉讼起诉书、睢检行公〔2019〕32032400004号检察建议书、睢宁县环境保护局关于睢宁县人民检察院检察建议书的回复等书证;

3. 证人彭某、陈某的证言;

4. 现场视频资料等。

本院认为,被告徐州市睢宁县生态环境局的行为违反了《中华人民共和国环境保护法》第10条及《中华人民共和国固体废物污染环境防治法》第10条第2款、第17条第1款、第52条、第55条、第68条的规定,不依法履行职责,造成涉案油泥贮存不当,污染生态环境。检察机关发现后,依法向被告发出检察建议,督促被告依法履职,被告仍未依法履行职责,国家利益和社会公共利益持续处于受侵害状态。现根据《中华人民共和国行政诉讼法》第25条第4款和最高人民法院、最高人民检察院《关于检察公益诉讼案件适用法律若干问题的解释》第21条第3款的规定,向你院提起诉讼,请依法裁判。

此致
徐州铁路运输法院

2019年7月16日

徐州铁路运输法院行政判决书

（2019）苏 8601 行初 1207 号

公益诉讼起诉人：睢宁县人民检察院，住所地江苏省睢宁县永昌路 1 号。

法定代表人：徐某某，睢宁县人民检察院检察长。

出庭人员：戴某某，睢宁县人民检察院检察员。

出庭人员：尚某某，睢宁县人民检察院检察员。

被告睢宁县环境保护局，住所地江苏省睢宁县北外环 24 号。

法定代表人：孙某某，睢宁县环境保护局局长。

出庭应诉负责人：徐某，睢宁县环境保护局工会主席。

委托代理人：杜某，睢宁县环境保护局工作人员。

委托代理人：卓某某，江苏××律师事务所律师。

公益诉讼起诉人睢宁县人民检察院诉被告睢宁县环境保护局不履行环境保护行政管理法定职责一案，公益诉讼起诉人于 2019 年 7 月 19 日向本院提起行政公益诉讼。本院于当日立案受理后，在法定期限内向被告送达了起诉状副本及相关诉讼文书，并依法组成合议庭，于 2019 年 8 月 14 日公开开庭审理了本案。公益诉讼起诉人睢宁县人民检察院检察员戴某某、尚某某，被告睢宁县环境保护局出庭应诉负责人徐某及委托代理人杜某、卓某某到庭参加诉讼。本案现已审理终结。

公益诉讼起诉人睢宁县人民检察院诉称：睢宁县公安局 2017 年对"10·10 污染环境案"侦查查明，冯某某等人在无危险废物经营许可证情况下多次将相关公司清舱过程中收集的油泥运输至江苏省滨海县、江苏省宜兴

案例一 江苏省睢宁县人民检察院诉睢宁县生态环境局行政公益诉讼案

市、江苏省睢宁县等地非法处置。2017年9月，舟山市某清舱有限公司为牟利将清舱过程中收集的98吨油泥交由冯某某等处置。冯某某等通过邹某某与江苏省睢宁县的卢某某相识，双方协商将油泥交由卢某某处置。后卢某某接收该批油泥后委托无危险废物运输资质的夏某甲进行运输，夏某甲组织夏某乙、郑某某等人将该批油泥运输至睢宁县岚山镇某砖瓦厂内，卢某某、杨某某、祁某某经共谋后将其中34吨油泥倾倒入事先挖好的渗坑中，剩余64吨油泥尚未倾倒即被睢宁县公安机关当场查获。案发后，经睢宁县岚山镇政府组织人员清理倾倒的油泥污染物，过磅净重37.22吨。清理出的油泥及污染物后被转移至睢宁县鸿运危险品运输有限公司停车场内贮存。经鉴定，上述油泥为危险废物。2019年4月至5月，公益诉讼起诉人多次到现场调查，发现所有油泥均未移交有危废处置资质的单位处置，油泥贮存现场未设置危险废物识别标志，贮存油泥的塑料桶随意堆放在停车场一边，现场未采取防扬散、防流失、防渗漏或其他防止污染环境的措施，且有部分油泥渗漏造成二次环境污染。根据《中华人民共和国环境保护法》第十条、《中华人民共和国固体废物污染环境防治法》第十条第二款、第十七条第一款、第五十二条、第五十五条、第六十八条的规定，被告睢宁县环境保护局在具有监督管理职责的情况下，既没有将危废物品交由有资质单位处置，也没有对造成环境污染的单位或者个人进行行政处罚，其未依法履行职责导致部分油泥渗漏、流淌，造成周边空气、土壤等区域环境严重污染，给周边群众生产、生活造成现实威胁，国家利益和社会公共利益持续受到侵害，存在不履行法定职责的违法行为。为督促被告依法履行职责，促进行政机关依法行政，维护生态环境、保护国家利益和社会公共利益，2019年5月27日，公益诉讼起诉人依法向被告发出检察建议："1.对冯某某等污染环境案中涉案危险废物依法贮存进行监管。2.依法履行环境监管职责，尽快将涉案危险废物移交有处置危废资质的单位合法处置。"被告睢宁县环境保护局于2019年7月2日作出回复:"1.该局在对已倾倒的 34 吨油泥进行清理、运输及贮存的过程中,全程监管,完全符合危险废物转移、贮存的规范化标准。该局依法具有对本行政区域环境保护及固体废物污染防治工作实施统一监督管理的职责,但是没有对固体废物处置的职责。2.贮存现场未设置危险废物标识标志,没有采取防扬散、防流失、防渗漏等措施,是因为危险品运输公司属于运输机构,不属于危险废物贮存、处置机构。3.油泥作为涉案证据,该局已经多次催促公安局抓紧对涉案危废进行处置,都被案件办理过程中不能处置为由给予拒绝,造成长期日晒、风化。危险废物怎样处置还没有确定主体,下一步我局将根据案件的进展情况,持续跟踪服务,对涉案危险废物的处置,全过程进行监督管理。"公益诉讼起诉人在发现被告不依法履行职责后依法向其发出检察建议,督促其依法履职,但被告在收到检察建议后仍未依法履行职责,致使国家利益和社会公共利益持续处于受侵害状态。根据《中华人民共和国行政诉讼法》第二十五条第四款和最高人民法院、最高人民检察院《关于检察公益诉讼案件适用法律若干问题的解释》第二十一条第三款的规定,现依法提起诉讼,请求:1.确认被告睢宁县环境保护局对涉案危险废物的贮存情况不履行监管职责的行为违法;2.判令被告睢宁县环境保护局依法履行监管职责,于 15 日内将涉案危险废物移交有危废处置资质的单位依法进行处置。

公益诉讼起诉人为证明其诉讼主张,向本院提交了以下证据及法律依据:

第一组:睢宁县环境保护局权力清单、环境监管职权法律依据(《中华人民共和国环境保护法》第十条、《中华人民共和国固体废物污染环境防治法》第十条第二款、第十七条第一款、第五十二条、第五十五条、第六十八条),拟证明:被告睢宁县环境保护局具有对固体废物污染环境防治工作实施统一监督管理的法定职责,系本案适格主体。

第二组:1.睢宁县鸿运危险品运输有限公司工商登记材料,拟证明:该公司不具有危险废物储存、保管的资质;2.油泥贮存现场照片及视频资料,

案例一　江苏省睢宁县人民检察院诉睢宁县生态环境局行政公益诉讼案

拟证明：2018年4月17日、5月7日、7月6日油泥贮存地点均存在部分油泥渗漏的事实；3.证人彭某、陈某的证言；拟证明：涉案油泥无论在检察建议发出前还是被告回复后均未移交有危废处置资质单位进行处置；贮存油泥的现场未设置危险废物识别标志，贮存油泥的塑料桶随意堆放停车场一边；现场未采取防扬散、防流失、防渗漏或者其他防止污染环境的措施，且现场有部分油泥渗漏造成停放的空气、土壤、水质污染，社会公共利益受到侵害。

第三组：1.徐州铁路运输检察院刑事附带民事公益诉讼起诉书；2.睢宁县人民检察院检察建议书；3.睢宁县环境保护局《关于睢宁县人民检察院检察建议书的回复》；4.睢宁县公安局情况说明、冯某某等污染环境案侦办人员郭某的证言。证据1—2拟证明：公益诉讼起诉人在办理冯某某等人污染环境刑事附带民事公益诉讼中发现涉案油泥处置不当造成环境污染，于2019年5月30日向睢宁县环境保护局发出诉前检察建议，要求被告履行监管职责；证据3—4拟证明：在冯某某等污染环境案侦办期间至被告对公益诉讼起诉人诉前检察建议回复后，被告均未联系公安机关协商处置涉案油泥事宜，被告在公益诉讼起诉人督促其履职后仍未履职，导致社会公共利益持续处于受损害状态。

被告睢宁县环境保护局辩称：

一、《中华人民共和国固体废物污染环境防治法》第五十五条规定由"所在地县级以上地方人民政府环境保护行政主管部门"落实相关处置措施，该法中的"所在地"一般理解为产生危险废物单位或个人所在地，本案属于跨境倾倒危险废物，产废单位并非在被告辖区，故被告没有对涉案危废进行代处置的职责。

二、冯某某等人污染环境系刑事案件，涉案危险废物的处置具有特殊性。1.该案案发之初即作为刑事案件由睢宁县公安局立案侦查，被告无法对违法行为开展任何调查工作。鉴于刑事案件办理过程的保密要求,具体实施犯罪的嫌疑人及各嫌疑人的作用,产生危险废物的单位,谁负有危险废物的处置责任等被告均无从得知,也从未接到侦查机关的情况通报,如被告贸然实施行政强制措施,必然会出现事实不清、证据不足及程序违法等问题。2. 公安机关在侦查该案过程中,被告曾向办案人员询问涉案油泥是否可以处置,答复称油泥作为涉案物证暂时不能处置,根据《公安机关办理刑事案件程序规定》,被告认为公安机关的意见具有法律依据。

三、被告一直在推进落实涉案危险废物处置工作。1. 冯某某等人污染环境案发后,被告根据睢宁县公安局的要求及时履行了案件移交程序,于2018年7月协调光大环保固废处置(新沂)有限公司对危险废物进行了鉴定和报价,为后期危废处置做好了准备工作;2. 根据《中华人民共和国固体废物污染环境防治法》第五十五条的规定,只有产废单位不处置或者处置不符合国家有关规定的前提下才能由环保部门行使代处置权。徐州铁路运输法院和徐州铁路运输检察院牵头召开专题会议研究冯某某等污染环境案睢宁现场油泥处置事宜,根据2019年4月17日会议形成意见,首先应由冯某某等人对涉案危废进行处置,在冯某某等人不能自行处置的情况下由被告进行代处置,并由睢宁县公安局负责预收冯某某等人环境修复费用交环保局和睢宁县岚山镇政府进行废物处置。被告会后积极向上级环境保护主管部门请示,向新沂市环境保护咨询,与周边省市的危险废物处置机构沟通,做好了危废处置全部准备工作,直到2019年7月26日才接到检察机关发来的刑事庭审笔录,知道冯某某等人同意由公益诉讼起诉人进行处理,但被告和睢宁县岚山镇政府至今未收到处置费用。

四、涉案危险废物处置工作目前已经进入实施阶段。被告在2019年7月26日得到冯某某等人同意代处置涉案油泥的信息后,及时协调岚山镇人民政府、光大环保固废处置(新沂)有限公司共同到危废存放现场进行了查看,

案例一 江苏省睢宁县人民检察院诉睢宁县生态环境局行政公益诉讼案

当时被告对现场车辆及油泥使用密封设备进行了封存，目前封存状况基本完好。2019年8月1日，由危废所在地的睢宁县岚山镇人民政府与光大环保固废处置（新沂）有限公司签订了危废处置合同，目前危废处置工作正在进行中。综上，请求依法驳回公益诉讼起诉人的诉讼请求。

被告为证明其抗辩主张，向本院提交了以下证据：

1. 睢宁县环境保护局涉嫌犯罪移送案件卷宗材料，拟证明：被告对冯某某等人污染环境一案有关调查情况；

2. 光大环保固废处置（新沂）有限公司《关于睢宁县应急处置废料处置价格的情况说明》，拟证明：被告在2018年7月即进行了涉案危险废物处置的询价；

3. 油泥污染物处置协调会会议记录，拟证明：2019年4月17日各相关单位召开协调会，对涉案危险废物处置工作进行研究的情况；

4. 冯某某等人污染环境案部分刑事庭审笔录，拟证明：冯某某等人同意行政机关代处置油泥及其污染物的时间及被告知道该信息的时间；

5. 危险废物委托处置合同，拟证明：睢宁县岚山镇政府已经与光大环保固废处置（新沂）有限公司就涉案危废签订了处置合同，涉案危废已在着手处置。

经庭审质证，双方当事人质证意见如下：

被告睢宁县环境保护局对公益诉讼起诉人睢宁县人民检察院提交的第一组证据的真实性不持异议；对第二组证据中睢宁县鸿运危险品运输公司工商登记材料的真实性无异议，但认为该证据说明涉案油泥在暂时不具备处置条件的情况下，将其暂存于具有危险品运输资质的企业内系已经考虑到避免污染扩大，被告已经履行了相关监管职责；对现场照片、视频的真实性无异议，但认为从照片和视频中可以看出在泄漏油泥下铺垫了防漏的塑料布，虽然土地上有油泥存在，但是否造成土壤、水源实际污染需经鉴定，同时也说明被告在得到犯罪嫌疑人不能自行处置油泥之后已经积极履行职责；对证人彭某、陈某的证言不予认可，认为证人未出庭且该笔录中有猜测成分，不能作为证据使用；对第三组证据中的情况说明、询问笔录有异议，认为根据民事诉讼证据规则，单位出具证明除了加盖单位印章外还应有法定代表人和经办人签字，同时，睢宁县公安局与本案存在利害关系，2017年10月10日该案即移送至该局侦查，油泥一直处于其实际管控之下，该油泥至提起公益诉讼时一直未处置并非被告主观原因造成，而是睢宁县公安局一直未告知案件进展情况所致。

公益诉讼起诉人睢宁县人民检察院对被告睢宁县环境保护局提交的证据1—2真实性无异议，但认为该两份证据恰恰证明被告存在诸多不履行法定职责之处，运输和贮存是不同概念，放置油泥的地方是危险品运输公司，不能说明被告已尽到贮存的监管职责；对证据3—4真实性无异议，但认为2019年5月检察机关已通过书面检察建议告知被告可以处置油泥，7月26日微信转发的庭审笔录是通过其他方式再次进行告知，另在冯某某等人不能处置的情况下由环保局履行监管职责是建立在被告已经将油泥进行妥善保管、贮存且没有造成二次污染的前提下，协调会会议记录明确载明由睢宁县岚山镇政府和被告牵头处理，优先处置油泥以防污染扩大，故该证据不能成为被告不履行职责的理由；对证据5真实性无异议，但认为该合同是在依法提起行政公益诉讼后签订，虽然被告已着手处置油泥，但目前并未依法全面履行职责。

为全面、客观了解涉案油泥放置现场的相关情况，本院于2019年8月9日到涉案油泥贮存现场实地查看并制作现场勘查笔录一份，当时现场实际情况为：运输车上的油泥及存放在地上的油泥污染物未作实际处理，车辆上有大量油泥滴落地面并渗入地下，部分存放地面的塑料桶装油泥污染物因塑料桶损坏流淌到地面并已渗入地下，现场仅采用塑料薄膜对危废车辆和地面存

案例一 江苏省睢宁县人民检察院诉睢宁县生态环境局行政公益诉讼案

放的油泥进行遮盖,未使用密封设备进行封存。

经庭审质证,公益诉讼起诉人与被告对本院制作的现场勘查笔录均不持异议。

结合公益诉讼起诉人、被告的举证、质证意见及行政诉讼证据认定规则,本院对各方当事人的证据认证如下:对公益诉讼起诉人提交的第一组证据(含法律依据),被告均不持异议,与本案具有关联性,本院予以确认;对第二组证据中睢宁县鸿运危险品运输公司工商登记材料及现场照片、视频资料,被告对真实性不持异议,本院予以确认;对其中证人彭某、陈某的证言,两名证人虽未出庭,但该材料系检察机关在依法履职过程调查取得,与本案争议具有关联性,本院予以确认;第三组证据中刑事附带民事公益诉讼起诉书、检察建议书及对检察建议的回复具有客观真实性,与本案具有关联,本院予以确认;对证据4睢宁县公安局情况说明及工作人员询问笔录形式真实性予以确认,该证据证明的是被告未曾向公安机关联系涉案油泥处置问题,被告对两份证据不予认可,但按照行政诉讼举证规则,被告应就其曾与公安机关多次联系协调的主张予以举证证明,但被告当庭自认没有相反证据,故本院对上述两份证据证明的内容予以确认。对于被告提交的证据,公益诉讼起诉人对真实性均不持异议,证据来源合法,本院对其真实性、合法性均予以确认,但不能证明被告依法、全面、正确履行了相关法定职责。

结合双方陈述及提交的证据材料,本院依法查明以下事实:

2017年9月至10月,冯某某等人将从舟山市某清舱有限公司和王某某处接收的四车油泥委托夏某甲联系夏某乙、郑某某等人运至江苏省睢宁县岚山镇某砖瓦厂内,交由卢某某、杨某某、祁某某等人炼油。卢某某、杨某某、祁某某三人经协商后,将一车油泥倒入其事先挖掘的渗坑中,剩余64吨油泥尚未倾倒即被睢宁县公安机关当场查获。2017年10月,睢宁县环境保护局对倾倒的油泥进行称重,结合睢宁县车辆管理所出具的证明,倾倒的油泥及油泥污染物共计34余吨。后睢宁县岚山镇政府组织人员进行应急处置，清理油泥污染物37.22吨。经江苏省环境科学研究院鉴定，上述油泥系危险废物，危险特性为毒性和易燃性。后睢宁县岚山镇政府于2017年10月与睢宁县鸿运危险品运输有限公司签订停车位租赁协议，并会同被告睢宁县环境保护局将上述油泥及油泥污染物一并转移至该危险品运输公司停车场内存放。

2018年7月26日，徐州铁路运输检察院就冯某某等人污染环境犯罪向本院提起公诉，并于同年11月7日向本院提起附带民事公益诉讼。在该案审理过程中，本院发现涉案危险废物已长期不规范贮存，可能存在污染隐患，为及时处置涉案油泥，避免造成二次污染，本院于2019年4月17日与睢宁县检察院、睢宁县公安局、岚山镇人民政府及被告睢宁县环境保护局就涉案油泥及其污染物处置召开专题协调会并形成涉案危废处置方案："1.在本省找有危险废物处置资质的公司进行处置，本地环保局有监管义务，并提供处置合同确定处置费用。如果被告人自行处置，环保局进行监管；被告人不能自行处置，应当赔偿处置费用，并由环保局进行行政代处置，费用支付给睢宁县环保局。2.目前扣押3辆运输车辆上均存放有涉案的油泥，应当优先处置油泥，车辆的所有权、挂靠及价值等相关情况需进一步明确。3.油泥存放时间较长，应尽快处置，由岚山镇政府和环保局牵头处理，以防止污染进一步扩大。"

后公益诉讼起诉人睢宁县人民检察院发现涉案油泥及其污染物一直存放原地，并未移交有危废处置资质单位处置，贮存现场未设置危险废物识别标志，贮存油泥的塑料桶随意堆放，现场未采取防扬散、防流失、防渗漏等环境污染防范措施，不符合贮存条件，故于2019年5月27日向被告睢宁县环境保护局发出检察建议，主要内容为："1.对冯某某等污染环境案中涉案危险废物依法贮存进行监管。2.依法履行环境监管职责，尽快将涉案危险废物移交有处置危废资质的单位合法处置。"同时要求被告于收到检察建议后两个月内依法履行职责并书面回复。

2019年7月2日，被告睢宁县环境保护局对上述检察建议作出回复，主要内容为：2017年10月，冯某某等人在我县岚山镇内非法倾倒油泥事件发生后，我局第一时间联合县公安局食药环大队进行现场执法，同时上报市环境保护局，对倾倒在岚山镇陈集村某砖瓦厂内的油泥进行取样鉴定，鉴定结果为危废。在对已倾倒的34吨油泥进行清理、运输及贮存过程中，我局全程监管，完全符合危险废物转移、贮存的规范化标准。根据最高人民法院、最高人民检察院《关于办理环境污染刑事案件适用法律若干问题的解释》（法释〔2016〕29号）第1条规定，"实施刑法第三百三十八条规定的行为，具有下列情形之一的，应当认定为'严重污染环境'：……（二）非法排放、倾倒、处置危险废物三吨以上的"。我局于2017年10月将该案移交县公安局。目前，该案仍未结案，油泥作为涉案证据由公安局安排属地岚山镇政府暂存于危险品运输公司。在暂存期间我局已经多次催促县公安局抓紧对涉案危废进行处置，都被案件办理过程中不能处置为由给予拒绝。贵院所说贮存现场未设置危险废物标识标志，没有采取防扬散、防流失、防渗漏等措施，是因为危险品运输公司属运输机构，不属于危险废物贮存、处置机构，未设置危险废物贮存场所。根据《中华人民共和国环境保护法》第十条规定，《中华人民共和国固体废物污染环境防治法》第十条第二款规定，我局作为地方环境保护主管部门依法具有对本行政区域环境保护及固体废物污染环境防治工作实施统一监督管理的职责，但是没有对固体废物处置的职责。其次，由于案件跨度时间过久，作为案件最直接的证据公安机关不让处置，造成长期日晒、风化。时至今日，该案还没有终结，对于危险废物（直接犯罪证据）怎样处置还没有确定主体，下一步我局将根据案件的进展情况，持续跟踪服务，对涉案危险废物的处置，全过程进行监督管理，确保处置程序合法合规。

因被告睢宁县环境保护局此前未按法律规定和本院召开协调会确定的处置方案就涉案危险废物的贮存和处置履行监管职责,接收检察建议后仍未依法履职,睢宁县人民检察院于2019年7月19日提起本公益诉讼。为促进行政机关依法规范执法,督促行政机关及时履职,本院经审查后于当日即予以立案受理。

2019年8月9日,为进一步了解涉案危废贮存现场情况,本院至睢宁县现场实地查看,发现运输车上的油泥及存放地面的油泥污染物未作实际处理,车辆上有大量油泥滴落地面并已渗入地下,存放在地上的塑料桶装油泥污染物由于部分塑料桶损坏,部分油泥污染物洒落地面并已渗漏地下,现场仅采用塑料薄膜对危废车辆和地面存放的油泥进行遮盖,未使用密封设备对危险废物进行周密封存,已对现场环境造成二次污染。本案审理过程中,本院在法律框架内通过不同方式就被告依法全面履职、及时妥善处置涉案危废多次进行司法督促。

2019年11月11日,公益诉讼起诉人睢宁县人民检察院向本院具函说明:睢宁县政府采购中心受睢宁县环境保护局的委托,于2019年10月12日通过互联网发布了"非法倾倒危废应急处置单一来源采购公示",同年10月30日发布"非法倾倒危废应急处置单一来源中标公告",成交供应商为光大升达固废处置(常州)有限公司,主要成交标的为110吨油泥,单价为5970元/吨,总价金额为656700元。经审查认为,被告睢宁县环境保护局在本案审理过程中已将相关油泥及其污染物积极采取相关措施,将其交由有资质公司进行专业化处理,已依法履行相关法定职责,故申请将诉讼请求变更为"依法确认睢宁县环境保护局对涉案危险废物的贮存情况不履行监管职责的行为违法",并向本院提交了相关危废处置文件资料。

另查明,2019年7月16日,睢宁县公安局出具《情况说明》,称2019年4月17日涉案危废处置协调会召开前后均无人与其联系处置涉案油泥相关事宜。2019年8月1日，睢宁县岚山镇政府曾与光大环保固废处置（新沂）有限公司签订《危险废物委托处置合同》，拟将涉案油泥及污染物交由该公司进行合法化处置。

本院认为：公益诉讼起诉人睢宁县人民检察院在履职过程中，因被告睢宁县环境保护局就涉案危险废物的存放和处置未全面履行环境保护行政监管法定职责，致使出现环境污染后果，社会公共利益持续处于受侵害状态，依法向被告发出检察建议，被告收到检察建议后在法定期限内仍未履职，故公益诉讼起诉人提起本行政公益诉讼符合《中华人民共和国行政诉讼法》第二十五条第四款、第四十九条第二项、第三项、第四项及最高人民法院、最高人民检察院《关于检察公益诉讼案件适用法律若干问题的解释》第二十一条、第二十二条规定的行政公益诉讼受案范围和起诉条件。

根据双方当事人的诉辩主张、涉案检察建议及回复，结合行政公益诉讼相关法律规定，本案争议焦点为：1. 被告睢宁县环境保护局对涉案危险废物的贮存、处置是否具有法定监管职责；如具有相应监管职责，具体应当如何履职。2. 被告是否依法、全面履行了相关环保监管职责。

一、关于被告睢宁县环境保护局对涉案危险废物的贮存、处置是否具有法定监督管理职责及具体应当如何履职的问题。

第一，《中华人民共和国环境保护法》第十条第一款规定，"县级以上地方人民政府环境保护主管部门，对本行政区域环境保护工作实施统一监督管理"；《中华人民共和国固体废物污染环境防治法》第十条第二款规定，"县级以上地方人民政府环境保护行政主管部门对本行政区域内固体废物污染环境的防治工作实施统一监督管理"；第十七条第一款规定，"收集、贮存、运输、利用、处置固体废物的单位和个人，必须采取防扬散、防流失、防渗漏或者其他防止污染环境的措施；不得擅自倾倒、堆放、丢弃、遗撒固体废物"；第五十二条规定，"对危险废物的容器和包装物以及收集、贮存、运输、处置危险废物的设施、场所,必须设置危险废物识别标志";第五十五条规定:"产生危险废物的单位,必须按照国家有关规定处置危险废物,不得擅自倾倒、堆放;不处置的,由所在地县级以上地方人民政府环境保护行政主管部门责令限期改正;逾期不处置或者处置不符合国家有关规定的,由所在地县级以上地方人民政府环境保护行政主管部门指定单位按照国家有关规定代为处置,处置费用由产生危险废物的单位承担。"故,被告作为环境保护行政主管机关,对其辖区范围内固体废物污染环境防治工作实施统一监督管理,对涉案危险废物的收集、贮存、运输、处置等各环节均具有法定的监管职责。

第二,根据上述规定,就涉案危险废物的贮存和处置,被告所负有的监督管理职责具体应当包括:依法、规范选择涉案危废贮存地点;在涉案危废的收集、贮存过程中采取充分的防扬散、防流失、防渗漏等污染防治措施;对危险废物的容器、包装物及在贮存场所设置危险废物识别标志;在被告人不能处置涉案危废情况下,应及时指定有资质单位按照国家规定代为处置;涉案危废在贮存期间出现流失、渗漏等突发情况,可能或已经造成二次污染的情况下,应及时采取应急处置措施,预防污染发生或扩大。

第三,危险废物具有腐蚀性、毒性、感染性等危害特性,对生态环境和人民群众生命健康、安全具有极大威胁,一旦处置不当,可能造成不可估量和逆转的危害后果。《中华人民共和国固体废物污染环境防治法》明确规定防治固体废物污染环境的根本目的在于保障人体健康,维护生态安全,促进经济社会可持续发展。该法第五十五条之所以规定,产生危险废物的单位逾期不处置危险废物或者处置危险废物不符合国家有关规定的,由环保行政主管部门指定单位按照国家有关规定代为处置,目的就在于及时消除污染风险,防止因污染扩散造成新的损害,从而实现保障人体健康、保护生态环境的立法目的。依照该法实施代履行,既是环保行政机关的职权,更是其必须履行的法定职责,环保行政机关理应恪尽职守。本案中,冯某某等人因涉嫌刑事

案例一 江苏省睢宁县人民检察院诉睢宁县生态环境局行政公益诉讼案

犯罪被公安机关采取强制措施,客观上不具备处置涉案危废的条件,被告作为当地环保行政主管机关,理当履行代处置职责,以及时消除环境污染,维护社会公共利益,故其关于涉案危废的代处置应由危废产生单位所在地环保行政机关实施的抗辩意见,有违立法本意,实为逃避监管义务,本院不予采纳。

二、关于被告睢宁县环境保护局是否依法、全面履行了相关环保监管职责的问题。

第一,根据《中华人民共和国固体废物污染环境防治法》第十七条第一款、第五十二条、第五十五条针对环保行政主管部门固体废物污染防治监管职责所作的规定,本案中,被告睢宁县环境保护局虽在污染行为发生后对相关事实进行了调查取证,后将案件移送公安机关并对涉案油泥及污染物进行包装后转移,采取了一定的应急处置措施,但案发之后,其在明知涉案油泥系具有毒性、易燃性的危险废物,需要依法收集、贮存并及时处置的情况下,对涉案危废未依法寻找符合条件的场所进行贮存,而是简单堆放于无危废贮存管理资质的危险品运输公司停车场内;在收集、转移、贮存等过程中未采取任何防扬散、防流失、防渗漏等污染防治措施;在涉案油泥的包装物上及存放场所内亦未设置相关危废识别标志;涉案油泥贮存期间未进行有效的日常管护,在存放容器出现破损以致油泥出现流失、渗漏的情况下亦未及时采取有关污染防治应急处理措施,有悖《中华人民共和国环境保护法》《中华人民共和国固体废物污染环境防治法》的相关规定,明显存在监管缺失。至于被告辩称其于刑事侦查期间曾向公安机关提出处置涉案危废,因公安机关未予准许故未能履职,根据《中华人民共和国行政诉讼法》第三十四条之规定,"被告对作出的行政行为负有举证责任,应当提供作出该行政行为的证据和所依据的规范性文件。被告不提供或者无正当理由逾期提供证据,视为没有相应证据",被告提出的上述抗辩内容,公安机关不予认可,被告当庭亦自认无相关证据佐证，故本院对其该抗辩主张亦不予采纳。

第二，最高人民法院、最高人民检察院《关于检察公益诉讼案件适用法律若干问题的解释》第二十一条第二款规定，行政机关应当在收到检察建议书之日起两个月内依法履行职责，并书面回复人民检察院；出现国家利益或者社会公共利益损害继续扩大等紧急情形的，行政机关应当在十五日内书面回复。被告睢宁县环境保护局作为环境保护行政主管机关，对涉案危废本应及时妥善处置，做好污染风险管控，使社会公共利益免受不必要的侵害，但被告不仅未有依法积极作为，而且在涉案油泥存在滴落、流淌、渗漏造成新的环境污染且公益诉讼起诉人发出检察建议后，仍未采取及时、有效的监管措施，导致社会公共利益持续处于受侵害状态。被告作为环境保护行政主管机关，具有专业的环境污染风险防控知识和技术，理应深知涉案危废的特性及二次污染的危害，但其在贮存期间无视新的污染发生，放任污染后果蔓延，拒不接受检察机关履职建议，构成行政不作为违法。

本院认为，良好的生态环境是经济社会发展的基础，是人民群众生命安全健康的保证，其没有替代品，用之不觉，失之不再，人人都应形成"像保护眼睛一样保护生态环境，像对待生命一样对待生态环境"的行为自觉，并落实于日常生活点滴。环保行政机关更应深刻认识生态环境保护的价值和自身肩负的使命，秉持正确的执法理念和执法态度，做到依法、全面、及时履职，敢于直面问题，突出责任担当，切实维护好辖区环境安全和社会稳定。被告睢宁县环境保护局目前虽已将涉案危废交由有资质单位合法处置，但其在司法机关多次风险提示、检察机关发出检察建议后仍然未依照法律规定履行法定职责，导致污染物对环境造成新的损害，表明被告对其法定职责认识不清，管理制度存在疏漏。本院建议被告增强生态环境保护责任意识，依照法律规定，全面梳理自身管理职责，形成责任清单；进一步梳理内部工作流程，从制度上保障法律法规的有效贯彻落实。

案例一 江苏省睢宁县人民检察院诉睢宁县生态环境局行政公益诉讼案

综上，公益诉讼起诉人请求确认被告怠于履职的行为违法的诉讼请求，具有事实与法律依据，本院予以支持。依照《中华人民共和国行政诉讼法》第二十五条第四款、第七十四条第二款第（二）项和最高人民法院、最高人民检察院《关于检察公益诉讼案件适用法律若干问题的解释》第二十一条、第二十四条、第二十五条第一款第（一）项之规定，判决如下：

确认被告睢宁县环境保护局对危险废物的贮存未全面及时履行环境保护行政监管职责的行为违法。

如不服本判决，可以在判决书送达之日起十五日内向本院递交上诉状，并按对方当事人的人数提出副本，上诉于江苏省南京市中级人民法院。

审 判 长 孟 源
审 判 员 肖 丽
审 判 员 王显波
人民陪审员 牛太平
人民陪审员 许庆顺
人民陪审员 郭 成
人民陪审员 周 勇
二〇一九年十一月十五日
书 记 员 汤 喆

案例二　湖北省赤壁市人民检察院诉赤壁市水利局怠于履行饮用水安全监管职责案

案情简述

赤壁市某自来水厂自建成运营至今，一直未取得卫生许可证。水厂制水设施陈旧老化，过滤塔处于闲置状态，净水塔没有建造混凝池、沉淀池。水厂从白石水库取水到净水塔后，经过简单加氯消毒，即通过管网输送至用户家中。2016年至2017年，市疾病预防控制中心对该水厂的检测结果总体评价为不合格。2018年4月19日，市卫生和计划生育局的相关检测结果也不达标。2018年6月19日，赤壁市人民检察院向赤壁市水利局发出检察建议书，建议该局依法正确履职，采取有效措施，保障农村饮用水安全。2018年7月15日，赤壁市水利局作出书面回复，但未实现应有效果。2019年1月10日，赤壁市人民检察院向赤壁市人民法院提起行政公益诉讼。2019年5月23日，湖北省赤壁市人民法院作出一审判决，判令被告赤壁市水利局于本判决生效后60日内依法对某市某自来水厂生产的生活饮用水水质履行监管职责。行政机关随后启动了对自来水厂的升级改造工程，整改期间，沿用原管道供水，并由水利局、卫计局、镇政府联合加强对消毒环节、监测环节的管理，辖区老百姓喝上了达标水。

案例二 湖北省赤壁市人民检察院诉赤壁市水利局怠于履行饮用水安全监管职责案

推选理由

饮水安全是保障人民身体健康的基本条件，虽不属于传统食品药品安全领域，但是关乎重大公共利益。检察机关通过诉前程序，进而提起行政公益诉讼。人民法院审查之后，认为赤壁市水利局是本案适格被告且未合法履行其法定职责，支持了检察机关的诉求。通过人民法院的支持判决，最终督促了职能部门履行职责，实现了涉案自来水厂的升级改造，也带动了其他自来水厂及管网的更新改造，从根本上解决了一万余名居民用水安全问题。

> 办案人解读

准确定位适格行政主体是适用法律的基础

——湖北省首例检察机关提起的自来水
检测数据超标行政公益诉讼案实例分析

朱 红＊

一、本案基本情况及办案过程

2018年5月，赤壁市人民检察院对赤壁市辖区内的15个乡镇2016年至2018年农村饮用水安全情况进行了调查。通过调查发现，有4个乡镇的农村饮用水水质不符合国家标准，负有农村饮用水安全监管职责的赤壁市水利局未依法履行监管职责，人民群众的身体健康受到损害，社会公共利益被侵害。2018年6月19日，赤壁市人民检察院向赤壁市水利局发出检察建议，要求其依法履行职责，采取有效措施，保障农村饮用水安全。2018年7月15日，赤壁市水利局作出书面回复，称：赤壁市水利局已编制《赤壁市农村饮用水安全巩固提升工程"十三五"规划》，循序推进农村饮水安全巩固提升工作；2016年至2017年，赤壁市农村供水水质合格率均达到上级政府及相关部门划定的合格率指标；下一步将分年度逐步实施老化管网的更新改造任务，进一步加强水质监管，督促乡镇水厂落实安全制度。收到回复后，赤壁市人民检察院对整改情况跟进监督，委托赤壁市疾病预防控制中心对4个问题乡镇水厂的水质进行进一步检测。经检测，菌落总数、余氯等指标仍然不符合《生活饮用水卫生标准》（GB5749—2006）。为了进一步求证菌落总数、

＊ 朱红，湖北省赤壁市人民检察院员额检察官。

案例二 湖北省赤壁市人民检察院诉赤壁市水利局怠于履行饮用水安全监管职责案

余氯等不达标的饮用水对人体健康的损害，赤壁市人民检察院委托黄石湖理环保节能产业技术研究院和赤壁市疾病预防控制中心专家组出具专家意见。黄石湖理环保节能产业技术研究院和赤壁市疾病预防控制中心专家组分别出具了《关于赤壁市农村饮用水水质监测结果安全风险的评估报告》《赤壁市农村生活饮用水水质监测结果评价意见书》，均指出菌落总数、总大肠菌群、色度、浊度均不符合《生活饮用水卫生标准》（GB5749—2006）的水体，危害人体身体健康。鉴于赤壁市水利局在收到检察建议后仍未履行农村饮用水水质监管职责，4个乡镇的饮用水水质仍然不符合国家饮用水标准，人民群众的身体健康仍然处于受侵害状态。2019年1月10日，赤壁市人民检察院选取4个水质不达标乡镇之一的某镇就赤壁市水利局不履行法定职责向赤壁市人民法院提起行政公益诉讼。2019年5月23日，湖北省赤壁市人民法院作出判决。判令被告赤壁市水利局于本判决生效后60日内依法对赤壁市某镇自来水厂生产的生活饮用水水质履行监管职责。

判决生效后，2019年6月1日，赤壁市水利局启动了对赤壁市某镇自来水厂的升级改造工程，对原水厂的厂房及落后的制水设施进行了拆除，按"十三五"农村饮用水集中供水工程的要求进行施工，已于2019年11月完工。同时，赤壁市人民检察院举一反三，深入调查同类违法情形，督促赤壁市水利局依法全面履行职责，共同推进辖区内不达标水厂的专项整治工作。目前，赤壁市辖区内中伙铺镇水厂、新店镇水厂、杨家岭水厂、赤壁镇水厂等落后管网的更新改造已纳入"十四五"升级改造工程，并已施工，确保"村村通自来水，户户饮放心水"目标的顺利实现。

二、办理该案的几点思考

本案是湖北省首例针对自来水检测数据超标提起的行政公益诉讼案件，结合案件办理中存在的取证难问题、法律适用问题以及行政机关怠于履职时的监督方式等方面的问题进行如下思考,以期为类似案件的办理提供经验。

(一)多途径解决取证难问题

公益诉讼案件涉及侵害社会公共利益,往往案情重大、牵涉范围广、证据链复杂,而检察机关在公益诉讼案件办理中,调查取证手段受限、取证专业性不强,在实践中困难重重。因此,赋予检察机关在公益诉讼方面刚性调查核实权显得尤为必要。

在实践中,基层检察院又面临人力、物力有限的困境,在技术性鉴定、勘验、监测等方面专业性不强,说服力不够等问题,案件办理难度大。为克服办案障碍,赤壁市人民检察院办案人员因时制宜、多方沟通,争取办案支持,委托赤壁市疾控中心对某镇自来水厂出厂水进行多次勘验检测,并委托具有专业资质证书的社会评估机构、评估专家实地检测并出具水质监测结果安全风险评估报告书,成为庭审中认定水质不符合国家标准及被告怠于履职的重要证据。

(二)提升法律适用准确性

由于水资源问题涉及的行政部门有很多,部门之间职能交叉,所以正确识别并精准定位负有监管职责的行政主管机关成了公益诉讼案件中首先要解决的问题。对于诉讼活动来说,适格的诉讼主体是整个案件的基石。在确定适格的被告之后,我们还要重视选择支撑检察机关诉讼请求的法律依据,甄别具体行政机关以及行政机关的抗辩理由是否合法等,以提高起诉书的说服力和说理性,这就需要我们在众多的法律、法规中定位出案件办理所需要的条款,并且根据不同位阶进行择取。

行政公益诉讼案件的成功办理,一方面,对于督促行政机关合法、全面履职意义重大,另一方面,也对检察机关办案干警提出了更高的要求,倒逼干警提高自身水平,提升法律运用的敏感性和准确性。

案例二 湖北省赤壁市人民检察院诉赤壁市水利局
怠于履行饮用水安全监管职责案

（三）充分发挥诉前程序与诉讼程序的作用

一方面，要高度重视行政公益诉讼诉前程序，加强检察建议刚性。明确检察机关开展行政公益诉讼工作的目的是通过督促行政机关全面履行行政职能，共同维护人民群众的根本利益，形成双赢多赢共赢的局面，实现办案法律效果、政治效果和社会效果的统一。因此，检察机关在办理该类案件时应充分认识到诉前程序的重要性和必要性，能够通过发送检察建议书起到督促行政机关依法履职作用的案件绝不轻易进入诉讼程序浪费司法资源，不能为了办案而办案。在本案中，赤壁市人民检察院积极争取赤壁市人民政府的支持，检察长主动向赤壁市主要领导汇报公益诉讼工作情况，并获得市领导的充分支持，赤壁市委办公室、市政府办公室印发《关于支持检察公益诉讼工作的实施意见》，要求全市行政机关高度重视、充分配合检察机关公益诉讼工作开展，为监督效果的落实打下了坚实基础。

另一方面，更要善于利用诉讼程序维护监督实效。提起公益诉讼不是检察机关履行行政监督职能的必经程序，但不能因此忽略诉讼程序的重要作用。当经过诉前程序社会公众利益仍处于受侵害的状态时，检察机关更应该勇于监督、善于监督，依法提起行政公益诉讼。

饮用水污染行政公益诉讼案件探析

——湖北省首例检察机关提起的自来水检测数据超标行政公益诉讼案实例分析

万子琼*

对于赤壁市人民检察院提起的赤壁市水利局不履行农村饮用水安全职责

---

* 万子琼，湖北省赤壁市人民法院员额法官。

行政公益诉讼案的庭审情况及案件焦点，现谈一下我们对本案涉及的法律适用、事实认定，证据采信方面的看法和观点，以供参考。

根据案件事实及诉争内容，该案办理过程中的主要争议焦点在于：（1）赤壁市水利局是否对赤壁市某镇自来水厂水质状况负有监管职责，即赤壁市水利局是否为本案适格的诉讼主体；（2）赤壁市水利局在本案中是否履职；（3）该水厂水质是否合格。

一、根据明确授权认定监管主体

根据行政法和行政诉讼法的规定，关于监管主体的认定，应以法律、法规或者规章明确授权的行政机关以及该行政机关行使的监督管理职责为依据。

针对争议焦点（1），赤壁市水利局在庭审中提出本案被诉主体不适格，并向法庭提交了赤壁市人民政府系列规范性文件，证明水利局是赤壁市行政区域内农村供水的行业主管部门，但某镇自来水厂未纳入农村饮水工程管理范围，其所在乡镇人民政府是乡镇区域内农村饮水安全工作的责任主体。赤壁市水利局在本案起诉之前已经编制《赤壁市农村饮用水安全巩固提升工程"十三五"规划》，将赤壁市某镇自来水厂确定为2019年农村饮用水建设工程，故其依法履行了监管职责，请求法庭依法驳回检察机关的诉讼请求。

本院认为，根据《水法》第12条第4款"县级以上地方人民政府水行政主管部门按照规定的权限，负责本行政区域内水资源的统一管理和监督工作"，《湖北省农村供水管理办法》第5条第1款"县级以上人民政府水行政主管部门负责本行政区域内农村供水的规划、建设、监督与管理，具体工作由其所属的农村供水用水管理机构承担"以及第42条"违反本办法规定，供水单位有下列行为之一的，由县级人民政府水行政主管部门责令改正，并处1000元以上1万元以下罚款：（一）供水不符合国家规定的水量、水质、水

案例二 湖北省赤壁市人民检察院诉赤壁市水利局
怠于履行饮用水安全监管职责案

压和供水保证率要求的……"赤壁市人民政府办公室《关于印发赤壁市水利局主要职责内设机构和人员编制规定的通知》（赤政办法〔2011〕72号）中"组织协调全市农田水利基本建设、农村水电电气化，农村饮水安全管理和城乡供水工作"等相关规定，赤壁市水利局具有监督和管理本市农村供水工作的法定职权，因此，结合地方"三定"方案，选取有明确行政监管职责、有明确法定监管手段和方式的水利局作为起诉对象，赤壁市水利局确系本案的适格诉讼主体。而乡镇人民政府作为自来水厂的发包方，其"管理"不等同于"监管"，该管理职责不受行政诉讼法的调整，不是本案的责任主体。根据行政法和行政诉讼法规定，本案中被告提供的一系列其他规范性文件不能作为认定被诉行政行为合法的依据。据此，本院在开庭审理中未予认定赤壁市水利局对被诉行政行为无责任的抗辩事实，作出了要求判令被告依法履职的判决，体现了法律权威性。

二、系统审理行政机关违法履职或未履职相关证据

在行政公益诉讼案件中，行政机关违法履职或者未履职是检察机关发出诉前检察建议的重要根据之一，也直接关系到案件的最终走向。在本案中，针对争议焦点（2），本院根据赤壁市人民检察院提交的证据，从以下几个方面认定赤壁市水利局在本案中未履职：一是在水利局定期收到赤壁市疾控中心向其报送的该水厂生产的饮用水检测结果不合格的报告之后，水利局一直未对供水单位采取监管措施，未依法履行监管职责；二是在收到赤壁市人民检察院的检察建议之后，水利局虽然及时作出书面回复，但是仍旧未采取任何监管措施，经公益诉讼人委托疾控中心再次对水质进行检测，水质仍为不合格，并且根据黄石湖理环保节能产业技术研究院出具的《关于赤壁市农村饮用水水质监测结果安全风险的评估报告》，此种情况对当地居民正常用水构成极大的安全风险，危及人体健康；三是对于水利局辩称的某镇水厂并未纳入"十一五""十二五"工程,其已编制《赤壁市农村饮用水安全巩固提升工程"十三五"规划》,本院认为即便该水厂未纳入该工程,亦不影响水利局履行对全市农村饮用水安全的监管职责。

三、根据国家标准衡量水质达标情况

饮用水质是否达标,应按国家制定的法定标准衡量,而不是部门或上级标准。

针对争议焦点(3),水利局辩称某镇自来水厂水质达到了上级政府及相关部门划定的合格率指标,水质合格。根据2016年至2017年赤壁市疾控中心对某镇自来水厂出厂水、末梢水水质进行的9次检测,2018年4月19日赤壁市卫生和计划生育局对该厂水质的检测以及2018年10月25日、11月14日公益诉讼人分别向赤壁市疾控中心及黄石湖理环保节能产业技术研究院委托再次检测,结果均显示该水厂水质为不合格。赤壁市疾控中心2019年1月8日作出的《赤壁市某镇水厂生活饮用水水质监测结果评价意见书》认为,参照《生活饮用水卫生标准》(GB5749—2006)、《地表水环境质量标准》(GB3838—2002)、《生活饮用水水源水质标准》(C13020—1993)等国家行业标准,该水厂水体中菌落总数超标,水质状况达不到基本的卫生要求,饮用细菌超标的自来水,容易患痢疾等肠道疾病,危害人体健康。

水是人类生存最基本的条件,解决农村饮用水安全问题是建设社会主义新农村的重要内容,关系到农村居民的生产、生活等切身利益。本案中,对于检察机关提供的证据,本院在根据明确授权认定监管主体、系统审理行政机关违法履职或未履职相关证据、根据国家标准衡量水质达标情况等方面,最终予以全部采纳。

专家评析

拓展检察行政公益诉讼范围和路径的积极探索
——赤壁市人民检察院诉赤壁市水利局怠于履行饮用水安全监管职责案评析

杨建顺*

赤壁市人民检察院诉赤壁市水利局怠于履行饮用水安全监管职责案(以下简称"赤壁水利局监管职责公益诉讼案")几乎涉及检察行政公益诉讼的全部相关问题,故而该案作为典型案例名副其实,对该案进行评析也具有极强的实践指导价值和理论助推意义。对于研究关注检察行政公益诉讼的人来说,该案的两份材料——《湖北省赤壁市人民检察院行政公益诉讼起诉书》(赤检行公诉〔2018〕2号)和《湖北省赤壁市人民法院行政判决书》〔(2019)鄂1281行初12号〕,具有一定的分析价值。

其一,它们全面展示赤壁水利局监管职责公益诉讼案的亮点。通过检察行政公益诉讼,解决了历经多年一直得不到解决的某镇自来水厂所供饮用水水质安全的监管问题,这真的令人感到无比高兴!我也为赤壁市人民检察院勇于探索、敢于担当的精神所感动,禁不住为赤壁市人民检察院和赤壁市人民法院举证说理、志在公益的风范而拍手称赞。该案非常有意义,可谓亮点纷呈、启示良多,它对于助推公益诉讼实践和相关理论研究,都具有不可小觑的启迪作用。

---

* 杨建顺,中国人民大学杰出学者特聘教授,法学博士。

其二，它们也难免存在一些问题。有些是本案中特有的个案性问题，也有些是围绕检察行政公益诉讼的普遍性课题，会让人总感到很纠结，亟待进一步确认和深入研究。

归纳总结该案的亮点，凝练该案的启示，结合与之相伴随的值得商榷和存有异议的问题，本文定位于拓展检察行政公益诉讼范围和路径的积极探索以期为公益诉讼理论发展和制度完善提供些许参考和借鉴。

一、饮用水安全监管领域适用检察行政公益诉讼的探索

赤壁水利局公益诉讼案的重要亮点之一，就是检察院和法院勇于探索，将检察行政公益诉讼适用于饮用水质量监管领域。当然，和该案的其他亮点一样，它同时具有值得进一步确认和商榷的余地，尤其是其作为"拓展"性的积极探索，在法规范依据和理论支持方面的证成就显得格外重要。

换言之，无论是勇于探索，还是后续的敢于担当，都意味着要将检察行政公益诉讼适用于饮用水水质监管领域，这需要对现行法规范进行扩张解释，而该扩张解释能否成立，决定了该探索和担当是否具有可支持性，从而决定了其是否具有可复制性乃至可持续发展性。

这个问题归根结底取决于应当如何理解现行法关于检察行政公益诉讼范围的规定。根据《行政诉讼法》（以下简称《行诉法》）第25条第4款规定，检察行政公益诉讼适用于"生态环境和资源保护、食品药品安全、国有财产保护、国有土地使用权出让等领域"。针对这种列举加概括的规定，若能从前面所列举事项中找到合适的对应项，便可以进行法规范的直接适用，那么，其法规范依据的明确性和充分性也就是确定无疑的。这就是所谓"等"外适用。很显然，本案所涉饮用水水质监管领域不在所列事项中，如果直接套用的话，是不存在合适的套用领域的，即无法进行"等"外适用。

那么，灵活运用法规范解释学的话，或可以拓展新的领域。围绕《行诉

法》第25条第4款的"等"内适用和"等"外适用问题，已有很多讨论，形成了大量相关研究。既有研究中有很多值得参照和借鉴的成果。如果检察院和法院在拓展检察行政公益诉讼范围之际能够加以引证，那么，或可更进一步体现其在法规范适用上的精准性和说理性。遗憾的是，在赤检行公诉〔2018〕2号行政公益诉讼起诉书和（2019）鄂1281行初12号行政判决书中都看不到这方面的引证。

当然，围绕《行诉法》第25条第4款的"等"外适用问题，即便不引证相关学说，也可以从该款规定的自身逻辑规律得出肯定性答案。

其一，法律既然规定了"等"，那么，"等"外适用就是法律所预定的适用形态；其二，能否进行"等"外适用，取决于所要适用领域或者事项与"等"内所列事项的同属性或者关联度；其三，饮用水安全监管领域与"等"内所列事项"食品药品安全"中的"食品"具有极强的关联度，进一步展开扩张解释的话，甚至可以将"饮用水"纳入"食品"的范畴，并且，"饮用水"跟"生态环境和资源保护"中的"生态环境和资源"密切相关，存在极高的关联度甚至重合性。综上，既可以通过概念解释来拓展其外延，在维持既有"等"外领域不变的基础上，将"饮用水"纳入其解释范畴；也可以在"等"外做文章，将"饮用水"作为具有极高关联度甚至一定重合性的所列事项"等"外的例举事项来把握。如此，将检察行政公益诉讼适用于饮用水水质监管领域，其法规范依据便得以明确。

总之，以水利局怠于履行饮用水安全监管职责为由提起检察行政公益诉讼，是一种勇于探索的体现，也是一种积极作为的结果。可以说，尽管在法规范适用分析和理论证成方面略显不足，但是，该案的确体现了检察行政公益诉讼"等"外探索再创新思路，故而将该案作为典型案例，具有重要的示范作用和启迪效果。

二、某镇自来水厂水质的监督管理法定职责之争

赤壁水利局监管职责公益诉讼案的第二个亮点是敢于担当,即检察机关敢于主张被告赤壁市水利局负有对某镇自来水厂水质的监督管理法定职责。众所周知,关于这一点,关系到行政机关的法定职责问题,相较于包括检察机关在内的其他机关,行政机关的主张往往具有更强的专业优势。故而,一旦行政机关主张其不负有相关法定职责,那么,其他机关一般很难与之抗争,或者说与之抗争往往会伴有较大风险。

在我国,目前相关组织法律制度相对不够健全,诸多行政机关的职责是依"三定"规定而确立的,故而行政系统内部的相关部门自然是或者说应该是比较清楚其自身的职责。而对于局外人来说,行政机关的职责分配一般则难免有一种扑朔迷离之感,比较难以搞清楚各部门之间的职责分配。在这种情况下,被告水利局辩称其不具有对某镇自来水厂水质安全监管的法定职责,应当说是具有、至少人们会认为其具有相当高的可信度。面对这样的挑战,检察机关依然坚持主张被告负有对某镇自来水厂水质安全监管的法定职责。应该说,没有敢于担当的精神,是很难做到这一步的。

从本案的相关材料可以看出,赤壁市人民检察院毫不退缩,引用相关法规范和政策文件,证成了赤壁市水利局负有对某镇自来水厂水质的监督管理法定职责。可以说,这种担当,建立于扎实的法规范和政策文件的把握和解释基础之上,换言之,赤壁市人民检察院的检察官们真是下了功夫。

既然说是行政机关的法定职责,自然应当符合职权法定原则,是客观存在的,不容置疑。赤壁市人民检察院列出了法规范依据:(1)《水污染防治法》第92条规定:"饮用水供水单位供水水质不符合国家规定标准的,由所在地市、县级人民政府供水主管部门责令改正,……"(2)《水法》第12条第4款规定:"县级以上地方人民政府水行政主管部门按照规定的权限,负责本行政区域内水资源的统一管理和监督工作";(3)《湖北省农村供水管理

办法》第5条第1款规定:"县级以上人民政府水行政主管部门负责本行政区域内农村供水的规划、建设、监督与管理,具体工作由其所属的农村供水用水管理机构承担。"进而列出了政策文件:(4)赤壁市人民政府办公室《关于印发赤壁市水利局主要职责内设机构和人员编制规定的通知》(赤政办发〔2011〕72号)。该通知中明确规定:赤壁市水利局主要职责是"主管全市农村水利工作;负责全市水土保持工作;组织协调全市农田水利基本建设、农村水电电气化、农村饮水安全管理和城乡供水工作"。

至此,赤壁市水利局的法定职责便清晰地显现出来了。也就是说,从赤壁市人民检察院所列上述法规范依据及其具体内容之中,能够引导出被告水利局具有对某镇自来水厂水质安全监管的法定职责。于是,在列出上述法规范依据及其相关内容的基础上,检察机关得出结论:"被告赤壁市水利局具有监督和管理本市农村供水工作的法定职权。"由此可见,检察机关的主张有充分、明确的法律和政策依据作为支持。

三、关于举证责任和说理程度的问题

赤壁水利局监管职责公益诉讼案的第三个亮点是举证说理。一方面,检察机关满11页的行政公益诉讼起诉书,通过大量的举例,证成了赤壁市水利局怠于履行法定职责,损害了社会公共利益,展示了检察机关认真说理的风范。另一方面,法院13页半的判决书,进行充分说理,列出并支持检察机关的相关主张,构筑了法院判案的严密逻辑。

检察机关所举证据:(1)自来水厂是由镇政府投资建设的集中式供水单位;(2)1999年5月建成并投入使用,但自建成运营至今,该水厂一直未取得卫生许可证;(3)通城县卫生和计划生育局出具证明:没有混凝、沉淀设施,没有机械加药设备,不具备发放卫生许可证条件,故没有对其发放卫生许可证;(4)按照政府会议纪要,定期对全市范围内饮用水进行检验和监

测，并按规定向有关部门报送水质监测报告；（5）2016年至2017年赤壁市疾病预防控制中心对该自来水厂出厂水、末梢水水质检测报告9份，检测结果均为不合格；（6）赤壁市卫生和计划生育局行政执法文书：该水厂生产的生活饮用水水质不达标；（7）赤壁市水利局作为负责农村饮水安全管理和监督的水行政主管部门，却一直未依法对该厂履行监管职责。

再看看法院的逻辑推理：

（1）公益诉讼人检察院诉称；（2）公益诉讼人检察院提交的证据：第一组证据9份，第二组证据3份，第三组证据8份（如此列出大量证据，也从另一个侧面体现了赤壁市人民检察院重视证据，以证据说理的风范）；（3）被告水利局辩称；（4）被告水利局提交的证据（9份）；（5）庭审质证；（6）经审理查明；（7）本院认为。

众所周知，"经审理查明"和"本院认为"最为重要，其最后聚焦于各种法律依据，为确认"被告赤壁市水利局具有监督和管理本市农村供水工作的法定职权"（赤壁市人民政府办公室《关于印发赤壁市水利局主要职责内设机构和人员编制规定的通知》），并作出责令其限期依法履行监管职责的判决奠定了基础。

但是，本案中也存在一个问题，那就是在关于确认行政机关法定职责的法律依据问题上，检察院起诉和法院判决所引用依据却并不完全相同。如前所述，赤壁市人民检察院列出了4项法规范和政策依据。赤壁市人民法院也列出如下法规范和政策依据：（1）《水法》第12条第4款；（2）《湖北省农村供水管理办法》第5条、第42条；（3）赤壁市人民政府办公室《关于印发赤壁市水利局主要职责内设机构和人员编制规定的通知》（赤政办发〔2011〕72号）。

那么，检察院所列《水污染防治法》第92条（法院未列）、《湖北省农村供水管理办法》第42条（检察院未列）是什么关系？该如何理解这种法规范

案例二 湖北省赤壁市人民检察院诉赤壁市水利局
怠于履行饮用水安全监管职责案

适用上的差异?虽然不是根本性差异,也应当予以认真应对,予以相应的理由说明。可见,本案中赤壁市人民法院判决书整体上是重视说明理由的,而此处关于立法规范和政策文件适用的理由说明不足。

四、关于公益性的认识和确认

所谓检察行政公益诉讼,顾名思义,是围绕公益,具体说是围绕"国家利益或者社会公共利益"是否受到侵害而展开的诉讼,是一种客观诉讼。换言之,如果"国家利益或者社会公共利益"得不到确认,也就无所谓公益诉讼。在赤壁水利局公益诉讼案中,某镇居民的饮水安全这个公益客观存在,成就了该案的第四个亮点,就是检察机关提起诉讼志在公益,督促行政机关依法履职,使某镇居民的饮水安全有了保障。

从赤检行公建〔2018〕14号检察建议书,到委托勘验,赤壁市疾病预防控制中心检测报告、黄石湖理环保节能产业技术研究院评估报告(对当地居民正常用水构成极大的安全风险,易引起多种疾病),再到询问笔录等,皆是为了督促赤壁市水利局依法履行监管职责,消除"危及广大人民群众用水安全"的风险。本案中"公益"的这两个方面或者两个要素都应当受到重视,至少应当得到相应的探讨。而该现象背后所牵涉的公益性的认识和确认的问题,有待相关标准和程序来支撑。

五、关于风险规制适用于检察行政公益诉讼的问题

与公益的认识和确认紧密相连的是风险规制问题,具体说来,就是能否将风险规制引入"国家利益或者社会公共利益"的认识和确认的要件。可以说,赤壁水利局公益诉讼案的第六个亮点是将风险规制引入公益保护诉讼,通过提起诉讼,实现了督促行政机关积极能动作为,提升治理能力和治理效果的目的。

一方面，督促行政机关积极能动作为，提升治理能力和治理效果，这是检察行政监督的重要职能，值得充分肯定和称赞。但是，从另一方面来看，其在法规范依据上则有待进一步确认和夯实。

众所周知，我国实定法上所确立的检察行政公益诉讼并没有将"国家利益或者社会公共利益"有受到侵害之虞作为保护法益。根据《行诉法》第25条第4款规定，检察行政公益诉讼适用于"负有监督管理职责的行政机关违法行使职权或者不作为，致使国家利益或者社会公共利益受到侵害的"情形。换言之，实定法上的行政公益诉讼适用要件之一就已经造成了对国家利益或者社会公共利益侵害的这样一种情形。那么，实定法上没有规定有受到损害之虞的倾斜，是不是立法上的疏漏？从相关规定的立法过程来看，这种可能性几乎是不能存在的。

众所周知，我国检察行政公益诉讼的立法经历了独特的历程。《行诉法》在2014年完成大修，其后仅过了3年，便于2017年进行了一次小修，只增设了1款作为第25条第4款，应该是经过反复打磨、仔细斟酌、利益均衡、慎重选择的结果。该条明确规定："人民检察院在履行职责中发现生态环境和资源保护、食品药品安全、国有财产保护、国有土地使用权出让等领域负有监督管理职责的行政机关违法行使职权或者不作为，致使国家利益或者社会公共利益受到侵害的，应当向行政机关提出检察建议，督促其依法履行职责。行政机关不依法履行职责的，人民检察院依法向人民法院提起诉讼。"该规定标志着我国检察行政公益诉讼法律制度正式确立。为设置检察行政公益诉讼制度而特地启动《行诉法》修改程序，这体现了该制度的重要性和独特性，也体现了有关部门对该制度的高度重视。然而，该规定中并没有规定有受到侵害之虞时可以启动检察行政公益诉讼，这种规定不可能是立法上的疏忽，毋宁说是立法者有意而为之。这应该是由检察行政公益诉讼自身的补充性和谦抑性所决定的吧。

案例二 湖北省赤壁市人民检察院诉赤壁市水利局怠于履行饮用水安全监管职责案

从《行诉法》上述规定可以看出，我国检察行政公益诉讼是检察机关在履行职责中发现特定领域负有监管职责的行政机关未依法履行职权（包括违法行使职权和不作为），致使国家利益或者社会公共利益受到侵害时，通过提出检察建议来督促其依法履行职责，并在督促无果的情况下向人民法院提起诉讼的制度。

而在本案中，它是强调具有这样一种风险，针对这样一种风险，提出了检察建议；进而，针对这样一种风险，提起了检察行政公益诉讼。具体而言，赤壁市人民检察院扎实举证，阐明了"对当地居民正常用水构成极大的安全风险""损害了社会公共利益"；赤壁市人民法院认真说理，确认指出："被告水利局经公益诉讼人检察院发出检察建议后仍未采取有效措施进行监管，致使不安全水质对某镇居民的人体健康构成极大安全风险，损害了社会公共利益。"这样架构，应该有助于督促行政机关积极能动采取措施，有效应对风险，彻底解决怠于履行饮用水安全监管职责等问题。在本案中看不出如此效应，这也是各检察行政公益诉讼所面临的共同课题吧。

在《行诉法》并未将"或者有受到侵害之虞"作为检察机关提出检察建议乃至提起诉讼的条件来规定的情况下，直接将风险规制作为启动检察建议乃至检察行政公益诉讼的条件来架构，存在法规范依据不足之嫌。

将"致使不安全水质对某镇居民的人体健康构成极大安全风险"直接理解为"损害了社会公共利益"，这样虽然难免存在缺少中间过渡、太过生硬等值得商榷的余地，但是，可以说它不失为一种有说服力的解释。当然，要使这样的风险得到有效应对，彻底履行对饮用水安全监管的职责等，尚须建构相应的风险规制的配套机制。

六、从检察建议到检察行政公益诉讼

从相关材料所呈现的赤壁市水利局公益诉讼案的推进过程来看，该案的

69

第六个亮点就是检察机关认真履职,遵守检察建议前置的程序安排,在提出检察建议未达到督促行政机关依法履行职责效果的情况下,进而提起检察行政公益诉讼,最终确保了行政检察监督的实效性。可以说,赤壁市人民检察院遵守了检察建议前置这一法定程序,并且最后提起诉讼得到了法院的支持,才确保了行政检察监督的实效性。当然,将赤壁市人民检察院的诉讼请求与赤壁市人民法院的判决进行比较,可以发现只是部分诉讼请求得到了支持。这个问题很复杂,在某种程度上说,它起码表明了司法权不宜深度介入行政决策之中,只有在行政裁量权收缩,尤其是行政裁量权零收缩的情况下,才可以命令行政机关"采取有效措施"。那么,检察机关该如何把握好其权力的边界呢?

赤壁市人民检察院在发现赤壁市水利局未依法履行监管职责、损害社会公共利益的线索后,审查确认符合监督条件,便立案、依法审查,在确认事实的基础上发出赤检行公建〔2018〕14号检察建议书。

赤壁市人民检察院发出检察建议书,建议赤壁市水利局依法正确履职,采取有效措施,保障农村饮用水安全。可以说这是检察权的积极能动性之体现。赤壁市水利局收到检察建议书后作出了书面回复称:(1)赤壁市水利局已编制《赤壁市农村饮用水安全巩固提升工程"十三五"规划》,循序推进农村饮用水安全巩固提升工作;(2)2016年至2017年,赤壁市农村供水水质合格率均达到上级政府及相关部门划定的合格率指标;(3)下一步将分年度逐步实施老化管网的更新改造任务,进一步加强水质监管,督促乡镇水厂落实安全制度。

对于赤壁市水利局的回复,存在不同观点。有人主张行政机关作出书面回复,采取了相应措施,就是依法正确履职了。并且,政府系统中各项工作千头万绪,就是需要依计划推进,逐年落实,分步走。赤壁市水利局编制"十三五"规划,并按照规划分期分批推进老化管网更新和落实安全制度,相

案例二 湖北省赤壁市人民检察院诉赤壁市水利局
怠于履行饮用水安全监管职责案

关做法是值得肯定的。也有人认为,赤壁市水利局的做法并不等于已按照检察建议书的要求依法正确履职了。实际上,这里在理论上还有许多相关问题需要理顺,尤其是涉及行政机关和检察机关双方专业优势比较的问题,有必要进行分类研究,根据不同情形和阶段作出具有针对性地选择取舍。

总体而言,应当确立尊重行政首次判断权的原则,在检察建议发出后,只要行政机关切实作为了,检察机关一般不宜进一步介入。当然,虽说不宜进一步介入,但是,进一步跟踪监督往往还是必要的。正如本案中赤壁市人民检察院,通过充分利用"外脑"来弥补专业优势不足的短板,委托赤壁市疾病预防控制中心对某镇自来水厂的出厂水质进行检测,委托黄石湖理环保节能产业技术研究院对某镇自来水厂水质不符合国标情况进行专家评估,证实了赤壁市水利局采取相关措施后,依然是"水质状况达不到基本的卫生要求,此种状况对当地居民正常用水构成极大的安全风险,危及人体健康"。正是基于这种对发出了检察建议后履职情况的确认,检察机关才启动了检察行政公益诉讼的程序。简言之,赤壁市人民检察院在赤壁市水利局对检察建议书作出书面回复之后,采取委托检测和专家评估等方式,进行充分调查取证,确认核实了相关事实,断定赤壁市水利局"一直未依法对某镇自来水厂履行监管职责",该"违法行为致使社会公共利益处于受侵害状态",故而依法提起行政公益诉讼。

赤壁市人民法院在进行事实梳理、证据确认和评判的基础上,依法作出判决:"责令被告赤壁市水利局在本判决生效后六个月内依法对赤壁市某镇政府自来水厂生产的生活饮用水水质履行监管职责。"这样,行政检察监督的实效性得到一定程度的实现,有望消除1700户1万余人的生活用水安全风险。这一结果可以说是检察机关的持续用力,也是检察机关遵守法定程序的努力,赢得了法院的支持,才最终确保了行政检察监督的实效性。

七、关于某镇自来水厂无证运营 20 载的思考

赤壁市水利局公益诉讼案呈现出诸多亮点，也给人们带来诸多启迪，而该案反映出一个客观事实——某镇自来水厂无证运营 20 载，这简直可以用近来流行的一个概念来表述——细思极恐！

该案通过检察行政公益诉讼，获得了赤壁市人民法院的支持判决，责令赤壁市水利局依法对赤壁市某镇政府自来水厂生产的生活饮用水水质履行监管职责。至此，是否就万事大吉了呢？不，当然不是。

且不说赤壁市水利局依法履行监管职责到底是一种什么状态、要达到什么标准等尚是未知数，单说这某镇政府投资建设一直未取得卫生许可证的自来水厂，相关指标和标准的要求当初为什么会被忽略？在相关要求未达标的情况下，怎么就能够建成自来水厂？既然未达标，"一直未取得卫生许可证"，那么，该自来水厂何以运营至今？接下来，水利局对该厂生产的生活饮用水水质履行监管职责，政府投资建设的该自来水厂将面临怎样的命运？该予以取缔，还是使其原样存续，抑或责令整改基础上再根据整改结果来决定其存废？这个问题是本案所涉全部问题的总根源，这个问题不解决，其他的问题也就很难期冀彻底解决。

从赤壁市水利局公益诉讼案来看，尚有许多配套机制需要夯实完善。赤壁市人民法院确认了"被告水利局经公益诉讼人检察院发出检察建议后仍未采取有效措施进行监管，致使不安全水质对某镇居民的人体健康构成极大安全风险，损害了社会公共利益"，在此基础上，作出判决责令水利局限期履行监管职责。如此判决，看起来挺好的，实际上却不一定能够实现案结事了。我这里所说的案结事了，即行政争议的实质性化解，是指经过检察行政公益诉讼等程序后，实体救济得以落实，其他实体法律关系皆得以实质处理，再没有启动新的法律程序的标的物。之所以说本案未能实现行政争议的实质性化解，是因为法院判决仅回应了人民检察院的部分诉讼请求（确认被告不履

案例二 湖北省赤壁市人民检察院诉赤壁市水利局
怠于履行饮用水安全监管职责案

行对某镇自来水厂的监督管理职责的行为违法；判令被告依法履行农村饮用水安全职责），而没有回应人民检察院的根本性诉讼请求（判令被告采取有效措施保障某镇自来水厂饮用水安全）。那么，是检察机关的诉讼请求太过分了，还是法院的判决太保守了呢？这个问题非常复杂，值得持续关注并扎实研究。从结论来说，至于如何才能达至消除"对某镇居民的人体健康构成极大安全风险"，对被损害了的社会公共利益进行救济或曰修复，都需要行政系统切实采取有效措施。这里可能需要更加强调行政法政策论的重要意义和作用。

除了采取有效措施保障某镇自来水厂饮用水安全这个第一要务之外，还应当建立健全相应的责任机制。比如说，自来水厂的水质量不达标，厂长是否有责任？卫计局知其不合格，除了不发卫生许可证之外，还应该干些什么？政府系统内部的信息共享、公务协作机制该如何建构？水利局不依法履行监管职责，政府应否负责？政府应当承担什么责任？各相关单位和领域的主管领导、主要领导等该承担什么责任？只有把这些问题厘清，把相关责任落实了，才能从根本上杜绝、起码尽可能避免或者减少不依法履行职责的现象，国家利益或者社会公共利益才能够得到保护。最重要的是，通过这些问题的思考，建构起相应的制度支撑，将有助于人们更好理解和把握检察行政公益诉讼的定位和意义。

八、关于某镇自来水厂无证运营及供水不达标的监管问题

这又引出了另一个问题，即应当由谁来监管？

检察公益诉讼制度，是法律赋予检察机关依法履行法律监督职能的重要法律制度，是维护国家利益和社会公共利益，推动国家治理体系和治理能力现代化的重要举措。我国《行诉法》所确立的行政公益诉讼，作为检察机关履行其法律监督职责的一种路径和方式，有其自身严格的适用要件。

73

从《行诉法》第 25 条第 4 款开头关于"人民检察院在履行职责中发现"的条件设定来看，我国目前检察行政公益诉讼制度没有赋予人民检察院专门为探寻检察行政公益诉讼案源而积极行动的职能。"在履行职责中发现"这种附带职责拓展模式的利弊得失问题有待进一步深研，但是，在本案中，予以相应的解释和说明是必要的。

什么是"依法履行职责"？检察机关在行使监督权时应当把握尺度，保证检察院启动行政公益诉讼的过程中始终保持谦抑性。

行政公益诉讼具有很强的督促性，对于公益的理解不应当被束缚于"等"内"等"外，应考虑不同地域对于公共利益的具体追求，而检察机关向行政机关提起行政公益诉讼权力的行使，考虑到行政机关的特殊地位以及行政机关违法行为的性质，还是应当注意折中处理。

除了前面各部分中以夹述夹议的形式所进行的分析之外，还有一个特别重要的启示，那就是检察建议和检察行政公益诉讼相结合，形成对行政机关依法履行职责进行法律监督合力，可以期待保障监督实效性。这也符合我国相关法规范将检察建议作为检察机关行使法律监督职能重要方式，并将其确立为提起行政公益诉讼之前的必经程序的制度安排。

2017 年《行诉法》第 25 条第 4 款规定："……应当向行政机关提出检察建议，督促其依法履行职责。行政机关不依法履行职责的，人民检察院依法向人民法院提起诉讼。"2018 年 3 月 2 日最高人民法院、最高人民检察院《关于检察公益诉讼案件适用法律若干问题的解释》（以下简称《两高检察公益诉讼适用问题解释》）进一步明确规定，在提起行政公益诉讼前，检察机关应向行政机关提出检察建议，督促其依法履行职责，行政机关应当在两个月内依法履行职责，并书面回复。同年，新修订的《人民检察院组织法》）也增加了有关"检察建议"的规定，其第 21 条规定："人民检察院行使本法第二十条规定的法律监督职权，可以进行调查核实，并依法提出抗诉、纠正意见、检

案例二 湖北省赤壁市人民检察院诉赤壁市水利局怠于履行饮用水安全监管职责案

察建议。有关单位应当予以配合,并及时将采纳纠正意见、检察建议的情况书面回复人民检察院。"

如何夯实检察建议,使其更好发挥应有作用,这是摆在理论界和实务界面前的共同课题。其中,如何让行政机关予以配合,当是解决这个问题的关键所在。政府及其职能部门,乃至每一个公务员,都应当认真对待检察建议。涉及检察行政公益诉讼的领域是这样,其他所有领域也是这样。

以上是笔者对赤壁市水利局公益诉讼案的评析。总体而言,我觉得本案给我们很多启示,赤壁市人民检察院和赤壁市人民法院进行了重要的好的探索,其担当精神值得肯定。希望这种探索和担当能够得到很好的总结,得到相关法规范的支持,形成可复制的经验,供有关方面去借鉴、去参考;同时,也要指出其中的不足,以便从立法政策层面谋求解决之道,并坚持实践和理论的互动共进,不断探索,扎实研究,完善法规范和相关制度,让检察行政公益诉讼真正发挥其应有的作用。重要的是确保检察建议真正成为经常性的权力,而提起诉讼是在前置的检察建议不能发挥其应有作用的情况下,不得已而行使的权力。这样说并非要否定检察行政公益诉讼的重要性,恰恰相反,正是因为有检察行政公益诉讼作为后盾,检察建议才能够较好地完成行政检察监督职能。同样的理由,因为有了检察建议,一般行政检察监督的任务都能够较好完成,故而不应当让启动诉讼程序成为经常性的路径选择。其实,该案最大的问题在于公益诉讼人检察院所提出的"判令被告依法……采取有效措施保障某镇自来水厂饮用水安全"的诉讼请求没有得到法院支持。这不能怪法院,需要依靠社会综合治理才能实现。

行文至此,检察建议和检察行政公益诉讼的课题应该更加清晰了——不仅要有所作为,而且要找准定位和路径,采取切实有效的方法和措施,确保所作所为具有实效性;不仅要寻求"拓展""探索""创新"等,而且要坚持确认、承继和发展的正确方法论。我坚信,对赤壁市水利局公益诉讼案的相关材料继续进行全面深入研读，不仅可以就前述问题展开进一步讨论，而且可以为探索检察建议和检察行政公益诉讼健康可持续发展之路提供重要启迪。

勇于探索　志在公益

——对湖北省赤壁市人民检察院诉赤壁市水利局怠于履行饮用水安全监管职责一案的点评

程　琥[*]

湖北省赤壁市人民检察院诉赤壁市水利局怠于履行饮用水安全监管职责一案确实进行了非常重要的探索。针对本案，我想从四个方面进行点评：

第一，如何理解和把握检察机关提起行政公益诉讼受案范围。本案是对行政公益诉讼受案范围的一项重要拓展。检察机关提起公益诉讼制度是党的十八届四中全会作出的重要战略部署，是发挥检察机关职能作用的重要战略增长点，对检察机关来说既是机遇又是重要挑战。2017年6月27日《行政诉讼法》第二次修正，正式确立了检察机关提起行政公益诉讼制度，这为检察机关在法治轨道上开展行政公益诉讼提供了明确法律依据。行政公益诉讼在我国还属于新生事物，需要不断探索深化，特别是行政公益诉讼受案范围需要在实践中探索深化。当然凡属重大改革要于法有据，不断拓展行政公益诉讼受案范围，应当坚持在行政诉讼法规定的受案范围基础上，积极稳妥地探索拓展，这样才能让行政公益诉讼制度更加成熟定型。

第二，如何准确识别负有监管职责的行政机关。从本案来看，对农村饮

---

[*] 程琥，北京市第四中级人民法院副院长。

案例二 湖北省赤壁市人民检察院诉赤壁市水利局怠于履行饮用水安全监管职责案

用水安全有监管职责的机关包括当地镇政府、水利局和卫计局。饮用水工程是由镇政府推动建设的,因此镇政府自然有监管职责。水利局是工程建设的主管部门,有行业监管职责。卫计局对饮用水安全是否达标负有监管职责。检察机关在这个过程中如何准确识别具有监管职责的行政机关,对于推进案件正确处理非常重要。检察机关把水利局作为具有监管职责的行政机关纳入行政公益诉讼被告,是必要的。今后针对多个行政机关具有交叉管理职责或者共同管理职责情形,实际上可以进一步拓宽行政公益诉讼被告范围,不仅可以考虑把一个行政机关作为行政公益诉讼的被告,还可以考虑把具有监管职责的多个行政机关作为共同被告。

第三,如何准确判断行政机关是否履行了法定职责。准确判断行政机关是否履行法定职责,这是行政公益诉讼的热点和难点问题。《行政诉讼法》第25条第4款规定:"人民检察院在履行职责中发现生态环境和资源保护、食品药品安全、国有财产保护、国有土地使用权出让等领域负有监督管理职责的行政机关违法行使职权或者不作为,致使国家利益或者社会公共利益受到侵害的,应当向行政机关提出检察建议,督促其依法履行职责。行政机关不依法履行职责的,人民检察院依法向人民法院提起诉讼。"从上述规定可以看出,一旦检察机关发现有关行政机关违法行使职权或者不作为,应当向行政机关发出检察建议督促其履行职责,行政机关不依法履行职责的,检察机关依法向法院提起诉讼。这里需要研究的问题是,对行政机关不依法履行职责的判断标准如何确定。同时,对于行政机关不依法履行职责的时间点判断,是在检察建议提出之前还是检察建议提出之后,这也是值得研究问题。

第四,如何做到诉判一致。本案中检察机关提出两项诉讼请求:确认水利局的不履职行为违法,责令水利局履行法定职责。就本案而言,总体上做到了诉判一致。《行政诉讼法》第72条规定:"人民法院经过审理,查明被告不履行法定职责的,判决被告在一定期限内履行。"本案中,对于检察机关提出的两项诉讼请求，法院仅对责令水利局履行法定职责的诉讼请求作出裁判。当然，对于检察机关提出的第一项诉讼请求，法院虽然未在判决主文中予以表述，但是在"本院认为"部分中需要加以分析认定。行政公益诉讼要做到诉判一致，需要检察机关提出诉讼请求与行政诉讼法的规定相一致，这样法院才能依法作出裁判。如果检察机关提出的诉讼请求与法律规定不一致的，法院会结合案情依法作出裁判，并判决驳回其他诉讼请求。

湖北省赤壁市人民检察院
检察建议书

赤检行公建〔2018〕14 号

湖北省赤壁市水利局：

　　本院在履职中发现赤壁市水利局怠于履行农村饮用水安全监督管理职责，致使国家利益和社会公共利益受到侵害。本院依法开展了调查核实，现已调查终结。

　　现查明：2016—2018 年，赤壁市疾病预防控制中心受赤壁市水利局的委托，对本市农村饮用水安全进行检测，抽检了官塘驿镇、中伙铺镇、官塘林场、柳山湖镇、赤壁镇、车埠镇、余家桥乡、新店镇、神山镇、赵李桥镇、黄盖湖镇、蒲圻办事处、赤马港办事处、茶庵岭镇村组的水源水、出厂水、末梢水，并向赤壁市水利局出具了检测报告。2016 年共抽检 21 批次，对 430 个样品进行了抽检，其中 212 个样品检验不合格（出厂水 121 个样品，末梢水 91 个样品）；2017 年共抽检 12 批次，对 192 个样品进行了抽检，其中 49 个样品检验不合格（出厂水 24 个样品，末梢水 25 个样品）；2018 年 1 月至 5 月共抽检 5 批次，其中 33 个样品检验不合格（出厂水 14 个样品，末梢水 19 个样品）。以上水质检验标准为《生活饮用水卫生标准》（GB5749—2006）。赤壁市水利局收到检测结论后，未采取有效措施开展农村饮用水安全保障工作。

本院认为：《中华人民共和国水法》第十二条第四款规定："县级以上地方人民政府水行政主管部门按照规定的权限，负责本行政区域内水资源的统一管理和监督工作。"根据市人民政府办公室《关于印发赤壁市水利局主要职责内设机构和人员编制规定的通知》（赤政办发〔2011〕72号），赤壁市水利局统一管理全市城乡水资源，会同环保局组织水功能区的划分和向饮水区等水域排污的控制，监测江河湖库的水量、水质，审定水域纳污能力，提出限制排污总量的意见；主管全市农村水利工作，负责农村饮水安全管理和城乡供水工作。据此，赤壁市水利局负有对本行政区域内城乡供水安全的监管职责。

根据《中华人民共和国水法》第三十二条第四款规定："县级以上地方人民政府水行政主管部门和流域管理机构应当对水功能区的水质状况进行监测，发现重点污染物排放总量超过控制指标的，或者水功能区的水质未达到水域使用功能对水质的要求的，应当及时报告有关人民政府采取治理措施，并向环境保护行政主管部门通报。"第五十九条第一款规定："县级以上人民政府水行政主管部门和流域管理机构应当对违反本法的行为加强监督检查并依法进行查处。"《中华人民共和国水污染防治法》第七十一条："饮用水供水单位应当做好取水口和出水口的水质检测工作。发现取水口水质不符合饮用水水源水质标准或者出水口水质不符合饮用水卫生标准的，应当及时采取相应措施，并向所在地市、县级人民政府供水主管部门报告。供水主管部门接到报告后，应当通报环境保护、卫生、水行政等部门。饮用水供水单位应当对供水水质负责，确保供水设施安全可靠运行，保证供水水质符合国家有关标准。"第九十二条："饮用水供水单位供水水质不符合国家规定标准的，由所在地市、县级人民政府供水主管部门责令改正，处二万元以上二十万元以下的罚款；情节严重的，报经有批准权的人民政府批准，可以责令停业整顿；对直接负责的主管人员和其他直接责任人员依法给予处分。"本案中，你局作为本行政区域内水行政主管部门和供水主管部门，在发现辖区存在农村

案例二 湖北省赤壁市人民检察院诉赤壁市水利局
怠于履行饮用水安全监管职责案

饮用水水源水质、供水单位供水水质不符合国家标准后,未依法采取有效措施进行监管,存在怠于履职情形,致使国家和社会公共利益持续受损。

为了保护水资源,保障农村饮用水安全,根据《中华人民共和国行政诉讼法》第二十五条第四款之规定,向你单位提出如下检察建议:

1. 依法履行职责,加强对水资源的保护工作。

2. 采取有效措施,保障农村饮用水安全。

请在收到本检察建议书后二个月内将处理结果书面回复本院。

2018 年 5 月 18 日

赤壁市水利局关于检察建议书
(赤检行公建〔2018〕14 号)的回复函

赤壁市人民检察院:

2018 年 6 月 21 日,收到贵院检察建议书(赤检行公建〔2018〕14 号)后,水利局党组高度重视,针对检察建议书的内容,查找漏洞,逐条剖析,结合我局实际情况,对存在的问题进行整改。现将整改落实情况函复如下:

按照赤壁市人民政府《关于加强农村饮水安全工程建设和管理的意见》(赤政发〔2009〕6 号)及湖北省人民政府《关于巩固提升农村饮水安全工作的意见》(鄂政发〔2016〕63 号)文件精神,明确部门责任,农村饮水安全保障实行地方行政首长负责制。市州人民政府对本行政区域内农村饮水安全保障给予指导、监督和资金支持。县(市、区)人民政府是农村饮水安全的责任主体,对本行政区域内农村饮水安全保障工作负总责,重点做好农村饮水安全工作的组织领导、投资引导、政策利导、制度保障等工作。乡镇人民政府负责本行政区域内农村饮水安全保障工作的组织、协调和指导工作；环保部门要做好农村供水水源地水质监测工作；卫生计生部门要做好农村饮水安全工程卫生学评价，定期监测出厂水和末梢水的水质情况；水利部门要做好农村水厂供水水质巡回监测工作，督促"千吨万人"以上规模水厂建立化验室，加强对供水水质的自检工作。

一、组成机构。2014年3月24日，赤壁市人民政府办公室《关于进一步加强农村饮水安全工程水质保障工作的通知》（赤政办发〔2014〕10号）文件要求，整合水利、卫生、环保等部门技术力量和设备，在市疾病预防控制中心成立农村饮水安全水质检测中心，负责对全市农村饮水安全工程水质监测管理工作。每月不定期对乡镇水厂供水水质进行现场快速检测，每季度按照国家《生活饮用水卫生标准》（GB5749—2006）有关规定，对水源水、出厂水和末梢水进行20项常规指标水质检测，乡镇水厂按规定配备水质净化和消毒设施，卫生、水利部门要加强对乡镇水厂的消毒工作进行指导和检查，确保水质安全。

二、目标任务。2016年11月13日，湖北省人民政府《关于巩固提升农村饮水安全工作的意见》（鄂政发〔2016〕63号）要求，围绕"村村通自来水、户户饮放心水"的总体目标，力争2019年底解决953万人农村饮水安全巩固提升问题。农村饮水安全各项指标全部达到或超过国家确定的标准。全省农村饮水安全集中供水率达到90%以上；自来水普及率达到85%以上；水质达标率有较大提高；供水保证率不低于95%。健全完善农村供水工程运行管理机制，逐步实现良性可持续运行。

2016年3月23日，咸宁市水务局《关于市考核指标修改意见的函》，确定我市2016年农村供水水质合格率指标为60%。

2017年4月17日，湖北省水利厅《关于印发〈湖北省农村供水水质合格率指标考核暂行办法〉、〈湖北省县级财政农村饮水安全工程维修养护资金落实到位率指标考评办法（试行）》的通知》及中共湖北省委办公厅《关于印发各市州、直管市、神农架林区 2017 年度考核项目清单及目标要求的通知》文件精神，确定我市 2017 年农村供水水质合格率指标为 62%。

三、2016—2018 年水质检测合格率

2016 年市疾病预防控制中心共抽检 21 批次，检测水样 430 个，不合格水样 212 个。按比例计算合格率为 63.32%，按供水人口计算合格率为 69.31%。

2017 年市疾病预防控制中心共抽检 12 批次，检测水样 192 个，不合格水样 45 个。按比例计算合格率为 76.56%。

2018 年 1—5 月市疾病预防控制中心共抽检 5 批次，检测水样 108 个，不合格水样 33 个。按比例计算合格率为 69.44%。

四、产生水质不达标的主要原因

（一）有些水源保护区内存在矿山开采、养殖等危害水源安全的活动，对水质安全造成较大威胁。

（二）集中供水工程规模偏小，供水能力存在老牛拉慢车问题。

（三）乡镇水厂存在缺乏懂技术，会维修管理的专业技术人员，部分水厂的技术管理人员是没有经过专业培训的农民，业务素质低，影响到工程的良性运行。

（四）农村饮水安全工程运行设备老化、管理水平较低，造成水质不达标。

五、已落实工作情况

（一）水源保护工作情况。对全市 7 个"千吨万人"乡镇水厂进行了一级、二级水源保护区的划分，制作安装 19 块水源保护标志和警示牌。制定了农村供水工程应急预案，并向各乡镇和水厂下发了通知。

（二）经费落实情况。2015 年 6 月，省发改委、省水利厅安排赤壁市中

央预算内资金74万元用于采购水质检测所需的设备、仪器及交通工具。整合水利、卫生疾控部门技术力量和设备，于2015年10月在市疾控中心挂牌成立水质检测中心并投入运行。市政府每年安排40万元工作经费，列入财政预算，统筹开展全市农村供水工程水质检测工作。

（三）充分调研精心编制《赤壁市农村饮水安全巩固提升工程"十三五"规划》（以下简称《规划》）。《规划》对供水设施改造和供水水质监测能力建设的项目进行了充分细化，积极向上级汇报衔接，争取中省资金补助，并分年度落实建设任务，确保项目能够顺利实施，从而加大赤壁市农村饮水巩固提升工程建设，不断提升城镇供水安全保障水平。

六、下一步工作措施

（一）将老化落后管网更新改造纳入工作计划，供水过程中的二次污染问题，分年度逐步实施更新改造，全面完成乡水厂工艺技改和供水管网改造任务，确保工程建得成、管得好、群众长期受益。

（二）进一步加强水质监管，严格执行供水卫生许可制度，定期组织对农村供水工程饮用水和水源水进行检验和监测，建立水质检测长效机制。并将水质检测结果请示市政府同意后，向市政府信息网等媒体发布。切实保障广大市民的知情权，接受社会各界对全市供水水质情况监督。

（三）督促乡镇水厂落实制度确保供水安全。要求水厂严格建立管理人员和关键岗位持证上岗制度，健全水厂内部水质自检和自检制度，按照国家规定的水质标准进行供水水质自检。同时，坚持定期对水厂进行供水安全大检查，要求水厂制定和完善供水应急预案，制定包括取水、制水、供水全过程的应急预案。组建专门的应急机构，建立技术、物资、人员保障体系，落实重大事件的值班、报告、处理制度，形成有效的预警和应急救援机制，提高城镇供水突发事件的应急处置能力，确保城镇供水安全。

（四）加大水源保护宣传力度，普及饮用水源保护知识，增强村民保护水源的意识。加强饮用水水源执法监督管理，严厉打击违反水源保护法律法规的行为。

在此，感谢贵院在建议中提出的良好建议，在今后的工作中，我局将在现有相关工作的基础上进一步提高完善；并在检察机关的监督、指导下通过行之有效的措施，加大力度，努力杜绝违纪违法行为的发生。

湖北省赤壁市人民检察院
行政公益诉讼起诉书

赤检行公诉〔2018〕2号

公益诉讼起诉人：湖北省赤壁市人民检察院

被告：赤壁市水利局，住所地：赤壁河北大道220号。法定代表人：吴某某，该局局长。

诉讼请求：

1. 确认赤壁市水利局不履行对某镇自来水厂水质的监督管理职责的行为违法；

2. 判令赤壁市水利局依法履行农村饮用水安全职责，采取有效措施保障某镇自来水厂饮用水安全。

事实与理由：

本院民事行政检察部在履职中发现赤壁市水利局未依法履行农村饮用水安全职责，损害社会公共利益的线索。经审查，本案符合监督条件。2018年5月23日，本院作出立案决定。

经依法审查查明：赤壁市某镇自来水厂是由赤壁市某镇政府投资建设的

集中式供水单位,于1999年5月建成并投入使用,为云台山村、白石村、温泉村、八王庙村、青石桥社区、峡山村、小湖岭村、罗峰村、中心坪村、金峰村等地1700户约1万余人提供生活饮用水。但自建成运营至今,该水厂一直未取得卫生许可证。根据检察机关的调查核实,某镇自来水厂制水设施陈旧老化,仅有两个塔式构筑物,其中一个过滤塔一直处于闲置状态,另一个是净水塔,没有建造混凝池、沉淀池。该水厂所生产的自来水从白石水库取水到净水塔后,经过简单加氯消毒后,通过管网输送至用户家中。2016年至2017年,按照赤壁市人民政府《关于加强农村饮水安全工程水质检测工作的专题会议纪要》要求,赤壁市疾病预防控制中心以《生活饮用水标准检验方法》(GB/T5750—2006)对某镇自来水厂出厂水、末梢水水质进行了9次检测,余氯、菌落总数、总大肠菌群、耐热大肠菌群等主要指标均不符合《生活饮用水卫生标准》(GB5749—2006),检测结果总体评价为不合格。赤壁市疾病预防控制中心向赤壁市水利局反馈上述检测结果,但赤壁市水利局一直未责令某镇自来水厂进行整改,某镇自来水厂的生产现状一直未得到改善。

2018年4月19日,赤壁市卫生和计划生育局对某镇自来水厂出厂水现场检测时发现,某镇自来水厂的生产工艺和流程仍无改善,出厂水的余氯、浑浊度等主要指标均不符合《生活饮用水卫生标准》(GB5749—2006)。

为切实保护社会公共利益,2018年6月21日,赤壁市人民检察院向赤壁市水利局发出赤检行公建〔2018〕14号检察建议书。检察建议认为:赤壁市水利局作为赤壁市负责农村饮用水安全的水行政主管部门,在发现辖区内乡镇自来水厂存在供水水质不符合国家标准的违法情形下,未依法采取有效措施进行监管,存在不依法履职情形,致使国家和社会公共利益受损。建议赤壁市水利局依法正确履职,采取有效措施,保障农村饮用水安全。该检察建议书于当日送达赤壁市水利局,签收人为该局工作人员宋某某。

案例二 湖北省赤壁市人民检察院诉赤壁市水利局怠于履行饮用水安全监管职责案

2018年7月15日，赤壁市水利局作出书面回复，称：赤壁市水利局已编制《赤壁市农村饮用水安全巩固提升工程"十三五"规划》，循序推进农村饮水安全巩固提升工作。2016年至2017年，赤壁市农村供水水质合格率均达到上级政府及相关部门划定的合格率指标。下一步将分年度逐步实施老化管网的更新改造任务，进一步加强水质监管，督促乡镇水厂落实安全制度。

经赤壁市人民检察院委托，2018年10月25日，赤壁市疾病预防控制中心对某镇自来水厂的出厂水水质进行检测。经检测，菌落总数、余氯等指标仍然不符合《生活饮用水卫生标准》（GB5749—2006），水质仍不合格。

2018年11月14日，赤壁市人民检察院委托黄石湖理环保节能产业技术研究院对某镇自来水厂水质不符合《生活饮用水卫生标准》（GB5749—2006）情况进行专家评估。经过查阅报告、现场调查、检查记录、实地查勘等手段，该研究院出具专家意见认为：某镇自来水厂不具备满足生产基本工艺流程所要求的基础设备，净水塔相当于正常水厂的清水池，混凝、沉淀、过滤等关键程序空白。由于生产工艺设备缺失，该水厂生产水质变化波动大，完全取决于天气好坏。雨季浑水期，山石俱下，水质浑浊，菌落种数、总大肠菌群、消毒剂均不符合规定，说明水质状况达不到基本的卫生要求，此种状况对当地居民正常用水构成极大的安全风险，危及人体健康。

认定上述事实的证据有：

（一）某镇水厂生产工艺设备缺失，生产的生活饮用水水质不达标，赤壁市水利局不依法履行监管职责的证据。

1. 现场照片。拍摄地点：某镇自来水厂。拍摄时间：2018年6月6日。拍摄人：卢某某。

2. 通城县卫生和计划生育局于2018年6月18日出具的证明。主要内容：某镇自来水厂没有混凝、沉淀设施，没有机械加药设备，不具备发放卫生许可证条件，故没有对其发放卫生许可证。

3. 赤壁市人民政府《关于加强农村饮水安全工程水质检测工作的专题会议纪要》(2015年9月21日)。主要内容：组建城乡居民饮水安全工程水质检测中心，由赤壁市疾病预防控制中心负责日常管理。水质检测中心负责按照国家《生活饮用水卫生标准》(GB5749—2006)、《生活饮用水标准检验方法》(GB5750—2006)、《地表水环境质量标准》(GB3838—2006)、《地下水质量标准》(GB/T14848—93)定期对全市范围内农村供水工程饮用水和水源水进行检验和监测，并按规定向有关部门报送水质检测报表。

4. 2016—2017年赤壁市疾病预防控制中心对某镇自来水厂出厂水、末梢水水质检测报告9份，检测结果均为不合格。

5. 赤壁市疾病预防控制中心《检测报告发放登记本》。主要内容：赤壁市疾病预防控制中心将某镇自来水厂水质检测报告定期反馈给赤壁市饮水办。

6. 赤壁市疾病预防控制中心质控科主任李某某于2018年6月27日的询问笔录。主要内容：市疾控中心按照赤壁市人民政府《关于加强农村饮水安全工程水质检测工作的专题会议纪要》要求，对全市所有乡镇水厂的水源水、出厂水、末梢水进行定期检测，并将检测结果通告给赤壁市水利局，配合其履行农村饮水安全职责。

7. 赤壁市卫生和计划生育局行政执法文书。时间：2018年4月19日。执法对象：某镇自来水厂。主要内容：某镇自来水厂未办理卫生许可证，无过滤、沉淀设备，生产的生活饮用水水质不达标。

8. 赤壁市人民政府办公室《关于印发赤壁市水利局主要职责内设机构和人员编制规定的通知》(赤政办发〔2011〕72号)。主要内容：赤壁市水利局主管农村饮用水安全管理和城乡供水工作。

9. 《赤壁市农村饮用水安全巩固提升三年行动计划》(赤政发〔2018〕8号)。主要内容：赤壁市水利局负责本行政区域内农村供水的规划、建设、监督与管理。

案例二 湖北省赤壁市人民检察院诉赤壁市水利局
怠于履行饮用水安全监管职责案

以上证据证实，某镇自来水厂生产工艺设备缺失，生产的生活饮用水水质不达标，赤壁市水利局作为负责农村饮水安全管理和监督的水行政主管部门，却一直未依法对某镇自来水厂履行监管职责。

（二）赤壁市人民检察院督促赤壁市水利局依法履职的证据。

1. 赤检行公建〔2018〕14号检察建议书。

2. 2018年6月21日，赤壁市人民检察院向赤壁市水利局送达赤检行公建〔2018〕14号检察建议书的送达回证。送达回证的签收人为该局工作人员宋某某。

3. 宋某某的个人身份证明。

以上证据证实，针对赤壁市水利局不依法履职损害社会公共利益的行为，赤壁市人民检察院依法发出并送达检察建议，履行了行政公益诉讼诉前程序。

（三）赤壁市水利局经督促后仍未依法履职，致使社会公共利益处于持续受损状态的证据。

1. 赤壁市水利局对赤检行公建〔2018〕14号检察建议的回复。

2. 赤壁市卫生和计划生育局行政执法文书。时间：2018年8月22日。执法对象：某镇自来水厂。主要内容：某镇自来水厂未办理卫生许可证，无过滤、沉淀设备，现场检测出厂水水质浑浊度不达标。该厂不具备生活饮用水制水供水条件，存在较大安全隐患。建议某镇人民政府责令其立即整改，整改到位前停止供水。

3. 赤壁市人民检察院委托勘验书。

4. 赤壁市疾病预防控制中心于2018年10月25日出具的赤疾控〔2018〕检字第040141号《检测报告》。检测对象：某镇自来水厂出厂水，检测结果：余氯、菌落总数超出标准限值。

5. 黄石湖理环保节能产业技术研究院于2018年11月14日出具的《关

于赤壁市农村饮用水水质监测结果安全风险的评估报告》。主要内容：某镇自来水厂生产工艺设备缺失，该水厂生产水质变化波动大。雨季浑水期，山石俱下，水质浑浊，菌落种数、总大肠菌群、消毒剂均不符合规定，此种状况对当地居民正常用水构成极大的安全风险，易引起多种疾病。

6. 评估机构及评估专家身份证明。主要内容：黄石湖理环保节能产业技术研究院资质证书，评估专家孙某某、黄某某、邓某某博士证书、资质证书。

7. 现场照片。拍摄地点：某镇自来水厂。拍摄时间：2018年10月28日。拍摄人：卢某某。

8. 询问笔录。

（1）某镇自来水厂负责人李某甲在2018年8月24日的询问笔录。主要内容：某镇自来水厂现在供应1700多户家庭，包括云台山村、白石村、温泉村、八王庙村、青石桥村、小湖岭村、峡山村以及某镇街道。水厂现在只有一个清水池，没有混凝、过滤设备。赤壁市水利局现场勘查时，要求我们增加工艺设备，但因为缺少资金，一直未整改。赤壁市水利局没有下达过行政处罚书。

（2）某镇自来水厂负责人李某甲在2018年11月22日的询问笔录。主要内容：自上次调查过后，制水工艺和流程跟以前一样，仍然从水库取水到清水池后，经过加氯消毒，通过管网输送至用户。水利局没有对我们进行监管或处罚，但做了制水设备改造规划，等待水利局统一升级改造。

（3）某镇云台山村负责人程某某于2018年8月7日的询问笔录。主要内容：家用自来水供应自某镇自来水厂，水质不好，水中渣子很多，雨天水质浑浊。

（4）某镇财政所副主任定某某于2018年11月22日的询问笔录。主要内容：最近3个月，自来水水质在雨天仍然浑浊。用自来水烧水时，水面都

案例二 湖北省赤壁市人民检察院诉赤壁市水利局怠于履行饮用水安全监管职责案

有一层水垢,所以平时用水都用桶装水。

以上证据证实,经赤壁市人民检察院督促后,赤壁市水利局仍未依法履行职责,某镇自来水厂仍存在出厂水、末梢水水质不达标问题,社会公共利益损害仍处于受侵害状态。

赤壁市水利局不依法监管某镇自来水厂水质不达标问题,危及广大人民群众用水安全,严重损害了社会公共利益。且在检察机关提出诉前检察建议后仍未依法履行职责,导致社会公益仍处于受侵害状态,符合提起行政公益诉讼条件,理由如下:

(一)某镇自来水厂生产工艺设备缺失,生产的生活饮用水水质不达标,赤壁市水利局不依法履行监管职责,危及广大人民群众用水安全。

《中华人民共和国水法》第十二条第四款规定:"县级以上地方人民政府水行政主管部门按照规定的权限,负责本行政区域内水资源的统一管理和监督工作。"《湖北省农村供水管理办法》第五条第一款规定:"县级以上人民政府水行政主管部门负责本行政区域内农村供水的规划、建设、监督与管理,具体工作由其所属的农村供水用水管理机构承担。"同时,赤壁市人民政府办公室《关于印发赤壁市水利局主要职责内设机构和人员编制规定的通知》(赤政办发〔2011〕72号)中明确赤壁市水利局主管农村饮用水安全管理和城乡供水工作。据此,赤壁市水利局是赤壁市农村供水用水的行政主管部门,对供水单位负有监督管理,确保饮用水符合国家安全标准的职责。

本案中,某镇自来水厂因其生产工艺设备缺失,没有混凝、沉淀、过滤设备,所生产的自来水从水库取水到净水塔后,经过简单加氯消毒,通过管网直接输送至云台山村、白石村等十地1700余户用户家中。一遇雨季浑水期,水质浑浊,出厂水、末梢水均达不到国家生活饮用水卫生标准。2016年至2017年,赤壁市疾病预防控制中心对其出厂水、末梢水水质进行的9次检测中,余氯、菌落总数、总大肠菌群、耐热大肠菌群等主要指标均不符合

《生活饮用水卫生标准》（GB5749—2006）。2018年，赤壁市卫生和计划生育局对某镇自来水厂的两次现场检查中，同样发现该水厂不具备制水供水条件，存在较大安全隐患。《中华人民共和国水污染防治法》第九十二条规定："饮用水供水单位供水水质不符合国家规定标准的，由所在地市、县级人民政府供水主管部门责令改正，处二万元以上二十万元以下的罚款；情节严重的，报经有批准权的人民政府批准，可以责令停业整顿；对直接负责的主管人员和其他直接责任人员依法给予处分。"赤壁市水利局明知某镇自来水厂存在上述问题，但一直未对其采取行政执法措施督促其整改，属于不依法履职，并对当地居民正常用水构成极大的安全风险，危及群众用水安全。

（二）赤壁市人民检察院针对赤壁市水利局怠于履职的行为发出检察建议后，该局仍未积极履职。

赤壁市水利局收到赤检行公建〔2018〕14号检察建议书后，于7月15日作出书面回复。回复称：赤壁市水利局已编制《赤壁市农村饮用水安全巩固提升工程"十三五"规划》，循序推进农村饮水安全巩固提升工作。2016年至2017年，赤壁市农村供水水质合格率均达到上级政府及相关部门划定的合格率指标。下一步将分年度逐步实施老化管网的更新改造任务，进一步加强水质监管，督促乡镇水厂落实安全制度。该回复是对全市农村饮水安全提出的整体改进措施，并未就某镇自来水厂出厂水、末梢水水质未达标的违法行为依法采取行政执法行为，既未责令其改正，也未进行行政处罚。经检察机关调查核实，某镇自来水厂制水工艺和流程没有任何改变。赤壁市疾病预防控制中心于2018年10月、12月对某镇自来水厂出厂水、末梢水的水质检测报告也显示，某镇自来水厂生产的自来水水质仍不符合国家生活饮用卫生标准。赤壁市水利局在收到检察建议后，仍未依法监管某镇自来水厂，解决水质不达标问题，属于不履行法定职责。

案例二 湖北省赤壁市人民检察院诉赤壁市水利局怠于履行饮用水安全监管职责案

（三）赤壁市水利局不履行法定职责的违法行为致使社会公共利益处于受侵害状态。

水是人类生存的必要条件和一切生产活动的重要资源，饮水与人民群众的身体健康直接相关，解决饮水安全是人民群众最关心、最直接、最现实的利益问题。根据黄石湖理环保节能产业技术研究院对某镇自来水厂水质不符合《生活饮用水卫生标准》（GB5749—2006）情况的评估意见可知，由于某镇自来水厂生产工艺设备缺失，该水厂生产水质变化波动大，完全取决于天气好坏。雨季浑水期，山石俱下，水质浑浊，菌落种数、总大肠菌群、消毒剂均不符合规定。水质状况不达标，易引起多种疾病，危害人体健康。某镇自来水厂在无法保证用水安全的情况下，为云台山村、白石村等十地1700余户用户提供生活饮用水，赤壁市水利局对其采取放任态度，不履行法定监管职责，此种状况对当地居民正常用水构成极大的安全风险，致使社会公共利益仍处于受侵害状态。

综上，赤壁市水利局不履行法定职责，导致某镇自来水厂出厂水、末梢水水质长期不达标，存在怠于履行职责的情形，损害了社会公共利益。根据《中华人民共和国行政诉讼法》第二十五条第四款，最高人民法院、最高人民检察院《关于检察公益诉讼案件适用法律若干问题的解释》第二十一条第三款之规定，向你院提起行政公益诉讼，请依法裁判。

此致
赤壁市人民法院

赤壁市人民检察院
2018年12月20日

湖北省赤壁市人民法院
行政判决书

（2019）鄂 1281 行初 12 号

公益诉讼人：赤壁市人民检察院。

出庭人员：检察员朱红、李春艳、刘鹏。

被告：赤壁市水利局。住所：赤壁市河北大道 220 号。

法定代表人：吴某某，该局局长。

委托代理人：方某，湖北××律师事务所律师。

委托代理人：鲍某某，饮水办主任。

公益诉讼人赤壁市人民检察院诉被告赤壁市水利局不履行法定职责一案，于 2019 年 1 月 10 日向本院提起公益诉讼，本院于 2019 年 2 月 11 日立案后，向被告送达了起诉状副本及应诉通知书。本院依法组成合议庭，于 2019 年 4 月 18 日公开开庭审理了本案。公益诉讼人检察院指派检察员朱红、李春艳、刘鹏，被告水利局的委托代理人方某、鲍某某到庭参加了诉讼。本案现已审理终结。

公益诉讼人赤壁市人民检察院诉称，本院民事行政检察部在履职中发现被告未依法履行农村饮用水安全职责，损害社会公共利益的线索，经审查后，依法作出行政诉讼立案决定。赤壁市某镇自来水厂是由赤壁市某镇政府投资建设的集中式供水单位，于 1999 年 5 月建成并投入使用，为云台山村、白石村、温泉村、八王庙村、青石桥社区、峡山村、小湖岭村、罗峰村、中心坪村、金峰村等地 1700 户约 1 万余人提供生活饮用水。但自建成运营至

案例二 湖北省赤壁市人民检察院诉赤壁市水利局怠于履行饮用水安全监管职责案

今,该水厂一直未取得卫生许可证。根据检察机关的调查核实,某镇自来水厂制水设施陈旧老化,仅有两个塔式构筑物,其中一个过滤塔一直处于闲置状态,另一个是净水塔,没有建造混凝池、沉淀池。该水厂所生产的自来水从白石水库取水到清水塔后,经过简单加氯消毒后,通过管网输送至用户家中。2016年至2017年,按照赤壁市人民政府《关于加强农村饮水安全工程水质检测工作的专题会议纪要》要求,赤壁市疾病预防控制中心以《生活饮用水标准检验方法》(GB/T5750—2006)对某镇自来水厂出厂水、末梢水水质进行了9次检测,余氯、菌落总数、总大肠菌群、耐热大肠菌群等主要指标均不符合《生活饮用水卫生标准》(GB5749—2006),检测结果总体评价为不合格。赤壁市疾病预防控制中心向赤壁市水利局反馈上述检测结果,但赤壁市水利局一直未责令某镇自来水厂进行整改,某镇自来水厂的生产现状一直未得到改善。2018年4月19日,赤壁市卫生和计划生育局对某镇自来水厂出厂水现场检测时发现,某镇自来水厂的生产工艺和流程仍无改善,出厂水的余氯、浑浊度等主要指标均不符合《生活饮用水卫生标准》(GB5749—2006)。为切实保护社会公共利益,2018年6月21日,赤壁市人民检察院向赤壁市水利局发出赤检行公建〔2018〕14号检察建议书。建议赤壁市水利局依法正确履职,采取有效措施,保障农村饮用水安全,于同日将检察建议送达被告。2018年7月15日被告对赤检行公建〔2018〕14号检察建议书作出书面回复,该回复称:赤壁市水利局已编制《赤壁市农村饮用水安全巩固提升工程"十三五"规划》,循序推进农村饮用水安全巩固提升工作。2016年至2017年,赤壁市农村供水水质合格率均达到上级政府及相关部门划定的合格率指标。下一步将分年度逐步实施老化管网的更新改造任务,进一步加强水质监管,督促乡镇水厂落实安全制度。2018年10月25日,经公益诉讼人委托,赤壁市疾病预防控制中心对某镇自来水厂的出厂水水质进行检测。经检测,菌落总数、余氯等指标仍然不符合《生活饮用水卫生标准》（GB5749—2006），水质仍不合格。2018年11月14日，公益诉讼人委托黄石湖理环保节能产业技术研究院对某镇自来水厂水质不符合《生活饮用水卫生标准》（GB5749—2006）情况进行专家评估。该研究院出具专家意见认为，某镇自来水厂最突出的问题是该厂不具备自来水厂满足生产基本工艺流程所要求的基础设备。目前仅有两个塔式构筑物。其中一个过滤塔，长期处于闲置状态；另一个是净水塔。净水塔仅仅加氯进行消毒，相当于正常水厂的清水池，前端混凝、沉淀、过滤等关键程序空白。由于生产工艺设备缺失，该水厂生产水质变化波动大，完全取决于天气好坏。晴天尚好，雨季浑水期，水质混浊，菌落种数、总大肠菌群、消毒剂均不符合规定，说明水质状况达不到基本的卫生要求，此种状况对当地居民正常用水构成极大的安全风险，危及人体健康。

根据《中华人民共和国行政诉讼法》第二十五条第四款，最高人民法院、最高人民检察院《关于检察公益诉讼案件适用法律若干问题的解释》第二十一条第三款的规定，提起行政公益诉讼，请依法判决：1.确认被告不履行对某镇自来水厂水质的监督管理职责的行为违法；2.判令被告依法履行农村饮用水安全职责，采取有效措施保障某镇自来水厂饮用水安全。

公益诉讼人检察院向本院提交了以下证据：

第一组证据：1.某镇自来水厂现场照片；2.赤壁市卫生和计划生育局于2018年6月18日出具的证明；3.赤壁市人民政府《关于加强农村饮水安全工程水质检测工作的专题会议纪要》；4.2016—2017年赤壁市疾病预防控制中心对某镇自来水厂出厂水、末梢水水质检测报告9份；5.赤壁市疾病预防控制中心《检测报告发放登记本》；6.赤壁市疾病预防控制中心质控科主任李某某于2018年6月27日的询问笔录；7.赤壁市卫生和计划生育局行政执法文书；8.赤壁市人民政府办公室《关于印发赤壁市水利局主要职责内设机构和人员编制规定的通知》（赤政办发〔2011〕72号）；9.《赤壁市农村饮用

案例二　湖北省赤壁市人民检察院诉赤壁市水利局怠于履行饮用水安全监管职责案

水安全巩固提升三年行动计划》（赤政法〔2018〕8号）。该组证据证实某镇自来水厂生产工艺设备缺失，生产的生活饮用水水质不达标，赤壁市水利局作为负责农村饮水安全管理和监督的水行政主管部门，却一直未依法对某镇自来水厂履行监管职责。

第二组证据：1. 赤检行公建〔2018〕14号检察建议书；2. 2018年6月21日公益诉讼人向被告送达赤检行公建〔2018〕14号检察建议书的送达回证，签收人为该局工作人员宋某某；3. 宋某某的个人身份证明。该组证据证实赤壁市人民检察院督促被告依法履职的事实。

第三组证据：1. 赤检行公建〔2018〕14号检察建议的回复；2. 赤壁市卫生和计划生育局行政执法文书；3. 赤壁市人民检察院委托勘验书；4. 赤壁市疾病预防控制中心于2018年10月25日出具的赤疾控〔2018〕检字第040141号《检测报告》；5. 黄石湖理环保节能产业技术研究院于2018年11月14日出具的《关于赤壁市农村饮用水水质监测结果安全风险的评估报告》；6. 评估机构及评估专家身份证明；7. 现场照片；8. 询问笔录4份。该组证据证实经赤壁市人民检察院督促后，被告仍未依法履职，某镇自来水厂仍存在出厂水、末梢水水质不达标问题，社会公共利益损害仍处于受侵害状态。

被告水利局辩称，1. 水利局不具有对赤壁市某镇自来水厂监管的法定职责。根据《湖北省农村供水管理办法》第五条规定：县级以上人民政府水行政主管部门负责本行政区域内农村供水的规划、建设、监督与管理。被告是对其规划、建设的赤壁市农村饮水工程进行监管，而赤壁市某镇自来水厂是由赤壁市某镇政府投资建设的向该镇街道供水的集中式供水单位，并非赤壁市"十一五""十二五"农村饮水集中供水工程。被告只负责对其水源地水质的监管，对该水厂并无直接监管职责。2. 根据《中华人民共和国行政诉讼法》第七十二条规定，人民法院经过审理，查明被告不履行法定职责的，判决被告在一定期限内履行，而不是确认被告不履行法定职责违法，故公益诉讼人

97

的第一项诉讼请求错误。3.为推进城乡供水一体化建设，确保农村饮水安全，水利局已编制《赤壁市农村饮水安全巩固提升工程"十三五"规划》，并请示赤壁市人民政府同意，将赤壁市某镇自来水厂确定为2019年农村饮水建设工程。该饮水工程完工并投入使用后，水利局将履行监管职责，确保饮水安全。因此，请求法院依法驳回赤壁市人民检察院的诉讼请求。

被告水利局向本院提交了以下证据：1.湖北省农村供水管理办法，证明人民政府水行政管理部门是负责本行政区域内农村供水（工程）的规划、建设、监督与管理；2.《湖北省城镇供水条例》，证明城镇供水、用水管理工作由市、州、县确定的城镇供水主管部门（建设局）负责；3.咸宁市水务局（咸水务函〔2013〕37）号文件，证明赤壁市某镇自来水厂并未纳入赤壁市农村饮水工程管理范围；4.赤壁市人民政府办公室文件（赤政办发〔2017〕78号），证明水利局是赤壁市行政区域内农村供水的行业主管部门，符合农村供水建设管理、供水单位运营及服务体系建设的指导和监督；5.赤壁市人民政府市长办公会议纪要〔2017〕10号，证明对城乡供水管理未能覆盖的区域，有关乡镇是落实该乡镇区域内农村饮用水安全工作的责任主体；6.赤壁市人民政府常务会议材料（2018）第2次1号、赤壁市发展和改革局文件（赤发改审批〔2018〕191号），证明赤壁市某镇自来水厂已纳入赤壁市农村饮水安全巩固提升工程，目的是实现农村饮水安全全覆盖；7.赤壁市机构编制委员会文件（赤机编〔2018〕1号），证明赤壁市农村饮水安全工程建设管理办公室作为承担赤壁市水利局管理农村供水安全职责的机构，主要负责的是农村饮水安全工程建设和管理；8.赤壁市农村饮水安全工程建设管理办公室印发的4份文件通知，证明该单位已履行了对农村饮水安全工程的管理职责；9.赤壁市农村饮水水质监测结果分析与报告3份，证明赤壁市某镇自来水厂并非赤壁市"十一五""十二五"农村饮水集中供水工程，负责向赤壁市某镇自来水厂供水的是赤壁市中心水厂，该水厂水质合格。

案例二 湖北省赤壁市人民检察院诉赤壁市水利局怠于履行饮用水安全监管职责案

经庭审质证，公益诉讼人对被告提供的证据1、3、4、5、6、7、8、9均无异议，对证据2，认为与本案无关联性。被告对公益诉讼人提供的证据的质证意见是：对第一组证据的真实性、合法性无异议，对其中的证据6有异议，疾控中心并未向被告提交检测报告，也无须提交。该组证据虽能证明水质不达标，但无法证明水利局需对水厂履行监管职责，及水利局未依法履职的事实；对第二组证据的真实性、合法性无异议，检察建议对象错误；对第三组证据的真实性、合法性无异议，其中证据2可以看出某镇水厂的监管人应该是政府和卫生局，该组证据不能证明水利局未履行职责而导致公共利益受损的事实。

对上述真实性无异议的证据，本院依法予以确认。对有争议的证据，本院作如下评判：公益诉讼人提供的证据可以证明赤壁市人民政府对全市农村饮水安全工作进行了职责分工，水利局负责全市农村供水的规划、建设、监督与管理工作，并成立赤壁市农村饮水安全工程建设管理办公室，设立农村饮水安全工程投诉举报电话；赤壁市卫生局定期检测出厂水和末梢水水质情况并将水质检测报告报送赤壁市水利局的事实。

经审理查明，赤壁市人民检察院民事行政检察部在履职中发现被告未依法履行农村饮用水安全职责，损害社会公共利益的线索，公益诉讼人审查认为符合监督条件，并于2018年5月23日作出立案决定。经公益诉讼人审查查明，赤壁市某镇自来水厂是由赤壁市某镇政府投资建设的集中式供水单位，于1999年5月建成并投入使用，为某镇1700户约1万余人提供生活饮用水。但自建成运营至今，该水厂一直未取得卫生许可证。根据检察机关的调查核实，某镇自来水厂制水设施陈旧老化，仅有两个塔式构筑物，其中一个过滤塔一直处于闲置状态，另一个是净水塔，没有建造混凝池、沉淀池。该水厂所生产的自来水从白石水库取水到清水塔后，经过简单加氯消毒后，通过管网输送至用户家中。2016年至2017年，按照赤壁市人民政府《关于加强农村饮水安全工程水质检测工作的专题会议纪要》要求，赤壁市疾病预防控制中心以《生活饮用水标准检验方法》（GB/T5750—2006）对某镇自来水厂出厂水、末梢水水质进行了9次检测，余氯、菌落总数、总大肠菌群、耐热大肠菌群等主要指标均不符合《生活饮用水卫生标准》（GB5749—2006），检测结果总体评价为不合格。赤壁市疾病预防控制中心向赤壁市水利局反馈上述检测结果，但赤壁市水利局一直未责令某镇自来水厂进行整改，某镇自来水厂的生产现状一直未得到改善。2018年4月19日，赤壁市卫生和计划生育局对某镇自来水厂出厂水现场检测时发现，某镇自来水厂的生产工艺和流程仍无改善，出厂水的余氯、浑浊度等主要指标均不符合《生活饮用水卫生标准》（GB5749—2006）。为切实保护社会公共利益，2018年6月21日，赤壁市人民检察院向赤壁市水利局发出赤检行公建〔2018〕14号检察建议书。检察建议认为，赤壁市水利局作为赤壁市负责农村饮用水安全的水行政主管部门，在发现辖区内乡镇自来水厂存在供水水质不符合国家标准的违法情形下，未依法采取有效措施进行监管，存在不依法履职情形，致使国家和社会公共利益受损。建议赤壁市水利局依法正确履职，采取有效措施，保障农村饮用水安全。2018年7月15日被告作出书面回复，该回复称：赤壁市水利局已编制《赤壁市农村饮用水安全巩固提升工程"十三五"规划》，循序推进农村饮用水安全巩固提升工作。2016年至2017年，赤壁市农村供水水质合格率均达到上级政府及相关部门划定的合格率指标。下一步将分年度逐步实施老化管网的更新改造任务，进一步加强水质监管，督促乡镇水厂落实安全制度。2018年10月25日，经公益诉讼人委托，赤壁市疾病预防控制中心对某镇自来水厂的出厂水水质进行检测。经检测，菌落总数、余氯等指标仍然不符合《生活饮用水卫生标准》（GB5749—2006），水质仍不合格。2018年11月14日，公益诉讼人委托黄石湖理环保节能产业技术研究院对某镇自来水厂水质不符合标准的情况进行专家评估。该研究院

案例二 湖北省赤壁市人民检察院诉赤壁市水利局怠于履行饮用水安全监管职责案

出具《关于赤壁市农村饮用水水质监测结果安全风险的评估报告》认为，某镇自来水厂最突出的问题是该厂不具备自来水厂满足生产基本工艺流程所要求的基础设备。目前仅有两个塔式构筑物。其中一个过滤塔，长期处于闲置状态；另一个是净水塔。净水塔仅仅加氯进行消毒，相当于正常水厂的清水池，前端混凝、沉淀、过滤等关键程序空白。由于生产工艺设备缺失，该水厂生产水质变化波动大，完全取决于天气好坏。晴天尚好，雨季浑水期，水质混浊，菌落种数、总大肠菌群、消毒剂均不符合规定，此种状况对当地居民正常用水构成极大的安全风险，必须考虑增设必备的制水设施，修建相关的构筑物，严格按制水工艺和流程要求进行安全化生产，以满足正常水厂的流程要求，从而制造出水质达标的饮用水。

公益诉讼人认为，根据《中华人民共和国水污染防治法》第九十二条规定，"饮用水供水单位供水水质不符合国家规定标准的，由所在地市、县级人民政府供水主管部门责令改正，处二万元以上二十万元以下的罚款；情节严重的，报经有批准权的人民政府批准，可以责令停业整顿；对直接负责的主管人员和其他直接责任人员依法给予处分"，《中华人民共和国水法》第十二条第四款规定，"县级以上地方人民政府水行政主管部门按照规定的权限，负责本行政区域内水资源的统一管理和监督工作"，《湖北省农村供水管理办法》第五条规定，"县级以上人民政府水行政主管部门负责本行政区域内农村供水的规划、建设、监督与管理，具体工作由其所属的农村供水用水管理机构承担"，同时，赤壁市人民政府办公室《关于印发赤壁市水利局主要职责内设机构和人员编制规定的通知》（赤政办发〔2011〕72号）中明确赤壁市水利局主管农村饮用水安全管理和城乡供水工作。据此，赤壁市水利局系赤壁市农村供水用水的行政主管部门，对供水单位负有监督管理，确保饮用水符合国家安全标准的职责。赤壁市水利局明知某镇自来水厂存在水质不达标的问题，但一直未对其采取行政执法措施督促其整改，不履行法定职责，导致某镇自来水厂出厂水、末梢水水质长期不达标，存在怠于履职的情形，损害了社会公共利益。根据《中华人民共和国行政诉讼法》第二十五条第四款，最高人民法院、最高人民检察院《关于检察公益诉讼案件适用法律若干问题的解释》第二十一条第三款的规定，赤壁市人民检察院以公益诉讼人的名义向本院提起行政公益诉讼，要求确认被告不履行对某镇自来水厂水质监督管理职责的行为违法；判令被告依法履行农村饮用水安全职责，采取有效措施保障某镇自来水厂饮用水安全。

本院认为，根据《中华人民共和国水法》第十二条第四款"县级以上地方人民政府水行政主管部门按照规定的权限，负责本行政区域内水资源的统一管理和监督工作"，《湖北省农村供水管理办法》第五条"县级以上人民政府水行政主管部门负责本行政区域内农村供水的规划、建设、监督与管理，具体工作由其所属的农村供水用水管理机构承担"，第四十二条"违反本办法规定，供水单位有下列行为之一的，由县级人民政府水行政主管部门责令改正，并处1000元以上1万元以下罚款：（一）供水不符合国家规定的水量、水质、水压和供水保证率要求的"，赤壁市人民政府办公室《关于印发赤壁市水利局主要职责内设机构和人员编制规定的通知》（赤政办发〔2011〕72号）"二、主要职责（九）主管全市农村水利工作；负责全市水土保持工作；组织协调全市农田水利基本建设、农村水电电气化，农村饮水安全管理和城乡供水工作"的规定，被告赤壁市水利局具有监督和管理本市农村供水工作的法定职权。本案中，赤壁市某镇自来水厂系某镇政府出资建设，某镇政府将自来水厂发包给个人经营，对某镇各乡、村居民进行集中供水。某镇政府及承包经营权人作为供水单位，应保障供水符合国家规定的水量、水质、水压和供水保证率要求，并接受水利局和有关部门的监督检查。根据《湖北省农村供水管理办法》第三十四条第二款"县级以上人民政府环境保护、卫生和

案例二 湖北省赤壁市人民检察院诉赤壁市水利局怠于履行饮用水安全监管职责案

水行政主管部门应当按照职责分工,加强对农村供水水源的保护和对供水水质的监测,定期组织有关机构对供水水质进行化验、检测,并公布结果"的规定,赤壁市疾病预防控制中心定期对该水厂生产的饮用水进行质量检测,检测结果不符合生活饮用水卫生标准,赤壁市疾控中心将检测结果均向赤壁市水利局报告,但被告水利局未对供水单位采取监管措施,未依法履行监管职责,致使某镇自来水厂生产的生活饮用水水质未达标的现状至今仍未改善。被告辩称赤壁市某镇自来水厂不是赤壁市农村饮水工程,被告不具有对该水厂监管的法定职责。本院认为,赤壁市2004—2010年度农村饮水安全工程是赤壁市政府为推进全市城乡供水管理一体化制定的方案,该工程并未涵盖全市所有农村自来水厂,即便某镇自来水厂未纳入该工程,亦不影响水利局履行对全市农村饮水安全的监管职责。故对被告的辩称意见,本院不予采信。被告水利局经公益诉讼人赤壁市人民检察院发出检察建议后仍未采取有效措施进行监管,致使不安全水质对某镇居民的人体健康构成极大安全风险,损害了社会公共利益。公益诉讼人为维护社会公共利益,向本院诉请的事实清楚、证据充分,本院依法予以支持。依照《中华人民共和国行政诉讼法》第七十二条的规定,判决如下:

责令被告赤壁市水利局在本判决生效后六个月内依法对赤壁市某镇政府自来水厂生产的生活饮用水水质履行监管职责。

案件受理费免收。

如不服本判决,可以在判决书送达之日起十五日内,向本院递交上诉状,并按对方当事人的人数或者代表人的人数提出副本,上诉于湖北省咸宁市中级人民法院。上诉人应在提交上诉状时,根据不服本判决的上诉请求数额及《诉讼费用交纳办法》第十三条第一款的规定预交上诉案件受理费。湖北省咸宁市中级人民法院的开户行为:中国农业银行咸宁市金穗支行;账号:17-

680601040004-550。上诉人在上诉期满后七日内仍未预交诉讼费用的，按自动撤回上诉处理。

审　判　长　万子琼

审　判　员　祝晓兰

人民陪审员　徐　锋

人民陪审员　马志付

人民陪审员　周红珍

人民陪审员　徐　梦

人民陪审员　万美秀

二〇一九年五月二十三日

书　记　员　杨　莹

案例三　海南省人民检察院第一分院督促琼海市政府、省自然资源和规划厅对海南省上溪、尖岭自然保护区林地所有权依法履职案

案情简述

2009年，在原省林业厅统一部署的林权改革工作中，琼海市人民政府违规给位于上溪和尖岭两个保护区的村集体和个人颁发林权证140宗，涉及林地共计6467.08亩，导致占地毁林合法化、增加了保护区管理机构监管执法的难度、原有天然森林植被的灭失和生物多样性生态系统功能的破坏等众多问题。海南省原林业厅长期以来未协调琼海、万宁两市纠正越界颁发林权证违法行政行为，也存在怠于履行法定职责的问题。海南省检察院一分院先后10余次与琼海市政府、万宁市政府、原省林业厅等部门领导和业务专家举行专题座谈，深入行政机关了解情况，听取相关专业人员意见，到自然保护区现场实地勘查，并与一线管护站人员多次沟通。针对调查发现的问题，一分院于2019年4月24日分别向琼海市政府、省自然资源和规划厅发出诉前检察建议，建议依法履职，及时纠正违法颁发林权证的行为，研究提出村集体和个人农业生产退出自然保护区的措施方案，保证自然保护区的完整性和生

态功能恢复等。2019年12月琼海市正式启动林权证撤证工作，依照规定程序注销林权证157宗，另有无法送达9宗待公告期满后注销，涉9431.43亩林地。琼海、万宁两市和相关村委会根据检察建议对保护区内无公害生产方式进行了工作协调，加强了保护站的监管工作。

推选理由

本案是海南省首个监督地方政府行政违法的行政公益诉讼诉前案件。因涉及农村维稳等复杂敏感问题，有较高的办案风险和难度。检察机关积极行使调查核实权查清问题，克服单纯办案思想，尊重行政权运行规律，与行政机关形成整改合力，合理、稳妥解决生态监督问题。积极与多个行政机关沟通协调，对地方政府纠正违法的具体措施提出分步骤解决的方案，最大限度通过推动行政机关依法履职实现保护公益的目的，取得了良好的法律效果和社会效果。

办案人解读

公益诉讼检察促进政府依法行政

李 滨[*]

海南省上溪和尖岭两个省级自然保护区建于1981年，位于海南省万宁和琼海两个县级市交界处，属万宁市管辖，保护重点为热带雨林生态系统。两个保护区均是海南生物多样性富集地，动植物资源十分丰富，同时也是海南"母亲河"万泉河和海南最大水库牛路岭水库的水源涵养林保护地。1991年省政府核发了保护区国有山林权证。2009年海南集体林权制度改革中，在林业部门未核实林地权属的情况下，琼海市政府将相邻的万宁市管辖的两个保护区国有林地140宗6467.08亩确权给本市农村集体和个人，确权林地的范围在保护区的缓冲区和实验区内。市政府颁证行为不仅构成程序违法，造成国有林地被大面积占用，严重侵害国家林地所有权，使保护区法规禁止的生产经营活动合法化，加剧经济林"蚕食"天然林和热带雨林生态系统的破碎化，以及生物多样性的严重减损，而且农业生产经营形成的人类干扰和大量施用化肥、农药造成的污染，既严重损害了保护区的生态环境，威胁饮用水源安全，也严重破坏了保护区管理秩序。在检察机关依法介入监督前，相关种植户抗拒监管、围攻甚至暴力伤害保护站工作人员的事件时有发生。

2018年初，针对万泉河流域上溪、尖岭保护区违法占地毁林种植经济林造成的环境问题，海南省人民检察院会同原省林业厅发起"万泉河水清又

---

[*] 李滨，海南省人民检察院第一分院第五检察部主任。

清"联合整治行动,万宁市检察院从中发现琼海市阳江镇上科村委会和村民庞某某等9份林权证1781.33亩林地与保护区国有林地重叠,琼海市政府涉嫌行政违法。省检察院依案件管辖规定将该线索向我院交办。我院办案组首先向林权登记承办部门原琼海市农林局套图核实9份林权证,在确定其在保护区范围内且属万宁市管辖的前提下,对上述违规林权证的成因进行溯源调查。当了解到这些林权证是2009年前后集体林权制度改革中同一时间成批核发的情况,办案组意识到琼海市违规发放林权证的实际情况,可能远比我们已掌握的要严重,应当延伸触角进一步细查深挖。为此,我们把调查重点由点向面转移,向省、市林业部门全面了解还原当年集体林权制度改革实施情况,在分析当时林改任务重、时间紧,琼海市采取招募社会人员参与林改工作、下放林地勘查核实权等非常规操作措施等情况的基础上,我院要求琼海市林业部门协助调查,对2009年前后核发的近5万份71万亩林权证进行全面清理,经套比地籍图、林改确权发证图和保护区红线图,锁定各类违规核发林权证309宗8676.84亩,其中跨境发证257宗,在保护区内的95宗、面积5691.36亩,非保护区的162宗、面积2653.84亩。在准确掌握违法发证形成原因和适法依据,查明行政违法责任主体,明确整改措施的前提下,我院于2019年4月24日向琼海市人民政府发出诉前检察建议,要求及时纠正违法发证行为,在农业生产退出保护区前,作为过渡措施引导种植户采取无公害生产方式。同时,针对省林业主管部门在本案中依法负有协调监督跨市清理林权和后续农业退出的职责,向省自然资源和规划厅发出检察建议。收到检察建议后,琼海市政府高度重视落实检察建议工作,按照建议事项制订了整改方案,召开省市两级资规部门、琼海市和万宁市政府和资规局、涉案村委会等一系列协调会议,推动方案的落地实施。在这一过程中,我院办案组实时跟进整改工作,采取约谈主要领导、座谈沟通、会商研究问题、催报进度等形式,对行政机关落实检察建议进行全程监督。同时,我们还对琼海

案例三　海南省人民检察院第一分院督促琼海市政府、省自然资源和规划厅对海南省上溪、尖岭自然保护区林地所有权依法履职案

市自然资源和规划局不履行保护区监管职责行政公益诉讼案和非法种植行为人许某建、王某佳滥伐林木环境侵权民事公益诉讼案分别提起诉讼，综合采取提起行政公益、民事公益诉讼等监督手段，与本案诉前监督同步，促进行政机关依法行政、认真履职，恢复保护区监管秩序和被损公益。

2019年12月，琼海市正式启动林权证撤证工作，对最终确认应注销的林权166宗9431.43亩，依法定程序全部予以注销。琼海、万宁两市和相关村委会还根据检察建议，对保护区内无公害生产方式进行了工作协调，加强了保护站监管工作。保护区内抗拒、干扰监管执法的现象明显减少。

本案办理中，围绕公益诉讼检察制度促进依法行政这个核心，我们着力体现最多地发现问题和解决问题的办案理念，准确把握和运用行政权行权原则、规律，最大限度地通过推动行政机关依法履职实现保护公益的目的，取得了较好的监督效果。同时，也得到了行政机关的理解、支持和配合，相关部门领导多次表示，检察机关公益监督是帮助其解决历史问题、破解监管难题，目标一致、结果双赢。我院将秉持良好的生态环境也是营商环境的理念，以正在进行的自由贸易港和国家生态文明试验区建设为目标和动力，认真履职，切实发挥公益诉讼检察在促进依法行政建设法治政府的职能作用，为自贸港生态文明建设作出检察担当。

> 专家评析

如何用行政公益诉讼检察建议督促纠正政府违法行为
——海南省检察院一分院行政公益诉讼检察建议案评析

孙佑海*

一、引言

当前,检察机关提起行政公益诉讼已经引起社会的高度注意,但是,与其密切相关的行政公益诉讼检察建议,关注度还不够。社会公众感觉似乎只有检察机关提起行政公益诉讼才能体现检察机关的监督价值。海南省检察院一分院就行政机关违法问题提出行政公益诉讼检察建议,在充分运用行政公益诉讼检察建议手段促进纠正行政机关的行政违法行为,推进生态环境的保护,做了有益探索,取得了良好的法律效果和社会效果,并从中总结了宝贵的经验。认真分析本案,对于倡导以行政公益诉讼检察建议方式纠正行政机关的违法行为,具有重要的理论意义和实践价值。

二、案件评析

(一)检察建议与公益诉讼检察建议概述

所谓检察建议,是指人民检察院依法履行法律监督职责,参与社会治理,维护司法公正,促进依法行政,预防和减少违法犯罪,保护国家利益和社会

---

* 孙佑海,天津大学法学院院长、中国行为法学会副会长、中国法学会常务理事、最高人民检察院检察理论研究基地主任(天津大学)。

案例三 海南省人民检察院第一分院督促琼海市政府、省自然资源和规划厅对海南省上溪、尖岭自然保护区林地所有权依法履职案

公共利益,维护个人和组织合法权益,保障法律统一正确实施的重要方式。①

检察建议具有以下特征:一是实施的主体必须是人民检察院;二是提出检察建议的目的是履行法律监督职责,参与社会治理,维护司法公正;三是检察建议应当发生在履行法律监督职能过程中,结合执法办案,建议有关单位完善制度,促进违法问题地解决;四是提出检察建议是加强内部制约和监督的一种法律手段;五是检察建议主要包括再审检察建议、纠正违法检察建议、公益诉讼检察建议、社会治理检察建议、其他检察建议等类型;六是通过提出检察建议,达到促进依法行政,预防和减少违法犯罪,保护国家利益和社会公共利益,维护个人和组织合法权益,保障法律统一正确实施的目的。

提出检察建议是加强检察监督的一种方式,是民事检察监督制度的一个组成部分。1982年民事诉讼法(试行)关于民事检察仅有一个抽象的基本原则的规定,缺乏可操作性,因而难以产生较好的实践效果;1991年民事诉讼法正式颁行时,除基本原则外,还规定了抗诉制度,检察监督的地位得到加强;2007年民事诉讼法小改,细化了检察监督的抗诉事由制度;2009年最高人民检察院颁布了《人民检察院检察建议工作规定(试行)》,但由于检察建议起步不久,该工作规定属于试行的地位;2012年全面修改民事诉讼法,检察监督的范围得到极大拓展,民事检察监督的行为扩展到了民事诉讼的每一个领域。需要重点指出的是,2012年民事诉讼法的修改还将检察建议这个当时看起来并不显眼但却很有发展前景的概念引进民事诉讼法之中,成为民事检察制度改革发展的一大进步。据此,民事检察的范围得以拓展,民事检察的手段得以增加,民事检察的同级监督成为可能,民事检察的效能获得

---

① 2019年2月26日最高人民检察院《人民检察院检察建议工作规定》第2条。

提升,检察机关在我国国家治理体系和治理能力现代化中的作用日益凸显。①这个发展变化告知我们,中国特色民事检察监督制度体系已经初步形成并开始发挥越来越大的作用。

公益诉讼检察建议是检察建议制度不断发展壮大的新成果。在2009年《人民检察院检察建议工作规定(试行稿)》的基础上,10年之后,2019年2月26日最高人民检察院正式公布《人民检察院检察建议工作规定》(以下简称《规定》)。《规定》以2012年新民事诉讼法为依据,全面肯定人民检察院检察建议的工作成就,对如何开展新时期的检察建议活动提供了全面的规范指引,在人民检察院检察建议制度的发展史上具有里程碑作用。《规定》第2条重新明确了人民检察院检察建议的性质和定位:"检察建议是人民检察院依法履行法律监督职责,参与社会治理,维护司法公正,促进依法行政,预防和减少违法犯罪,保护国家利益和社会公共利益,维护个人和组织合法权益,保障法律统一正确实施的重要方式。"

更为重要的是,人民检察院的检察建议制度与时俱进,通过2019年的新《规定》,对新时期人民检察院的检察建议的类型作了科学划分,按照人民检察院的工作任务和性质的不同,将检察建议划分为再审检察建议、纠正违法检察建议、公益诉讼检察建议、社会治理检察建议和其他检察建议等5种类型。根据该《规定》,公益诉讼检察建议成为一种单独的检察建议的类型,是一种新类型的检察建议,是整个检察建议制度体系中的重要组成部分。由海南省检察院一分院提出的本案检察建议,属于公益诉讼检察建议的类型。

(二)厘清行政公益诉讼检察建议与行政公益诉讼的关系

所谓行政公益诉讼检察建议与行政公益诉讼之间的关系,主要指的是二

---

① 引自汤维健:《新时代民事检察的定位与作为》,载《检察日报》2019年12月9日,第3版。

案例三 海南省人民检察院第一分院督促琼海市政府、省自然资源和规划厅对海南省上溪、尖岭自然保护区林地所有权依法履职案

者的先后顺序问题。

首先对相关概念进行明晰。一是《规定》所指的公益诉讼检察建议,应当是检察院提起的行政公益诉讼检察建议,属于行政公益诉讼的范畴,而不是民事公益诉讼的范畴。二是只有人民检察院提起行政公益诉讼才存在提出"诉前"检察建议的情形,而提起民事公益诉讼不需要提出"诉前"检察建议。

为什么行政公益诉讼检察建议需要在提起行政公益诉讼之前提出?这是因为,人民检察院拟提起行政公益诉讼时,应否在诉前提出检察建议,这在学界和实务界,是有争论的。有的人主张不需要在诉前提出检察建议,直接提起行政公益诉讼。在人民检察院开展检察建议的以往实践中,多将检察建议应用于诉讼监督等领域,对于这些活动,并没有采取诉前检察建议的方式。而随着行政公益诉讼制度的确立,检察建议工作也面临新的需求,因此对公益诉讼检察建议与行政公益诉讼之间的顺序问题,必须作出合理的制度安排。

现行的法律和司法解释在公益诉讼检察建议与行政公益诉讼顺序上的制度安排。

2017年修改后《行政诉讼法》第25条明确规定,人民检察院在履行职责中发现生态环境和资源保护、食品药品安全、国有财产保护、国有土地使用权出让等领域负有监督管理职责的行政机关违法行使职权或者不作为,致使国家利益或者社会公共利益受到侵害的,应当向行政机关提出检察建议,督促其依法履行职责。行政机关不依法履行职责的,人民检察院依法向人民法院提起诉讼。由此可见,修改后的行政诉讼法在关于行政公益诉讼检察建议与行政公益诉讼之间的关系方面,明确规定在法定的情形发生时,应当先向行政机关提出检察建议,督促其依法履行职责。只有在行政机关不依法履行职责时,人民检察院才可以依法向人民法院提起行政公益诉讼。请注意,

该法律条文明确规定的是检察机关应当向行政机关提出检察建议,"应当"一词使该规定十分清晰地成为强制性规范,这意味着在法定情形发生时,检察机关首先需要以提出"检察建议"的方式监督行政机关依法行政,这是必须履行的法定职责,而不再是可有可无的监督手段。在提出检察建议的程序设计上,行政诉讼法修改后,最高人民检察院于2018年发布《检察机关行政公益诉讼案件办案指南(试行)》(以下简称《办案指南》),该指南首次运用较大篇幅对行政公益诉讼检察建议制发的对象、内容、送达、回复、跟进调查等方面的要求进行了详细规范。2019年2月26日最高人民检察院公布的《人民检察院检察建议工作规定》,亦就各种类型检察建议的适用范围、调查办理、督促落实、监督管理等程序进行了统一、具体的规定,明确要求检察机关在提起公益诉讼之前,需要先向违法的行政机关提出检察建议。

在行政公益诉讼检察建议与行政公益诉讼之间的先后顺序上,最高人民法院、最高人民检察院《关于检察公益诉讼案件适用法律若干问题的解释》第21条,对此也作出了明确的规定。该条第1款规定,人民检察院在履行职责中发现生态环境和资源保护、食品药品安全、国有财产保护、国有土地使用权出让等领域负有监督管理职责的行政机关违法行使职权或者不作为,致使国家利益或者社会公共利益受到侵害的,应当向行政机关提出检察建议,督促其依法履行职责。在该款中,对提出检察建议的前提条件也作出了明确要求。然后在该条的第2款进一步明确:行政机关应当在收到检察建议书之日起2个月内依法履行职责,并书面回复人民检察院。出现国家利益或者社会公共利益损害继续扩大等紧急情形的,行政机关应当在15日内书面回复。接下来在第3款作出明确规定:行政机关不依法履行职责的,人民检察院依法向人民法院提起诉讼。以上条文说明,由最高人民法院和最高人民检察院联合作出的司法解释,明确规定了行政公益诉讼检察建议和行政公益诉讼之间的先后顺序,即先提出检察建议,在检察建议没有达到应有的效果时,才

案例三　海南省人民检察院第一分院督促琼海市政府、省自然资源和规划厅对海南省上溪、尖岭自然保护区林地所有权依法履职案

可以启动行政公益诉讼程序。因此，行政公益诉讼检察建议就应当在行政公益诉讼之前提出，也可以称之为行政公益诉讼的诉前程序。当然，公益诉讼的诉前程序内容较多，但是，检察建议仅仅是整个公益诉讼诉前程序的一个组成部分。检察机关如果没有事先提出公益诉讼检察建议，那就不可能进入行政公益诉讼程序的。由此可见，公益诉讼检察建议的前置地位，是不可取代的。

为此，2019年《人民检察院检察建议工作规定》第25条规定，"被建议单位在规定期限内经督促无正当理由不予整改或者整改不到位的……符合提起公益诉讼条件的，依法提起公益诉讼"。上述规定将"依法提起公益诉讼"的顺位，置于检察机关提出检察建议而又没有达到检察机关希望达到的结果之后，这就为公益诉讼检察建议的权威性提供了有力的司法保障。

本案中海南省检察院一分院的做法值得肯定。鉴于本案是海南省检察院办理的首个监督地方政府违法行政的公益诉讼案件，且事关农村维稳、相关市县行政权冲突和上级主管部门的责任等复杂敏感和办案风险问题，海南省检察院一分院经过反复研究，最后决定首先采用行政公益诉讼检察建议的方式，来解决本案所涉及的人民政府和有关部门的行政违法问题。针对调查发现的问题，海南省检察院一分院于2019年4月24日分别向省自然资源和规划厅和琼海市人民政府发出公益诉讼检察建议，建议两行政部门依法履职，及时纠正违法颁发林权证的行为，研究提出村集体和个人退出在上溪、尖岭省级自然保护区开展农业生产措施方案，保证自然保护区的完整性和生态功能恢复等。检察建议发出后，检察机关又与省自然资源和规划厅、琼海市人民政府进行了反复协调沟通，促进该行政公益诉讼检察建议的落实。2019年6月26日，琼海市人民政府回复检察建议称：琼海市人民政府根据检察建议的要求，制定了《琼海市跨万宁市界核发林权证存在问题整改工作方案》，将进行撤销违法颁发的林权证等5条初步整改措施，还要研究制订保护区内农

业生产的退出方案，以防止该保护区生态环境的进一步恶化。

2019年7月1日，省自然资源和规划厅给检察院回函。回函指出，该厅已经责成省林业局协调琼海市、万宁市政府及相关部门开展撤销违法颁发的林权证等9项整改工作。该厅在回函中还表示："衷心感谢检察机关客观、及时的建议，使我厅能及时发现并整改相关问题。我厅将一如既往地支持配合检察工作，共同推进海南生态环境保护工作。"既然海南省检察院一分院运用行政公益诉讼检察建议的方式已经基本解决海南省有关行政机关的行政违法问题，提出公益诉讼检察建议的目的已经实现了，因此，海南省检察院一分院不需要再提起行政公益诉讼。实践证明，海南省检察院一分院首先用行政公益诉讼检察建议的方式解决海南省有关行政机关的行政违法问题，以有效保护该地区的生态环境，这是正确的选择。

（三）充分运用行政公益诉讼检察建议方式维护国家对国有林地的所有权

本案的最大特点，是检察机关充分运用行政公益诉讼检察建议的方式，维护国家对国有林地的所有权。

第一，本案涉及的海南省上溪和尖岭两个省级自然保护区内的林地为国家所有，这是不容置疑的。该两个省级自然保护区成立于1981年，地处万宁、琼海、琼中三市县交界处，在万宁市的行政区域管辖范围内，由万宁市管辖。1990年经海南省国有林定权发证领导小组划界确权，为两个保护区核发了《国有山林权证》。这个《国有山林权证》，就是该两个保护区内的所有土地包括林地属于国家所有的合法证明。

第二，2009年在原省林业厅统一部署的林权改革工作中，琼海市人民政府将国家所有的该两个保护区的林地，擅自给村集体和个人颁发林权证140宗，涉及林地共计6467.08亩。琼海市人民政府擅自给村集体和个人颁发林权证的行为，严重侵犯了国家对国有林地的所有权。

案例三 海南省人民检察院第一分院督促琼海市政府、省自然资源和规划厅
对海南省上溪、尖岭自然保护区林地所有权依法履职案

第三，琼海市人民政府给村集体和个人颁发林权证的区域，是万宁市所管辖的两个省级自然保护区。琼海市人民政府给集体和个人颁发林权证的行为，不仅侵犯了国家所有权，也侵犯了其他地区的行政管理权。这种越权越界发放林权证的行为，破坏了国家行政管理秩序。

第四，海南省检察院一分院提出行政公益诉讼检察建议的行为是依法监督的正义行为。该检察院以事实为根据，以法律为准绳，为维护国家的林地所有权，提出了有价值、有力度的行政公益诉讼检察建议。这个检察建议的提出，体现了人民检察院的政治品格和法律担当，大大提高了人民检察院的法律地位和权威性。

（四）充分运用行政公益诉讼检察建议强化自然保护区有效管理

国家对强化自然保护区管理，有着明确的规定。《中华人民共和国自然保护区条例》第 26 条规定：禁止在自然保护区内进行砍伐、放牧、狩猎、捕捞、采药、开垦、烧荒、开矿、采石、挖沙等活动。第 28 条规定：禁止在自然保护区的缓冲区开展旅游和生产经营活动。第 29 条规定：在自然保护区的实验区内开展参观、旅游活动的，由自然保护区管理机构编制方案，方案应当符合自然保护区管理目标。请注意，在自然保护区的实验区内允许开展的活动，仅限于开展参观、旅游活动，而且还需要经过上级批准。《海南省自然保护区条例》第 31 条、第 32 条、第 35 条，也作出了类似的规定。通过援引以上条例规定可以看到，国务院和海南省人大常委会对于自然保护区内的缓冲区和实验区的管理，是十分严格的。在上述区域内，禁止进行生产经营开发活动，包括农业生产经营开发活动。

当地村集体和农民个人，在取得琼海市人民政府颁发的林权证后，认为该林地完全属于自己支配。于是从经济利益最大化的目的出发，在自然保护区的缓冲区和实验区内从事农业生产，这是严重违反国务院自然保护区管理条例和海南省自然保护区条例的行为，是违法行为。

当地村集体和农民个人进行的农业生产行为严重破坏了生态环境。海南省检察院调查的结果显示，以上村集体和农民个人在开发经营过程中，为了增加农业生产的产量，尽快取得更多的经济收益而滥施化肥和农药，严重损害了当地的生态环境。由于该区域的下游建有饮用水的水库，这就进一步加重了生态环境破坏后果。本案中的村集体和个人在自然保护区的缓冲区和实验区范围内进行农业生产开发活动，短期内虽可以取得一些经济效益，但从长远看，对自然保护区的生态环境造成不可逆的破坏。因此，对于这些严重破坏生态环境的行为，必须采取有力措施加以纠正。

海南省人民政府有关部门和琼海市人民政府对该地破坏生态的行为采取放任态度，是明显的不作为。琼海市人民政府违规给村集体和个人颁发林权证，导致该地的村集体和农民个人占地毁林合法化，造成天然森林植被和生态系统功能受损的严重后果。而海南省原林业厅长期以来未纠正琼海市政府越界颁发林权证的违法行政行为，属于明显的不作为。当地行政机关的违法行使职权和不作为等问题，给该自然保护区的监管工作造成困难，致使行政管理秩序遭到破坏，教训是十分深刻的。因此，海南省检察院一分院依法开展法律监督行为，充分运用行政公益诉讼检察建议手段纠正不法行为，促进自然保护区的有效管理，是完全正当的。

（五）提出行政公益诉讼检察建议应当尊重行政优先原则

1. 行政优先权与行政优先原则

所谓行政优先权，一般说来，是指国家为保障行政主体有效行使行政职权而赋予行政主体履行职务上的优先条件，即行政权与其他社会组织及公民个人的权利在同一领域或同一范围内发生冲突时，行政权具有优先行使和实现的效力。行政优先权的内容主要包括：一是先行处置权。一般说来，在法治国家，行政主体行使行政职权并实施行政行为，必须遵循法定的程序。但在紧急情况下，公安、应急等行政机关可以不受该程序规定的制约，有权对

案例三　海南省人民检察院第一分院督促琼海市政府、省自然资源和规划厅对海南省上溪、尖岭自然保护区林地所有权依法履职案

某些行为先行处置。二是获得社会协助权。行政主体享有获得社会协助权，即行政主体在从事紧急公务时，有关组织或个人有协助执行或提供方便的强制性义务，违反者将承担相应的法律责任。三是行政行为的推定有效。即行政行为一经作出，只要未被有权的机关正式撤销，即使该行为在一定程度上存在着某些违法或不当的情形，也被推定为有效。在行政复议和行政诉讼期间，只要没有法律上的特别禁止或限制的规定，原则上不应停止该行政行为的继续执行。

关于本案中行政优先原则的实质。本案中所指行政优先原则，与行政优先权的概念有所不同，其实质在于，当社会的有关主体之间就某项行为的合法性、合理性等问题发生争议时，在司法机关和行政机关都可以进行处理，但它们之间的职责权限不够清晰的情形下，司法机关一般应本着谦抑原则，保持中立和事后裁判的立场，支持由行政机关"率先出场"处理争议。如果行政机关能够顺利解决争议，司法机关一般应尊重行政机关的处置决定，而不必启动司法程序。这样做节约了司法资源。这就是尊重行政优先原则的实质所在。只是在行政机关拒绝进行争议处理或无法胜任解决争议的任务时，司法机关才会启动司法程序，发挥司法机关解决社会争议最后一道防线的职能，以恢复社会稳定与秩序。

2. 我国法律和有关司法解释的规定

我国的有关法律和司法解释，一直以来都秉承行政优先的原则，注意发挥行政机关在解决社会纠纷争议中的重要作用。比如，在解决生态环境损害赔偿这项重大的争议问题时，中共中央办公厅、国务院办公厅于2017年印发的《生态环境损害赔偿制度改革方案》，就提出了"主动磋商，司法保障"的重要原则。即在生态环境损害发生之后，首先由人民政府担当赔偿权利人的角色，组织开展生态环境损害调查、鉴定评估、修复方案编制等工作，主动与破坏环境的一方——赔偿义务人进行磋商。经过磋商达成一致的，按照磋

商达成一致的协议执行。如果经过磋商未达成一致的，作为赔偿权利人的人民政府或有关部门，才可以依法提起诉讼，由人民法院作为解决社会争议的最后一道防线，发挥"定分止争"的功能作用。

中共中央办公厅、国务院办公厅于 2015 年发布的《生态环境损害赔偿制度改革试点方案》，采取的是磋商相对前置主义，其规定"磋商未达成一致的，赔偿权利人应当及时提起生态环境损害赔偿民事诉讼。赔偿权利人也可以直接提起诉讼"。而 2017 年《生态环境损害赔偿制度改革方案》采取的是磋商绝对前置主义，其规定"磋商未达成一致的，赔偿权利人及其指定的部门或机构（指人民政府）应当及时提起生态环境损害赔偿民事诉讼"，删除了"赔偿权利人也可以直接提起诉讼"的规定。将人民政府主导的"磋商"活动规定为提起生态环境损害赔偿诉讼的前置程序，出发点在于作为赔偿权利人的人民政府，拥有行政管理的权力和职责以及雄厚的行政资源和行政执法手段，因而有能力监督指导生态环境破坏者承担生态环境损害赔偿或生态修复的义务。

最高人民法院《关于审理生态环境损害赔偿案件的若干规定（试行）》（以下简称《若干规定》），尊重行政优先原则，首先规定了磋商优先的程序。人民政府作为赔偿权利人与生态破坏者即赔偿义务人经反复磋商也达不成协议时，才可以进行生态环境损害的赔偿诉讼。《若干规定》第 1 条明确将磋商确定为提起诉讼的前置程序，规定赔偿权利人在与赔偿义务人"经磋商未达成一致或者无法进行磋商的"情况下，可以提起生态环境损害赔偿诉讼。行政机关主导的磋商作为前置程序，成为一条重要的工作原则。实践中，时有环境污染者或者生态破坏者在造成生态环境损害后下落不明或者故意躲避导致无法进行磋商的情况发生。因此，除了经磋商无法达成一致的情形外，对于客观上因缺乏开展磋商条件的情形亦须予以考虑。为此，《若干规定》第 1 条还规定，赔偿权利人在"无法进行磋商"时，亦可提起生态环境损害赔偿诉讼。

案例三　海南省人民检察院第一分院督促琼海市政府、省自然资源和规划厅对海南省上溪、尖岭自然保护区林地所有权依法履职案

我国法律法规和司法解释之所以规定要确立行政优先的原则，主要是考虑到各级人民政府拥有丰厚的行政资源，而且行政机关工作在经济建设的最前线，最了解实际情况，经常与人民群众打交道，故尊重行政优先原则是正当的。

3.海南省检察院一分院尊重行政优先原则

检察机关尊重行政优先原则，并不是提出公益诉讼检察建议就算万事大吉，而是采取积极配合的措施，促成检察建议所涉及的目标得以实现。在发现问题后，海南省检察院一分院首先分别向琼海市人民政府、省自然资源和规划厅发出公益诉讼检察建议，建议该行政部门依法履职，及时纠正将国家所有的林地给村集体和农民个人颁发林权证的违法行为，并与行政部门一起，商量提出如何让村集体和农民个人从自然保护区退出农业生产的措施方案。检察机关提出行政公益诉讼检察建议后，又与省自然资源和规划厅、琼海市人民政府进行了反复协调沟通，促进该检察建议的落实。

海南省检察院一分院在解决争议时尊重行政优先原则，取得了很好的效果。本案涉及众多村民的生计，处理不当极易引发群体性事件，行政部门对此顾虑多、压力大。对此，检察院对涉及百姓切身利益以及可能引发的维稳风险进行认真地研究和评估，检察院分管领导还多次与相关各方释法说理，共同分析研究应对措施。海南省检察机关在提出检察建议时注意遵循行政权运行规律，体现行政优先的原则，在监督省级行政机关履行主管职责的同时，又充分考虑保护区内占地毁林形成的历史原因等客观因素，对地方人民政府纠正违法提出分步骤解决的措施，这样有利于行政机关与当地人民群众形成整改合力，最终合理、稳妥地解决本案的违法问题。

（六）调查核实制度助推检察建议的质效提升

1.检察机关民事行政案件调查核实权的概念和作用

2012年修改后的《民事诉讼法》第210条明确规定"人民检察院因履行

法律监督职责提出检察建议或者抗诉的需要,可以向当事人或者案外人调查核实有关情况"。此规定是民事诉讼法首次赋予检察机关在民事诉讼中享有民事检察调查核实权,填补了立法空白,对于检察机关有效地行使法律监督权有着十分重大的意义,也为建立检察机关民事调查法律制度奠定了良好的法律基础。随着我国司法体制改革的不断深化,如何健全检察机关民事行政案件的调查核实制度,已经成为一项意义十分重大的改革课题。

2. 授予检察机关民事行政案件调查核实权的必要性

(1)授予民事行政案件调查核实权是履行保护公共利益职责的需要。提起检察建议的目的,是为了国家利益和社会公共利益免受侵害。也就是说,检察机关提起检察建议的目的,不是为了本单位的利益,而是为了国家和公共利益。检察机关没有从公益诉讼中获得本单位的私利,而是迫切需要通过获取足够的证据来有力维护国家利益和社会公共利益。因此,检察机关在行政公益诉讼检察建议提出前拥有足够的调查核实权,是保护国家和公共利益的必需手段。民事行政案件调查核实权的权源是检察机关的法律监督权。赋予与检察机关保护公共利益职责相应的调查核实权,已经成为健全公益诉讼制度的重要条件。

(2)授予民事行政案件调查核实权是确保检察建议质量的需要。从监督活动的环节看,民事诉讼和行政诉讼中的检察监督一般是在法院裁判已经生效后的监督,是发生在法院对已有的事实和证据没有作出公正的认定或又出现新证据的情况下进行的,一般不需要检察机关进行过多的事实调查和证据审查。但是,提出行政公益诉讼检察建议时的调查核实则是在尚未向法院提起行政公益诉讼之前,为获得行政机关从事违法行为的充分证据必须拥有一定的法律手段,如没有充分的调查核实权就不可能取得证据也就不能进行高质量的公益诉讼。行政公益诉讼案件一般比较复杂,而且要解决的往往是一些历史遗留问题,取证难是一个不可回避的现实问题。从行政公益诉讼受案

案例三 海南省人民检察院第一分院督促琼海市政府、省自然资源和规划厅对海南省上溪、尖岭自然保护区林地所有权依法履职案

范围看,行政诉讼受案范围包括"生态环境和资源保护、食品药品安全、国有财产保护、国有土地使用权出让等领域"的违法行为。这些领域涉及的问题每一项都十分复杂,特别是在环境行政公益诉讼中,调查核实更难。由于环境污染本身具有成因的复杂性、表现的潜伏性和结果的易变性,再加上环境污染案件的调查对象的复杂性,检察人员到现场进行实地勘查,常常遇到不配合的情形。一些调查对象出于自身经济利益和政治利益的考量,往往在检察机关调查核实时采取各种方式方法阻挠调查甚至弄虚作假。更有甚者,实施暴力抗法,严重影响检察机关调查核实工作的正常进行。当前,调查核实难问题已经成为妨碍检察机关做好行政公益诉讼检察建议的一大障碍,因此,依法赋予检察机关民事行政案件的调查核实权,势在必行。

3.海南省检察院一分院行使民事行政案件调查核实权成效显著

海南省检察院一分院办理本案的一个重要特点,就是善用、用足调查核实权,及时查明事实,及时发现并查清行政机关的违法问题。海南省检察院一分院的检察官,通过调取审查林权档案与协调行政机关配合取证,对林权改革确权颁证的过程进行周密调查,摸清了地方政府违法颁发林权证的底数,将涉嫌违规发放林权证的范围确定为140宗、6467.08亩。这些卓有成效的调查核实工作,为提高行政公益诉讼检察建议的质量,奠定了坚实的基础。以上情况表明,海南省检察院一分院在用足用好调查核实权方面作出的努力是成功的,值得高度肯定。

三、完善行政公益诉讼检察建议制度的若干建议

在充分肯定海南省检察院一分院运用行政公益诉讼检察建议制度取得成就的同时,也要看到该制度本身以及制度实施中存在的问题,并建议着力加以解决。只有发现真实问题并有针对性地解决问题,才能使行政公益诉讼检察建议制度保持旺盛的生命力。

基于此，结合办案实践，笔者就如何完善行政公益诉讼检察建议制度，提出以下改进建议：

关于"公益诉讼检察建议"的提法，源自2019年的《人民检察院检察建议工作规定》，是该规定所明确的5种检察建议类型中的一种。根据2014年《行政诉讼法》和2018年最高人民法院、最高人民检察院《关于检察公益诉讼案件适用法律若干问题的解释》，可以由检察院提起的公益诉讼案件，有民事公益诉讼案件和行政公益诉讼案件两种类型。但是，"公益诉讼检察建议"的用语，一般用于"行政公益诉讼检察建议"。

（一）检察民事公益诉讼无须提出诉前检察建议

根据最高人民法院、最高人民检察院《关于检察公益诉讼案件适用法律若干问题的解释》的第13条规定，人民检察院在履行职责时发现破坏生态环境和资源保护等损害社会公共利益的行为，拟提起民事公益诉讼的，应当依法公告，公告期间为30日。在公告期限届满，法律规定的机关和有关组织等仍然不提起诉讼的，人民检察院才可以向人民法院提起民事公益诉讼。行政公益诉讼的起诉对象是行政机关，是从有利于促进行政机关依法行政目的出发的，故有必要建立行政公益诉讼检察建议制度。而民事公益诉讼的起诉对象是单位或个人，该类主体的权利义务与行政机关大不相同，因此，在检察机关提起民事公益诉讼之前，只要进行公告即可，而不需要提出民事公益诉讼检察建议。

（二）关于完善行政公益诉讼检察建议制度的几点建议

从目前的实际情况看，社会上对行政公益诉讼检察建议的重视程度远远不够，为此，为了提高行政公益诉讼检察建议的权威性，建议在以下几个方面作出新的努力：第一，明确检察机关可以对违法行使职权或者不作为的行政机关进行检察约谈。检察约谈应当具有司法属性。在进行检察约谈时，即要讲明被建议的行政机关违法行使职权或者不作为的具体表现和可能造成的

案例三 海南省人民检察院第一分院督促琼海市政府、省自然资源和规划厅对海南省上溪、尖岭自然保护区林地所有权依法履职案

后果，使行政机关对如何回复检察建议有明确的认识，同时又要认真听取行政机关的说明并商谈解决办法。第二，明确行政公益诉讼检察建议书的制作内容，力求以个案的整改带动整体的依法行政，起到典型促进全局的重要作用。第三，明确行政公益诉讼的检察建议可以以报告、通报等形式，送达行政机关所在地党委、人大、上级机关以及纪委监委等。检察机关应当与上述机关部门建立密切的合作机制，以便妥善处理与行政机关和各有关方面的关系，共同推动行政公益诉讼检察建议提高权威性，实现有效性，提升人民政府的良好形象，加快建设让人民满意的法治政府。

关于公益诉讼检察建议若干问题的思考

——以海南省检察院一分院督促琼海市政府、
省自然资源和规划厅对海南省上溪、尖岭自然保护区
林地所有权依法履职一案为例

江利红*

本案中海南省检察院一分院针对村集体和个人侵害国有林地所有权、破坏自然保护区的问题，积极履行检察监督职能，向有关部门提出检察建议，也得到了相关部门的积极配合、整改。从最终的结果来看，既纠正了相关部门的违法和不作为的问题，同时也取得了良好的社会效果。充分发挥了行政公益诉讼在维护公共利益和纠正违法方面的作用。这是一起较为典型的、检察机关以诉前检察建议的方式督促行政机关依法履职从而纠正相关违法行为的案件。本案中海南省检察院一分院的一些具体做法具有一定的创新性，对

---

* 江利红，法学博士，华东政法大学法律系教授。

于今后进一步完善行政公益诉讼制度有参考的价值。

以下是我对本案的一些想法：第一，关于检察建议的基础。进行充分的调查，明确具体案情是检察院提出检察建议的基础，这其中也涉及检察院的调查核实权限和客观能力的问题。检察院是法律监督机关，在法律问题的分析上是专业的，但是在相关事实问题的认定上不一定是专业的。现实中往往需要被监督的行政机关配合提供一些证据，而被监督的行政机关本身又是被监督的对象，要求行政机关配合提供一些证明自己行为违法的证据，在现实中可能会遇到一些障碍。现有规定对于遇到这种情况的保障措施，以及检察院自行调查取证时针对复杂、专业案件调查取证的规则等方面规定的并不具体。所以，在现实中这属于难点问题。

本案中的检察建议就涉及两个自然保护区的林地所有权问题。山林权属纠纷案件历来比较复杂，对此，海南省检察院一分院充分利用了调查核实的权限，通过对林权档案充分的研究，协调相关行政机关配合取证，最终明确梳理林权改革过程中相关历史进程，确认地方政府存在违法核发林权证的行为，确定违法核发林权证所涉林地的具体范围。可见，本案中检察院很好地运用了调查核实方面的权限，这也是检察院最终提出的检察建议取得成效的前提和基础。

第二，关于检察建议的依据。检察院针对行政机关提出检察建议，应依据对法律法规的规定分析和论证涉案行政机关行为合法性的问题，这是主要的方面。但同时，也应当考虑现实因素的影响，判断检察院提出的一些具体检察建议在现实中是否有履行的可行性。在本案中，海南省检察院一分院提出检察建议时充分考虑了相关部门的法定职责，以及越界颁发林权证合法性的问题，督促行政机关依法履职，纠正已经存在的违法发证行为，同时结合本案中的一些历史原因等客观因素，农民的民生问题和社会维稳的问题，在综合考虑的基础之上提出检察建议，确保最终检察建议能够得到切实履行。

案例三　海南省人民检察院第一分院督促琼海市政府、省自然资源和规划厅对海南省上溪、尖岭自然保护区林地所有权依法履职案

第三，关于检察建议的内容。根据最高检发布的《人民检察院检察建议工作规定》，检察建议必须有具体的内容。但是具体到什么程度，在现实中难以把握。过于具体可能会涉及检察院对于行政机关权限的过度干预，最终也会影响到检察建议是否能够落地实施的问题。本案中海南省检察院一分院在调查取证的基础上，依据法律的规定，对涉案两个行政机关分别提出五点具体的整改意见。同时又针对自然保护区内占地毁林形成的历史原因等客观因素，对于地方政府纠正违法行为、依法履行监督职责等提出了分步解决的具体措施。可以说，检察建议的繁简程度把握得很好，既符合了检察建议的具体性要求，确保了落地实施的可能性，同时又尽量尊重行政机关的首次判断权，遵守检察院作为法律监督机关的职责界限，把最终整改所要实施的具体行政行为的内容判断权交由行政机关自行决定，这是本案中检察建议最终能够发挥实际效果的前提和基础。

以上是我学习本案的材料后，深刻感受到海南省检察院一分院在本案中一些值得肯定的做法，这些做法所形成的经验对于今后我国行政检察监督制度的完善具有重要的参考价值。当然，上述检察建议的调查取证、适用依据和具体内容等方面还涉及一些更为复杂的问题，所以，希望通过对本案以及相关典型案例的深入研究，形成相关机制，最终通过立法的方式进一步完善我国的行政公益诉讼制度。

文书指引

海南省人民检察院第一分院检察建议书

琼检一分行公〔2019〕46030000001号

海南省琼海市人民政府：

万宁市人民检察院在"万泉河水清又清"联合整治行动中，发现2009年琼海市政府违法向阳江镇上科村委会及庞某某、许某某、王某甲、韦某某、王某乙、许某某、坟某某、黄某某等9个村集体和个人颁发涉上溪省级自然保护区林权证，危害保护区生态环境，损害国家利益和社会公共利益。海南省人民检察院将该线索交由我院办理，本院依法进行了调查。现查明：

2009年1月，按照原省林业厅的统一部署，琼海市人民政府成立了市集体林权制度改革办公室，并根据市政府印发的《琼海市集体林权制度改革工作具体实施方案》和市政府批准的林地利用总体规划，组织开展了林权制度改革专项工作。在此次林改工作中，据初步核实统计，琼海市人民政府不仅给上述9个主体在属于国有林地且位于万宁市境内的省级自然保护区内的林地颁发了林权证（林地面积共1781.33亩），同期还给309个主体、面积为8676.84亩的同类林地颁发了林权证，其中位于上溪和尖岭两个省级自然保护区内的140宗，涉及林地面积6467.08亩。

上溪和尖岭两个省级自然保护区为热带季雨林、热带次生林和灌丛分布区，保护对象主要是天然热带季雨林及其生境。上述涉案林地主要在保护区的缓冲区和实验区内，分别属于一、二类生态红线区，在人工垦殖之前，与保护区其他部位同为一个天然植被生态体系。由于违法颁发林权证，一方

案例三　海南省人民检察院第一分院督促琼海市政府、省自然资源和规划厅对海南省上溪、尖岭自然保护区林地所有权依法履职案

面,使相关村集体和个人在保护区内占地毁林合法化,增加了保护区管理机构监管执法的困难和阻力,多次引发抵制甚至暴力抗拒保护区监管执法等严重破坏保护区管理条例施行的事件;另一方面,在两个省级自然保护区内,因上述涉案村集体及个人大量种植橡胶、槟榔等经济作物,造成原有天然森林植被的灭失,破坏了天然森林资源,造成涉案林地与生物多样性相关的生态功能的破坏。尤为重要的是,上述涉案林地部分位于牛路岭水库库区范围内,该水库是琼海、琼中、万宁三地人民重要的生产、生活水源地。由于种植橡胶、槟榔等经济作物过程中长期使用农药、化肥,对土壤、地下水及水库水质造成污染,危害保护区及万泉河流域生态环境质量。2018年7月20日,原省林业厅就万宁市林业局对相关问题的请示征询琼海市农林局的意见,但上述违法发证行为至今没有纠正,相关保护区生态环境遭受大面积破坏的问题处于持续状态,损害了国家利益和社会公共利益。

本院认为,《中华人民共和国自然保护区条例》第二十六条、第二十八条,以及《海南省自然保护区条例》第三十一条、第三十二条、第三十五条,分别对在自然保护区及其缓冲区、实验区内开垦、烧荒和开展生产经营活动作了禁止性规定。琼海市相关村集体和个人在上溪和尖岭两个省级自然保护区内从事农业生产的行为违反了国家和海南省自然保护区条例的规定。同时,上溪和尖岭两个省级自然保护区位于万宁市境内,1990年经海南省国有林定权发证领导小组划界确权,核发了《国有山林权证》,上述两个省级自然保护区的林木和林地属于国有。根据《中华人民共和国森林法实施条例》第四条第二项"使用国家所有的跨行政区域的森林、林木和林地的单位和个人,应当向共同的上一级人民政府林业主管部门提出登记申请,由该人民政府登记造册,核发证书,确认森林、林木和林地使用权以及由使用者所有的林木所有权。"之规定,琼海市人民政府给上述村集体和个人颁发林权证,不仅违反了国家关于国有林地管理的法律法规和2009年全省林权制度改革确定的"与

土地权属相符"的基本原则，而且未向原省林业厅提出登记申请，越过行政边界在万宁市管辖的省级自然保护区内颁发林权证的行为属越界发证、越权行使职权。琼海市人民政府违法颁发林权证的行为，影响了国家及本省自然保护区法律法规的实施，损害了国家利益和社会公共利益。

现根据《中华人民共和国行政诉讼法》第二十五条第四款及最高人民法院、最高人民检察院《关于检察公益诉讼案件适用法律若干问题的解释》第二十一条的规定，向你单位提出如下检察建议：

一、依法履行职责。提请省自然资源和规划厅协调琼海、万宁两市相关单位，在调查掌握全面情况的基础上，及时纠正违法颁发林权证的行为。

二、督促琼海市农林局采取有效措施，防止以上村集体和个人在上溪、尖岭两个省级自然保护区内扩大生产和新的人工种植，引导种植户对现有林木采取无公害生产方式进行管理。

三、根据自然保护区和环境保护法规的相关规定，提请省自然资源和规划厅协调琼海、万宁两市环保、林业、土地行政管理等部门，研究提出上述村集体和个人农业生产退出上溪、尖岭省级自然保护区的措施方案，保证自然保护区的完整性和生态功能恢复。

四、在涉案地区认真开展相关政策的宣传解释工作，加强对涉案群众的法制教育，积极引导群众知法守法。

五、认真制订维稳方案，切实防范群体性事件以及信访舆论风险。

请于收到本检察建议书后两个月内将办理进展情况书面回复本院。

副检察长：刘某某
检 察 官：李 某
检 察 官：刘 某

抄送：海南省自然资源和规划厅、海南省林业局、琼海市农林局、万宁市政府、万宁市林业局

案例三　海南省人民检察院第一分院督促琼海市政府、省自然资源和规划厅对海南省上溪、尖岭自然保护区林地所有权依法履职案

海南省人民检察院第一分院检察建议书

琼检一分行公〔2019〕46030000002号

海南省自然资源和规划厅：

　　万宁市人民检察院在"万泉河水清又清"联合整治行动中，发现琼海市农林局违法向该市阳江镇上科村委会及庞某某、许某某、王某甲、韦某某、王某乙、许某某、坟某某、黄某某等9个村集体和个人颁发涉上溪省级自然保护区林权证，损害国家利益和社会公共利益。海南省人民检察院将该线索交由我院办理，本院依法进行了调查。现查明：

　　上溪和尖岭两个省级自然保护区成立于1981年，均由万宁市管辖。1990年经海南省国有林定权发证领导小组划界确权，核发了《国有山林权证》，两个保护区林权依法归国家所有。2009年在原省林业厅统一部署、组织领导以及省林权改革领导小组办公室指导下，琼海市开展了林权制度改革专项工作。在此次林改工作中，据初步核实统计，琼海市人民政府不仅给上述9个主体在属于国有林地且位于万宁市境内的省级自然保护区内的林地颁发了林权证（林地面积共1781.33亩），同期还给309个主体、面积为8676.84亩的同类林地颁发了林权证，其中位于上溪和尖岭两个省级自然保护区内的140宗，涉及林地面积6467.08亩。

　　上溪和尖岭省级自然保护区为热带季雨林、热带次生林和灌丛分布区，保护对象主要是天然热带季雨林及其生境。上述涉案林地主要位于保护区的缓冲区和实验区内，分别属于本省一、二类生态红线区。在人工垦殖之

前，与保护区其他部位同为一个天然植被生态体系。由于琼海市违法颁发林权证，使相关村集体和个人在保护区内占地毁林合法化，增加了保护区管理机构监管执法的困难和阻力，引发抵制甚至暴力抗拒保护区监管执法等严重破坏保护区管理条例施行的事件；另一方面，在两个省级自然保护区内，因上述涉案村集体及个人大量种植橡胶、槟榔等经济作物而造成原有天然森林植被的灭失，破坏了天然森林资源，造成涉案林地生物多样性相关的生态功能的破坏。尤其是上述涉案林地部分位于牛路岭水库库区范围内，该水库为琼海、琼中、万宁三地人民重要的生产、生活水源地。由于种植橡胶、槟榔等经济作物过程中长期使用农药、化肥，对土壤、地下水及水库水质造成污染，危害保护区及万泉河流域生态环境质量。2018年6月，万宁市林业局曾就相关问题向原省林业厅请示，提请解决琼海市错发林权证和逐步退出人工种植作物等建议，但对琼海市违法颁发林权证的行为至今没有纠正，相关保护区生态资源环境遭受大面积破坏的问题处于持续状态，损害了国家利益和社会公共利益。

本院认为，《中华人民共和国自然保护区条例》第二十六条、第二十八条，以及《海南省自然保护区条例》第三十一条、第三十二条、第三十五条，分别对在自然保护区及其缓冲区、实验区内开垦、烧荒和开展生产经营活动作出禁止性规定。琼海市相关村集体和个人在上溪和尖岭两个省级自然保护区内从事农业生产的行为违反了国家和海南省自然保护区条例的规定。同时，上溪和尖岭两个省级自然保护区位于万宁市境内，1990年经海南省国有林定权发证领导小组划界确权，核发了《国有山林权证》，上述两个省级自然保护区的林木和林地属于国有。根据《中华人民共和国森林法实施条例》第四条第二项"使用国家所有的跨行政区域的森林、林木和林地的单位和个人，应当向共同的上一级人民政府林业主管部门提出登记申请，由该人民政府登记造册，核发证书，确认森林、林木和林地使用权以及由使用者所有的林木所

案例三　海南省人民检察院第一分院督促琼海市政府、省自然资源和规划厅对海南省上溪、尖岭自然保护区林地所有权依法履职案

有权。"之规定，琼海市人民政府在未向原省林业厅提出登记申请的情况下，将属于国有的林木和林地确权给村集体和个人，并越过行政边界在万宁市管辖的省级自然保护区内颁发林权证的行为违法。

另据海南省委、省政府琼发〔2009〕4号《关于加快推进集体林权制度改革的决定》、省政府琼府办〔2007〕112号《关于印发集体林业产权制度改革工作总体方案的通知》中关于省林业主管部门、省集体林业产权制度改革领导小组办公室的职责，以及《海南省林业局主要职责内设机构和人员编制规定》对省林业局主要职责的相关规定，按照林权管理制度、林改工作方案和相关程序，2009年琼海市颁发林权证工作是在原省林业厅统一组织和工作组具体指导下进行的。原省林业厅、省林改办及其工作组应当发现琼海市在涉保护区国有林地发证问题，但原省林业厅及林改办既未发现，也未尽到相应的管理职责。同时，对上述村集体和个人生产活动给上溪和尖岭两个省级自然保护区生态环境造成的破坏、保护区内农业生产退出、琼海市政府越界颁发林权证给万宁市保护区监管执法造成的困难等一系列问题，原省林业厅作为上级主管部门，长期以来未给予足够重视并履行上级主管部门职责，及时协调琼海市纠正越界颁发林权证违法行政行为，恢复相关自然保护区行政监管秩序和被破坏的生态环境。综上，原省林业厅作为林权制度改革和省级自然保护区的主管部门，存在怠于履行职责的问题。

鉴于目前正在进行的省级机构改革已将原省林业厅（现林业局）划归省自然资源和规划厅统一管理，且按照机构改革"三定方案"明确的职责，为加强对自然保护区生态环境的保护，现根据《中华人民共和国行政诉讼法》第二十五条第四款及最高人民法院、最高人民检察院《关于检察公益诉讼案件适用法律若干问题的解释》第二十一条的规定，向你单位提出如下检察建议：

一、履行管理部门职责，牵头协调琼海、万宁两市相关单位，在调查掌

握全面情况的基础上，纠正琼海市在上溪、尖岭保护区内给集体和个人颁发林权证的违法行政行为；

二、认真落实自然保护区管理法规，协调琼海市和万宁市加强对上溪、尖岭省级自然保护区的日常监管；

三、协调琼海、万宁两市政府及环保、林业、土地行政管理部门，提出上述涉保护区农业生产退出规划方案。协调琼海、万宁两市政府制定在保护区内农业生产退出前，在上溪、尖岭省级自然保护区内禁止扩大生产和新的人工种植，引导种植户对现有林木采取无公害生产方式的管理办法，并予以落实；

四、协调琼海市、万宁市政府在涉案地区认真开展相关政策的宣传解释工作，加强对涉案群众的法制教育，积极引导群众知法守法；

五、协调琼海市、万宁市政府认真制订维稳方案，切实防范群体性事件以及信访舆论风险。协调万宁市共同维护自然保护区日常监管秩序。

以上检察建议请海南省林业局协助落实。

请于收到本检察建议书后两个月内将办理进展情况书面回复本院。

副检察长：刘某某

检　察　官：李　某

检　察　官：刘　某

2019年4月1日

抄送：琼海市人民政府、万宁市人民政府

案例三　海南省人民检察院第一分院督促琼海市政府、省自然资源和规划厅对海南省上溪、尖岭自然保护区林地所有权依法履职案

琼海市人民政府关于报送跨万宁市界核发林权证存在问题整改工作进展情况的函

省人民检察院第一分院：

根据海南省人民检察院第一分院检察建议书（琼检一分行公（2019346030000001号）指出的存在问题和建议，我市高度重视，组织有关单位对跨万宁市界核发林权证的问题进行深入调查以及整改，现将工作进展情况函报如下：

一、整改工作进展情况

（一）认真研究部署。收到检察建议书后，市政府主要领导立即作出批示，要求市自然资源和规划局牵头开展整改工作。为了推进整改工作，分管副市长召集市检察院、市自然资源和规划局、市财政局、市司法局、阳江镇政府等单位召开专题工作会议进行研究，并邀请省林业局林改办有关负责人进行指导。此外，市自然资源和规划局及时召开会议研究处理措施，先后两次与万宁市林业局沟通进行共同研究，并派员深入市县边界与万宁市保护区工作人员进行现场套图核查。

（二）做好调查核实。根据检察建议书指出问题，市自然资源和规划局组织人员依据2009年地籍图（即行政区域界线）及万宁上溪、尖岭省级自然保护区红线图认真开展针对性调查。为了便于分类处置做了分类调查，初步核实情况如下：

1. 在琼海市境内非保护区范围的52宗，涉及林地面积331.64亩。

2. 在万宁市境内上溪和尖岭两个省级自然保护区范围内的150宗，涉及林地面积6316.2亩。其中上溪保护区65宗、涉及林地面积5025.9亩，尖岭

保护区 85 宗，涉及林地面积 1290.3 亩。

3. 在万宁市境内非保护区范围的 213 宗，涉及林地面积 2174.55 亩。

另外，查阅到《琼海县人民政府关于国营东平农场与阳江公社阳江大队土地关系处理协议的批复》（琼府字〔1981〕141 号），该文件同意国营东平农场划出土地 2110 亩给阳江公社阳江大队农场及土地面、下灶坡等 11 个生产小队使用。经调查了解，划出土地相当部分位于万宁市上溪省级自然保护区界内，但由于年代久远，涉及单位和农户较多，目前未能调查确认划出土地和林权证核发林班的对应关系。

（三）研究拟订工作方案。市自然资源和规划局在调查核实的基础上，按照不同的地域分类进行依法依规处置的思路，目前已起草了《琼海市跨万宁市界核发林权证存在问题整改工作方案》，形成了以下初步处理意见：

1. 在琼海市境内非保护区范围的，维持确权发证成果。

2. 在万宁市境内非保护区范围的，撤销林权证。根据原确权登记资料由琼海市协调万宁市不动产登记管理部门向省自然资源和规划厅提出重新确权登记发证。

3. 在万宁境内位于上溪、尖岭两个省级自然保护区范围且无任何凭证说明琼海人民耕种历史的，在做好政策宣传的基础上，撤销林权证。

4. 在万宁市境内保护区范围但有历史材料证明琼海人民耕种历史的，调查清楚之后将调查情况和工作意见上报省自然资源和规划厅、省林业局研究，并在上级职能部门指导下进行处置。

5. 在琼海市境内会山省级自然保护区范围的，在做好政策宣传的基础上，撤销林权证。

二、存在问题

（一）整改工作涉及的范围广、农户多、历史较为久远，核查清楚需要时间和较多的人力物力。

案例三　海南省人民检察院第一分院督促琼海市政府、省自然资源和规划厅对海南省上溪、尖岭自然保护区林地所有权依法履职案

（二）琼海人民在涉及地块上有长期的耕种历史，处理起来群众抵触情绪大，存在一定的难度。

（三）在生态赎买退出机制方面，涉及跨界在万宁市境内核发林权证的农户户数多、林地面积大，需要政府投入较大资金解决群众的利益问题。

三、下一步工作措施计划

（一）开展整改工作。按照审定的《琼海市跨万宁市界核发林权证存在问题整改工作方案》，根据实际情况和处理意见开展整改工作。

（二）研究制订保护区内农业生产退出方案。提请省自然资源和规划厅协调万宁市自然资源和规划局、环保等部门研究制订保护区内农业生产退出方案。通过政府生态赎买的退出方式，既保护保护区的完整性，也要注意尊重耕种历史，保障群众利益。

（三）防止进一步破坏保护区生态环境。提请省林业局协调万宁市上溪、尖岭两个省级自然保护区加强管理，防止保护区内森林资源被破坏。同时，部署琼海市自然资源和规划局与属地阳江镇政府密切协作，采取增设生态护林员、加强政策宣传等有效措施，防止当事村集体和个人在上溪、尖岭两个省级自然保护区内扩大生产和新的人工种植，引导种植户对现有林木采取无公害生产方式进行管理。

（四）加强政策法律宣传。制订维稳方案，加强当事群众法治政策教育，切实防范群体性事件以及信访舆论风险。

琼海市人民政府
2019 年 6 月 26 日

海南省自然资源和规划厅
关于报送检察建议有关情况的函

省人民检察院第一分院：

《海南省人民检察院第一分院检察建议书》（琼检一分行公C2019J46030000002号）收悉。对该检察建议书指出的问题和建议，我厅高度重视，按照有关职责立即转省林业局并要求其立即组织落实。现将有关情况函报如下：

一、工作情况

省林业局高度重视，领导先后作了批示。5月16日，局党组成员、总工程师周亚东同志组织召开专题会议，研究部署落实检察建议有关工作。5月17日，周亚东总工带队到万宁市上溪保护区实地查看，听取了上溪和尖岭两个保护区管理站有关情况汇报，并与琼海市自然资源和规划局以及上溪、尖岭、会山等3个保护区管理站等部门召开专门会议研究部署落实检察建议有关工作。会后，琼海市自然资源和规划局着手开展有关调查落实工作，省林业局多次进行了跟踪指导。6月13日，琼海市政府李昌奋副市长组织召开了专题会议，省林业局派员参加会议并作指导。

二、调查结果

根据检察建议书指出的跨境发放8676.84亩林权证问题，琼海市依据2009年地籍图（林改时使用），林改确权发证图，以及上溪、尖岭、会山保护区红线图，对相关发证宗地认真开展套图调查和实地核实，基本查清了8676.84亩林权证的具体情况，存在以下三种类型：

案例三　海南省人民检察院第一分院督促琼海市政府、省自然资源和规划厅对海南省上溪、尖岭自然保护区林地所有权依法履职案

（一）分布在琼海市境内非保护区范围的有 52 宗，发证面积 331.64 亩。

（二）分布在万宁市境内上溪和尖岭保护区范围的有 95 宗，发证面积 5691.36 亩。其中上溪 50 宗、面积 4924.49 亩，尖岭 45 宗、面积 766.87 亩。

（三）分布在万宁市境内非保护区范围的有 162 宗，发证面积 2653.84 亩。

此外，琼海市还调查到以下两种有关情况：

一是调查时发现琼海市境内会山省级自然保护区范围的有 36 宗，发证面积 1710.79 亩（不在检察建议书指出范围内）。

二是调查时发现有《琼海县人民政府关于国营东平农场与阳江公社阳江大队土地关系处理协议的批复》（琼府字〔1981〕141 号）文件一份，同意国营东平农场划出土地 2110 亩给阳江公社阳江大队农场及土地面、下灶坡等 11 个生产小队使用。经调查了解，划出的这些土地相当部分位于万宁市上溪省级自然保护区界内。但由于年代久远，涉及单位和农户较多，目前未能调查确认划出土地和林权证核发宗地的对应关系。

三、下一步工作计划

我厅认为，贵院《检察建议书》指出我省林业管理工作中存在的薄弱环节，对今后全省自然资源系统加强和规范管理，提高依法行政水平具有很强的指导意义。我厅下一步将责成省林业局协调琼海市、万宁市政府及相关部门开展以下整改工作，并举一反三避免类似问题再次发生。

（一）在琼海市境内非保护区范围的，维持确权发证成果。

（二）在万宁市境内位于上溪和尖岭两个保护区范围且无任何凭证说明有琼海市农民耕种历史的，在做好政策宣传的基础上，撤销林权证。

（三）在万宁市境内非保护区范围的，需进一步调查有关情况后再提出整改建议。

（四）在万宁市境内保护区范围但有材料证明有琼海市农民耕种历史的，需进一步调查有关情况后再提出整改建议。

（五）在琼海市境内会山保护区范围的，在做好政策宣传的基础上，撤销林权证。

（六）协调琼海、万宁两市自然资源和规划、环保等部门研究制订保护区内农业生产退出方案。通过政府生态赎买的退出方式，既保护保护区的完整性，又注意尊重历史，保障农民合法权益。

（七）责成上溪、尖岭、会山三个省级自然保护区加强管理，防止出现新的扩种破坏行为，保护森林资源安全。

（八）指导琼海市采取增设生态护林员、加强政策宣传等有效措施，防止有关村集体和个人在上溪、尖岭、会山保护区内扩大生产和新的人工种植，引导种植户对现有林木采取无公害生产方式进行经营管理。

（九）协调指导琼海市政府制订维稳预案，加强当事群众法治政策教育，切实防范群体性事件及信访舆论风险。

衷心感谢检察机关客观、及时的建议，使我厅能及时发现并整改相关问题，不断提高自然资源和规划系统依法行政水平，我厅将一如既往地支持和配合检察工作，共同推进海南生态环境保护工作。

海南省自然资源和规划厅

2019 年 7 月 1 日

案例四　山东省庆云县人民检察院诉庆云县水利局怠于履行职责案

案情简述

2018年8月至9月，庆云县人民检察院对庆云县水资源监管开展专项调查时发现，庆云县餐饮店、洗车店普遍存在违法取水现象。庆云县水利局作为水行政主管部门，怠于履行水资源监督管理职责，既未督促经营业户依法办理取水许可证、安装取用水计量设施、缴纳水资源费，也未依法查处其违法取水行为，致使国家利益持续处于受侵害状态。2018年9月3日报经检察长决定立案。2018年9月6日，庆云县人民检察院向行政机关发出检察建议，建议其依法履行水资源监督管理职责。2018年11月5日，行政机关作出书面回复，称非法取水问题已经整治到位，但检察机关在跟进调查中发现，某汽车美容服务中心仍违法取用地下水洗车。2019年4月30日，检察机关向庆云县人民法院提起诉讼，请求判令庆云县水利局依法继续履行监管职责，对该汽车美容服务中心非法取水行为进行查处。庆云县人民法院于2019年5月7日立案，2019年9月24日组织庭前证据交换，2019年11月4日开庭审理，11月13日判决：被告已履职到位的答辩主张不能成立，公益诉讼起诉人的诉讼请求应予支持。

推选理由

2018年1月1日实施的《山东省水资源条例》明确规定，对已有的地下水取水工程，由县级以上人民政府水行政主管部门会同有关部门制订方案，限期封闭，并统一规划建设替代水源，调整取水布局。检察机关根据《山东省水资源条例》制发检察建议，督促行政机关履行水资源监督管理职责。法院在判决书中明确了应从行政机关是否采取有效措施制止违法行为、行政机关是否依法全面及时运用行政监管手段、国家利益或社会公共利益是否得到有效保护三个方面对行政机关是否履职到位进行综合判断。相关司法文书论证分析的结构层次清晰、语言规范；并采取实质合法性标准审查被诉行政行为，具有重大的理论与实务价值。

> 办案人解读

有效制止违法行为是落实维护公益目的有力措施

李 茜*

一、基本案情

2018年8月，我院在履职中发现，在城区供水管网覆盖范围内某汽车美容服务中心等多家店铺，未依法办理取水许可证、未安装取用水计量设施，更未缴纳水资源费，大肆抽取地下水洗车营利，造成地下水资源无序开采、大量流失，国家利益和公共利益处于持续受侵害状态。2018年9月3日，我院立案审查。

经深入细致调查取证，我们发现县水利局作为水资源行政主管部门，存在违法履行职责和不作为等情形，2018年9月6日，依法向其发出庆检行公〔2018〕37142300007号检察建议，要求及时履职，对违法取用地下水的洗车店铺，依法作出处理并监管到位。11月5日，水利局回复称，收到建议后排查出非法取水经营业户281家，逐一发放《责令停止水事违法行为通知书》自行整改。整改到期后，各执法小组分别进行"回头看"，发现均已整改到位。检察建议中提到的洗车店铺非法取水问题，已全部整改。2019年3月30日，我院跟进监督，联合公安机关突击抽查，发现某汽车美容服务中心并未拆除水泵，正在抽取地下水洗车，国家利益持续处于受侵害状态。

2019年4月3日，经山东省人民检察院批准，我院向庆云县人民法院提

---

* 李茜，山东省庆云县人民检察院检察长。

起行政公益诉讼,请求判令:庆云县水利局依法继续履行监管职责,对某汽车美容服务中心等非法取水行为进行查处。同年11月4日该案公开开庭审理,11月13日,法院支持我院全部诉讼请求,判决:被告庆云县水利局在本判决书生效之日起15个工作日内继续对该店履行监管职责。庆云县水利局以庆水罚字(2019)001号,作出《水行政处罚决定书》,罚款人民币2万元。该店缴纳完罚款后主动停业,该案已执行完毕。

二、典型意义

一是打击涉水违法行为,警示教育社会,依法维护水资源。未经批准擅自抽取地下水,应当依照中华人民共和国水法规定处罚,只有在违法行为轻微并及时纠正且没有造成危害后果的情况下,才不予处罚。本案中,某汽车美容服务中心等店铺在县水利局下发《庆云县集中整治自备井告知书》以及检察机关持续跟进监督现场调查时,仍然抽取地下水洗车,对县水利局的管理行为置若罔闻,严重破坏了国家取水许可制度、水资源有偿使用制度以及水行政管理秩序。洗车店属特种行业取用水,用水量本身较大。以某汽车美容服务中心为代表的洗车店铺,长期在不承担任何成本的情况下,肆无忌惮大量采用地下水,造成水资源严重浪费。事实证明,水利局仅责令停止违法行为不进行行政处罚,难以遏制非法取水。我院发出检察建议后,水利局排查出281家非法取水用户,数量之大,危害之广,令人咋舌。

二是依法督促水务行政机关履职,助力法治政府建设。县级以上水行政主管部门对辖区内水资源负有统一管理和监督职责,若存在违法行使职权或不作为,致使国家利益受到侵害时,依据行政诉讼法,检察机关可以向其发出检察建议,督促依法履行职责。对于行政机关作出的整改回复,检察机关应当跟进调查,对于无正当理由未整改到位的,依法提起行政公益诉讼。本案中,庆云县水利局监管措施不到位,违反"罚过相当"原则,不利于水资源规范化管理。县水利局收到建议书后，仅下达《责令停止水事违法行为通知书》及复查一次，并未督促拆除违法取水设施，亦未封堵违法取水的井眼，整改措施不到位、不彻底，致使违法取水再发生，怠于履职明显。某汽车美容服务中心违法取用地下水，反映的只是水利局未依法全面履职的一个缩影。我院依法提起诉讼，既是践行国家利益维护者的职责，也是发挥督促、协同的作用，督促依法行政，促进法治政府建设。

三是以点带面，凝聚维护公益合力。一方面跟进监督过程中，联合水利、公安等单位，形成保护水资源公益合力。另一方面，借助审判力量，对涉水行政机关行政行为进行梳理、定责，以司法加大对行政行为的支持、保障、监督。

公开透明　公正裁判　凝聚共识
——审理山东省庆云县人民检察院诉县水利局怠于履行职责一案的体会

牛庆华 *

通过对本案的审理，感悟和体会有三。

第一，以公开透明为前提，保证检察公益诉讼取得良好的社会效果。我院在审理这个案件之前查阅了相关的法律法规，研究了水利局的职责，搜集了案例资料。本案审理过程全程直播，案件程序公开透明，保障了公众和媒体的知情权，回应了其对公益诉讼的关注。

第二，以公正裁判为原则，兼顾程序正义与实体正义。公益诉讼是协同

---

* 牛庆华，山东省庆云县人民法院院长。

之诉，本案审理过程中，站在公平公正的角度，沿着检察机关的主张，帮助水利局认真分析职权与责任，明确检察公益对于预防更大责任方面的价值，进而消除抵触情绪。裁判文书充分说理，让公众知晓法律事实的认定和法律适用之间的关系，真切地感受到公平正义。

第三，以凝聚共识为目标，力促行政机关自觉履行维护公益之责。行政公益诉讼因检察机关主动提起而启动。法院在行政公益诉讼的启动上是被动的，但在审理过程中是能动的。一旦案件纳入司法视野，就要坚持将国家利益、社会公共利益放在第一位，力促各方主体凝聚维护公益的共识。本案中行政机关认识到自身履职不到位的问题，积极整改，被侵害的公共利益得到了有效保护。通过本案的公开审判，达到了"审理一案、教育一片"的效果。其他行政机关也会吸收这起案件带来的经验和教训，积极履行职责，避免成为检察公益诉讼的下一个目标。

专家评析

检察公益诉讼可以在督促行政机关
全面依法履职方面发挥重要作用 *

——山东省庆云县人民检察院诉庆云县水务局
不履行水资源保护职责案评析

王灿发 **

检察公益诉讼案件中经常会遇到行政机关履行了一定职责，但并没有把问题解决，或者虽然做了一些工作但并没有把工作完全做到位的情况。在此种情形下，人民检察院还应不应该提起公益诉讼，人民法院是否应该支持人民检察院的诉讼请求，2019年山东省庆云县人民法院判决的一起公益诉讼案件，也许能给我们一些启示。

一、与本案相关的法律依据

本案的案情并不复杂，相关的法律规定也十分明确。我国《水法》第48条第1款明确规定："直接从江河、湖泊或者地下取用水资源的单位和个人，应当按照国家取水许可制度和水资源有偿使用制度的规定，向水行政主管部门或者流域管理机构申请领取取水许可证，并缴纳水资源费，取得取水权……"对违反这一规定，未经批准擅自取水的，应当根据该法第69条的规定由县级以上人民政府水行政主管部门或者流域管理机构依据职权，责令

---

* 本文为司法文明协同创新中心和检察公益诉讼研究阶段性成果。

** 王灿发，中国政法大学教授，中国政法大学检察公益诉讼研究基地主任。

停止违法行为，限期采取补救措施，处 2 万元以上 10 万元以下的罚款；情节严重的，吊销其取水许可证。也可以根据《取水许可和水资源费征收管理条例》第 49 条关于"未取得取水申请批准文件擅自建设取水工程或者设施的，责令停止违法行为，限期补办有关手续；逾期不补办或者补办未被批准的，责令限期拆除或者封闭其取水工程或者设施；逾期不拆除或者不封闭其取水工程或者设施的，由县级以上地方人民政府水行政主管部门或者流域管理机构组织拆除或者封闭，所需费用由违法行为人承担，可以处 5 万元以下罚款"的规定给予行政处罚。同时，《山东省水资源条例》第 30 条第 1 款规定："在城市公共供水管网覆盖区域不得新建地下水取水工程；未经批准的地下水取水工程和公共供水管网覆盖范围内的自备水井，由县级以上人民政府水行政主管部门限期封闭。"而该洗车店所在区域属于城市供水管网覆盖区域，依法是不能办理取水许可的，只能对其拆除取水设施或者封闭自备水井。从人民法院查明的案件事实看，庆云县水利局在接到司法建议后虽然采取了一些措施排查违法者并责令其整改，但在庆云县检察院半年后跟进监督时却发现，有的违法者仍在非法取用地下水洗车。在这种情况下，检察院对水利局提起公益诉讼。只要证据经质证查实，确实充分，法院支持公益诉讼起诉人的诉讼请求，应该是顺理成章的事情。被告的辩解理由，由于没有证据支持，其已经依法履职的主张，难以成立。

二、行政机关是否依法全面履职的判断标准

这类判决常常使得行政机关迷惑不解，甚至有非常大的怨气。他们认为，行政机关在收到检察院的检察建议书后明明非常重视，用了很大的力量纠正过去的不履职行为，而且也有了非常明显的效果，但就因为发现某一个方面或者某一个环节没有完全执法到位，法院就判决行政机关没有履行法定职责，是否公平合理？究竟达到什么程度才叫依法全面履职？法院在判决此类

案例四 山东省庆云县人民检察院诉庆云县
水利局怠于履行职责案

案件时如何把握履职的标准？这是要求行政机关履行法定职责的公益诉讼案件中普遍提出的问题。该案的判决，法院也认可被告为解决非法取水问题，做了大量工作，但由于"被告在具体实施执法监管方面，存在监管某汽车美容服务中心自行拆除其违法设施处置中未全面到位"的问题，"被告也无证据证实封堵违法取用地下水资源的井眼"，从而认定被告"应属未全面履行其行政监管查处职责"。但仅仅这样解释，似乎还是难以让被告行政机关信服。对于此类案件，判断是否全面履职，应该有可供判断的标准，并需要从理论上说明对行政机关为什么要有这样严格的要求。

在这类行政机关不全面履职、不充分履职行政行为的标准判断方面，行政法学界已经进行了一些研究，而且也提出了一些对于该类行政行为司法裁判应予考量的因素。无论是行政法学理论①还是司法实践，都倾向于只要行政机关有不依法履职的行为，或者虽然有一定的履职行为，但由于未穷尽行政手段、未及时采取行政措施、未采取合理的方式履职，结果导致法律所保护的法益遭受损害，就可以认定为不依法履行法定职责。②

之所以对行政机关有这样严格的要求，从理论上来说，国家法律对于行政机关职责的规定，既是权力授予，又是义务分配。法律赋予的权力不行使，就是不履行行政机关应尽的义务。同时，行政机关作为法律的执行机关，对法律的规定必须不折不扣地贯彻执行，既不允许拒绝履行，也不允许拖延履行，当然也不允许部分执行、部分不执行，而且执行的结果必须达到立法规定所确定的目标。因此，任何不充分履行、不全面履行的行政行为，都属于不依法履行法定职责。不充分、不全面履职通常表现为：一是形式履

---

① 参见张旭勇：《行政公益诉讼中"不依法履行职责"的认定》，载《浙江社会科学》2020年第1期。
② 参见袁辉霞：《怠于履行行政职责行为规制研究》，西南政法大学2018年博士学位论文，第115—130页。

职，实际不履职；二是口头或者书面履职，行动不履职；三是阶段性履职，而不是全过程全时段履职；四是部分履职，部分不履职；五是被明确指出的行为履职，未被点明的同类行为不履职；六是只采用部分手段履职，而未穷尽行政手段履职；七是过程性履职，结果性不履职。这些履职行为，都难以达到法律规定所确定的立法目标。对此检察机关提起行政公益诉讼，法院当然应当判决支持检察机关的诉讼请求。以此来看山东省庆云县人民检察院诉县水务局不履行水资源保护职责案，被告虽然在接到检察建议后，对非法取水行为进行了排查，发出整改通知，但是在检察建议中提到的单位仍然有非法取水行为，且取水设施仍然没有拆除，取水井没有封堵，被告也没有给予违法者行政处罚。因此，判决这种部分履职部分没履职、过程性履职结果性没履职、没有穷尽行政手段的行政机关继续履职，应当无可争议。

当然，并不是行政机关所有没有完全充分履职的行为都可以被提起公益诉讼，或者都应当被判决履职或者违法。在下列情况下，行政机关虽然没有完全充分履职，检察院也不宜提起公益诉讼或者由法院判决行政机关继续履职或者判决行政机关违法。一是不可抗力的情形。如果行政机关在履行行政职责的过程中，遇到洪水、地震、台风、泥石流等难以事前预判的情形，只要行政机关作出履职的努力，仍然未能完全达到履职的要求，在这种情况下，检察机关不宜提起要求行政机关依法履职的公益诉讼。二是行政机关自身能力不足的情形。由于我国地域辽阔，各地情况千差万别，而法律的规定要求在全国是统一的，大部分地方的行政机关有能力可以做到法律规定的履职要求，也会有部分地方行政机关可能因本身能力限制，做不到完全履职。三是由于客观情况的限制无法全面充分和在规定期限内履职。比如，由于地下水污染的修复、大面积土壤污染的治理和生态的恢复，都难以在两个月内完成，因此，不能因为生态环境行政机关履职（责令污染单位治理、给予罚款）两个月后环境质量仍未达到规定要求就认为行政机关没有完全充分和及时履职。四是在行政给付的履职行为中，如果部分行政相对人不申请或者拒绝接受，也不能认定为不完全充分履职。比如，我国法律规定了废弃电器电子产品处理基金制度，具有废弃电器电子产品回收处理资质的单位回收处理废弃电器电子产品可以申请费用补贴。如果有资格申请者不申请补贴，或者开始申请补贴了，但最后不接受补贴，行政机关对相关补贴费用未能全部发放，就不能认定行政机关不完全充分履职。阻却行政机关不完全充分履职的情形是多种多样的，需要经过长期的实践和大量的案例加以总结，才能作出系统的分类，也才能建立起相关检察公益诉讼起诉及裁判的标准。

三、检察公益诉讼督促行政机关依法全面履职

通过本文所分析的公益诉讼案例可以看出，检察公益诉讼在督促行政机关全面依法履职方面有着重要作用。1988年的《水法》就规定"国家对直接从地下或者江河、湖泊取水的，实行取水许可制度"。① 2006年1月国务院发布了《取水许可和水资源费征收管理条例》，将取水许可制度和征收水资源费制度具体化，山东省人大常委会也在2017年9月通过了《山东省水资源条例》，明确规定："在城市公共供水管网覆盖区域不得新建地下水取水工程；未经批准的地下水取水工程和公共供水管网覆盖范围内的自备水井，由县级以上人民政府水行政主管部门限期封闭。"但直到庆云县人民检察院于2018年9月6日向庆云县水务局发出检察建议前，该地竟然存在非法取用水问题经营业户281家，有关主管部门从来不去查处，只是在收到检察建议后才去排查。如果没有人民检察院的行政公益诉讼的威慑，没有检察建议，这种非法取用水的情况不知何时才能得以纠正，也不知有关主管部门何时才能依

---

① 1988年1月21日第六届全国人民代表大会常务委员会第二十四次会议通过《中华人民共和国水法》第32条。

法履职。类似的情况，不仅在水资源管理方面，在其他方面，行政机关因不履行法定职责致使公共利益遭受损害的现象也在相当程度上存在。检察行政公益诉讼的推进，必将在督促行政机关依法全面履职方面发挥越来越重要的作用。

不履责行政公益诉讼的问题及思考

李红广 *

行政公益诉讼从无到有，从试点到形成法律制度已经5年整，虽然有了不错的成绩，但也存在不少困难和问题。理论准备、制度供给和实践积累都有待完善和提高。此次会议的召开必要且及时。下面我谈一下对该案的一点理解和认识，不当之处还请各位老师和同仁批评指正。

这是一起涉及水资源保护的行政机关不履行法定职责典型案例。第一，案例完整地呈现了行政诉讼法所规定的检察院调查取证、诉前检察建议、依法提起诉讼、人民法院依法裁判的完整诉讼程序。第二，案例以公共资源保护为宗旨，围绕被诉行政机关是否依法履责这一核心问题，查明事实，论证分析，结构层次清晰，语言规范。第三，特别值得肯定的是，这个案件中检察院的诉讼请求是请求判决被告依法继续履行监管职责，这一点完全符合行政诉讼法有关不履责之诉中诉讼请求的规定。与之相比，大量类似案件中，检察院的诉讼请求表述为："一、确认被告某某行为违法；二、判令被告继续履行监管职责。"行政公益诉讼受行政诉讼法调整，属行政诉讼的一种，除了

---

* 李红广，吉林省延边朝鲜族自治州中级人民法院审判委员会专职委员。

案例四 山东省庆云县人民检察院诉庆云县水利局怠于履行职责案

法律和司法解释的特别规定外,应当遵循行政诉讼的一般制度规则。按照行政诉讼法的规定,在不履责之诉中,被告是否存在未依法履责的违法行为,只是人民法院判断其应否履责的事实基础和前提,而不能成为单独的诉请和判项。在不履责之诉中作出确认判决,须具备法定的条件。第四,人民法院对双方当事人举证责任的分配完全符合行政诉讼证据规则和诉讼特点。检察院认为水利局没有监管到位,并提交初步证据予以证明,就此检察院的举证义务即已完成。有关行政机关是否尽到监管职责的举证责任就由其承担,举证不能的,则要承担败诉后果。由此,我们也可以进一步明确,在行政公益诉讼中检察院的诉讼地位与普通行政诉讼的原告并无实质差异,更不可能是刑事公诉人。否则单从举证责任分配的角度,对检察院是十分不利的,更不利于公益的及时有效保护。

当然,通过分析这个案例,结合司法实践,有必要对几个相关问题进一步分析和阐明。

第一,关于行政公益诉讼中的第三人问题。按照行政诉讼法的规定,公民、法人或者其他组织同被诉行政行为有利害关系或者同案件处理结果有利害关系的,可以作为第三人申请参加诉讼。从原告的角度,如果存在第三人,应当在诉状中列明;从人民法院的角度,应当通知其参加诉讼。在类似不履责行政公益诉讼中,基本的案情就是:行为人实施了违法行为,行政机关未依法予以处理,违法后果侵害了公益,检察院诉请判决行政机关依法对行为人及其行为后果予以处理。人民法院在审理此类案件时,无论是查明事实所需,还是裁判结果所及,都不可避免地关乎这个违法行为人。因此,应当将其列为本案的第三人。

第二,在不履责行政公益诉讼中,基本的问题导向是:一是公益受损的原因是什么——当然是第三人实施了违法行为且被告未尽到监管职责。二是第三人实施了几个违法行为——就本案而言,第三人未经许可建设取水设施,未经批准擅自取水，未缴纳水费，分别违反了《水法》第69条、第70条，《取水许可和水资源费征收管理条例》第48条、第49条。三是被告负有什么监管职责、应该怎样做。具体到本案：行政机关应当责令第三人限期拆除取水管道、水泵等设施；封闭井眼；责令补缴水费；并处罚款；代履行；申请法院强制执行。四是被告做了什么、还需怎样做——本案中，被告只是下发了责令整改通知，并督促第三人拆除了取水管道和水泵，后期并无其他履责行为。

本案中，检察院的起诉着眼于关闭井眼和罚款，被告把关注点放在了是否应该罚款，谁都没有提及补缴水费的问题。我对法条的理解是，合法取水都要缴纳水费，违法取水反倒是罚点款就没事了，必然会助长违法取水的行为，违背立法本意。

因此，在此类诉讼中，按照问题导向明确被告应当履行的职责是一个基本的前提，检察院应当据此提出具体明确的诉讼请求。诉讼请求的具体化还涉及检察建议与诉讼请求相对应的问题。人民法院也要作出明确的裁判指引，最起码也要在裁判理由中指明被告下一步履责的依据，否则不利于后续对行政机关履责行为的监管和公益的及时有效保护。毕竟行政裁判进入强制执行程序的一个基本条件是：裁判要具有可执行的具体内容。

第三，通过案例介绍的事实，检察院提起诉讼后，被告对第三人违法用水再次立案调查，直到法院作出判决，这7个月的期间被告具体做了什么我们不得而知。我想说的是，这个事实也应是裁判的一个基础事实。如果被告已经全面履责到位，那么可能出现的结果就是检察院撤诉，或者法院判决确认被告在检察建议后未依法履责的行为违法；如果被告只履行了部分职责，判决其继续履行其他职责。

文书指引

庆云县人民检察院检察建议书

庆检行公〔2018〕37142300007号

庆云县水务局：

　　本院在履行职责中发现，你单位在水资源监督管理方面存在履职不到位情形。本院依法进行了调查。现查明：

　　1.位于庆云县城区范围内的某石锅鱼、某麻辣烫、某牛肉板面等诸多餐饮店铺，未经批准擅自安装水泵抽取地下水，用于店铺内水冷空调制冷；

　　2.位于城区新华路的诸多洗车店铺，未经批准擅自安装水泵抽取地下水，用于清洗车辆营利；

　　上述店铺，既未按规定办理取水许可证，又未安装任何取用水计量设施，更未缴纳水资源税费，造成水资源无序使用，大量浪费，国有财产流失，致使国家利益处于持续受侵害状态。

　　本院认为，你单位在水资源监督管理方面存在履职不到位的情形。理由如下：

　　《中华人民共和国水法》第二条第二款规定："本法所称水资源，包括地表水和地下水。"第三条规定："水资源属于国家所有……"第四十八条第一款规定："直接从江河、湖泊或者地下取用水资源的单位和个人，应当按照国家取水许可制度和水资源有偿使用制度的规定，向水行政主管部门或者流域管理机构申请领取取水许可证，并缴纳水资源费，取得取水权。"《取水许可和水资源费征收管理条例》第二条第一款规定:"本条例所称取水,是指利用取水工程或者设施直接从江河、湖泊或者地下取用水资源。"第三款规定:"本条例所称取水工程或者设施,是指闸、坝、渠道、人工河道、虹吸管、水泵、水井以及水电站等。"上述餐饮和洗车店铺,未办理取水许可证,擅自用水泵抽取地下水使用,造成水资源浪费,国有财产流失,属违法行为。

《中华人民共和国水法》第十二条第一款规定:"国家对水资源实行流域管理与行政区域管理相结合的管理体制。"第四款规定:"县级以上地方人民政府水行政主管部门按照规定的权限,负责本行政区域内水资源的统一管理和监督工作。"第六十九条规定:"有下列行为之一的,由县级以上人民政府水行政主管部门或者流域管理机构依据职权,责令停止违法行为,限期采取补救措施,处二万元以上十万元以下的罚款;情节严重的,吊销其取水许可证:(一)未经批准擅自取水的;(二)未依照批准的取水许可规定条件取水的。"以及《取水许可和水资源费征收管理条例》第四十九条规定:"未取得取水申请批准文件擅自建设取水工程或者设施的,责令停止违法行为,限期补办有关手续;逾期不补办或者补办未被批准的,责令限期拆除或者封闭其取水工程或者设施;逾期不拆除或者不封闭其取水工程或者设施的,由县级以上地方人民政府水行政主管部门或者流域管理机构组织拆除或者封闭,所需费用由违法行为人承担,可以处5万元以下罚款。"第五十三条第一款规定:"未安装计量设施的,责令限期安装,并按照日最大取水能力计算的取水量和水资源费征收标准计征水资源费,处5000元以上2万元以下罚款;情节严重的,吊销取水许可证。"因此,你单位对辖区内水资源负有监管职责,应当对违法行为依法处理。

综上所述,餐饮和洗车店铺未经批准擅自取用地下水,你单位怠于履行监管职责,致使水资源无序使用,大量浪费,国有财产流失,国家利益处于持续受侵害状态。现根据《中华人民共和国行政诉讼法》第二十五条第四款

案例四 山东省庆云县人民检察院诉庆云县
水利局怠于履行职责案

和最高人民法院、最高人民检察院《关于检察公益诉讼案件适用法律若干问题的解释》第二十一条的规定,向你单位提出如下检察建议:

充分履行水资源监管职责,对辖区内违法取用地下水的餐饮和洗车店铺,依法作出处理并监管到位,切实加强对国家水资源的管理、保护,维护国家利益。

请于收到本检察建议书后两个月内依法履行职责,并书面回复本院。

2018 年 9 月 6 日

庆云县水务局关于对庆云县人民检察院
检察建议整改情况的回复

庆云县人民检察院:

我局收到《庆云县人民检察院检察建议书》(庆检行公〔2018〕37142300007号)后,县水务局党组高度重视,立即召开专题会议研究整改措施。成立了以局长为组长,分管局长为副组长,相关科室主要负责人为成员的非法取水专项整治工作领导小组。9月10日,召开由相关科室人员参加的非法取用地下水专项整治动员会,对非法取用水问题专项整治进行了部署。现将有关情况回复如下:

一、问题整改情况

县水务局从水资源管理办公室、水政监察大队、水政科、水土保持办公室等执法科室抽调有执法资格人员,组成两个工作组,选派业务骨干任组长,全力开展非法取用水专项整治工作。从9月11日开始,对渤海路、文化路、新华路、光明路、迎宾路、安康路、学苑路、青年街、建设街、中心街、开元大街、祥云大道、旧货市场、菜市场、茶城、土杂品市场等17个区域商户逐户进行了排查,做到街不漏户。截至10月25日,我们共排查出非法取用水问题经营业户281家,发放《责令停止违法行为通知书》281份,并告知整改时限。整改时限到期后,各执法小组对非法取用水户进行了"回头看",有271家整改到位,对仍未整改的10家经营户下发了《行政处罚告知书》《听证告知书》,限期3天整改,这10家经营业户均整改到位。

贵单位提出的某石锅鱼、某麻辣烫、某牛肉板面等3家餐饮店铺,4家洗车店铺非法取用水问题均已整治到位。

二、下一步打算

全县非法取水专项整治虽取得阶段性成果,但由于县水务局执法人员少,水事执法任务重,部分专业市场仍在排查中。为全力做好水资源规范管理工作,下一步,县水务局将采取以下措施:

一是进一步加大执法工作力度,对尚未排查的经营业户进行拉网式排查,确保非法取用水问题全部整改到位。

二是2019年6月份开始,对全县经营业户水冷空调等非法取水问题进行复查,同时做好日常巡查,坚决杜绝非法取水问题反弹。

三是拓宽群众监督渠道,设立举报电话,及时处理非法取水案件。

四是加强水利执法队伍建设,提高执法能力,坚决打击切违法取水行为。

五是进一步加大宣传工作力度,使水法律法规深入人心,自觉维护法律尊严。

庆云县水务局

2018年11月5日

案例四　山东省庆云县人民检察院诉庆云县水利局怠于履行职责案

庆云县人民检察院行政公益诉讼起诉书

庆检行公〔2018〕37142300007号

公益诉讼起诉人：庆云县人民检察院。

被告：庆云县水利局。住所地：庆云县城区学苑路政务服务中心。法定代表人：于某君，职务：局长。

诉讼请求：

判令庆云县水利局依法继续履行监管职责，对某汽车美容服务中心非法取水行为进行查处。

事实和理由：

本院在履行职责中，发现庆云县水利局（因机构调整，2019年1月，庆云县水务局更名为庆云县水利局）怠于履行水资源监督管理职责的行为，致使国家利益受到侵害。

经依法审查查明：位于庆云县城区供水管网覆盖范围内的某汽车美容服务中心洗车店，在未办理取水许可证、未安装取用水计量设施、未缴纳水资源费的情况下，擅自打井通过水泵抽取地下水为客户提供洗车服务进行营利，违反了国家取水许可制度、水资源有偿使用制度和水行政管理秩序，侵害了地下水资源的合法合理有偿使用制度。期间庆云县水务局作为水行政主管部门，怠于履行水资源监督管理职责，既未督促其依法办理取水许可证、安装取用水计量设施、缴纳水资源费，也未依法采取措施查处其违法取水行为，致使洗车店铺违法取水现象持续存在、国家利益持续处于受侵害状态。

2018年9月6日，本院依法向庆云县水务局发出庆检行公〔2018〕

37142300007号检察建议，建议庆云县水务局充分履行水资源监管职责，对辖区内违法取用地下水的餐饮和洗车店铺，依法作出处理并监管到位，切实加强对国家水资源的管理、保护，维护国家利益。

2018年11月5日，庆云县水务局作出《关于对庆云县人民检察院检察建议整改情况的回复》，称收到检察建议后对排查出的281家非法取水经营户进行了治理，发放《责令停止水事违法行为通知书》281份，并告知整改时限。整改时限到期后，各执法小组对非法取用水户进行了"回头看"，有271家整改到位。仍未整改的某某海鲜城等10家亦在限期3天的整改期限内整改到位。检察建议中提出的洗车店铺非法取水问题均已整治到位。

庆云县院经跟进监督发现，某汽车美容服务中心经庆云县水务局责令整改后并未实际整改到位，该店铺整改后的用水量与整改前相比没有明显变化，水泵未予拆除，仍在使用地下水洗车。对该违法行为，庆云县水务局仅于2018年9月11日作出《责令停止水事违法行为通知书》，在某汽车美容服务中心没有停止违法行为的情况下，没有继续履行监管职责，其履行水资源监督管理职责不到位，致使该家店铺违法取水现象持续存在，国家利益持续处于受侵害状态。

认定上述事实的证据如下：

1. 2018年9月3日对某汽车美容服务中心的调查笔录以及现场照片；

2. 2018年8月28日对庆云县水务局水政监察大队大队长赵某文的调查笔录；

3. 2018年9月4日对庆云县水务局水资源管理办公室主任崔某达的调查笔录；

4. 2018年9月5日对庆云县水务局水政科科长刘某一的调查笔录；

5. 2018年8月27日对庆云县税务局法规科科长刘某国的调查笔录及其提供的《费改税试点后水务局提供缴费企业名单》；

6. 庆云县水务局主要职能及科室职责；

案例四　山东省庆云县人民检察院诉庆云县
水利局怠于履行职责案

7. 庆检行公〔2018〕37142300007号检察建议书及送达回证；

8. 庆云县水务局《关于对庆云县人民检察院检察建议整改情况的回复》；

9. 庆云县水务局对某汽车美容服务中心下达的《责令停止水事违法行为通知书》及整改前后对比照片；

10.《庆云县水务局主要职责内设机构和人员编制规定》《庆云县水务局行政审批事项》《庆云县水利局行政处罚权利事项清单》；

11. 2019年2月26日对庆云县水利局水政监察大队大队长赵某文的调查笔录；

12. 2019年3月7日对庆云县水利局水政监察大队大队长赵某文的调查笔录；

13. 2019年3月11日对庆云县水利局水资源管理办公室主任崔某达的调查笔录；

14.《庆云县城区供水管网现状图》；

15. 某汽车美容服务中心用水情况统计表；

16. 2019年3月31日对某汽车美容服务中心的调查笔录及现场照片；

17. 中共庆云县委、庆云县人民政府《关于庆云县县级机构改革的实施意见》。

本院认为，庆云县水利局作为庆云县水资源行政主管部门，依照法律规定负有依法查处庆云县城供水管网覆盖范围内的违法取水行为、整治水事秩序、切实保护水资源的职责。庆云县水利局对某汽车美容服务中心违法取用地下水的行为，怠于履行监管职责，造成国家水资源浪费，损害了国家利益。检察机关发出检察建议后，庆云县水利局仍未在法定期限内采取有效措施依法履行职责，国家利益持续处于受侵害状态。庆云县水利局未依法全面履行职责的行为，违反了《中华人民共和国水法》第五十九条、第六十九条，《取水许可和水资源费征收管理条例》第四十八条等法律法规规定。

《中华人民共和国行政诉讼法》第二十六条第六款规定："行政机关被撤

销或者职权变更的,继续行使其职权的行政机关是被告。"现根据《中华人民共和国行政诉讼法》第二十五条第四款和最高人民法院、最高人民检察院《关于检察公益诉讼案件适用法律若干问题的解释》第二十一条第三款的规定,向你院提起诉讼,请依法裁判。

此致
庆云县人民法院

2019 年 4 月 30 日

山东省德州市庆云县人民法院行政判决书

(2019)鲁 1423 行初 23 号

公益诉讼起诉人:庆云县人民检察院;所在地址:庆云县中心街 39 号。
法定代表人:李某,检察长。
委托代理人:高某艳,庆云县人民检察院检察官。
委托代理人:解某,庆云县人民检察院检察官。
被告:庆云县水利局;所在地址:庆云县政务服务中心 B 座。
法定代表人、出庭负责人:于某君,局长。
委托代理人:张某伟,庆云县水利局副局长。
委托代理人:白某生,北京市××律师事务所律师。
公益诉讼起诉人庆云县人民检察院诉被告庆云县水利局履行行政监管职责一案,于 2019 年 5 月 7 日向本院提起行政公益诉讼。本院受理后,于 2019 年 5 月 10 日向被告送达了起诉状副本及应诉通知书。本院依法通知双

案例四 山东省庆云县人民检察院诉庆云县水利局怠于履行职责案

方当事人，于2019年9月24日进行了庭前证据交换，2019年11月4日依法组成合议庭公开开庭审理了本案。公益诉讼起诉人庆云县人民检察院委托代理人高某艳、解某，被告庆云县水利局的负责人于某君及委托代理人张某伟、白某生到庭参加诉讼。本案现已审理终结。

公益诉讼起诉人庆云县人民检察院（以下简称"县检察院"）诉称：本院在履行职责中，发现庆云县水利局（因机构调整，2019年1月，庆云县水务局更名为庆云县水利局）怠于履行水资源监督管理职责的行为，致使国家利益受到侵害。

经依法审查查明：位于庆云县城区供水管网覆盖范围内的某汽车美容服务中心洗车店，在未办理取水许可证、未安装取用水计量设施、未缴纳水资源费的情况下，擅自打井通过水泵抽取地下水为客户提供洗车服务进行营利，违反了国家取水许可制度、水资源有偿使用制度和水行政管理秩序，侵害了地下水资源的合法合理有偿使用制度。期间庆云县水务局作为水行政主管部门，怠于履行水资源监督管理职责，既未督促其依法办理取水许可证、安装取用水计量设施、缴纳水资源费，也未依法采取措施查处其违法取水行为，致使洗车店铺违法取水现象持续存在、国家利益持续处于受侵害状态。2018年9月6日，本院依法向庆云县水务局发出庆检行公〔2018〕137142300007号检察建议，建议庆云县水务局充分履行水资源监管职责，对辖区内违法取用地下水的餐饮和洗车店铺，依法作出处理并监管到位，切实加强对国家水资源的管理、保护，维护国家利益。2018年11月5日，庆云县水务局作出《关于对庆云县人民检察院检察建议整改情况的回复》，称收到检察建议后对排查出的281家非法取水经营户进行了治理，发放《责令停止水事违法行为通知书》281份，并告知整改时限。整改时限到期后，各执法小组对非法取用水户进行了"回头看"，有271家整改到位。仍未整改的店铺亦在限期3天的整改期限内整改到位。检察建议中提出的洗车店铺非法取水问题均已整治到位。庆云县人民检察院经跟进监督发现，某汽车美容服务中心经庆云县水务局责令整改后并未实际整改到位，该店铺整改后的用水量与整改前相比没有明显变化，水泵未予拆除，仍在使用地下水洗车。对该违法行为，庆云县水务局仅于2018年9月11日作出《责令停止水事违法行为通知书》，在某汽车美容服务中心没有停止违法行为的情况下，没有继续履行监管职责，其履行水资源监督管理职责不到位，致该家洗车店违法取水现象持续存在，国家利益持续处于受侵害状态。认定上述事实的证据如下：1. 2018年9月3日对某汽车美容服务中心的调查笔录以及现场照片；2. 2018年8月28日对庆云县水务局水政监察大队大队长赵某文的调查笔录；3. 2018年9月4日对庆云县水务局水资源管理办公室主任崔某达的调查笔录；4. 2018年9月5日对庆云县水务局水政科科长刘某一的调查笔录；5. 2018年8月27日对庆云县税务局法规科科长刘某国的调查笔录及其提供的《费改税试点后水务局提供缴费企业名单》；6. 庆云县水务局主要职能及科室职责；7. 庆检行公〔2018〕37142300007号检察建议书及送达回证；8. 庆云县水务局《关于对庆云县人民检察院检察建议整改情况的回复》；9. 庆云县水务局对某汽车美容服务中心下达的《责令停止水事违法行为通知书》及整改前后对比照片；10.《庆云县水务局主要职责内设机构和人员编制规定》《庆云县水务局行政审批事项》《庆云县水利局行政处罚权力事项清单》；11. 2019年2月26日对庆云县水利局水政监察大队大队长赵某文的调查笔录；12. 2019年3月7日对庆云县水利局水政监察大队大队长赵某文的调查笔录；13. 2019年3月11日对庆云县水利局水资源管理办公室主任崔某达的调查笔录；14.《庆云县城区供水管网现状图》；15. 某汽车美容服务中心用水情况统计表；16. 2019年3月31日，对某汽车美容服务中心的调查笔录及现场照片；17. 中共庆云县委、庆云县人民政府《关于庆云县县级机构改革的实施意见》。本院认为，庆云县水利局作为庆云县水资源行政主管部门，依

案例四　山东省庆云县人民检察院诉庆云县水利局怠于履行职责案

照法律规定负有依法查处庆云县城区供水管网覆盖范围内的违法取水行为、整治水事秩序、切实保护水资源的职责。庆云县水利局对某汽车美容服务中心违法取用地下水的行为，怠于履行监管职责，造成国家水资源浪费，损害了国家利益。检察机关发出检察建议后，庆云县水利局仍未在法定期限内采取有效措施依法履行职责，国家利益持续处于受侵害状态。庆云县水利局未依法全面履行职责的行为，违反了《中华人民共和国水法》第五十九条、第六十九条，《取水许可和水资源费征收管理条例》第四十八条等法律法规规定。《中华人民共和国行政诉讼法》第二十六条第六款规定："行政机关被撤销或者职权变更的，继续行使其职权的行政机关是被告。"现根据《中华人民共和国行政诉讼法》第二十五条第四款和最高人民法院、最高人民检察院《关于检察公益诉讼案件适用法律若干问题的解释》第二十一条第三款的规定，向你院提起诉讼，请依法判令庆云县水利局依法继续履行监管职责，对某汽车美容服务中心非法取水行为进行查处。

公益诉讼起诉人为证明自己的主张，向本院提交以下四组证据：

第一组证据：1. 2018年9月3日对辛某青的调查笔录及某汽车美容服务中心现场照片3张；证明其在没有向庆云县水利局申请取水许可证的情况下，违法取用地下水，被告庆云县水利局没有依法进行监管。2. 2018年8月28日对赵某文的调查笔录；3. 2018年9月4日对崔某达的调查笔录；4. 2018年9月5日对刘某一的调查笔录。2—4证明庆云县水利局对庆云县城区洗车店违法取水的现象未进行有效监管。5. 2018年8月27日对刘某国的调查笔录及费改税试点后水务局提供缴费企业名单，证明该店未办理取水许可证，其用地下水洗车属于非法取水。综上，第一组证据证明庆云县水利局怠于履行水资源监管职责，致使国家利益受到侵害。

第二组证据：7. 2018年9月6日检察建议书及送达回证；8. 2018年11月5日庆云县水利局关于庆云县人民检察院建议整改情况的回复及庆云县城

区非法取用水户名单。7—8证明检察机关已履行诉前程序，建议庆云县水利局履行监管职责。对辖区内违法取水的洗车店依法进行处理及监管到位，加强对水资源的保护，维护国家利益。

第三组证据：9. 2018年9月11日庆云县水利局作出的整改前后对比照片两张，证明整改前后对比照片看不出明显变化，其取水设备仍在原处，并未封井。10. 2019年2月14日调取"庆政办发〔2015〕113号文件、庆云县水利局行政审批事项、庆云县水利局行政处罚权力事项清单，证明庆云县水利局对庆云县水资源具有监管职责，应依法查处违法行为，切实保护水资源。11. 2019年2月26日赵某文的调查笔录，证明县检察院发出检察建议后，被告仅责令停止违法行为，一周后做出一次复查，除此之外并没有其他监管行为，其整改措施也只是拆除管道，整改措施不到位。12. 2019年3月7日赵某文的调查笔录，证实县检察院发出检察建议以后，至调查日止被告除责令停止违法行为及一周后的复查之外，再未对某汽车美容服务中心的违法行为进行监管。13. 2019年3月11日崔某达的调查笔录，证明县检察院发出检察建议后，被告仅责令某汽车美容服务中心停止违法行为及进行一次复查，其整改措施也仅是拆除取水设备，并无封闭取水井眼，整改措施不到位。14. 2019年3月14日庆云县城区供水管网现状图，证明某汽车美容服务中心位于庆云县城区自来水管网。15. 2019年3月31日某汽车美容服务中心用水情况，证明2018年9月整改前后用水量并无明显变化。2018年9月之后仍存在违法取水行为。16. 2019年3月31日某汽车美容服务中心负责人冯某某的调查笔录及照片10张，证明取水设备仍在原处，2018年9月整改以后，某汽车美容服务中心仍用原井眼违法取水。另外，2018年9月庆云县水利局对某汽车美容服务中心下达责令停止水事违法行为的通知书后，仅进行一次复查，至县检察院调查当天，庆云县水利局未对某汽车美容服务中心进行监督检查。综上，第三组证据证明县检察院发出检察建议后，被告仍未依法全面履行水

案例四 山东省庆云县人民检察院诉庆云县水利局怠于履行职责案

资源监督管理职责，国家利益仍处于受侵害状态。

第四组证据：17.中共庆云县委、庆云县人民政府《关于庆云县县级机构改革的实施意见》，证明庆云县水务局更名为庆云县水利局。

被告庆云县水利局（以下简称"县水利局"）辩称：一、答辩人并不存在不履行法定职责情形。2018年9月6日，检察院作出庆检行公〔2018〕37142300007号检察建议，提出某汽车美容服务中心洗车店（以下简称"某洗车店"）未办理取水许可证、未安装用水计量设施、未缴纳水资源费，擅自安装水泵抽取地下水用于清洗车辆营利，要求答辩人履行监督管理职责。答辩人收到上述检察建议书后，立即组织主要工作人员对包括某洗车店在内的城区经营业户进行了全面排查，共发现涉嫌违法用水经营业户281家，数量庞大，答辩人逐一下达了《责令停止水事违法行为通知书》，并进行了复查，某洗车店在复查时已经将擅自安装的水泵及管道拆除，整改到位。2018年11月5日，答辩人将排查整改情况书面回复检察院。由于包括某洗车店在内的经营业户用水主体、用水时间、用水量、用水缴费等情况复杂，一时难以确定，加之违法用水经营业户情况众多等原因，故暂未采取行政处罚措施。2019年5月15日，答辩人已经对某洗车店违法用水行为立案调查，继续进行查处，因而答辩人并不存在不履行法定职责问题。二、不存在"违法取水现象持续存在、国家利益持续处于受侵害状态"情形。起诉书中称"违法取水现象持续存在、国家利益持续处于受侵害状态"与事实不符：1.2018年9月11日，答辩人向某洗车店下达了《责令停止水事违法行为通知书》，并随后进行了复查，某洗车店在复查时已经将擅自安装的水泵及管道拆除，整改到位，通过答辩人调查照片与检察院照片可以看出现场状态明显不同。即使出现后期车码头又重新安装设备擅自取水，但已不是"违法取水持续存在""国家利益持续受损"。2.某洗车店在整改后改用了自来水，自用水表早已停用，其改用的自来水系与邻居共用一表，自与邻居共用一表后，邻居用水量明显上升，也可以证明某洗车店整改后并未继续使用地下水，而是用自来水洗车。三、对包括本案某洗车店的水事违法行为监管问题应根据实际情况慎重处理，充分考虑行政合理性原则，而非必须全部作出行政罚款处罚。行政合理性原则是行政行为的基本原则，也是行政处罚的基本原则，它的主要含义是行政行为应当具有理性，最低限度的理性，是指行政行为应当具有一个有正常理智的普通人所能达到的合理与适当，并且能够符合科学公理和社会公德。行政处罚应客观、理性、全面地考虑各种违法行为及其危害，而非简单一罚了之，应考虑违法现状、违法者主观恶意、危害后果、违法行为改正情况等因素合理行政。具体涉及包括某洗车店在内的地下取水违法行为：1.地下取水违法现状。通过集中排查，仅庆云县城区存在违法用水经营业户就多达281家，数量庞大，地下取水违法现象比较普遍，而非个例。2.违法者主观恶意小。涉及本案的水事违法行为，不仅包括某洗车店在内的众多经营业户存在对打井用水属于违法行为认识不足，普通群众对于地下取水属于违法行为也普遍认识不足，水事违法者主观恶性较小。3.危害后果。包括某洗车店在内的众多经营业户违法用水量相对较小，以某洗车店为例，每日用水量不到两方，没有造成危害后果。4.改正情况较好。答辩人对城区违法用水情况集中排查，对存在违法用水情况的经营业户下达了《责令停止水事违法行为告知书》，经复查，包括某洗车店在内的经营业户绝大部分都已采取有效整改措施。综上所述，在此情况下，答辩人对于某洗车店等水事违法行为综合考虑各种因素慎重处理并无不当。四、对某洗车店违法取水处罚法律适用问题。《取水许可和水资源费征收管理条例》第四十九条："未取得取水申请批准文件擅自建设取水工程或者设施的，责令停止违法行为，限期补办有关手续；逾期不补办或者补办未被批准的，责令限期拆除或者封闭其取水工程或者设施；逾期不拆除或者不封闭其取水工程或者设施的，由县级以上地方人民政府水行政主管部门或者流域管理机构组织拆除或者封闭，所需费用由违法行为人承担,可以处 5 万元以下罚款。"因该洗车店所在区域属于城市供水管网覆盖区域,不可能办理取水许可,根据该规定,只有对逾期不拆除或者不封闭取水工程或设施的,可以处以 5 万元以下罚款。涉及本案,第一,某洗车店及时整改拆除取水工程。第二,该条规定是可以处以罚款,而非必须处以罚款的行政处罚。结合我县当前取水违法状况,答辩人对于某洗车店前期擅自取水行为是否作出罚款的行政处罚慎重处理并无不当。综上所述,针对某洗车店的水事违法行为答辩人已经作出《责令停止水事违法行为通知书》,该店也拆除取水工程,停止了违法行为,答辩人并不存在怠于履行法定职责的行为。从某种意义上说,在依法行政的前提下,行政执法应坚持依法监督和教育相配合,维护市场的健康发展。行政执法目的不是使人受到惩罚,而是使其进行整改,纠正违法行为,并发自内心的认同,从而达到教育的目的,使违法者与行政机关自觉、自愿地合作。使行政机关和行政相对人形成良性互动,创造一个安全和健康的生产发展环境,从而使行政执法能够在监督中发挥积极的作用。同时,答辩人也通过县检察院提起本次公益诉讼,查找自身不足,完善执法机制,提高执法水平,维护法律尊严。

被告庆云县水利局在法定举证期限内向本院提交了以下证据:

1. 2018 年 9 月 6 日《庆云县人民检察院检察建议书》(庆检行公〔2018〕37142300007 号),证明庆云县人民检察院在 2018 年 9 月 6 日向被告发出检察建议。2.2018 年 11 月 5 日庆云县水利局关于庆云县人民检察院建议整改情况的回复及庆云县城区非法取用水户名单,证明被告对县检察院的建议予以答复。3.庆云县水利局对某汽车美容服务中心作出的《责令停止水事违法行为通知书》《送达回证》及整改前后对比照片 4 张,证明被告在接到县检察院的检察建议之后,依法履行了监督管理职责,拆除了取水设施,整改措施到位。4.立案审批表,证明被告对该洗车店涉嫌违法开采地下水进行立案。5. 2019 年 5 月 15 日某汽车美容服务中心实际经营人冯某某的调查笔录及现场照片2张。6. 2019年5月21日某汽车美容服务中心实际经营人冯某某的调查笔录及现场照片2张。5—6证明被告依法履行监督管理职责。7. 2019年5月22日A汽车美容业主杨某月（系某汽车美容服务中心原邻居）调查笔录及现场照片2张，证明该洗车店从2018年9月份左右就接用其店内的自来水。8. 2019年5月22日庆云县供水公司提供的某汽车美容服务中心2016年1月至2017年6月用水情况及停水销户证明，证明某汽车美容服务中心已经在庆云县供水公司销户。9. 2019年5月22日庆云县供水公司提供的A汽车美容店2016年12月至2019年4月用水情况。7—9证明该洗车店从18年9月份左右接用了邻居杨某月店内的自来水，并非是一直采用地下水，在2018年9月份杨某月店内用水量明显增加。以上9组证据证明被告在接到县检察院检察建议书后已经依法履行了监督管理职责，对有关违法取水的行为采取了整改措施，不存在未依法履职的情况。

在庭前证据交换过程中，公益诉讼起诉人对被告提供的证据1无异议。被告对公益诉讼起诉人提供的证据6、证据8、证据9、证据10、证据14、证据17无异议。本院依法对上述证据予以确认。

公益诉讼起诉人对被告证据2—9有异议，且对证明目的有异议。被告对公益诉讼起诉人证据1—5、证据7、证据11—13、证据15—16有异议，认为被告接到公益诉讼起诉人检察建议后，已经依法履行了监督管理职责，对相关违法取水行为采取了整改措施，不存在国家利益受损的情形。

本院对双方提供的其他证据认证如下：公益诉讼起诉人的1号证据，因无法显示该笔录中的辛某青与某汽车美容服务中心洗车店（以下简称"某洗车店"）及实际负责人冯某某存在何种关联，根据证据三性（真实性、关联性、合法性）要求，又无其他证据佐证的情形下，本院不予以确认。证据2—5、7、11—13、15—16号与本案存在关联，且符合"三性"要求，应作为有效证据予以确认。被告提供的证据1—9符合"三性"要求，本院作为有

案例四　山东省庆云县人民检察院诉庆云县水利局怠于履行职责案

效证据予以确认。

经审理查明，公益诉讼起诉人依其职权对水资源状况调查发现，庆云县多处餐厅和沿街洗车店存在无证取用地下水资源情形。2018年9月6日公益诉讼起诉人向被告发出检察建议书。建议书提出庆云县城区范围内部分餐饮和部分洗车店存在未经批准擅自取用地下水行为，要求被告充分履行水资源监管职责，对城区内违法取用地下水的餐饮和洗车店依法作出处理，并监管到位。被告庆云县水利局（中共庆云县委文件"庆发〔2019〕1号"关于庆云县县级机构改革的实施意见，被告单位名称"庆云县水务局"变更为"庆云县水利局"）2018年11月5日根据检察建议书面作出整改情况回复，并在回复中说明了整改措施和成立了专项整治工作领导小组，对该项工作立即进行了部署。公益诉讼起诉人后期工作跟进监督发现，某洗车店并未整改到位，违法取水设备未拆除，取用地下水井眼未封堵。

本院认为，首先，应确认人民检察院是否具备公益诉讼起诉人资格问题。根据《中华人民共和国行政诉讼法》（修订）第二十五条第四款规定："人民检察院在履行职责中发现生态环境和资源保护、食品药品安全、国有财产保护、国有土地使用权出让等领域负有监督管理职责的行政机关违法行使职权或者不作为，致使国家利益或者社会公共利益受到侵害的，应当向行政机关提出检察建议，督促其依法履行职责。行政机关不依法履行职责的，人民检察院依法向人民法院提起诉讼。"最高人民法院、最高人民检察院《关于检察公益诉讼案件适用法律若干问题的解释》第二十三条规定："人民检察院依据行政诉讼法第二十五条第四款的规定提起行政公益诉讼，符合行政诉讼法第四十九条第二项、第三项、第四项及本解释规定的起诉条件的，人民法院应当登记立案。"据此，公益诉讼起诉人的诉讼主体资格依法成立。

其次，公益诉讼起诉人诉前的程序。经依法审查公益诉讼起诉人是否构成起诉的条件，应按照《行政诉讼法》的规定，检察机关的起诉需要符合六个条件：一是必须是在履行职责中发现的；二是只限定在生态环境和资源保护领域；三是行政机关负有法律法规规定的监督管理的职责；四是行政机关存在违法行使职权或者怠于履行职责的情形；五是经过诉前程序；六是国家利益或者社会公共利益受到侵害，且与行政机关的违法行使职权、不作为有因果关系。为此，公益诉讼起诉人的起诉符合上述条件要求。

最后，《中华人民共和国行政诉讼法》第二十六条第六款规定："行政机关被撤销或者职权变更的，继续行使其职权的行政机关是被告。"《中华人民共和国水法》第二条第二款："本法所称水资源，包括地表水和地下水。"第五十九条第一款："县级以上人民政府水行政主管部门和流域管理机构应当对违反本法的行为加强监督检查并依法进行查处。"《山东省水资源管理条例》第三十条规定："公共供水管网覆盖范围内的自备水井由县级以上人民政府水行政主管部门限期封闭。"根据上述法律规定，被告是负责本行政区域的监管部门，对水资源负有监管职权，本案被告是适格主体。

庆云县人民检察院在对资源保护工作履职时发现，庆云县多处餐厅和洗车店无证取用地下水资源情形。庆云县人民检察院根据其职责，于2018年9月6日向被告提出检察建议书。被告接到检察建议书后，高度重视，立即召开专题会议研究整改措施，成立以局长为组长，副局长为副组长、相关科室负责人为成员的非法取水专项整治工作领导小组。被告通过工作，对全县城区涉事餐厅和洗车店进行摸排，发放《责令停止违法行为通知书》281份，并于2018年7月份发放"庆云县集中整治自备水井告知书"中明确要求沿街洗车店，应自行封填自行拆除取水设备。如不按期整改，水利部门将按法律法规对违法取水自备井强行封填，拆除取水设备。期间，被告将整改情况书面回复检察院。庆云县人民检察院2019年3月31日针对某洗车店实际经营人冯某某复查中发现，该洗车店因自来水设备故障，继续使用原先的井眼和设备进行取用地下水洗车，检察机关并拍照取证（16号证据）。庆云县人民

案例四 山东省庆云县人民检察院诉庆云县水利局怠于履行职责案

检察院提起行政公益诉讼的目的是，要求被告人依法履行其职责，并不是以其是否书面回复检察机关或其回复已经履行职责为标准，而是要求其实际上全面依法履行职责。从本案公益诉讼起诉人的9号证据、16号证据与被告人6号证据可以看出，被告未按照其职责督促该洗车店拆除其违法设施，同时，被告也无证据证实封堵违法取用地下水资源的井眼。再者，被告未提供充分证据证明其穷尽了监管执法措施，导致被监管人某洗车店后期违法取用地下水行为再次发生。被告在具体实施执法监管方面，存在监管某洗车店自行拆除其违法设施处置中未全面到位，应属未全面履行其行政监管查处职责。

综上，被告的已履职到位答辩主张不能成立。公益诉讼起诉人的诉讼请求应予支持。依照《中华人民共和国行政诉讼法》第七十二条之规定，判决如下：责令被告庆云县水利局在本判决书生效之日起十五个工作日内继续对该洗车店履行监管查处职责。

案件受理费50元，由被告庆云县水利局负担。

如不服本判决，可在收到判决书之日起十五日内，向本院递交上诉状，并按对方当事人人数提供副本，上诉于山东省德州市中级人民法院。

审　判　长　杨福行
审　判　员　刘新泉
审　判　员　杨清渤
人民陪审员　冯炳儒
人民陪审员　胡延青
人民陪审员　张海华
人民陪审员　徐志东
二〇一九年十一月十三日
书　记　员　李　蕾

案例五 湖北省钟祥市人民检察院诉钟祥市人民防空办公室怠于履行征收人防工程易地建设费法定职责案

案情简述

2012年，钟祥市某泰公司和某诚公司分别开发建设两处房地产项目，截至各自项目竣工并公开销售之时未申报办理人防手续，未修建防空地下室，亦未缴纳人民防空工程易地建设费，致使国家和社会公共利益受到侵害。2018年3月20日，钟祥市人民检察院对负有监督管理职责的钟祥市人防办怠于履行职责案件进行立案。2018年4月17日，检察机关向钟祥市人防办发出诉前检察建议，建议其依法履行人民防空监督管理职责，分别采取有效措施依法追缴两家公司欠缴的人民防空工程易地建设费。2018年7月3日，钟祥市人防办向钟祥市人民检察院书面回复，称其已上门宣传相关法律法规，发出追缴通知书，力争尽快追缴到位。随后再次回复，称其为维护地方政府招商引资的严肃性，建议减免某泰公司与某诚公司应缴人民防空工程易地建设费。2019年8月16日，钟祥市人民检察院向钟祥市人民法院提起行政公益诉讼，钟祥市人民法院于同日受理立案。审理过程中人防办答辩称，检察机关提起行政公益诉讼的时间已超过行政诉讼法规定的起诉期限。2019

案例五 湖北省钟祥市人民检察院诉钟祥市人民防空办公室怠于履行征收人防工程易地建设费法定职责案

年12月18日,湖北省钟祥市人民法院分别作出一审判决,责令被告钟祥市人防办继续履行追缴两家公司人民防空工程易地建设费的法定职责。

推选理由

本案既关涉人民防空工程易地建设费类国有财产保护类问题,也关涉检察机关提起行政公益诉讼是否适用《行政诉讼法》第46条、第47条的问题。约定不收涉案项目人民防空工程易地建设费的合同签订于2010年1月,检察机关于2018年4月向钟祥市人防办发出诉前检察建议,建议其依法履行人民防空监督管理职责,于2019年8月提起行政公益诉讼。本案的指导意义在于明确检察机关作为公益诉讼起诉人,不能适用《行政诉讼法》第46条关于公民、法人或者其他组织针对行政行为起诉期限的规定,同时明确行政机关依职权履行法定职责案件,不能适用《行政诉讼法》第47条关于依申请履职案件起诉期限的规定。基于行政公益诉讼维护客观秩序的目的,本案揭示了立法机关或者最高司法机关应进一步明确行政公益诉讼应当适用何种起诉期限。

> 办案人解读

略论行政公益诉讼的起诉期限 *

曾 慧 黄胜彬 **

我国行政公益诉讼制度日趋完善，但现行法律对行政公益诉讼的起诉期限没有作出明确的规定。实务中一些案件因起诉期限问题产生认识上的分歧，导致案件审理周期过长，影响了诉讼效率。本文试结合实务中的案例对公益诉讼起诉期限及起算点进行探讨，并提出建议。

一、案件聚焦的关键问题

在审理本案的过程中，市检察院提起行政公益诉讼是否超过起诉期限成为本案焦点。

一种观点认为，该案已超过起诉期限，检察机关不应当对市人防办提起行政公益诉讼。行政公益诉讼也是行政诉讼的一种，应该受到《行政诉讼法》第 46 条和第 47 条第 1 款关于起诉期限规定的约束，即应当在知道或者应当知道行政机关未履行职责之日起 6 个月内提起诉讼。

另一种观点认为，《行政诉讼法》第 46 条、第 47 条第 1 款规定的起诉人不包含作为行政公益诉讼起诉人的人民检察院，现行法律对公益诉讼起诉时

---

* 本文已刊发在《楚天法治》2020 年第 8 期，收入本书时略有修改。

** 曾慧，钟祥市人民检察院党组书记、检察长；黄胜彬，钟祥市人民检察院司法行政事务管理局科员。

案例五 湖北省钟祥市人民检察院诉钟祥市人民防空办公室怠于履行征收人防工程易地建设费法定职责案

限未作明确规定,因此不应当受上述两条款规定的起诉期限的限制。

笔者同意第二种观点。即行政公益诉讼不受《行政诉讼法》第46条和第47条第1款关于起诉期限的限制。理由如下:

首先,人防办案件不适用《行政诉讼法》第46条。第一,检察机关是特殊主体,不同于一般的公民、法人或其他组织,检察机关是国家司法机关,代表国家利益和社会利益提起诉讼,其提起诉讼是由行政诉讼法专门条款予以规定,其法律地位也不同于一般的原告,在法庭上,检察机关是公益诉讼起诉人,而不是原告。

第二,《行政诉讼法》第46条规定:"公民、法人或者其他组织直接向人民法院提起诉讼的,应当自知道或者应当知道作出行政行为之日起六个月内提出。"该条款是行政相对人针对行政机关作出的具体行政行为提起诉讼的期限。上述案件中行政机关怠于履行法定职责,没有具体行政行为。

第三,行政机关对检察建议的回复并不是法律意义上的具体行政行为。行政机关作出的行政行为,行政相对人应当受其制约,是管理和被管理的关系;而检察机关提出检察建议,行政机关作出回复,检察机关与行政机关之间是监督与被监督的关系。

其次,人防办案件不适用《行政诉讼法》第47条第1款。"公民、法人或者其他组织申请行政机关履行保护其人身权、财产权等合法权益的法定职责,行政机关在接到申请之日起两个月内不履行的,公民、法人或者其他组织可以向人民法院提起诉讼……"该条款规定是依申请的情形下,行政不作为的起诉期限起算点,对依职权不作为的情形,不适用本条规定。检察机关发出检察建议督促行政机关履行职责,并不是申请行政机关履行职责,而是监督其履行职责,故不适用本条规定。

最后,一般行政诉讼主体是为了维护私益,私益可以自行决定主张或放弃。故须设置一定的期限,让其及时主张权利,防止"沉睡的权利",在法定期限内不提起诉讼的视为放弃权利。而公益诉讼起诉人代表的是国家,维护的是国家和社会公共利益,国家和社会公共利益不能随便放弃。在法律未明确之前,应不受《行政诉讼法》第46条、第47条关于起诉期限的限制,否则不利于国家和社会公共利益的维护。

二、引发的思考

(一)行政公益诉讼应当设置起诉期限

对于行政公益诉讼是否适用起诉期限制度,学界存在不同认识。有观点认为,只要行政执法机关没有履行职责,检察机关可以随时提起诉讼。[1]这种观点看似国家和社会公共利益可以随时得到维护,但实际上不利于国家和社会公共利益的维护,反而容易滋生司法腐败和社会不稳定风险,增加司法讼累。因此,有必要对行政公益诉讼设置一定的起诉期限。理由如下:

一是有利于及时维护国家和社会公共利益。设置一定的起诉期限,督促检察机关尽快履行公益诉讼起诉人的职责,以提起诉讼这种比较严肃、颇具司法权威的刚性方式,督促行政机关依法行使职责,提高行政执法效能,维护行政管理秩序稳定,使受损公益得到维护,阻止危害后果继续扩大。同时,也督促检察机关尽快收集固定证据,及时查明行政机关怠于履职或违法行使职权的事实,避免时过境迁,证据灭失,公益持续受损,危害后果扩大,增加起诉的难度。

二是有利于及早定分止争,维护社会稳定。在行政公益诉讼案件中,第三人即行政相对人是国家和社会公共利益的直接侵害者,对其侵害行为,应当及时追究,督促及时纠正或受到相应处罚,不能对其放任不管,任由侵害行为持续进行。而这种侵害行为侵害的是国家和社会公共利益,侵害对象具

---

[1] 徐全兵:《深入探讨法理基础 科学谋划程序设计——探索建立检察机关提起公益诉讼制度研讨会观点综述》,载《人民检察》2016年第11期。

案例五　湖北省钟祥市人民检察院诉钟祥市人民防空办公室怠于履行征收人防工程易地建设费法定职责案

有涉众性、不确定性的特征,不及时阻止,可能会引发群体性事件,产生社会不稳定风险。同时,对行政相对人而言,也需要及时将其从不确定社会关系中解脱出来。

三是有利于节省司法资源。当前,案多人少的矛盾比较突出,且随着依法治国的不断深入,人民对公平、正义、民主、法治、安全、环境等方面的需求日益增长,遇事找法会逐渐成为习惯,通过法律途径解决纠纷成为常态,案件会越来越多,案多人少的矛盾将更加突出。设置一定的起诉期限,可将超过起诉期限的案件排除在外,一定程度上减少司法讼累,节省司法资源。虽然短时间内可能导致部分案件因超过起诉期限,使部分国家和社会公共利益没有得到及时维护,但从长远看,通过加大对应提起诉讼而不提起诉讼的追责问责力度,促使检察机关依法高效履职,并逐渐成为常态,可以更好地维护国家和社会公共利益。

(二)行政公益诉讼的起诉期限时长

关于行政公益诉讼起诉期限时长,学界也有不同认识。一种观点认为,检察机关提起行政公益诉讼的诉讼时效,应遵循行政诉讼法和相关司法解释的规定,分别确定一般诉讼时效和特殊诉讼时效。前面案例中已阐明这种观点不能适用的理由,在此不再重复。另一种观点认为,行政公益诉讼应当设置不同时长的期限。归纳起来,有如下几种情形:(1)在将起诉期限的起算点设定为检察建议回复日或回复期满日后,已经能使检察机关有较为充裕的时间来办理诉前检察建议,督促行政机关履行法定职责。建议将检察机关提起行政公益诉讼的期间长度设为6个月。(2)可借鉴环境保护法规定的环境污染损害赔偿诉讼时效规定,将行政公益诉讼的诉讼时效延长为3年。(3)检察机关提起行政公益诉讼的起诉期限相较于普通行政诉讼起诉期限应更长一点,确定为两年时间比较妥当。(4)应当对公益诉讼案件规定特殊的诉讼时效期限,如4年或者更长的时间。(5)考虑到行政公益诉讼中国家和社会利

179

益受侵害结果具有潜伏性、滞后性以及因果关系的复杂性，导致确认和判断损害结果及提供有关证据难度更大，应适当延长行政公益诉讼起诉的普通时效期限和最长时效期限，将行政公益诉讼的普通起诉期限至少规定在3年以上，最长起诉期限在目前规定的5年的基础上再适当延长。（6）行政公益诉讼的起诉期限时长应有别于普通行政诉讼，建议参考民法典、环境保护法一般诉讼时效和特殊诉讼时效规定，将行政公益诉讼一般起诉期限与最长起诉期限分别规定为3年和20年。笔者认为以上观点都有利于维护社会公共利益，符合行政诉讼起诉期限的内在价值。但笔者更倾向于行政公益诉讼设置较长的起诉期限，将行政公益诉讼的普通起诉期限规定在5年较为合适。理由如下：

第一，检察机关作为法律监督者，提起的行政公益诉讼是监督行政机关的职权活动，更好地维护国家和社会公共利益。在实践中，国家和社会公共利益受侵害结果具有潜伏性、滞后性、复杂性，无论是检察机关还是被告方抑或法院，对确认违法事实、判断损害结果、提供有关证据将更加有难度，在一定程度上会削弱证据的及时性和有效性。因此，适时提起诉讼才能有利于检察机关精准履行监督职责，有效提起诉讼。

第二，提起行政公益诉讼既要考虑对公益保护的特殊性，又要兼顾损害修复的必要性和可行性。国家或社会公共利益正处于受侵害状态，因此需要一定的时间对受损的社会公共利益采取补救措施，如果起诉期限过短，修复社会公共利益的效果可能未能完全体现，公共利益是否真正得到维护具有不确定性，可能导致社会公共利益是否持续受到侵害在短时间内无法查明，而查明后已过起诉期限，不利于公益的维护，不利于及时止损，达不到惩罚行政相对人随意破坏公共利益的目的，缺乏有益性。如果起诉期限过长，受损的公益将得不到及时补救，以及引发一系列负面问题。

第三，起诉期限的设置，一方面要保护当事人的合法权益，也需要维护

案例五　湖北省钟祥市人民检察院诉钟祥市人民防空办公室怠于履行征收人防工程易地建设费法定职责案

社会稳定;另一方面要促进行政机关的依法行政,又要维护行政机关的公信力。同时,为了有效保护和节约司法资源,设置为期5年的起诉期限能够为各方当事人提供充足履职的时间,平衡行政机关、行政相对人、社会、国家等多方利益。

(三)行政公益诉讼起诉期限的起算点

关于行政公益诉讼起诉期限的起算点,有观点认为,应当以检察机关对案件立案审查的时间作为起算点;也有观点认为应当以检察机关发出检察建议的时间作为起算点。这两种观点均面临一个相同的问题:行政公益诉讼从立案审查,到发出检察建议,再到等待行政机关书面回复,这几个时间段内,案件是否符合起诉实质性要件具有不确定性。在起诉实质性要件不确定条件下,计算提起行政公益诉讼起诉期限并不妥当。笔者认为,检察机关提起行政公益诉讼的起诉期限起算点应当分为三个层次:一是对不按期回复检察建议也未整改落实到位的,以检察建议回复期满之日作为起算点;二是对行政机关回复已整改落实到位,而经检察机关回访未落实到位的,以检察建议回复之日作为起算点;三是对行政机关回复受客观条件限制,在检察建议回复期内无法履职到位,承诺在一定时间内履职到位,且经检察机关审核符合客观实际的,以其承诺履职到位的时间作为起算点。主要理由如下:

第一,只有符合起诉的条件,才能开始计算起诉期限。检察机关以提出诉前检察建议作为提起行政公益诉讼的前提条件,检察建议具有独立性,有独立的结案功能和监督价值。行政机关在收到检察建议后在法定期限内履职到位,检察机关则予以结案。如行政机关在法定期限内未依法全面履职,导致社会公共利益仍处于持续受侵害状态的,才符合提起行政公益诉讼的条件。也就是说,发出检察建议与提起行政公益诉讼是两个相互独立的环节,只有对检察建议监督的事项不整改、虚假整改、拖延整改等不依法全面按期整改到位的,才符合起诉的条件。

第二，起算点应具有确定性。以检察建议回复之日或回复期期满日或承诺履职到位日作为提起行政公益诉讼起诉期限的起算点，能够确保起诉期限的计算时间的准确性，使检察办案更具便捷性、可操作性，避免因起算点不明确导致被告方或人民法院就此问题进行不必要的讨论，从而影响司法效能，浪费司法资源。

第三，确定的起算点有利于倒逼检察机关、行政机关积极作为，实现双赢、多赢、共赢。诉前实现维护公益目的是公益诉讼的最佳状态，起算点就像悬着的警戒线，提醒、推动检察机关与行政机关开展良性沟通，尽量把侵害社会公共利益矛盾化解在诉前，促进社会共同治理，共同保障社会民生民利，符合国情和时代发展。

关于湖北省钟祥市人民检察院诉钟祥市人防办怠于履行征收人防工程易地建设费法定职责一案的办案体会

李精华 *

本案中，人民检察院提起的行政公益诉讼是否超过了法律规定的起诉期限，这个问题具体来讲就是本案是否适用《行政诉讼法》第46条第1款和第47条第1款的规定。我们在审理过程中认为，本案不应适用《行政诉讼法》第47条第1款。因为本案中检察机关代表国家行使国家权力，要求行政机关履行法定职责，而《行政诉讼法》第47条第1款是基于当事人的申请。另

---

* 李精华，湖北省钟祥市人民法院行政庭庭长。

案例五　湖北省钟祥市人民检察院诉钟祥市人民防空办公室怠于履行征收人防工程易地建设费法定职责案

外，检察机关代表国家，从行政公益诉讼的目的来看，本案适用《行政诉讼法》第 46 条、第 47 条的规定是不适合的。所以我们判决行政机关履行征收的法定职责。

在案件办理之外，我们认为，对于行政诉讼应该设置一个起诉期限。因为从行政诉讼的效率原则、保护国有财产利益的原则来看，应该设置起诉期限，不仅便于督促检察机关尽快履行提起行政公益诉讼的职责，同时也是对检察权进行相应的制约。我们希望各位专家能够对这一问题深入研究，最高人民法院、最高人民检察院能够尽快出台关于公益诉讼起诉期限的规定，以便规范和指导司法实践。

> 专家评析

检察行政公益诉讼起诉期限适用规则研判*
——评湖北省钟祥市人民检察院诉钟祥市人民防空办公室不全面履行职责案

刘 艺**

一、引言

人民防空工程建设及易地建设费征收类行政公益诉讼案件关涉重要国家利益和社会公共利益，其法律适用也存在一些特殊问题。本文结合2019年湖北省钟祥市人民检察院诉市人防办不全面履行职责案，探讨了检察行政公益诉讼起诉期限适用行政诉讼法时效规范的法理依据和实践效果。行政公益诉讼的起诉期限具有诉讼时效的功能。为充分发挥行政公益诉讼司法治理效能，其起诉期限的定性宜准、期间宜长、框架宜全、起点宜明。钟祥案判决从目的、适用条件等方面提出的不适用《行政诉讼法》第46条第1款、第47条第1款的理据具有实践的合理性。未来可通过司法解释明确行政公益诉讼起诉期限适用《行政诉讼法》第46条第2款规定的最长诉讼保护期，并应进一步完善行政公益诉讼适用行政诉讼法规范的理论体系。

虽然2017年《行政诉讼法》通过局部修法增加了公益诉讼条款，但行政诉讼法与行政公益诉讼的契合问题仍存在诸多不确定性。检察公益诉讼的

---

* 本文已刊发在《中国法律评论》2020年第5期，收入本书时略有删改。

** 刘艺，中国政法大学检察公益诉讼研究基地执行主任、教授。

案例五　湖北省钟祥市人民检察院诉钟祥市人民防空办公室怠于履行征收人防工程易地建设费法定职责案

司法实践证明,即便是起诉期限这样的基础问题也存在法律适用的困难,强行适用现有规范,将违背诉讼目的、适用条件等基本要素。所谓"泰山不让土壤,故能成其大;河海不择细流,故能就其深"①。若从客观诉讼角度反观,现有行政诉讼法律体系仍有完善的空间。

人民防空是国防的组成部分,直接关系着国家安全和人民生命财产安全。防空大致分为积极防空和消极防空两类。消极防空主要就是修筑防空工事与设施。新中国成立后,国家投入大量人力物力建设专用人防工程。截至20世纪70年代后期,人防工程一直以国家投入建设为主。人防专门工程的建设面积超过全国总开发面积的一半。②1978年第三次全国人民防空工作会议后,我国人民防空工作走向了平战结合模式。③1996年10月29日通过的《中华人民共和国人民防空法》(以下简称《人防法》)规定,县级以上人民政府应当将人民防空建设纳入国民经济和社会发展计划;城市是人民防空的重点;城市新建民用建筑,按照国家有关规定修建战时可用于防空的地下室④。这表明为了国防安全,法律明确对政府和公民设定了权利限制。政府在进行城市规划与建设时必须履行一定的国防义务;公民修建民用建筑受到国防(包括防空)等公共利益需要的限制。但有部分地方政府和人防部门不够重视人防工程建设及人防工程易地建设费的征收。政府的规范性文件和审计机关的报告中会提及各级人防部门存在以征代建、违规减免、管理不规范、项目建设

---

① (清)姚鼐纂集:《古文辞类纂》,胡士明、李祚唐标校,上海古籍出版社2016年版,第139页。

② 参见马颜昕:《人防工程权属问题研究——以公物法为视角》,中国政法大学2015年硕士学位论文,第1页。

③ 参见林枫、杨林德:《新世纪初的城市人防工程建设(一)——历史、现状与展望》,载《地下空间与工程学报》2005年第2期。

④ 参见《人防法》第3条、第4条、第11条、第22条。

滞后等诸多问题。①其中，少征少缴易地建设费成为多发现象。有些地方的单位和个人建房易地建设费征缴率只有22%、房地产开发易地建设费征缴率只有21%。②检察机关提起公益诉讼试点期间共办理涉及人民防空部门的诉前和诉讼案件339件，收回1.26亿余元人防工程易地建设费。可见，人防工程建设与人防工程易地建设费征收类行政公益诉讼（以下简称"人防类行政公益诉讼案"）关涉重大国家利益和社会公共利益保护问题。行政公益诉讼经立法确定后，人防类行政公益诉讼出现不少典型案例。湖北省钟祥市人民检察院诉钟祥市人民防空办公室不全面履行职责案是2019年检察机关办理的涉案金额较大的人防类行政公益诉讼案件。

二、行政公益诉讼起诉期限适用规则之特殊性

"行政公益诉讼"是一个容易引发"范畴错误"（category mistake）的概念。范畴错误是英国哲学家吉尔伯特·赖尔（Gilbert Ryle）提出的术语，指混淆不同事物的逻辑类型和逻辑范畴。③例如，将一个事物归入本不相同的范畴，或者把概念归属于其并不隶属的逻辑类型。必须清醒地认识到，在现有制度框架下，行政公益诉讼是一类特殊的行政诉讼，有诸多明显"溢出"行政诉讼的特征。尤其是我国现有行政诉讼法主要是基于"民告官"的理念构建。这使得行政公益诉讼的实践很难被现行行政诉讼框架和范畴完整地描述。表现在规范适用层面就是行政诉讼法的规范不宜直接适用于行政公益诉讼。因

---

① 参见黑河市人民政府办公室《关于印发〈黑河市人防易地建设费清缴工作实施方案〉的通知》（黑市政办发〔2019〕26号）、大庆市人民政府办公室印发《〈关于加强人防工程审批和人防易地建设费征收管理的实施意见〉的通知》（庆政办发〔2006〕16号）、审计署审计结果公告2016年第9号——2015年保障性安居工程跟踪审计结果（2016年9号公告）。

② 参见但润卿、魏小葵、汪延河：《易地建设费征管存在的问题与对策》，载《审计月刊》2012年第6期。

③ [英]吉尔伯特·赖尔：《心的概念》，徐大建译，商务印书馆1992年版，第10页。

案例五　湖北省钟祥市人民检察院诉钟祥市人民防空办公室
怠于履行征收人防工程易地建设费法定职责案

此,必须打破既有范畴的限制,从更基本和更广阔的视野看待行政公益诉讼的规范适用问题。关于起诉期限适用规范的问题,可从性质、长度、框架和起点几个角度进行更全面的分析,以期寻得妥当的适用方法。总体而言,行政公益诉讼的起诉期限定性宜准、期间宜长、框架宜全、起点宜明。

（一）定性宜准

行政公益诉讼的起诉期限具有诉讼时效的功能。通说认为,我国现行行政诉讼法和司法解释只有一种时效规定——起诉期限。根据法国、德国、日本和我国台湾地区的立法例和主流学说观点,适用于撤销诉讼的起诉期限应为具有除斥期间属性的不变期间[1];因而普通行政诉讼的起诉期限是一种明显有别于民事诉讼时效（也称消灭时效）的制度。综合诉权层次、诉权性质、消灭条件、有可变期等因素来看,行政公益诉讼的起诉期限更宜被视为一种时效制度。

行政公益诉讼程序中,当事人双方关于起诉期限的争议只在诉讼要件—本案要件的复合审理阶段出现。原因有三:第一,检察机关起诉条件与普通原告起诉条件有所不同。根据2018年最高人民法院、最高人民检察院《关于检察公益诉讼案件适用法律若干问题的解释》（以下简称《两高检察公益诉讼司法解释》）第23条规定,只要符合《行政诉讼法》第49条和司法解释第23条的形式起诉条件,人民法院就应当受理案件。然而,人民法院对行政公益诉讼的起诉条件审查时,并不包括起诉期限。第二,人民法院对普通行政诉讼和行政公益诉讼的受理审查要素也不同。普通原告按照行政诉讼法第49条提起诉讼时,法院除了对第49条规定的起诉要件进行审查之外,还会对起诉是否超过法定期限、是否重复起诉、管辖等要件进行审查[2];而且审查的裁

---

[1] 林俊盛:《行政诉讼起诉制度研究》,法律出版社2014年版,第20页。
[2] 马怀德:《行政诉讼法学》（第二版）,中国人民大学出版社2015年版,第83~84页。

量空间较大,"可以登记立案"也"可以不登记立案"。特别需要强调的是,在普通行政诉讼中,人民法院在受理和实体审理阶段都会审查起诉期限这个要件。第三,行政公益诉讼的诉权层次分为两个层次。根据"诉权层次论",行政诉权要件一般分为三个层次,即起诉要件、诉讼要件和本案要件。① 在行政公益诉讼的起诉受理阶段,人民法院不能主动调查证明行政公益诉讼案件的起诉期限届满。根据 2002 年发布的最高人民法院《关于行政诉讼证据若干问题的规定》第 4 条第 2 款的规定,被告承担起诉期限超期这一事实的举证责任。这就意味被告关于起诉期限超期的抗辩只会出现在行政公益诉讼的实质审理阶段。这也让行政公益诉讼的诉权层次,从传统的三个诉权审查层面转化为两个层次。即起诉要件、诉讼要件—本案要件两个层次。所以,起诉期限不是行政公益诉讼的诉的合法性要件之一,而是作为诉讼要件的组成部分。

  检察机关提起公益诉讼的诉权是客观诉权。主客观二元诉权划分标准是苏联的理论。所谓主观诉权,是将与人身相关的诉权称为主观的诉权;客观的诉权则是与诉讼标的相联系的诉权。② 公益诉权由法律授予,与因损害而自然获得的一般诉权有所不同。理论上的通说认为,检察机关因与诉无利害关系,而无诉的利益。但是按日本的理论,任何形式的诉讼都存在诉的利益。客观诉的利益,是指诉求是否足以具有由国家审判制度加以撤销的实际价值或必要性;而将客观诉的利益和原告适格联系在一起被称为广义的诉的利益,即主观的诉的利益。③《行政诉讼法》第 25 条规定的"四大受案范围",是经实践和理论深入研究后确定具有客观诉讼的必要性,即值得用诉讼制度来保护的特定国家利益和社会公共利益。

---

① 参见梁君瑜:《"诉权层次论"视域下的行政诉权要件探析——基于诉权本质学说与诉权要件之关联性考察》,载《北京理工大学学报(社会科学版)》2018 年第 5 期。
② 王锡三:《近代诉权理论的探讨》,载《现代法学》1989 年第 6 期。
③ 参见石龙潭:《原告适格论》,载《财经法学》2016 年第 4 期。

案例五　湖北省钟祥市人民检察院诉钟祥市人民防空办公室怠于履行征收人防工程易地建设费法定职责案

客观诉权的起诉期限即便届满，其客观诉的利益仍然存在。即诉权并非绝对消灭，而是相对消灭。也就是说，起诉期限届满后，诉权并不是自动地、当然地、绝对地丧失，而是有条件地丧失的。相对条件，是指被告不行使抗辩权的情形。而只有在义务人行使抗辩权并获人民法院支持时，客观诉权才可能丧失。在复合审理阶段，若公益仍受到侵害，被告即便提出起诉期限届满的理据，人民法院也可能全面审查诉求是否可实现，而不再从诉的合法性要件角度审查。诉求是否有理由的依据是客观诉的利益是否成立、被审查行政行为的效力和现行法律规范的依据等。因行政机关也是公益的代表，若公益受损未获恢复，行政机关应该负担持续作为义务，该作为义务通常不会因行政机关怠于履行而消灭。

特别值得关注的问题是，行政公益诉讼的起诉期限适用规则应该考虑行政公益诉讼诉前程序的法定期限的延长问题。于是，不同于传统行政案件的起诉期限，行政公益诉讼的起诉期限应该有可变期间。我国现行行政诉讼起诉期限为不变期间，特殊情况下才可申请延长或扣除被耽误的时间，但任何情况下都不发生中断和中止的问题。综合以上因素，行政公益诉讼的起诉期限更像是诉讼时效。

（二）期间宜长

行政行为一经作出便具有公定力。当事人若想排除行政行为的效力，必须在法定期间内依法提起诉讼。检察机关不是行政管理法律关系中的相对人或者利害关系人，很难在行政行为生效的同时发现违法行为的线索，也无法在行政程序进行过程中依法申请行政机关履行职责。因此，行政公益诉讼起诉期限的设定应综合考虑行政行为效力和此类诉讼的特征。而行政公益诉讼起诉期限公益保护的重要性、复杂性和系统性决定了行政公益诉讼起诉期限必须具有较长的期间。首先，公益保护的重大性决定了诉讼活动需要耗费更长时间进行谨慎的线索评估和事实调查。仍以人防类行政公益诉讼案件为例,在2017年至2019年6月两年半时间内,陕西省检察机关就办理人防领域公益诉讼案件128件,涉及建设单位未缴易地建设费约1.46亿元,人防主管部门违规减免易地建设费约558万元。检察机关发出检察建议后追缴6700万元,起诉至法院后追缴474.47万元,仍有近8000万元未追缴到位。① 这类案件常是积压多年的陈案旧事,证据收集难度大,政策也变动巨大,需要花费较长时间才能调查清楚。其次,公益保护的复杂性决定了诉讼活动的长期性。行政公益诉讼在诉前和诉讼程序阶段都会涉及诸多行政机关、第三人。这些主体之间需要进行反复交流沟通,来回往复,工作量大耗时长。比如公民举报了一起违法的固废填埋案件。其中既涉及固废类型、谁生产、谁运输、谁填埋等问题,还涉及填埋土地的性质,是国有还是集体土地是否涉及复垦或者耕地占补平衡等问题。在诉前程序阶段,固废清理涉及环保、国土、固废填埋所在地的人民政府等多家单位。各部门在固废清理中所承担的职责不同,各机关沟通协调、配合行动也需要时间;而且固废清理耗时很长;即便固废清理完了,还涉及土地修复或者耕地占补的问题。若需要履行占补平衡手续则要按程序推进。通常耕地占补平衡项目是每年年初由各级人民政府下达耕地占补指标,然后由各乡镇、各行政村上报已占耕地多少;并按上报数目推进占补相关工作。检察机关若发现这类案件,地方政府很难在两个月内甚至一年之内完成土地修复。所以,若要在诉前程序中实现公益的实质保护会更加耗时。最后,公益保护的系统性决定了各种程序的衔接需要更长的时间。行政公益诉讼保护的公益线索多数来自刑事案件,涉及刑事程序与公益诉讼程序的衔接问题。这一特点是由我国犯罪与违法的二元监督体制决定的。② 以国有财产保护案件为例,检察机关办理的国有财产保护案件

---

① 倪建军:《公益诉讼助力人防事业行稳致远——陕西:检察建议督促规范人防工程建设及易地建设费收缴》,载《检察日报》2020年8月19日,第1版。

② 参见刘艺:《公益诉讼检察与其他检察业务的融合发展》,载《人民检察》2019年第19期。

案例五　湖北省钟祥市人民检察院诉钟祥市人民防空办公室怠于履行征收人防工程易地建设费法定职责案

线索多来自刑事领域的渎职、侵权类案件。如2008年，某养殖户钟某向某畜牧兽医水产局申请"国家生猪标准化规模养殖场建设项目"资金30万元，但不符合30万元项目申报条件，水产局仍然同意上报，骗取国家专项补贴30万元。该案2014年3月19日进行了刑事判决。因刑法未对违法所得作出明确规定，公安侦查部门、刑事检察部门、人民法院通常不会追回案外人某养殖户违法获取的政府补贴。自2015年检察公益诉讼试点开始之后，检察机关可通过行政公益诉讼机制追回，且公益保护实际效果也更好。因为通过行政公益诉讼可以追回所有违法所得，而刑事案件中只能对涉案的违法所得进行追回。但这样的线索发现与案件办理模式导致相关法律程序的衔接十分复杂。比如，行政公益诉讼案件立案可能是在刑事案件裁判之后，也可能是跟刑事案件同步立案或者刑事案件生效之后由政府、人大或者纪检部门移送来的线索。从线索发现，到刑事案件办结，再到行政公益诉讼案件立案调查，完成诉前程序，最后提起诉讼，全过程变数很多，衔接很复杂。这些因素决定了行政公益诉讼的起诉期限宜长不宜短。普通行政诉讼的起诉期限远远不能满足行政公益诉讼的要求。因此，行政公益诉讼诉讼时效上应该设置比普通行政诉讼更长的期间。

（三）框架宜全

行政公益诉讼的诉前程序与诉讼程序之间的关系紧密，相互支撑。行政公益诉讼诉讼时效的期限必须考虑两种程序之间的有机联系。在司法实践中，有人民法院选择"检察建议回复日或回复期满日作为行政公益诉讼起诉期限的起算点"作为适用《行政诉讼法》第46条第1款起算点。[①]有学者支持这一观点，并提出可以彻底分立检察建议与公益诉讼这两种程序。[②]笔者

[①] 礼泉县人民检察院诉礼泉县农牧局行政公益诉讼再审案（陕西省礼泉县人民法院（2017）陕0425行再1号行政判决书）。

[②] 参见施立栋：《论行政公益诉讼的起诉期限》，载《浙江社会科学》2020年第1期。

认为这样的出发点背离了行政公益诉讼制度设计的初衷。2015年7月2日公布的《检察机关提起公益诉讼改革试点方案》（以下简称《试点方案》）就建立了行政公益诉讼诉前程序。2017年新《行政诉讼法》的第25条第4款延续了这项机制。这一规定明确了行政机关执法的优先性，也确定了行政公益诉讼仅是政府执法和普通行政诉讼补充机制的定位。行政公益诉讼诉前程序可以降低司法程序成本，只将在法律适用上存在重大分歧的案件交由人民法院裁判。实践经验证明，行政机关在诉前程序阶段对检察建议的回复整改率达到97.37%，[①] 虽然行政公益诉讼诉前程序具有一定独立性，然而，没有诉权作为后盾，诉前检察建议的效力会大打折扣。反之，若无诉权和诉讼程序的限定，诉前程序也会演变为一般监督，像俄罗斯检察机关一样对一切行政违法行为进行监督，反而失去其独特性和本土性。强调诉前程序与诉讼程序的有机联系，也可以将行政机关和检察机关在诉前程序中的履职内容纳入中立第三方人民法院的审查范围。因诉前程序是前置必经程序，若进入诉讼程序，必受人民法院的全面审查。即便不进入诉讼程序，随着诉前检察建议公开机制的确立，也可以受到社会广泛监督。而监督的依据也是行政诉讼法的实质合法性审查原则。因此，诉前程序和诉讼程序各自的独立性是相对的。没有程序之间的互补，两种程序的效能都难以充分发挥。但由于诉前程序期限存在诸多不确定性，将其纳入行政公益诉讼的诉讼时效考量范围，必然会引发诉讼时效中止或者中断，增加诉讼时效计算的复杂性。

实践中，为了实现公益实质保护的目的，诉前程序的2个月期限时常被延长。在诉前程序阶段，行政机关需要审慎考量公益修复的必要性和可行性，并需采取行动对公益损害进行实质性修复。以东北国有林地保护类案件

[①] 两年多来，向行政机关发出诉前检察建议182802件，行政机关回复整改率达97.37%。参见张军：《最高人民检察院关于开展公益诉讼检察工作情况的报告》，载中国人大网2019年10月23日，http://www.npc.gov.cn/npc/c30834/201910/936842f8649a4f088a1bf6709479580e.shtml。

案例五 湖北省钟祥市人民检察院诉钟祥市人民防空办公室怠于履行征收人防工程易地建设费法定职责案

为例,检察机关如果在每年的 5 月后任何一个月发现案件线索,正常履行了诉前程序后就已进入当年的 8 月份。而东北三省最佳的植树期间是每年的 5 月至 7 月。因此,这些案件中若需要行政机关在诉前程序阶段补种植物,就必须等到第二年的 5 月才能施行。案件诉前程序至少需要延长 9 个月以上。若从树苗培育期来看,还需要 3 年养护期才能保证树苗存活。另外,诉讼起诉期还需要考虑诉前程序中可能再启动另一个民事行为或者行政行为。在这类情况下,诉前程序期限会被另一个诉讼中断,为保证公益诉讼正常进行,就应该设置足够长的诉讼时效。这里想强调的是,应该明确诉前程序也是检察机关的履职阶段,将其与行政公益诉讼时效放在一起设计。这样人民法院在进行全面审查时也可以要求检察机关或者行政机关充分说明诉前程序延期的理由。

(四)起点宜准

诉前程序的期限具有较高不确定性,若以行政机关收到检察建议之日起算,则会增加诉讼时效的不确定性。为了让行政公益诉讼的诉讼时效有操作性、确定性,许多检察官和学者都建议将行政公益诉讼的起诉期限起算点设定为检察建议回复期届满之日或者行政机关回复之时。但国外有不同做法。意大利 2009 年 3 月 4 日第 15 号法律授权个人或者消费者协会、委员会可以针对公共行政机关提起集团诉讼。提起此类诉讼总是需要起诉者具有一种"同类"利益(即群体用户或者消费者的利益),而且这类利益不仅属于其本人,也是与他人共享且人数众多。我们也可称其为意大利的"公益诉讼"。这种特别的诉讼仅针对行政机关及公共服务的特许经营者的无效率而提起,要求行政机关正确履行职责或者正确提供服务。原告起诉之前应该进行一个告诫程序,即向不履行职责的行政机关或者特许经营者送达一个专门的告诫书。原告只有在送达告诫书后 90 日开始起算,90 日之后的 1 年之内才可以提起诉讼。① 在意大利普通行政诉讼的诉讼时效为60日。

另外，从更利于被告举证角度考虑，行政公益诉讼诉讼时效若设定在检察建议送达之日，更利于被告收集证据、化解争议。因为，在诉前程序中，检察建议制发次数和建议的具体内容以及检察机关与行政机关的磋商、沟通都可能在诉讼中成为关键的定案证据。若以检察建议送达之日作为诉讼时效的起算点，很大程度上可以防止人民检察院在诉前程序阶段随意制发检察建议的问题。因为人民法院可以全面审查诉前程序阶段的制发检察建议的内容等案件事实和证据。当然，以检察建议送达之日作为诉讼时效起算点，需要建立诉前检察建议公开机制，便于行政机关和其他诉讼参与人第一时间知晓建议内容。

三、行政公益诉讼案件不适用《行政诉讼法》第46条第1款、第47条第1款的理论辨析

钟祥案判决中，人民法院明确提出行政公益诉讼不适用《行政诉讼法》第46条第1款、第47条第1款。法官颇有创见性地提出了第46条第1款、第47条第1款的诉讼目的、主体要素、"知道或者应当知道"以及依申请的要件与行政公益诉讼不符。虽然判决中提出的三个构成要素与传统理论提及的三因素②并不相同，但符合司法实践的规律。

（一）诉讼目的不同

法官明确提出行政公益诉讼的目的不同于普通行政诉讼。在《行政诉讼法》规定的四重诉讼目的中，行政公益诉讼主要聚焦于监督行政机关依法行使职权。只有监督行政机关依法行使职权，才能充分维护公共利益。对于具

---

① 参见罗智敏：《意大利行政诉讼制度研究》，中国政法大学出版社2018年版，第94~95页。
② 马怀德主编：《行政诉讼原理》（第二版），法律出版社2009年版，第337页。

案例五　湖北省钟祥市人民检察院诉钟祥市人民防空办公室怠于履行征收人防工程易地建设费法定职责案

有客观诉讼特征的行政公益诉讼而言，只有获得更广泛而不泛滥的监督才有威慑力。为了实现这样的目标，客观诉讼不要求原告一定与诉有利害关系，即不需要被诉行政行为影响原告的法律权利，只需要被诉行政行为影响具体利益或者法定秩序即可。检察机关享有的实体法上的法律监督权，授予其客观诉权，相当于授予其在司法程序中维护法定秩序的职责。因此，2017《行政诉讼法》修改实则是扩大了行政诉讼原告适格条件。本案判决中，法官明确指出"检察机关作为公益诉讼起诉人代表国家行使保护国有资产的权利，将检察建议期满之日起六个月作为检察院的起诉期限不符合行政公益诉讼的目的"。作出这一判断是需要勇气的。而且不适用现有立法起诉期限并不意味着检察院履职实质上不受期限约束。为此，法官也督促钟祥市检察院在行使法律监督、法定职责督促权利时，应当连续、及时。①

（二）主体要素不同

《行政诉讼法》第46条第1款中的原告，应该具备三个条件：起诉人为公民、法人或者其他组织；6个月的起算点为"自知道或者应当知道作出行政行为之日"；"知道"或者"应当知道"的内容包括行政行为作出的主体和作出行政行为的具体内容。而行政公益诉讼的原告是检察机关。检察机关与普通原告在称谓、地位和权利义务方面都存在差异。2017年修法之后，"检察机关作为公益诉讼人的称谓是否延续"成为修法后开展司法实践首先面对的问题。2017年6月开始，最高人民法院、最高人民检察院起草修法之后的"检察公益诉讼司法解释"。关于司法解释中人民检察院的身份问题，法检的认识并不相同。最高人民法院提供的方案一规定：人民检察院作为公益诉讼起诉人，享有原告的诉讼权利，履行原告的诉讼义务；最高人民检察院提供的方案二规定：人民检察院以公益诉讼起诉人身份提起公益诉讼，具有与

---

① 湖北省钟祥市人民法院行政判决书（2019）鄂0881行初第60号、第61号。

原告相同的诉讼地位；最高人民检察院提供的方案三规定：人民检察院以公益诉讼起诉人身份提起公益诉讼，享有与原告相同的诉讼权利，履行与原告相同的诉讼义务。草案经最高人民检察院检察委员会讨论之后，修改成方案四。即"人民检察院以公益诉讼起诉人身份提起公益诉讼"。再经最高人民法院审判委员会激烈讨论之后最终确定。2018年3月2日发布的《两高检察公益诉讼司法解释》第4条规定："人民检察院以公益诉讼起诉人身份提起公益诉讼，依照民事诉讼法、行政诉讼法享有相应的诉讼权利，履行相应的诉讼义务，但法律、司法解释另有规定的除外。"《两高检察公益诉讼司法解释》明确了检察机关以不同于公民、法人或者其他组织的普通原告之称谓，而以"公益诉讼起诉人"身份提起诉讼；公益诉讼起诉人的诉讼权利义务应与其诉讼身份相对应。以公益诉权为例，《两高检察公益诉讼司法解释》第9条就规定为一种职权，检察机关并不具有普通起诉人决定是否提起行政诉讼的自由。而且作为公益诉讼起诉人的检察机关与被告行政机关之间并非是纯粹的对抗关系，也有协同治理的关系。因此，放弃诉权的原因可能是公益已经得到保护或者诉讼目的已经实现等法定理由。因此，基于保护普通原告合法权益而设定的起诉期限，并不一定符合公益诉权的定位。

（三）"知道或者应当知道"要件不同

本案主办检察官提出三种行政公益诉讼起诉期限的起算方式。第一，对不按期回复检察建议也未整改落实到位的，以检察建议回复期满之日作为起算点；第二，对行政机关回复已整改落实到位，而经检察机关回访未落实到位的，以检察建议回复之日作为起算点；第三，对行政机关回复受客观条件限制，在检察建议回复期内无法履职到位，承诺在一定时间内履职到位，且经检察机关审核符合客观实际的，以其承诺履职到位的时间作为起算点。这样的设定是根据司法实践情形归纳总结出来的，对实践有指导意义。但是，若如此设定诉讼时效，就意味着除了第一情形之外，第二种、第三种情形

案例五　湖北省钟祥市人民检察院诉钟祥市人民防空办公室怠于履行征收人防工程易地建设费法定职责案

下,到底是哪一天为起算点,都只能由检察机关举证。理论上讲,行政公益诉讼诉讼时效的起算点还可以从线索发现时起算①或者案件立案之时起算②。但是,实际上这些起算点都无法保障检察机关"知道或者应当知道"。检察机关在履行批准或者决定逮捕、审查起诉、刑事执行监督、民事检察监督、行政诉讼检察或者控告检察监督职责时,或者通过行政执法与刑事司法衔接平台、行政执法与行政检察衔接平台等,都能发现公益受损和行政机关违法的线索。但这些线索成案比例非常低,还需要公益诉讼检察部门进行初步审查评估。评估之后还会与行政机关进行磋商,只有磋商无果,才进入下一步程序。公益诉讼检察部门对案件线索来源、案件类型、被监督对象、分流转办、案件承办人、线索评估意见进行台账管理。对于重大公益诉讼线索必须向上一级人民检察院报备;超过"四大受案范围"的案件线索还需要省级人民检察院审批。所以,当"线索移送"时就认定检察机关"知道或者应当知道"不太符合现实。其次,公益诉讼的立案标准并不明确、立案自由裁量权较大。只有正式调查才可能全面了解案件。而通常情况检察机关在立案之后才会开始正式调查。而且立案文书并不会对外公开,无法进行外部监督,人民法院也无法进行实质审查。由于行政诉讼法及《两高检察公益诉讼司法解释》都未授予人民检察院强制调查权,通过线索发现和立案这两个节点仍然不能确定检察机关"知道或者应当知道"的实质性要件。

(四)"依申请"的要件不同于"依职权"的要件

本案判决明确提出行政公益诉讼案件不适用《行政诉讼法》第47条第1

---

① 参见赵智慧:《检察机关提起公益诉讼期限该如何确定》,载《检察日报》2018年4月8日,第3版。

② 参见余凌云:《点评湖北省钟祥市人民检察院诉钟祥市人民防空办公室怠于履行征收人防易地建设费法定职责案》,载《中国政法大学检察公益诉讼研究基地主办、法治政府研究院协办评选2019年度十大检察公益诉讼典型案例》,《检察日报》2020年7月22日,第3版。

款。因为第 47 条第 1 款规定的期限是基于当事人的申请,不是行政机关依职权履行法定职责的期限。《最高人民法院新行政诉讼法司法解释理解与适用》一书也主张这一观点。即"依职权不作为情形不适用本条规定。行政诉讼法第 47 条第 1 款的规定仅仅是关于依申请的情形下不作为的起诉期限的起算点,对于依职权履行法定职责的情形没有规定。据此,对依职权不作为的情形,不适用本条规定"。① 检察行政公益诉讼不属于依申请类行政行为,也不应该适用该条规定。当然,检察机关在诉前程序中督促行政机关履职,也并不是将行政机关的依职权行政行为转化依申请行政行为,也不宜适用第 47 条第 1 款的规定。

四、结语

2018 年 3 月 2 日实施的《两高检察公益诉讼司法解释》已经对《行政诉讼法》第 25 条规范内容进行了大量的补充,如检察机关的称谓、起诉条件与受理条件等,但仍有大量的内容未完成建构,如行政公益诉讼的管辖、证明责任分配和起诉时限等。但若近期内无法推动行政诉讼法再次修改,则应该积极制定新的检察公益诉讼司法解释,以填补这项制度的立法空白和漏洞。特别是起诉期限这一涉及诉讼要件的合法性根本机制,应该尽快予以明确,避免实践中的离散现象。2018 年新行政诉讼法司法解释实施之后,最高人民法院《关于执行〈中华人民共和国行政诉讼法〉若干问题的解释》② 失效。人民法院不能再适用失效司法解释规定的 2 年最长保护期。若在个案中直接适用民法的规范更无充足依据。

综合以上分析,笔者建议行政公益诉讼案件的诉讼时效可直接适用《行

---

① 江必新、梁凤云:《最高人民法院新行政诉讼法司法解释理解与适用》,中国法制出版社 2018 年版,第 51 页。

② 该司法解释自 2000 年 3 月 10 日起施行,现已失效。

案例五 湖北省钟祥市人民检察院诉钟祥市人民防空办公室怠于履行征收人防工程易地建设费法定职责案

政诉讼法》第46条第2款规定的其他案件的最长5年的保护期限。《行政诉讼法》第46条第2款规定的初衷是因为当事人无法"知道或者应知道"而无法开始计算起诉期限，会导致行政法律关系无限期处于不稳定状态。为解决这一问题，有必要确定一个最长保护期限，即作出的行政行为到某一时间点后，不论当事人是否知道或者应当知道，都不能再提起诉讼。①根据该款规定，大部分行政公益诉讼案件不涉及不动产，所以不必适用20年最长诉讼保护期限。但适用其他案件5年的诉讼保护期限并无理论障碍。若设立5年诉讼保护期，则可以在诉前程序中不设定太多中断或者中止的情形，让诉讼时效更利于操作。但是，若5年诉讼保护期内出现法律法规修改、行政行为被撤销或者变更、行政行为已经执行完毕而无法再恢复原状以及追究时效已过等情况，而让行政公益诉讼客观诉的利益不复存在或者丧失时，则需设定为排除适用。"两高"应该积极界定行政公益诉讼保护的诉的利益为实质利益。即便违法行为的追究时效已过，但若该行为造成的公益实质损害仍然存在，仍可以提起诉讼，要求行政机关继续履行保护公益的责任。只是从法律规范的安定性和公民、法人或者其他组织的合法权益角度出发，不能再要求追究违法行为人的行政责任。

作为一种新生诉讼制度，检察行政公益诉讼远未"老成典型，居然在目"，仍亟须挖掘大量"典型"案例，以期推动该制度的发展和完善。而典型案例工作需要实务界和理论界各尽其责和通力合作。本案的办案人员恪尽职守，很好地维护了公共利益。本文论及的典型问题仍需理论界广泛研讨，并需要相关机关后续制订规范进行实质性解决。

---

① 参见袁杰主编：《中华人民共和国行政诉讼法解读》，中国法制出版社2014年版，第129页。

行政公益诉讼时效问题探析

——对湖北省钟祥市人民检察院诉市人防办怠于履行征收人防工程易地建设费法定职责一案的点评

肖建华*

本案有两点值得肯定。首先,本案涉及人防工程易地建设费的征收问题,在案件类型上是非常新颖的,对于行政公益诉讼案件范围"等"外探索有启发性的意义。

其次,本案中检察院和法院对于行政公益诉讼的诉讼时效问题作出了理解,认为行政公益诉讼不适用《行政诉讼法》第46条、第47条的规定。我认为这个理解是十分正确的。理由如下:

行政诉讼法针对诉讼时效的规定,主要体现出私益性的特点,即通常情况下行政机关作出的行政行为致使行政相对人的人身权、财产权受到损害,行政相对人自知道或者应当知道行政行为作出之日起6个月内提起行政诉讼。本案中,检察机关提起行政公益诉讼是为了维护公共利益,因此不符合行政诉讼法关于诉讼时效规定的私益性特点。《行政诉讼法》第25条确立了行政公益诉讼制度,但是我们没有根据行政公益诉讼的特点对于包括诉讼时效在内的问题进行修改。因此就出现了行政公益诉讼的诉讼时效法律适用问题。这个问题是一个新问题,本案中检察院和法院进行的探索实际上也是行政公益诉讼制度的一个突破。从民事诉讼的角度来看,民事诉讼的诉讼时效通常是3年,最长诉讼时效是20年。关于这一点,实际上早在20世纪80年代,

---

* 肖建华,中国政法大学诉讼法学研究院教授。

案例五　湖北省钟祥市人民检察院诉钟祥市人民防空办公室怠于履行征收人防工程易地建设费法定职责案

最高人民法院《关于贯彻执行〈中华人民共和国民法通则〉若干问题的意见（试行）》中就是这么规定的，未授权给公民、法人经营管理的国家财产，受到侵害的，不受诉讼时效的限制。实际上当时没有建立行政诉讼制度。但是我们已经考虑到了这样一种情况，即国家财产受到侵害，即使是在诉讼主体没有设立的情况下，考虑到它的特殊性，该类案件也不受诉讼时效的限制。从立法的思路来看，本案中检察院和法院在诉讼时效问题上作出这样一种判定，是完全符合法理的。

另外，我认为无论行政诉讼法是怎么修改的，实际上仍然有必要在未来制定单独的行政公益诉讼法。因为行政公益诉讼很多的问题跟一般的行政诉讼并不完全兼容。行政公益诉讼有其独特的要求，如检察机关的诉讼地位、诉前程序设置、诉讼程序设置、诉讼时效制度。检察机关在行政公益诉讼中不仅扮演着起诉的角色，同时也扮演着监督的角色，对行政机关的违法作为或者不作为进行监督。因此，行政公益诉讼的诉讼时效是值得讨论的，不能等同于私益诉讼的诉讼时效，但是也不能不设置诉讼时效，而应该设置期限相对较长的诉讼时效。

违反法律规定的合同约定无效

余凌云*

《行政诉讼法》在2017年仅对第25条作出修订，增加一款规定公益诉讼。其中规定，"行政机关不依法履行职责的，人民检察院依法向人民法院提

---

* 余凌云，法学博士，清华大学法学院教授。

起诉讼"。这里的"依法"应当是指依据行政诉讼法，当然，其他法律、法规对检察机关提起公益诉讼的有关规定也应该包含在内。

对于本案的指导意义，有关说明指出，"本案明确了检察机关作为公益诉讼起诉人，不能适用《行政诉讼法》第46条关于公民、法人或者其他组织针对行政行为起诉期限的规定，同时明确行政机关依职权履行法定职责案件，不能适用《行政诉讼法》第47条关于依申请履职案件起诉期限的规定"。公益诉讼的确是一个新事物，有关理论和制度还在积极探索之中。是否要专门构建一套检察机关提起公益诉讼的法律规范体系，还可以再研究。但是，在本案中，检察院于2018年3月发现并立案，4月发出检察建议，8月提起公益诉讼，本案的起诉期限完全可以适用上述第46条和第47条，没有超出起诉期限。

本案存在一个重要事实，2010年1月6日，钟祥市人民政府与某诚公司签订B项目开发合同，合同约定不收取该项目的人民防空工程易地建设费。因此，2018年7月9日，钟祥市人防办再次向钟祥市人民检察院书面回复，称其为维护地方政府招商引资的严肃性，建议减免某泰公司与某诚公司应缴人防工程易地建设费。

上述开发合同约定显然违反了《人民防空工程建设管理规定》第48条、第50条规定，根据《行政诉讼法》第75条规定，上述合同约定无法律依据而无效。

因此，在本案审理中，应当追加钟祥市人民政府为第三人，在判决书中应当对上述合同约定是否有效作出解释。

文书指引

钟祥市人民检察院检察建议书

钟检行建〔2018〕10号

钟祥市人民防空办公室：

本院在履职中发现，你办在对某泰公司人民防空工程易地建设费征收过程中，存在未依法履行职责的情形。本院依法进行了调查，现查明：

某泰公司建设的A工程项目，于2012年6月8日向钟祥市住房和城乡建设局申请办理了2012×××××号"建设工程规划许可证"（副本）。经你办核算，该项目建筑总面积为162980平方米，应建防空地下室面积为3259.60平方米，应缴纳人民防空工程易地建设费2607680元。该公司至今未缴纳上述费用。

本院认为，根据《中华人民共和国人民防空法》第七条第三款"县级以上地方各级人民政府人民防空主管部门管理本行政区域的人民防空工作"、第二十二条"城市新建民用建筑，按照国家有关规定修建战时可用于防空的地下室"，《湖北省人民防空工程管理规定》第十八条"防空地下室应当与地面建筑同步规划、同步设计、同步建设、同步竣工验收"，《人民防空工程建设管理规定》第四十八条"按照规定应修建防空地下室的民用建筑，因地质、地形等原因不宜修建的……经人民防空主管部门批准，可以不修建，但必须按照应修建防空地下室面积所需造价缴纳易地建设费……"、第五十四条"经人民防空主管部门批准需缴纳防空地下室易地建设费的，建设单位在办理建设工程规划许可证前，应当先缴纳防空地下室易地建设费"，《湖北省实施〈中华人民共和国人民防空法〉办法》第十一条"除国家规定的减免项目外，任何单位和个人不得批准减免人民防空工程易地建设费"、第二十九条"新建城市民用建筑时应当修建而不修建防空地下室的，由县级以上人民政府人民防空主管部门对当事人给予警告，责令限期修建。限期内未修建的，按照应建面积和规定的收费标准全额补缴人民防空工程易地建设费，并可以按照应当修建防空地下室建筑面积每平方米 30 元的标准处以罚款，罚款数额不得超过 10 万元"、第三十条"应当缴纳而不缴纳或者未足额缴纳人民防空工程易地建设费的，由县级以上人民政府人民防空主管部门给予警告，责令限期补缴"之规定，你办对辖区内的人民防空工作负有行政管理职责。人民防空是国防的重要组成部分，人民防空工程易地建设费是人防战备建设的专项资金。你办作为钟祥市的人民防空主管部门，在对某泰公司人民防空工程易地建设费征收过程中，怠于履行监管职责，致使该公司欠缴的 2607680 元人民防空易地建设费至今未征缴到位，损害了国家利益和社会公共利益。现根据《中华人民共和国行政诉讼法》第二十五条第四款和最高人民法院、最高人民检察院《关于检察公益诉讼案件适用法律若干问题的解释》第二十一条第一款、第二款之规定，向你单位提出如下检察建议：

依法履行人民防空工作管理职责，采取有效措施依法追缴某泰公司欠缴的人民防空易地建设费。

请在收到检察建议两个月内依法履行职责，并将办理情况及时书面回复本院。

2018 年 4 月 17 日

案例五　湖北省钟祥市人民检察院诉钟祥市人民防空办公室怠于履行征收人防工程易地建设费法定职责案

钟祥市人民检察院检察建议书

钟检行建〔2018〕11号

钟祥市人民防空办公室：

本院在履职中发现，你局在对某诚公司人民防空工程易地建设费征收过程中，存在未依法履行职责的情形。本院依法进行了调查，现查明：

某诚公司建设的B工程项目，于2012年11月27日取得由钟祥市住房和城乡建设局颁发的2012×××××号"建设工程规划许可证"（副本）。经你办核算，该公司建筑总面积为56088.86平方米，应配建防空地下室面积为1121.78平方米，应缴纳人民防空工程易地建设费897422元。该公司至今未缴纳上述费用。

本院认为，根据《中华人民共和国人民防空法》第七条第三款"县级以上地方各级人民政府人民防空主管部门管理本行政区域的人民防空工作"、第二十二条"城市新建民用建筑，按照国家有关规定修建战时可用于防空的地下室"，《湖北省人民防空工程管理规定》第十八条"防空地下室应当与地面建筑同步规划、同步设计、同步建设、同步竣工验收"，《人民防空工程建设管理规定》第四十八条"按照规定应修建防空地下室的民用建筑，因地质、地形等原因不宜修建的……经人民防空主管部门批准，可以不修建，但必须按照应修建防空地下室面积所需造价缴纳易地建设费……"、第五十四条"经人民防空主管部门批准需缴纳防空地下室易地建设费的，建设单位在办理建设工程规划许可证前，应当先缴纳防空地下室易地建设费"、《湖北省实施

〈中华人民共和国人民防空法〉办法》第十一条"除国家规定的减免项目外，任何单位和个人不得批准减免人民防空工程易地建设费"、第二十九条"新建城市民用建筑时应当修建而不修建防空地下室的，由县级以上人民政府人民防空主管部门对当事人给予警告，责令限期修建。限期内未修建的，按照应建面积和规定的收费标准全额补缴人民防空工程易地建设费，并可以按照应当修建防空地下室建筑面积每平方米30元的标准处以罚款，罚款数额不得超过10万元"、第三十条"应当缴纳而不缴纳或者未足额缴纳人民防空工程易地建设费的，由县级以上人民政府人民防空主管部门给予警告，责令限期补缴"之规定，你办对辖区内的人民防空工作负有行政管理职责。人民防空是国防的重要组成部分，人民防空工程易地建设费是人防战备建设的专项资金。你办作为钟祥市的人民防空主管部门，在对某诚公司人民防空工程易地建设费征收过程中，怠于履行监管职责，致使该公司欠缴的897422元人民防空易地建设费至今未征缴到位，损害了国家利益和社会公共利益。现根据《中华人民共和国行政诉讼法》第二十五条第四款和最高人民法院、最高人民检察院《关于检察公益诉讼案件适用法律若干问题的解释》第二十一条第一款、第二款之规定，向你单位提出如下检察建议：

依法履行人民防空工作管理职责，采取有效措施依法追缴某诚公司欠缴的人民防空易地建设费。

请在收到检察建议两个月内依法履行职责，并将办理情况及时书面回复本院。

2018年4月20日

案例五　湖北省钟祥市人民检察院诉钟祥市人民防空办公室怠于履行征收人防工程易地建设费法定职责案

钟祥市人防办公室 7 月 30 日
关于追缴防空地下室易地建设费办理情况的回复

市检察院：

2018 年 4 月检察院对我市近几年的防空地下室易地建设费征收的情况进行了检查，检查中发现存在未依法履行职责的情形，查明了 4 家企业及其开发项目未依法修建防空地下室，根据钟检行建〔2018〕8 号、9 号、10 号、11 号的检察建议书，我办积极向市领导汇报，迅速采取有效措施依法追缴，具体情况汇报如下：

一、上门宣传人防相关法律法规。我办执法人员到这 4 家企业宣传人防法律法规，让企业了解人防政策，明确责任和义务，明确修建防空地下室的重要性和严肃性。

二、依法发出追缴通知书。严格按执法程序对这 4 家企业的开发项目发出追缴通知书；分别为湖北某风房地产开发有限公司的建设项目"C 广场"、某诚公司的建设项目 B、某泰公司的建设项目 A、湖北某置业投资有限公司的建设项目 D，这 4 家企业联系人接到通知后，向法人汇报后正在积极筹款中。我办继续追踪，力争尽快追缴到位。

2018 年 6 月 25 日

钟祥市人防办公室
关于追缴防空地下室易地建设费办理情况的回复

市检察院：

2018年4月检察院对我市近几年的防空地下室易地建设费征收的情况进行了检查，查明某泰公司的A开发项目未依法修建防空地下室，也未缴纳易地建设费。根据钟检行建〔2018〕10号的检察建议书，我办积极向市领导汇报，迅速向该建设单位发出催缴通知书，依法追缴人防工程易地建设费，企业联系人接到通知书后，向企业法人做了汇报，企业回复如下：

某泰公司是钟祥市政府开发某新区的招商引资企业。2010年1月6日钟祥市政府与浙江诚合投资有限公司签订合作开发合同，合同中第一条合作开发范围"钟祥市莫愁湖—明显陵综合开发区域南以长荆铁路为界，西到校场路，东至显陵路东，北到洋梓镇白陵村"，第2条中第4小条："开发范围内房地产开发项目（含体育馆旁不少于500亩的土地）配套费减半征收，需上缴上级的费用按下限缴纳，其他政府性基金和地方性规费免收。其他项目及土地开发过程甲方免收建设期间政府性基金和行政事业性收费。"A项目于2012年6月建设，属于此开发范围，建设时间也在合同存在范围内，因此，为维护地方政府招商引资的政策，该项目人防工程易地建设费应实行减免。

我办多次上门宣传人防法律法规，依法追缴。但企业始终认为应按合同执行，为维护地方政府招商引资的严肃性，我办建议该项目人防工程易地建设费给予减免。

2018年7月9日

案例五 湖北省钟祥市人民检察院诉钟祥市人民防空办公室怠于履行征收人防工程易地建设费法定职责案

钟祥市人防办公室
关于追缴防空地下室易地建设费办理情况的回复

市检察院：

2018年4月检察院对我市近几年的防空地下室易地建设费征收的情况进行了检查，查明某诚公司的B开发项目未依法修建防空地下室，也未缴纳易地建设费。根据钟检行建〔2018〕11号的检察建议书，我办积极向市领导汇报，迅速向该建设单位发出催缴通知书，依法追缴人防工程易地建设费，企业联系人接到通知书后，向企业法人做了汇报，企业回复如下：

某诚公司是钟祥市政府开发某新区的招商引资企业。2010年1月6日钟祥市政府与浙江诚合投资有限公司签订合作开发合同，合同中第一条合作开发范围"钟祥市莫愁湖—明显陵综合开发区域南以长荆铁路为界，西到校场路，东至显陵路东，北到洋梓镇白陵村"，第2条中第4小条："开发范围内房地产开发项目（含体育馆旁不少于500亩的土地）配套费减半征收，需上缴上级的费用按下限缴纳，其他政府性基金和地方性规费免收。其他项目及土地开发过程甲方免收建设期间政府性基金和行政事业性收费。"B项目于2012年11月建设，属于此开发范围，建设时间也在合同存在范围内，因此，为维护地方政府招商引资的政策，该项目人防工程易地建设费应实行减免。

我办多次上门宣传人防法律法规，依法追缴。但企业始终认为应按合同执行，为维护地方政府招商引资的严肃性，我办建议该项目人防工程易地建设费给予减免。

2018年7月9日

湖北省钟祥市人民检察院行政公益诉讼起诉书

钟检行公〔2019〕42088100053 号

公益诉讼起诉人：钟祥市人民检察院。

被告：钟祥市人民防空办公室，住所地：钟祥市郢中镇石城大道东路2号。

法定代表人：范某某，该办公室主任。

诉讼请求：

判令钟祥市人民防空办公室继续依法有效履行职责，将某泰公司欠缴的人民防空工程易地建设费2607680元及时追缴到位。

事实和理由：

本院在依法履职中发现钟祥市人民防空办公室（以下简称"钟祥市人防办"）怠于履行法定监管职责损害国家和社会公共利益的线索，经层报湖北省人民检察院批准，本院于2018年3月20日作出立案决定。

经依法调查查明，某泰公司在建设A工程项目时，于2012年6月8日向钟祥市住房和城乡建设局申请办理了2012×××××号"建设工程规划许可证"（副本），但一直未申报办理相关人防手续，既未修建防空地下室，亦未缴纳人防工程易地建设费。目前该项目整体工程已全部竣工。经钟祥市人防办核算，项目建筑总面积为162980平方米，应建防空地下室面积为3259.60平方米，应缴纳人防工程易地建设费2607680元。

本院于2018年4月17日向钟祥市人防办送达钟检行建〔2018〕10号

案例五　湖北省钟祥市人民检察院诉钟祥市人民防空办公室怠于履行征收人防工程易地建设费法定职责案

《检察建议书》，建议该办依法履行人民防空工作管理职责，采取有效措施依法追缴某泰公司欠缴的人防工程易地建设费。钟祥市人防办收到《检察建议书》后，于2018年6月7日向某泰公司送达了《钟祥市人民防空办公室易地建设费追缴通知书》（〔2018〕催缴字3号），限该公司在同年6月17日前到人防行政服务窗口缴清人防易地建设费。但是截至目前，钟祥市人防办对该公司应缴人防工程易地建设费仍未追缴到位。

认定上述事实的证据有：钟祥市人防办统一社会信用代码证书；钟政办发〔2002〕64号、钟政办发〔2010〕67号、钟编发〔2019〕7号；钟检行建〔2018〕10号《检察建议书》及送达回证；钟祥市人防办于2018年7月3日回复；钟祥市人防办于2018年7月9日回复；钟祥市人防办于2018年6月7日送达的《易地建设费追缴通知书》及相关书证；钟祥市人防办于2018年4月13日出具的《证明》；钟祥市住房和城乡建设局于2018年6月15日出具的《说明》；钟祥市建设工程规划许可证申请表及建设工程规划许可证（副本）；钟祥市非税收入管理局于2018年7月6日出具的《证明》；钟祥市非税收入管理局提供的人防工程易地建设费明细表；证人尚某、王某证言。

本院认为，钟祥市人防办作为本地区的人民防空主管部门，在对某泰公司人防工程易地建设费征收过程中，怠于履行监管职责，致使该公司欠缴的2607680元人防工程易地建设费至今未征缴到位，违反了《中华人民共和国人民防空法》第二十二条、《湖北省人民防空工程管理规定》第十八条、《人民防空工程建设管理规定》第四十八条、第五十四条、《湖北省实施〈中华人民共和国人民防空法〉办法》第二十九条、第三十条等规定，损害了国家利益和社会公共利益。现根据《中华人民共和国行政诉讼法》第二十五条第四款和最高人民法院、最高人民检察院《关于检察公益诉讼案件适用法律若干问题的解释》第二十一条第三款之规定，向你院提起诉讼，请依法裁判。

　　此致

钟祥市人民法院

2019 年 8 月 15 日

湖北省钟祥市人民检察院行政公益诉讼起诉书

钟检行公〔2019〕42088100054 号

　　公益诉讼起诉人：钟祥市人民检察院。

　　被告：钟祥市人民防空办公室，住所地：钟祥市郢中镇石城大道东路 2 号。

　　法定代表人：范某某，该办公室主任。

　　诉讼请求：

　　判令钟祥市人民防空办公室继续依法有效履行职责，将某诚公司欠缴的人民防空工程易地建设费 897422 元及时追缴到位。

　　事实和理由：

　　本院在依法履职中发现钟祥市人民防空办公室（以下简称"钟祥市人防办"）怠于履行法定监管职责损害国家和社会公共利益的线索，经层报湖北省人民检察院批准，本院于 2018 年 3 月 20 日作出立案决定。

　　经依法调查查明，某诚公司在建设 B 工程项目时，于 2012 年 11 月 27 日向钟祥市住房和城乡建设局申请办理了 2012×××××号 "建设工程规划许可证"（副本），但一直未申报办理相关人防手续，既未修建防空地下室，

案例五　湖北省钟祥市人民检察院诉钟祥市人民防空办公室
　　　　怠于履行征收人防工程易地建设费法定职责案

亦未缴纳人防工程易地建设费。目前该项目整体工程已全部竣工。经钟祥市人防办核算，项目建筑总面积为 56088.86 平方米，应建防空地下室面积为 1121.78 平方米，应缴纳人防工程易地建设费 897422 元。

本院于 2018 年 4 月 22 日向钟祥市人防办送达钟检行建〔2018〕11 号《检察建议书》，建议该办依法履行人民防空工作管理职责，采取有效措施依法追缴某诚公司欠缴的人防工程易地建设费。钟祥市人防办收到《检察建议书》后，于 2018 年 6 月 7 日向某诚公司送达了《钟祥市人民防空办公室易地建设费追缴通知书》（〔2018〕催缴字 1 号），限该公司在同年 6 月 17 日前到人防行政服务窗口缴清人防工程易地建设费。但是截至目前，钟祥市人防办对该公司应缴人防工程易地建设费仍未追缴到位。

认定上述事实的主要证据有：钟祥市人防办统一社会信用代码证书；钟政办发〔2002〕64 号、钟政办发〔2010〕67 号、钟编发〔2019〕7 号；钟检行建〔2018〕11 号《检察建议书》及送达回证；钟祥市人防办于 2018 年 7 月 3 日回复；钟祥市人防办于 2018 年 7 月 9 日回复；钟祥市人防办于 2018 年 6 月 7 日送达的《易地建设费追缴通知书》及送达回证；钟祥市人防办于 2018 年 4 月 13 日出具的《证明》；钟祥市住房和城乡建设局于 2018 年 6 月 15 日出具的《说明》；钟祥市建设工程规划许可证申请表及建设工程规划许可证（副本）；钟祥市非税收入管理局于 2018 年 7 月 6 日出具的《证明》；钟祥市非税收入管理局提供的人防工程易地建设费明细表；证人尚某、王某、郭某某、李某证言。

本院认为，钟祥市人防办作为本地区的人民防空主管部门，在对某诚公司人防工程易地建设费征收过程中，怠于履行监管职责，致使该公司欠缴的 897422 元人防工程易地建设费至今未征缴到位，违反了《中华人民共和国人民防空法》第二十二条、《湖北省人民防空工程管理规定》第十八条、《人民防空工程建设管理规定》第四十八条、第五十四条、《湖北省实施〈中华人民共和国人民防空法〉办法》第二十九条、第三十条等规定，损害了国家利益和社会公共利益。现根据《中华人民共和国行政诉讼法》第二十五条第四款和最高人民法院、最高人民检察院《关于检察公益诉讼案件适用法律若干问题的解释》第二十一条第三款之规定，向你院提起诉讼，请依法裁判。

此致
钟祥市人民法院

2019年8月15日

湖北省钟祥市人民法院行政判决书

（2019）鄂0881行初60号

公益诉讼起诉人：钟祥市人民检察院，住所地：钟祥市七里街11号。

法定代表人：曾某，检察长。

出庭检察员：肖某涛、魏某。

被告：钟祥市人民防空办公室，住所地：钟祥市郢中镇石城大道东路2号。

负责人：孔某祥，市政府办公室副主任。

委托代理人：张某，湖北××律师事务所律师，代理权限为特别授权。

委托代理人：刘某朝，湖北××律师事务所实习律师，代理权限为特别授权。

公益诉讼起诉人钟祥市人民检察院（以下简称"市检察院"）因认为被告钟祥市人民防空办公室（以下简称"市人防办"）怠于履行征收人防工程易地

案例五　湖北省钟祥市人民检察院诉钟祥市人民防空办公室怠于履行征收人防工程易地建设费法定职责案

建设费法定职责，于 2019 年 8 月 16 日向本院提起行政公益诉讼。本院当日立案后，于同年 8 月 19 日向被告送达了起诉状副本及应诉通知书，并依法组成合议庭于 2019 年 11 月 6 日公开开庭审理了本案。公益诉讼起诉人市检察院委派检察员肖某涛、魏某，被告市人防办负责人孔某祥及其委托代理人张某、刘某朝到庭参加诉讼。本案现已审理终结。

公益诉讼起诉人市检察院诉称，某泰公司在建设 A 工程项目时，于 2012 年 6 月 8 日向钟祥市住房和城乡建设局申请办理了 32012035 号"建设工程规划许可证"（副本），但一直未申报办理相关人防手续，即未修建防空地下室，亦未缴纳人防工程易地建设费。目前该项目整体工程已全部竣工。经市人防办核算，项目建筑总面积为 162980 平方米，应建防空地下室面积为 3259.60 平方米，应缴纳人防工程易地建设费 2607680 元。市检察院于 2018 年 4 月 17 日向市人防办送达钟检行建〔2018〕10 号《检察建议书》，建议其依法履行人民防空工作管理职责，采取有效措施依法追缴某泰公司欠缴的人防工程易地建设费。市人防办收到《检察建议书》后，于 2018 年 6 月 7 日向某泰公司送达了《钟祥市人民防空办公室易地建设费追缴通知书》（〔2018〕催缴字 3 号），限其在同年 6 月 17 日前到人防行政服务窗口缴清人防工程易地建设费。但截至目前，市人防办对该公司应缴人防工程易地建设费仍未追缴到位。市人防办作为本地区的人民防空主管部门，在对某泰公司人防工程易地建设费征收过程中，怠于履行监管职责，致使该公司欠缴的 2607680 元人防工程易地建设费至今未征缴到位，违反了《中华人民共和国人民防空法》第二十二条、《湖北省人民防空工程管理规定》第十八条、《人民防空工程建设管理规定》第四十一条、第五十四条、《湖北省实施〈中华人民共和国人民防空法〉办法》第二十九条、第三十条等规定，损害了国家利益和社会公共利益。根据《中华人民共和国行政诉讼法》第二十五条第四款和最高人民法院、最高人民检察院《关于检察公益诉讼案件适用法律若干问题的解释》第二十一条第三款之规定,请求:判令市人防办继续依法履行职责,将某泰公司欠缴的人防工程易地建设费2607680元及时追缴到位。

公益诉讼起诉人市检察院向本院提交了以下证据:

A1:①市人防办统一社会信用代码证书;②钟祥市人民政府钟政办发〔2002〕64号、钟政办发〔2010〕67号文件;③中共钟祥市委机构编制委员会钟编发〔2019〕7号文件。证明市人防办主体资格和职责。

A2:①市人防办2018年4月13日出具的证明;②钟祥市住房和城乡建设局2018年6月15日出具的说明;③钟祥市建设工程规划许可证申请表及建设工程规划许可证副本;④钟祥市城乡规划管理局测绘管理站站长王某某的证言;⑤市人防办尚某某的证言。证明某泰公司一直未交纳人防工程易地建设费,市人防办存在怠于履行职责情形。

A3:①钟检行建〔2018〕10号《检察建议书》及送达回证;②市人防办2018年6月25日、7月9日的回复。证明市检察院履行了诉前检察建议的程序以及市人防办回复的情况。

A4:①市人防办2018年6月7日送达的《易地建设费追缴通知书》及相关证书;②钟祥市非税收入管理局2018年7月6日出具的证明;③钟祥市非税收入管理局提供的人防工程易地建设费明细表;④市检察院2018年4月10日、7月9日、8月16日对市人防办尚某某的调查笔录。证明市人防办收到检察建议后未依法履行职责,导致国家和社会公共利益仍处于受侵害状态。

被告市人防办辩称:一、某泰公司开发建设的A房地产项目因钟祥市人民政府与浙江诚合投资有限公司存在合同约定,市人防办不宜对某泰公司收取人防易地建设费,2009年底,钟祥市人民政府为了大力引进外资和民间融合发展城市设施建设,加快莫愁湖至明显陵区域合作开发,全面提升城市总体功能和形象,通过钟祥市市委常委办公会研究制定了包括某泰公司开发的

案例五　湖北省钟祥市人民检察院诉钟祥市人民防空办公室怠于履行征收人防工程易地建设费法定职责案

A 在内的区域合作开发有关规费减免的优惠政策。2010 年 1 月 6 日，钟祥市人民政府与浙江诚合投资有限公司签订了包括开发 A 商住楼在内的区域合作开发合同，合同第二项内容甲方的权利义务中第 4 条明确规定："开发范围内房地产开发项目，配套费减半征收，需上缴上级的费用按下限缴纳，其他政府基金和地方性规费免收，其他项目及土地开发过程甲方免收建设期间政府性基金和行政事业性收费。"据此，市人防办作为钟祥市人民政府的直属行政机构，依法执行本级市委、市人民政府的决议和上述合同约定，决定对某泰公司开发的 A 房地产项目不收取人防工程易地建设费，因此，市检察院不应当对市人防办提起行政公益诉讼。二、市人防办依法履行了监管职责，不存在怠于履职行为。某泰公司早在 2012 年规划建设 A 项目之初，市人防办就按照相关规定对该项目进行了核算，计算出该项目应当缴纳的人民防空易地建设费为 2607680 元，并按要求告知了某泰公司，由于某泰公司持有钟祥市人民政府与之签订的综合开发区域内减免相关费用的合同文本，加之该公司开发中出现了资金困难，一直未缴纳到位。2018 年 4 月 17 日，市检察院发现该公司人防易地建设费未征收到位时，向市人防办送达了钟检行建 10 号《检察建议书》后，市人防办于 2018 年 4 月 27 日向某泰公司下达了〔2018〕催缴字 3 号《易地建设费追缴通知书》，要求该公司在 2018 年 6 月 17 日前到市人防行政服务窗口缴清人防工程易地建设费，并在 2018 年 7 月 9 日向市检察院对追缴情况进行回复。之后市人防办又多次到该公司督办，在督办无果的情况下，于 2019 年 8 月 17 日向某泰公司下达了钟人防决字（2019）19 号《责令期限补缴防空易地建设费决定书》，并告知该公司在法定期限届满仍不缴纳时，将按照法定程序申请人民法院强制执行。根据《行政诉讼法》第二十五条第四款和最高人民法院、最高人民检察院《关于检察公益诉讼案件适用法律若干问题的解释》第二十一条第三款的规定，只有行政机关不依法履行职责的,人民检察院才可以向人民法院提起诉讼,本案中,市检察院送达了检察建议之后,市人防办按照要求对某泰公司履行了多次追缴欠费的行政行为,不存在不依法履行职责情形,所以,市检察院不应以不依法履职为由对市人防办提起行政公益诉讼。三、该案已超过诉讼时效期间。《行政诉讼法》第四十六条规定,公民、法人或者其他组织直接向人民法院提起诉讼的,应当自知道或者应当知道作出行政行为之日起六个月内提出。法律另有规定的除外。第四十七条规定,公民、法人或者其他组织申请行政机关履行保护其人身权、财产权等合法权益的法定职责,行政机关在接到申请之日起两个月内不履行的,公民、法人或者其他组织可以向人民法院提起诉讼。法律、法规对行政机关履行职责的期限另有规定的,从其规定。最高人民法院《关于适用〈中华人民共和国行政诉讼法〉的解释》第六十六条第一款规定,公民、法人或者其他组织依照行政诉讼法的第四十七条第一款规定,对行政机关不履行法定职责提起诉讼的,应当在行政机关履行法定职责期限届满之日起六个月内提起诉讼。最高人民法院、最高人民检察院《关于检察公益诉讼案件适用法律若干问题的解释》第二十一条第二款、第三款规定,行政机构应当在收到检察建议书之日起两个月内依法履行职责,并书面回复人民检察院。行政机构不依法履行职责的,人民检察院依法向人民法院提起公益行政诉讼。在目前法律、法规对行政机关履行职责的期限没有其他规定的情况下,市人防办收到《检察建议书》后的两个月内不依法履职的,市检察院应在其后的六个月内向人民法院提起行政诉讼,市检察院于2018年4月20日向市人防办送达《检察建议书》,于2019年的8月16日才向人民法院提起公益行政诉讼,超过了《行政诉讼法》及相关司法解释规定的起诉期限。综上,请求法院建议市检察院撤回对市人防办的行政公益诉讼或者驳回市检察院的诉讼请求。

被告市人防办向本院提交了以下证据:

案例五 湖北省钟祥市人民检察院诉钟祥市人民防空办公室怠于履行征收人防工程易地建设费法定职责案

B1：《莫愁湖至明显陵区域合作开发合同书》复印件一份。

证明钟祥市政府按照政策规定对 A 开发项目内的规费进行了减免。

B2：国务院关于税收等优惠政策相关事项的通知（国发〔2015〕25号）。证明地方政府与企业已签订合同中的优惠政策，继续有效，对已兑现的部分，不溯及既往。

B3：市人防办 2018 年 4 月 27 日针对 A 开发项目的《易地建设费征收通知书》复印件 1 份，证明市人防办已按照法律规定和《检察建议》履行了对 A 人防工程易地建设费的征收职责。

B4：《易地建设费征收通知书》送达回执 1 份。证明市人防办对 A 开发项目人防工程易地建设费征收履行了通知送达职责。

B5：市人防办《关于追缴防空地下室易地建设费办理情况的回复》。证明市人防办按《检察建议》履行了征收人防工程易地建设费情况并告知了市检察院。

B6：市人防办 2019 年 8 月 17 日向 A 开发项目送达的《责令限期补缴防空易地建设费决定书》1 份。证明市人防办依据行政法规定时限和要求进一步履行了职责。

经庭审质证，被告对公益诉讼起诉人提交的证据 A1、A3，公益诉讼起诉人对被告提交的证据 B3、B4、B5、B6，双方当事人均无异议，本院予以确认。

被告对公益诉讼起诉人提交的证据 A2、A4 的证明目的有异议，认为，A2 只能证明人防工程易地建设费没有收缴到位，不能证明市人防办怠于履职。A4 市人防办一直在追缴之中。

公益诉讼起诉人对被告提交的证据 B1、B2 的证明目的有异议，认为，B1 减免的费用与人防工程易地建设费无关。B2 不能证明人防工程易地建设费的减免是合法的。

本院认为，被告是否怠于履行法定职责？涉及本案争议的焦点，在后文予以评述。根据《湖北省实施〈中华人民共和国人民防空法〉办法》第十一条第一款，《关于规范防空地下室易地建设费的规定》第四条之规定，被告对某泰公司开发建设的A房地产项目的人防工程易地建设费的减免不符合法律的规定，因此，公益诉讼起诉人的异议理由有理，本院予以采信。

根据上述有效证据，本院对本案事实认定如下：某泰公司在建设A工程项目时，于2012年6月8日向钟祥市住房和城乡建设局申请办理了32012035号"建设工程规划许可证"（副本），但一直未申报办理相关人防手续，既未修建防空地下室，亦未缴纳人防工程易地建设费。目前该项目整体工程已全部竣工。经市人防办核算，该项目建筑总面积为162980平方米，应建防空地下室面积为3259.60平方米，应缴纳工程易地建设费2607680元。

2018年4月17日，公益诉讼起诉人作出钟检行建〔2018〕10号《检察建议书》，建议被告依法履行人民防空工作管理职责，依法追缴某泰公司欠缴的人防工程易地建设费。被告于同年4月17日收到《检察建议书》后，于2018年7月9日向市检察院作出《钟祥市人防办公室关于追缴防空地下室易地建设费办理情况的回复》，称该项目人防工程易地建设费应实行减免。

2018年4月27日，市人防办作出〔2018〕催缴字3号《钟祥市人民防空办公室易地建设费追缴通知书》，于同年6月7日向某泰公司送达，限其在同年6月17日前到人防行政服务窗口缴清人防工程易地建设费。到期，某泰公司未缴纳。2019年8月17日，市人防办向某泰公司送达了钟人防决字（2019）19号《责令限期补缴防空地下室易地建设费决定书》，限该公司自收到本决定书之日起五个工作日内到人防办缴纳欠缴的防空地下室易地建设费，但截至目前，市人防办对某泰公司应缴人防工程易地建设费仍未追缴到位。

案例五　湖北省钟祥市人民检察院诉钟祥市人民防空办公室怠于履行征收人防工程易地建设费法定职责案

本院认为，本案的争议焦点：一、某泰公司是否应当缴纳人防空易地建设费 2607680 元？根据《人民防空工程建设管理规定》第五十条规定任何部门和个人无权批准减免应建防空地下室建筑面积和易地建设费，或者降低防空地下室防护标准。《湖北省人民防空工程管理规定》第二十二条规定新建下列民用建筑项目，经县级以上人民政府人民防空主管部门批准不修建防空地下室，可以减收或者免收人防工程易地建设费：（一）享受政策优惠政策建设的廉租房、经济适用房等各类保障性住房免收；（二）新建幼儿园、学校教学楼、养老院，以及为残疾人修建的生活服务设施等民用建筑减半收取，中小学校舍安全工程免收；（三）临时民用建筑免收；（四）应遭受水灾、火灾或者其他不可抗拒的灾害造成损坏的民用建筑按照原面积修复的部分免收。任何单位和个人不得擅自减免人防工程易地建设费，国家利用规定的除外。建设单位不得拒绝缴纳人防工程易地建设费或者降低防空地下室的防护标准。某泰公司与钟祥市人民政府签订的 A 房地产项目不属于法律规定的免收项目。因此，某泰公司应缴纳人防工程易地建设费 2607680 元。

二、被告是否怠于履行法定职责？怠于履职是指行政机关在行政执法过程中不积极履行职责、消极作为或者不作为、不尽职尽责、履职有瑕疵、故意拖拉敷衍，造成国家或社会公共利益受到侵害的行为。根据《中华人民共和国人民防空法》第七条第二款、最高人民法院、最高人民检察院《关于检察公益诉讼案件适用法律若干问题的解释》第二十一条的规定，被告负有国有财产保护的法定监管职责。本案中，某泰公司于 2012 年 6 月 8 日向钟祥市住房和城乡建设局申请办理了 32012035 号"建设工程规划许可证"(副本)，但一直未申报办理相关人防手续，既未修建防空地下室，亦未缴纳人防工程易地建设费。2018 年 4 月 17 日公益诉讼起诉人向被告送达《检察建议书》后，被告才于同年 4 月 27 日作出〔2018〕催缴字 3 号《钟祥市人民防空办公室易地建设费追缴通知书》，于2019年8月17日向某泰公司送达钟人防决字（2019）19号《责令限期补缴防空地下室易地建设费决定书》。

被告在《检察建议书》发出之前未履行法定职责，在收到《检察建议书》之后仍不积极履行法定职责，违反行政效率原则，且该工程的人防工程易地建设费2607680元未追缴到位。因此，被告的行为是怠于履行法定职责行为。

三、公益诉讼人的起诉是否超过了法定起诉期限？《中华人民共和国行政诉讼法》第四十六条第一款规定，公民、法人或者其他组织直接向人民法院提起诉讼的，应当自知道或者应当知道作出行政行为之日起六个月内提出。第四十七条第一款规定，公民、法人或者其他组织申请行政机关履行保护其人身权、财产权等合法权益的法定职责，行政机关在接到申请之日起两个月内不履行的，公民、法人或者其他组织可以向人民法院提起诉讼。上述规定的起诉人不包含作为行政公益诉讼起诉人的人民检察院，同时，第四十七条第一款规定的期限是基于当事人的申请，不是行政机关依职权履行法定职责的期限。检察机关作为公益诉讼起诉人代表国家行使保护国有资产的权利，将检察建议期满之日起六个月作为检察院的起诉期限不符合行政公益诉讼的目的。但市检察院在行使法律监督、法定职责督促权利时，应当连续、及时。

综上，公益诉讼起诉人请求法院判令被告继续履行追缴某泰公司人防工程易地建设费2607680元的法定职责，本院予以支持。据此，依照《中华人民共和国行政诉讼法》第七十二条的规定，判决如下：

责令被告钟祥市人民防空办公室继续履行追缴某泰公司人防工程易地建设费2607680元的法定职责。

案件受理费50元，由被告钟祥市人民防空办公室负担。

如不服本判决，可在判决书送达之日起十五日内提起上诉，向本院递

案例五 湖北省钟祥市人民检察院诉钟祥市人民防空办公室怠于履行征收人防工程易地建设费法定职责案

交上诉状,并按对方当事人人数提出副本,上诉于湖北省荆门市中级人民法院。

审 判 长 李精华
审 判 员 邱迎锋
审 判 员 张中华
人民陪审员 朱月成
人民陪审员 汪厚义
人民陪审员 陈祥勇
人民陪审员 方艳梅

二〇一九年十二月十八日

书 记 员 孙经芳

湖北省钟祥市人民法院行政判决书

(2019)鄂 0881 行初 61 号

公益诉讼起诉人:钟祥市人民检察院,住所地:钟祥市七里街 11 号。

法定代表人:曾某,检察长。

出庭检察员:肖某涛、魏某。

被告:钟祥市人民防空办公室,住所地:钟祥市郢中镇石城大道东路 2 号。

负责人:孔某祥,市政府办公室副主任。

委托代理人:张某,湖北××律师事务所律师,代理权限为特别授权。

委托代理人：刘某朝，湖北××律师事务所实习律师，代理权限为特别授权。

公益诉讼起诉人钟祥市人民检察院（以下简称"市检察院"）因认为被告钟祥市人民防空办公室（以下简称"市人防办"）怠于履行征收人防工程易地建设费法定职责，于2019年8月16日向本院提起行政公益诉讼。本院当日立案后，于同年8月20日向被告送达了起诉状副本及应诉通知书，并依法组成合议庭于2019年11月6日公开开庭审理了本案。公益诉讼起诉人市检察院委派检察员肖某涛、魏某，被告市人防办负责人孔某祥及其委托代理人张某、刘某朝到庭参加诉讼。本案现已审理终结。

公益诉讼起诉人市检察院诉称，钟祥某诚置业有限公司（以下简称"某诚公司"）在建设B工程项目时，于2012年11月27日向钟祥市住房和城乡建设局申请办理了201200089号"建设工程规划许可证"（副本），但一直未申报办理相关人防手续，即未修建防空地下室，亦未缴纳人防工程易地建设费。目前该项目整体工程已全部竣工。经市人防办核算，项目建筑总面积为56088.86平方米，应建防空地下室面积为1121.78平方米，应缴纳人防工程易地建设费897422元。市检察院于2018年4月22日向市人防办送达钟检行建〔2018〕11号《检察建议书》，建议其依法履行人民防空工作管理职责，采取有效措施依法追缴某诚公司欠缴的人防工程易地建设费。市人防办收到《检察建议书》后，于2018年6月7日向某诚公司送达了《钟祥市人民防空办公室易地建设费追缴通知书》（〔2018〕催缴字1号），限其在同年6月17日前到人防行政服务窗口缴清人防工程易地建设费。但截至目前，市人防办对该公司应缴人防工程易地建设费仍未追缴到位。市人防办作为本地区的人民防空主管部门，在对某诚有限公司人防工程易地建设费征收过程中，怠于履行监管职责，致使该公司欠缴的897422元人防工程易地建设费至今未征缴到位，违反了《中华人民共和国人民防空法》第二十二条、《湖北省人民防

案例五　湖北省钟祥市人民检察院诉钟祥市人民防空办公室怠于履行征收人防工程易地建设费法定职责案

空工程管理规定》第十八条、《人民防空工程建设管理规定》第四十八条、第五十四条、《湖北省实施〈中华人民共和国人民防空法〉办法》第二十九条、第三十条等规定，损害了国家利益和社会公共利益。根据《中华人民共和国行政诉讼法》第二十五条第四款和最高人民法院、最高人民检察院《关于检察公益诉讼案件适用法律若干问题的解释》第二十一条第三款之规定，请求：判令市人防办继续依法履行职责，将某诚公司欠缴的人防工程易地建设费897422元及时追缴到位。

公益诉讼起诉人市检察院向本院提交了以下证据：

A1：①市人防办统一社会信用代码证书；②钟祥市人民政府钟政办发〔2002〕64号、钟政办发〔2010〕67号文件；③中共钟祥市委机构编制委员会钟编发〔2019〕7号文件。证明市人防办主体资格和职责。

A2：①市人防办2018年4月13日出具的《证明》；②钟祥市住房和城乡建设局2018年6月15日出具的《说明》；③钟祥市建设工程规划许可证申请表及建设工程规划许可证副本；④钟祥市城乡规划管理局测绘管理站站长王某某的证言；⑤市人防办尚某某的证言。证明某诚公司一直未缴纳人防工程易地建设费，市人防办存在怠于履行职责情形。

A3：①钟检行建〔2018〕11号《检察建议书》及送达回证；②市人防办2018年6月25日、7月9日的回复。证明市检察院履行了诉前检察建议的程序以及市人防办回复的情况。

A4：①市人防办2018年6月7日送达的《易地建设费追缴通知书》；②钟祥市非税收入管理局2018年7月6日出具的《证明》；③钟祥市非税收入管理局提供的人防工程易地建设费明细表；④市检察院2018年4月18日、7月9日、8月16日对市人防办尚某某的调查笔录；⑤市检察院2019年8月1日对某小区物业负责人李某某的调查笔录；⑥市检察院2019年8月5日对某诚公司财务经理郭某梅的调查笔录。证明市人防办收到检察建议后未依法履行职责，导致国家和社会公共利益仍处于受侵害状态。

被告市人防办辩称：一、某诚公司开发建设的 B 房地产项目因钟祥市人民政府与浙江诚合投资有限公司存在合同约定，市人防办不宜对某诚公司收取人防易地建设费，2009 年底，钟祥市人民政府为了大力引进外资和民间融合发展城市设施建设，加快莫愁湖至明显陵区域合作开发，全面提升城市总体功能和形象，通过钟祥市市委常委办公会研究制定了包括钟祥市某诚公司开发的 B 项目在内的区域合作开发有关规费减免的优惠政策。2010 年 1 月 6 日，钟祥市人民政府与浙江诚合投资有限公司签订了包括开发 B 商住楼在内的区域合作开发合同，合同第二项内容甲方的权利义务中第 4 条明确规定："开发范围内房地产开发项目，配套费减半征收，需上缴上级的费用按下限缴纳，其他政府基金和地方性规费免收，其他项目及土地开发过程甲方免收建设期间政府性基金和行政事业性收费。"据此，市人防办作为钟祥市人民政府的直属行政机构，依法执行本级市委、市人民政府的决议和上述合同约定，决定对某诚公司开发的 B 房地产项目不收取人防工程易地建设费，因此，市检察院不应当对市人防办提起行政公益诉讼。二、市人防办依法履行了监管职责，不存在怠于履职行为。某诚公司早在 2012 年规划建设 B 项目之初，市人防办就按照相关规定对该项目进行了核算，计算出该项目应当缴纳的人民防空易地建设费为 897422 元，并按要求告知了某诚公司，由于某诚公司持有钟祥市人民政府与之签订的综合开发区域内减免相关费用的合同文本，加之该公司开发中出现了资金困难，一直未缴纳到位。2018 年 4 月 17 日，市检察院发现该公司人防易地建设费为征收到位时，向市人防办送达了钟检行建 11 号《检察建议书》后，市人防办于 2018 年 6 月 7 日向某诚公司下达了（2018）催缴字 1 号《易地建设费追缴通知书》，要求该公司在 2018 年 6 月 17 日前到市人防行政服务窗口缴清人防工程易地建设费，并在 2018 年 7 月 9 日向市检察院对追缴情况进行回复。之后市人防办又多次到该公司

案例五　湖北省钟祥市人民检察院诉钟祥市人民防空办公室怠于履行征收人防工程易地建设费法定职责案

督办,在督办无果的情况下,于2019年8月17日向某诚公司下达了钟人防决字(2019)18号《责令期限补缴防空易地建设费决定书》,并告知该公司在法定期限届满仍不缴纳时,将按照法定程序申请人民法院强制执行。根据《行政诉讼法》第二十五条第四款和最高人民法院、最高人民检察院《关于检察公益诉讼案件适用法律若干问题的解释》第二十一条第三款的规定,只有行政机关不依法履行职责的,人民检察院才可以向人民法院提起诉讼,本案中,市检察院送达了检察建议之后,市人防办按照要求对某诚公司履行了多次追缴欠费的行政行为,不存在不依法履行职责情形,所以,市检察院不应以不依法履职为由对市人防办提起行政公益诉讼。三、该案已超过诉讼时效期间。《行政诉讼法》第四十六条规定,公民、法人或者其他组织直接向人民法院提起诉讼的,应当自知道或者应当知道作出行政行为之日起六个月内提出。法律另有规定的除外。第四十七条规定,公民、法人或者其他组织申请行政机关履行保护其人身权、财产权等合法权益的法定职责,行政机关在接到申请之日起两个月内不履行的,公民、法人或者其他组织可以向人民法院提起诉讼。法律、法规对行政机关履行职责的期限另有规定的,从其规定。最高人民法院《关于适用〈中华人民共和国行政诉讼法〉的解释》第六十六条第一款规定,公民、法人或者其他组织依照行政诉讼法的第四十七条第一款规定,对行政机关不履行法定职责提起诉讼的,应当在行政机关履行法定职责期限届满之日起六个月内提起诉讼。最高人民法院、最高人民检察院《关于检察公益诉讼案件适用法律若干问题的解释》第二十一条第二款、第三款规定,行政机构应当在收到检察建议书之日起两个月内依法履行职责,并书面回复人民检察院。行政机构不依法履行职责的,人民检察院依法向人民法院提起公益行政诉讼。在目前法律、法规对行政机关履行职责的期限没有其他规定的情况下,市人防办收到《检察建议书》后的两个月内不依法履职的,市检察院应在其后的六个月内向人民法院提起行政诉讼,市检察院于

2018年4月22日向市人防办送达《检察建议书》，于2019年的8月16日才向人民法院提起公益行政诉讼，超过了《行政诉讼法》及相关司法解释规定的起诉期限。综上，请求法院建议市检察院撤回对市人防办的行政公益诉讼或者驳回市检察院的诉讼请求。

被告市人防办向本院提交了以下证据：

B1：《莫愁湖至明显陵区域合作开发合同书》复印件一份。证明钟祥市政府按照政策规定对B开发项目内的规费进行了减免。

B2：国务院关于税收等优惠政策相关事项的通知（国发〔2015〕25号）。证明地方政府与企业已签订合同中的优惠政策，继续有效，对已兑现的部分，不溯及既往。

B3：市人防办2018年4月27日针对B开发项目的《易地建设费征收通知书》复印件1份，证明市人防办已按照法律规定和《检察建议》履行了对B人防工程易地建设费的征收职责。

B4：《易地建设费征收通知书》送达回执1份。证明市人防办对B开发项目人防工程易地建设费征收履行了通知送达职责。

B5：市人防办《关于追缴防空地下室易地建设费办理情况的回复》。证明市人防办按《检察建议》履行了征收人防工程易地建设费情况并告知了市检察院。

B6：市人防办2019年8月17日向B开发项目送达的《责令限期补缴防空易地建设费决定书》1份。证明市人防办依据行政法规定时限和要求进一步履行了职责。

经庭审质证，被告对公益诉讼起诉人提交的证据A1、A3，公益诉讼起诉人对被告提交的证据B3、B4、B5、B6，双方当事人均无异议，本院予以确认。

被告对公益诉讼起诉人提交的证据A2、A4的证明目的有异议，认为，

案例五 湖北省钟祥市人民检察院诉钟祥市人民防空办公室急于履行征收人防工程易地建设费法定职责案

A2 只能证明人防工程易地建设费没有收缴到位,不能证明市人防办急于履职。A4 市人防办一直在追缴之中。

公益诉讼起诉人对被告提交的证据 B1、B2 的证明目的有异议,认为,B1 减免的费用与人防工程易地建设费无关。B2 不能证明人防工程易地建设费的减免是合法的。

本院认为,被告是否急于履行法定职责?涉及本案争议的焦点,在后文予以评述。根据《湖北省实施〈中华人民共和国人民防空法〉办法》第十一条第一款,《关于规范防空地下室易地建设费的规定》第四条之规定,被告对某诚公司开发建设的 B 房地产项目的人防工程易地建设费的减免不符合法律的规定,因此,公益诉讼起诉人的异议理由有理,本院予以采信。

根据上述有效证据,本院对本案事实认定如下:某诚公司在建设 B 工程项目时,于 2012 年 11 月 27 日向钟祥市住房和城乡建设局申请办理了 201200089 号"建设工程规划许可证"(副本),但一直未申报办理相关人防手续,既未修建防空地下室,亦未缴纳人防工程易地建设费。目前该项目整体工程已全部竣工。经市人防办核算,该项目建筑总面积为 56088.86 平方米,应建防空地下室面积为 1121.78 平方米,应缴纳工程易地建设费 897422 元。

2018 年 4 月 20 日,公益诉讼起诉人作出钟检行建〔2018〕11 号《检察建议书》,建议被告依法履行人民防空工作管理职责,依法追缴某诚公司欠缴的人防工程易地建设费。被告于同年 4 月 22 日收到《检察建议书》后,于 2018 年 7 月 9 日向市检察院作出《钟祥市人防办公室关于追缴防空地下室易地建设费办理情况的回复》,称该项目人防工程易地建设费应实行减免。

2018 年 4 月 27 日,市人防办作出〔2018〕催缴字 1 号《钟祥市人民防空办公室易地建设费追缴通知书》,于同年 6 月 7 日向某诚公司送达,限其在同年 6 月 17 日前到人防行政服务窗口缴清人防工程易地建设费。到期,某诚公司未缴纳。2019年8月17日，市人防办向某诚公司送达了钟人防决字（2019）18号《责令限期补缴防空地下室易地建设费决定书》，限该公司自收到本决定书之日起五个工作日内到人防办缴纳欠缴的防空地下室易地建设费，但截至目前，市人防办对某诚公司应缴人防工程易地建设费仍未追缴到位。

本院认为，本案的争议焦点：一、某诚公司是否应当缴纳人防工程易地建设费897422元？《人民防空工程建设管理规定》第五十条规定任何部门和个人无权批准减免应建防空地下室建筑面积和易地建设费，或者降低防空地下室防护标准。《湖北省人民防空工程管理规定》第二十二条规定新建下列民用建筑项目，经县级以上人民政府人民防空主管部门批准不修建防空地下室，可以减收或者免收人防工程易地建设费：（一）享受政策优惠政策建设的廉租房、经济适用房等各类保障性住房免收；（二）新建幼儿园、学校教学楼、养老院，以及为残疾人修建的生活服务设施等民用建筑减半收取，中小学校舍安全工程免收；（三）临时民用建筑免收；（四）应遭受水灾、火灾或者其他不可抗拒的灾害造成损坏的民用建筑按照原面积修复的部分免收。任何单位和个人不得擅自减免人防工程易地建设费，国家利用规定的除外。建设单位不得拒绝缴纳人防工程易地建设费或者降低防空地下室的防护标准。某诚公司与钟祥市人民政府签订的B房地产项目不属于法律规定的免收项目。因此，某诚公司应缴纳人防工程易地建设费897422元。

二、被告是否怠于履行法定职责？怠于履职是指行政机关在行政执法过程中不积极履行职责、消极作为或者不作为、不尽职尽责、履职有瑕疵、故意拖拉敷衍，造成国家或社会公共利益受到侵害的行为。根据《中华人民共和国人民防空法》第七条第二款、最高人民法院、最高人民检察院《关于检察公益诉讼案件适用法律若干问题的解释》第二十一条的规定，被告负有国有财产保护的法定监管职责。本案中，某诚公司于2012年11月27日向钟祥市住房和城乡建设局申请办理了201200089号"建设工程规划许可证"（副

案例五 湖北省钟祥市人民检察院诉钟祥市人民防空办公室怠于履行征收人防工程易地建设费法定职责案

本),但一直未申报办理相关人防手续,既未修建防空地下室,亦未缴纳人防工程易地建设费。2018年4月22日公益诉讼起诉人向被告送达《检察建议书》后,被告才于同年27日作出〔2018〕催缴字1号《钟祥市人民防空办公室易地建设费追缴通知书》,于2019年8月17日向某诚公司送达钟人防决字(2019)18号《责令限期补缴防空地下室易地建设费决定书》。被告在《检察建议书》发出之前未履行法定职责,在收到《检察建议书》之后仍不积极履行法定职责,违反行政效率原则,且该工程的人防工程易地建设费897422元未追缴到位。因此,被告的行为是怠于履行法定职责行为。

三、公益诉讼人的起诉是否超过了法定起诉期限?《中华人民共和国行政诉讼法》第四十六条第一款规定,公民、法人或者其他组织直接向人民法院提起诉讼的,应当自知道或者应当知道作出行政行为之日起六个月内提出。第四十七条第一款规定,公民、法人或者其他组织申请行政机关履行保护其人身权、财产权等合法权益的法定职责,行政机关在接到申请之日起两个月内不履行的,公民、法人或者其他组织可以向人民法院提起诉讼。上述规定的起诉人不包含作为行政公益诉讼起诉人的人民检察院,同时,第四十七条第一款规定的期限是基于当事人的申请,不是行政机关依职权履行法定职责的期限。检察机关作为公益诉讼起诉人代表国家行使保护国有资产的权力,将检察建议期满之日起六个月作为检察院的起诉期限不符合行政公益诉讼的目的。但市检察院在行使法律监督、法定职责督促权力时,应当连续、及时。

综上,公益诉讼起诉人请求法院判令被告继续履行追缴某诚公司人防工程易地建设费897422元的法定职责,本院予以支持。据此,依照《中华人民共和国行政诉讼法》第七十二条的规定,判决如下:

责令被告钟祥市人民防空办公室继续履行追缴某诚公司人防工程易地建设费897422元的法定职责。

案件受理费 50 元，由被告钟祥市人民防空办公室负担。如不服本判决，可在判决书送达之日起十五日内提起上诉，向本院递交上诉状，并按对方当事人人数提出副本，上诉于湖北省荆门市中级人民法院。

审　判　长　李精华
审　判　员　邱迎锋
审　判　员　张中华
人民陪审员　朱月成
人民陪审员　汪厚义
人民陪审员　陈祥勇
人民陪审员　方艳梅
二〇一九年十二月十六日
　书　记　员　孙经芳

案例六　辽宁省宽甸满族自治县人民检察院督促宽甸满族自治县农业农村局对"中华蜜蜂资源保护"依法履职案

> 案情简述

中华蜜蜂是中国独有的珍稀蜜蜂品种。长白山型中华蜜蜂是分布于长白山周边的中华蜜蜂品种,是在东北严酷的原生态条件下,经过自然进化和长期驯化而形成的优良蜂类,其自身结构优势、对气候的适应性、蜂蜜中酶肽类含量等均远胜西蜂,2006年被列为国家和辽宁省畜禽遗传资源保护名录,意大利蜂等为其天敌。宽甸满族自治县人民检察院(以下简称"宽甸县检察院")在履职中发现,《宽甸满族自治县长白山型中华蜜蜂品种资源保护条例》(以下简称《条例》)颁布实施后,保护区周边主要路口、重要地段并没有按照条例规定设立保护标识牌;保护区内外相关人员对条例的颁布实施不了解;保护区内有大量外来蜜蜂饲养者进入保护区内饲养意大利蜜蜂,保护区内的中华蜜蜂品种资源受到严重威胁。宽甸县检察院及时向县农业农村局发出诉前检察建议,要求其依法全面履行法定职责,督促其加强宣传工作,对在保护区内饲养意大利蜂的情况及时作出处理,采取有效措施保护中华蜜蜂品种资源。该局在收到检察建议后,迅速组织整改工作。采取了在保护区内主要交通路口、重要地段共设立了 10 处"长白山型中华蜜蜂品种资源保护标识牌",在政府相关网站、县有线电视台、县报及《丹东日报》等各种新闻媒体平台进行宣传等一系列措施。全面履行了中华蜜蜂品种资源保护的监管职责,有效地保护了保护区内中华蜜蜂的品种资源。

推选理由

保护中华蜜蜂关系到我国特有遗传资源的安全,具有维护生物多样性的重要意义。本案是一件司法保护生物多样性并取得良好的法律效果和社会效果的示范案件。检察机关积极发挥检察公益诉讼制度的国家治理功效,坚持在监督中磋商,在整改中配合,多次与县农业农村局进行交流、沟通,确保问题得到实质性解决。为了建立长效保护机制,检察机关与县农业农村局密切配合,成立了中华蜜蜂品种鉴定专家组,对全县蜂业开展普查,有序发放养蜂证,建议县人民政府制定《〈宽甸满族自治县长白山型中华蜜蜂品种资源保护条例〉实施办法》和《宽甸满族自治县长白山型中华蜜蜂品种资源保护和产业发展规划》,力图为中华蜜蜂保护工作法制化、规范化奠定扎实基础。

办案人解读

检察机关积极作为，促进中华蜜蜂资源保护工作规范化

李海宾*

一、办案经过

宽甸县检察院在履职中发现宽甸县农业农村局作为负有监管责任的行政部门，怠于履行中华蜜蜂品种资源保护的法定职责给中华蜜蜂品种资源造成了严重威胁。宽甸县检察院首先向地方党委、人大等报送了专题调查报告，得到了高度重视和大力支持。县委书记专门作了批示，充分肯定了检察机关的工作，并要求相关行政机关立即整改。2019年6月24日，宽甸县检察院正式向县农业农村局发出诉前检察建议，要求其全面履行法定职责，加大对《宽甸满族自治县长白山型中华蜜蜂品种资源保护条例》（以下简称《条例》）的宣传力度，及时查处在保护区内饲养意大利蜂行为，采取有效措施保护中华蜜蜂品种资源。县农业农村局接到检察建议后，迅速开展整改工作。一是在保护区周边主要交通路口、重要地段，以县人民政府公告形式设立了10处"长白山型中华蜜蜂品种资源保护标识牌"；二是在政府网站、县有线电视台、县报以及《丹东日报》等主要新闻媒体广泛宣传，重点介绍《条例》的重要规定和保护中华蜜蜂的意义；三是在保护区周边乡镇发放《条例》文本410本、宣传单3300余份，积极扩大社会影响；四是加大对保护区巡查执法力度，劝离外来意大利蜂养殖户20余户，全面履行了监管职责，有效地保护

---

* 李海宾，辽宁省宽甸满族自治县人民检察院第五检察部主任。

了中华蜜蜂的品种资源。县农业农村局于 2019 年 7 月 18 日专门向宽甸县检察院书面回函，通报了整改落实情况。在办案过程中，宽甸县检察院秉持双赢多赢共赢理念，坚持在监督中磋商，在整改中配合，多次与县农业农村局进行交流、沟通，确保问题得到实质性解决。特别是为建立长效保护机制，与县农业农村局密切配合，共同推进，成立了中华蜜蜂品种鉴定专家组，对全县蜂业开展普查，有序发放《养蜂证》，及时建议县人民政府制定了《〈宽甸满族自治县长白山型中华蜜蜂品种资源保护条例〉实施办法》和《宽甸满族自治县长白山型中华蜜蜂品种资源保护和产业发展规划》，为促进保护工作法制化、规范化奠定了扎实基础，取得了良好的法律效果和社会效果。

二、重要意义

生物多样性是自然界长期进化的结果，是人类赖以生存的最基本条件，关系到人与环境的和谐共存和人类的可持续发展。中华蜜蜂是中国独有品种，具有物种特有性、本土适应性、遗传唯一性和种群脆弱性，一旦受到外来品种入侵、戕害，将严重挤压中华蜜蜂生存空间，破坏地区生物多样性，导致生物链紊乱，生态失去平衡，给中华蜜蜂资源以及种植业、蔬果业、中药材等传统特色产业造成毁灭性打击，损失难以估量。本案中，检察机关通过发挥行政公益诉讼检察职能，督促相关行政机关依法履职，及时地保护了国家珍稀遗传品种资源，有效地防止了特有生物物种的濒危灭绝，对维护地区生态平衡和资源保护具有重大意义。

> 专家评析

行政公益诉讼诉前程序中检察机关的角色定位 *
——评宽甸县检察院"中华蜜蜂资源保护"行政公益诉讼案

罗智敏 **

在 2019 年度检察公益诉讼典型案例的评选中,宽甸满族自治县人民检察院办理的中华蜜蜂资源保护行政公益诉讼案,获评十大典型案例之一。宽甸县检察院在履职中发现,《宽甸满族自治县长白山型中华蜜蜂品种资源保护条例》(以下简称《条例》)颁布实施后,宽甸满族自治县长白山型中华蜜蜂品种资源保护区内存在西蜂饲养者放蜂的行为,干扰保护区内蜂业生产秩序,可能致使国家和社会公共利益受到侵害。宽甸县检察院及时向县农业农村局发出诉前检察建议,要求其依法全面履行法定职责。收到检察建议后,县农业农村局履行了中华蜜蜂品种资源保护的监管职责,有效保护了保护区内中华蜜蜂的品种资源。

在本案中,宽甸县检察院在诉前程序中发挥了法律监督的积极作用,促使行政机关积极履职,及时有效地保护了国家遗传品种资源,防止中华蜜蜂品种的濒危灭绝,在维护地区生态平衡和资源保护方面具有重要意义,取得了良好法律效果和社会效果。据报道,为了建立长效保护机制,宽甸县检察院与县农业农村局密切配合,成立了中华蜜蜂品种鉴定专家组,对全县蜂业

---

* 本文受到中国政法大学青年教师学术创新团队支持计划资助(20CXTD01)。
** 罗智敏,法学博士,中国政法大学法学院教授。

开展普查，有序发放养蜂证，并建议县人民政府制定《〈宽甸满族自治县长白山型中华蜜蜂品种资源保护条例〉实施办法》和《宽甸满族自治县长白山型中华蜜蜂品种资源保护和产业发展规划》。[①] 在本案中，宽甸县检察院不仅是法律监督者，还在一定程度上扮演了行政管理参与者的角色，实践中也出现检察机关与行政机关联合执法的现象。在行政公益诉讼的诉前程序中，检察机关是否可以协力行政机关共同履行行政职能，是一个值得思考的问题。本文围绕诉前程序与检察机关的法律监督权、诉前程序的根本目的及行政检察监督的谦抑性3个方面进行探讨，以求明晰诉前程序中检察机关的角色定位，促进行政公益诉讼的诉前程序制度的良性发展。

一、行政公益诉讼诉前程序是检察机关行使法律监督权的体现

（一）检察机关法律监督理论的变化

从宪法规定来看，检察机关的法律地位独特，它是"国家的法律监督机关"。对于检察机关法律监督的范围，有一个发展变化的过程。新中国成立初期，我国借鉴列宁"一般监督"理论，即认为检察机关的法律监督是"对有关国家机关违反法律的行政决定和措施以及对国家机关工作人员的违法行为实行的检察监督活动"。[②] 因此，检察机关除了进行诉讼监督外，还可以对行政活动的合法性和国家工作人员是否遵守法律进行监督。随后，1979年《人民检察院组织法》第5条以列举的方式，将检察机关的法律职权主要规定于诉讼领域，理论界一般认为检察机关的法律监督是一种局限于诉讼领域的有限法律监督。

近些年，越来越多的观点认为检察机关的法律监督应该是一种一般范畴

---

① 《"中华蜜蜂"惊动了检察官》，载丹东市人民检察院网站，http://www.dandong.jcy.gov.cn/art/2020/7/29/art_1344_30847.html，访问时间2020年8月16日。

② 王桂五：《王桂五论检察》，中国检察出版社2008年版，第189页。

案例六 辽宁省宽甸满族自治县人民检察院督促宽甸满族自治县农业农村局对"中华蜜蜂资源保护"依法履职案

的监督,包括监督行政执法活动是否违反了法律的规定,是否恪守了依法行政的准则。从实践层面来看,检察机关的核心职能主要集中于刑事司法范畴,但是,我国宪法明确规定检察院是国家的法律监督机关,并没有明确指出法律监督的范围仅限于诉讼活动。从国家机关职能分工角度出发,我国实行的是人民代表大会制度,作为最高国家权力机关,国家行政机关、监察机关、审判机关、检察机关均由它产生、对它负责、受它监督,这些国家机关所行使的权力相互配合和制约。检察机关作为宪法规定的法律监督机关,除了权力机关之外,对其他国家机关适用法律具有监督权。检察机关对"其他国家机关的职权行为是否合乎宪法和法律积极进行监督,以维护宪法法律的秩序要求。"①这种监督必然包括对行政机关活动的监督,这对于保障和促进行政机关依法行政意义重大。

(二)行政公益诉讼的诉前程序属于行政检察监督

行政检察的范围与检察机关的法律监督法律属性密切相关。检察机关是否能够包括对于行政违法行为的监督及监督的方式、边界是近几年来理论界讨论的热点问题。由于现行人民检察院组织法除了规定行政公益诉讼和民事公益诉讼外,并没有直接赋予检察机关对违法行政行为的检察监督职权,长期以来,学界对于行政检察的范围认识较窄,一般认为仅是指对行政诉讼活动的检察监督。这种狭义的行政检察概念已经不适应新形势下对于检察机关职能的认识。目前,行政检察与刑事检察、民事检察、公益诉讼检察一起构成了我国"四大检察"的新格局。主流观点认为,广义的行政检察是"指检察机关以国家名义实施的,以行政执法活动和行政审判活动是否遵守法律、法规和规章为监督对象的检察工作。"②行政检察的范围不仅包括对于行政诉

---

① 张晋邦:《检察机关一般法律监督权:规范内涵、宪制机理与调整方向——兼论检察院组织法原第5条的修改》,载《甘肃政法学院学报》2019年第4期。

② 刘艺:《行政检察与法治政府的耦合发展》,载《国家检察官学院学报》2020年第3期。

讼的检察监督，行政判决、裁定执行和非诉执行检察监督，还包括对违法行政行为的检察监督，①这是由检察机关作为国家法律监督机关的性质决定的。但是，在没有明确的法律授权下，司法实践中如何行使对于行政机关的检察监督权仍然存在困惑。行政公益诉讼诉前程序对于行政机关行为监督的范围目前仅局限于生态环境和资源保护、食品药品安全、国有财产保护、国有土地使用权出让等领域，因此有学者指出："行政公益诉讼诉前程序就是一种限缩了监督范围的行政违法行为检察监督机制。"②实际上，《行政诉讼法》第25条中在这四个领域之后还使用了"等"的表述，为检察机关将行政检察监督领域的扩展留下了空间。

在本案的诉前程序中，宽甸县检察机关充分发挥法律监督职能，及时发现相关行政机关没有依法履职保护中华蜜蜂，制发检察建议督促行政机关依法履职，有效地保护了国家遗传品种资源。宽甸县检察院保护的领域属于行政诉讼法规定的生态环境领域，保护的对象是中国独有的珍稀蜜蜂品种——中华蜜蜂。中华蜜蜂属于国家遗传资源品种，而生物多样性关系到环境的稳定和人类的生存与发展，因此，保护中华蜜蜂，减少外来品种的入侵干扰，对于维持地区生物多样性，进而保持生态平衡具有重要意义。

二、诉前程序设置的根本目的在于监督行政机关依法履职

（一）设置诉前程序的立法意图

从行政公益诉讼的立法发展来看，我国行政公益诉讼诉前程序设置的目的并非是为了控制滥诉，而是为了给行政机关一个缓冲时期，督促行政机关自行纠正违法行为或者积极履职。"既然将诉前程序作为提起所有行政公益诉

---

① 参见姜明安：《论新时代中国特色行政检察》，载《国家检察官学院学报》2020年第4期。
② 刘艺：《行政检察与法治政府的耦合发展》，载《国家检察官学院学报》2020年第3期。

案例六　辽宁省宽甸满族自治县人民检察院督促宽甸满族自治县农业农村局对"中华蜜蜂资源保护"依法履职案

讼案件必经的前置程序,首先就是期待行政机关能够在每一个诉前程序案件中都能切实履行职责义务。"① 国外也有类似于我国的行政公益诉讼,例如在意大利,针对公共行政机关及公共服务的特许经营者的无效率行为,个人或协会可以提起集团诉讼,要求行政机关正确履行职责或者正确提供服务。起诉之前应该经过一个告诫程序,向不履行职责的行政机关或者特许经营者送达一个专门的告诫书,只有在告诫书送达90日后1年之内才可以提起诉讼,② 如同美国的公民诉讼一样,意大利集团诉讼的告诫程序主要是为了防止滥诉。我国行政公益诉讼的诉前程序与国外制度有着明显的区别,其根本目的在于督促行政机关自己主动履行职责,体现了检察机关作为法律监督者的特殊地位。

最早规定探索建立检察机关提起公益诉讼制度是2014年党的十八届四中全会《关于全面推进依法治国若干重大问题的决定》,其中明确提出"检察机关在履行职责中发现行政机关违法行使职权或者不行使职权的行为,应该督促其纠正。"随后2015年7月1日,全国人大常委会通过《关于授权最高人民检察院在部分地区开展公益诉讼试点工作的决定》,授权最高人民检察院在生态环境和资源保护、国有资产保护、国有土地使用权出让、食品药品安全等领域在广东等13个省(区、市)开展为期两年的提起公益诉讼试点。最高人民检察院于2015年7月2日发布《检察机关提起公益诉讼试点方案》、2015年12月16日公布《人民检察院提起公益诉讼试点工作实施办法》,都明确了行政公益诉讼的诉前程序是为了督促其纠正违法行政行为或者依法履行职责。2017年《行政诉讼法》修改后的第25条将行政公益诉讼上升为法律规定,在原告部分增加一款:"人民检察院在履行职责中发现生态环境和资

---

① 胡卫列:《从试点情况看行政公益诉讼诉前程序》,载《国家检察官学院学报》2017年第2期。

② 参见罗智敏:《意大利行政诉讼制度研究》,中国政法大学出版社2018年版,第95页。

源保护、食品药品安全、国有财产保护、国有土地使用权出让等领域负有监督管理职责的行政机关违法行使职权或者不作为,致使国家利益或者社会公共利益受到侵害的,应当向行政机关提出检察建议,督促其依法履行职责。行政机关不依法履行职责的,人民检察院依法向人民法院提起诉讼。"随后,2018年3月2日,最高人民法院、最高人民检察院联合发布《关于检察公益诉讼案件适用法律若干问题的解释》,再次肯定与确认了行政公益诉讼的诉前程序中的检察建议是为了"督促其依法履行职责"。

(二)诉前程序的司法实践体现了监督行政依法履职的目的

从实践来看,诉前程序的根本目的就是督促行政机关依法履职,我国行政公益诉讼大量案件终结于诉前程序,截至2019年10月底,行政公益诉讼履行诉前程序与立案的占比达到87.3%。[①] 从本案来看,辽宁省宽甸满族自治县的《条例》规定自治县人民政府农业农村主管部门负责养蜂活动的监督管理工作,并赋予了农业农村局包括对养蜂人的登记备案、对蜜蜂品种鉴定和防疫检疫、行政处罚等6项行政职权。宽甸县检察院在履职期间,发现保护区内有大量外来蜜蜂饲养者进入保护区内饲养意大利蜜蜂,对保护区内的中华蜜蜂品种资源造成严重威胁。宽甸县农业农村局并没有行使《条例》规定的行政处罚权,没有履行中华蜜蜂品种资源保护的监管职责,属于行政不作为。因此,宽甸县检察院向县农业农村局发出检察建议,建议其依法全面履行法定职责,对在保护区内饲养西蜂的情况及时作出处理,采取有效措施保护长白山型中华蜜蜂品种资源,此检察建议的直接目的就是督促县农业农村局履行《条例》所规定的中华蜜蜂品种资源保护的监管职责。县农业农村局在收到检察建议后,全面履行了中华蜜蜂品种资源保护的监管职责,达到了

---

① 刘艺:《我国检察公益诉讼制度的发展态势与制度完善——基于2017—2019年数据的实证分析》,载《重庆大学学报(社会科学版)》2020年第5期。

案例六　辽宁省宽甸满族自治县人民检察院督促宽甸满族自治县
农业农村局对"中华蜜蜂资源保护"依法履职案

检察建议的目的。

三、诉前程序中检察机关行使法律监督权具有谦抑性

（一）权力分工与检察权的谦抑性是诉前程序设置的理论基础

从立法发展的过程来看，诉前程序是检察机关提起行政公益诉讼的一个必经程序，设置这个程序的理论基础是为了实现检察机关提起公益诉讼的必要性原则，体现了权力分工原则与检察权行使的谦抑性。①我国没有国外的三权分立制度，但国家权力之间也有分工与制约。根据我国宪法的规定，我国实行的是人民代表大会之下"一元多立"的权力配置体系，检察权与行政权是两种单独的权力，检察机关作为专门的法律监督机关，对于行政违法行为进行监督体现了权力之间的制约关系。但是需要注意，检察监督也是在法律框架下进行监督，不能干预、干涉行政机关行使职权，也不能越俎代庖，代替行政机关行使职权。在我国检察学的理论中强调检察权的谦抑性，最早是在刑事领域讨论，避免行使追诉权的扩张与滥用，后来逐渐发展到民事行政检察监督领域。②检察权的谦抑性强调的是一种理性、客观、审慎的司法理念。在行政公益诉讼中，同样要求检察机关保持谦抑性，不能对行政活动进行不当干预。

在行政公益诉讼的诉前程序中，检察机关针对行政机关的违法行为或者不作为，进行调查，提出检察建议，"应该由行政机关自己查找并自我纠错，重点是发挥行政机关自身纠错的主观能动性"，③其根本目的在于督促行政机关依法履职，而不是与行政机关一起履职。

---

① 参见田凯等：《人民检察院提起公益诉讼立法研究》，中国检察出版社2017年版，第97~98页。
② 参见石春雷、王奇：《民事执行检察监督谦抑论》，载《广西社会科学》2016年第2期。
③ 王春业：《行政公益诉讼"诉前程序"检视》，载《社会科学》2018年第6期。

(二) 检察机关参与国家治理须保持法律监督机关的法律身份

1. 检察权与行政权应各司其职，明确二者职能界限

十八届三中全会提出"完善和发展中国特色社会主义制度，推进国家治理体系和治理能力现代化"，检察机关作为法律监督机关，在国家治理体系中也扮演着重要角色，强化行政检察监督是国家治理体系完备化的要求，也是提升国家治理水平的重要途径。但是在这个过程中，检察权与行政权应当各归其位、各司其职。根据《人民检察院组织法》第2条的规定，检察机关作为国家的法律监督机关，其根本任务是维护国家安全和社会秩序，维护个人和组织的合法权益，维护国家利益和社会公共利益，保障法律正确实施，维护社会公平正义，维护国家法制统一、尊严和权威，保障中国特色社会主义建设的顺利进行。在国家治理的过程中，检察机关应充分发挥行政检察监督职能，加强对行政权力的制约，促进依法行政，从而维护社会公共利益。然而，由于相关立法对于行政公益诉讼诉前程序规定地较为概括，实践中，越来越多的检察机关主动加强与行政机关的沟通与联系，建立检察机关与行政执法部门联席会议制度、进行信息共享、调查取证协作、常态化联络，甚至出现检察机关与行政机关合力协作，成立联合检查组，共同进行治理的局面。① 的确，共治共享社会治理格局离不开检察机关的参与和推动，也有学者建议，诉前程序检察建议发出前后，应与相关行政机关进行充分沟通协

---

① 《看！行政机关如何共同推进和支持公益诉讼检察工作》，载湖北省人民检察院网站，http://www.hbjc.gov.cn/ssjd/202007/t20200706_1495934.shtml；《莲都区人民检察院与多部门共同出台野生动物保护源头治理司法与行政保护工作衔接机制》，载浙江新闻头条，https://zj.zjol.com.cn/red_boat.html?id=100713728；《恒山区人民检察院与行政机关开展联合检查共同整治辖区营商环境》，载鸡西市恒山区人民检察院网站，http://www.jxhsq.hljjcy.gov.cn/html/530.html；《检察机关参与安全生产联合执法检查监督活动》，载青岛政务网，http://www.qingdao.gov.cn/n172/n1531/n31280726/190726161045973347.html，访问时间2020年8月16日。

案例六　辽宁省宽甸满族自治县人民检察院督促宽甸满族自治县农业农村局对"中华蜜蜂资源保护"依法履职案

商，可以召开联席会议、圆桌会议、听证等多种商谈形式。① 为了行使法律监督职能，检察机关必然会与行政机关进行合作、联动、协调，但是应该明确二者职能的界限，检察机关始终是法律监督者，不能与行政机关一起行使行政权，也"不能因为现在全社会重视和强调行政争议的实质性化解就忽略甚至否定检察机关作为国家法律监督机关的基本性质定位"。② 因此，这种合作与协调应该是适度的，检察机关既不能作为行政机关业务指导者，也不能代行政机关执法。

2. 充分发挥诉前程序作用，及时维护公共利益

在本案中，宽甸县检察院通过诉前程序，及时有效地保护了保护区内中华蜜蜂的品种资源，在对公共利益进行预防性保护方面也具有积极意义。但是诉前程序中的监督行为也有可商榷之处。

第一，检察建议书中对于县农业农村局不履职事项的判断不明确。宽甸县检察院在检察建议中指出，县农业农村局没有对灌水镇、双山子镇保护区内西蜂饲养者放蜂的行为进行处理，可能致国家利益、社会公共利益受损，但是在引用《条例》的条文时，针对的并非是县农业农村局没有处理保护区内西蜂饲养者放蜂的行为，而是外来放蜂者未按要求到县农业农村局联系放蜂场地擅自放蜂的行为。宽甸县检察院的检察建议中指出"根据《条例》第十七条第一项规定：'违反本条例第九条规定，外来放蜂者未按要求到自治县人民政府农业农村主管部门联系放蜂场地擅自放蜂的，由自治县人民政府农业农村主管部门责令改正，并处每箱蜂100元罚款。'你单位作为本地区养蜂活动监管责任主体，对在保护区内饲养西蜂的行为未及时作出处理，未完全

---

① 侯银萍、陈定良、张峰：《行政公益诉讼诉前程序的实践问题检视》，载《苏州大学学报（法学版）》2020年第2期。

② 姜明安：《论新时代中国特色行政检察》，载《国家检察官学院学报》2020年第4期。

履行相应的监管职责"。检察建议中指出的县农业农村局对于违反《条例》第9条规定的行为没有作出处理与在保护区内饲养西蜂的行为未及时作出处理是两种完全不同的情形。根据《条例》第9条,外来蜜蜂饲养者进入自治县放蜂,应当提前持《养蜂证》和防疫检疫合格证明,到自治县人民政府农业农村主管部门联系落实放蜂场地,违反此条,县农业农村局应该责令改正,并处每箱蜂100元罚款。根据《条例》第10条、第11条的规定,宽甸满族自治县设立了青山沟镇等14个长白山型中华蜜蜂品种资源保护区,只有在保护区内才禁止引进非长白山型中华蜜蜂,原保护区内西蜂饲养者限期改养长白山型中华蜜蜂或迁出保护区。如果违反第11条的规定,保护区内蜜蜂饲养者新增饲养西蜂或限期届满仍然饲养西蜂的,依据《条例》第17条第2项,自治县人民政府农业农村主管部门责令将蜂群迁出保护区,拒不迁出的,强制迁出,并处每箱蜂500元罚款。[①] 检察建议中混淆了县农业农村局行政处罚针对的两种不同情形。之所以宽甸县检察院没有引用正确条款,也有可能涉及是否干预行政权的考量。因为在《条例》颁布之后,宽甸县农业农村局应该责令保护区内西蜂饲养者限期改养长白山型中华蜜蜂或迁出保护区,至于限期多长时间,《条例》并没有规定,应该由具有管理职能的宽甸县农业农村局决定。《条例》实施时间是2019年5月10日,宽甸县检察院制作检察建议的时间是2019年6月24日,在不到两个月的时间内,宽甸县农业农村局是否应该制定相应限期迁出的规定,并能够及时对新增保护区内蜜蜂饲养者新增饲养西蜂或限期届满仍然饲养西蜂者进行处理,需要根据保护区内饲养西蜂的人数、西蜂数量多少等具体情形判断。

---

① 需要注意的是,《行政强制法》第13条规定:行政强制执行由法律设定。此《条例》第17条规定的强制迁出并没有法律依据,作为自治条例,没有设定行政强制执行的权力。

案例六　辽宁省宽甸满族自治县人民检察院督促宽甸满族自治县农业农村局对"中华蜜蜂资源保护"依法履职案

第二，如前所述，根据有关报道，在发出检察建议之后，宽甸县检察院与县农业农村局密切配合，对全县蜂业开展普查，发放《养蜂证》。根据《条例》第 4 条之规定，自治县人民政府农业农村主管部门负责养蜂活动的监督管理工作。第 7 条之规定，自治县人民政府应当加强长白山型中华蜜蜂品种资源保护宣传工作，及时发布有关信息和政策法规。作为法律监督机关的检察院，应该督促行政机关在全县蜂业开展普查，发放《养蜂证》，而不是协力合作、共同执法。

总之，共治共享社会治理格局是要求所有社会主体各司其职。检察机关的法律地位是法律监督者。法律监督之本意，即通过对公权行为的合法性进行审查与监督，以保障法律的正确统一实施。① 行政公益诉讼的诉前程序是为了督促行政机关履行职责，纠正行政机关的违法行为或不作为，而不是与行政机关共同履行职责，更不能认为"检察机关提起行政公益诉讼目的是帮助行政机关解决行政管理之难。"② 检察机关应坚持"不越位、不缺位、不混同"原则，明确与行政机关的职能界限，不能把自己当作行政机关去执法。③

---

① 秦前红：《两种"法律监督"的概念分野与行政检察监督之归位》，载《东方法学》2018 年第 1 期。

② 《全面履行检察职能　助力污染防治攻坚战》，载湖北省荆门市检察院网站，http://jm.hbjc.gov.cn/zhuanti/sbd/201910/t20191015_1445308.shtml，访问时间 2020 年 8 月 16 日。

③ 参见胡卫列：《国家治理视野下的公益诉讼检察制度》，载《国家检察官学院学报》2020 年第 2 期。

检察督促行政履职　积极保护环境公益

——辽宁省宽甸满族自治县人民检察院督促县农业农村局
对"中华蜜蜂资源保护"依法履职案的典型意义

汪　劲*

一、本案促使"环境公益"范围明确化、类型化

本案的典型作用在于——将长白山型中华蜜蜂品种资源作为国家利益和社会公共利益予以保护，可以促使我们广泛讨论什么是环境公益。

环境公益诉讼制度是我国在借鉴和吸收国外公共利益保护的基础上建立的。虽然我国民事诉讼法和行政诉讼法将环境公益上升为一种受法律保护的利益，但我们的实体法立法中并没有明确界定什么是"环境公益"，在司法和行政执法实践过程中，环境公益的范围也还不够明确。长期以来，"环境公益"这一具有保护和体现自然界生态系统内在价值、不强调经济价值的保护法益在立法和行政决策层面被重视程度不够，导致环境公益侵害现象愈演愈烈甚至危及人类的生存。

公益诉讼制度的构建、特别是行政公益诉讼制度，使督促国家行政机关履行保护公共利益的职能依法成为检察机关的职权。这也为开展此类公益保护提供了重要的制度基础。

本案检察建议书严格按照《人民检察院检察建议工作规定》第10条公益诉讼检察建议，最高人民法院、最高人民检察院《关于检察公益诉讼案件适用法律若干问题的解释》等中央主管机关的有关决定、规定办理，具有合法

---

* 汪劲，博士，北京大学法学院教授。

案例六 辽宁省宽甸满族自治县人民检察院督促宽甸满族自治县农业农村局对"中华蜜蜂资源保护"依法履职案

性、必要性。

检察机关依据了农业部门按照畜牧法的规定制定的有关品种资源保护的目录，也参照了地方性法规，明确了对中华蜜蜂保护的要求以及行政机关的履职义务。本案中的"中华蜜蜂"主要涉及生物多样性等生态保护领域，这在一般"环境公益"保护实践中也较少被提及。在此基础上，检察建议书中明确将中华蜜蜂品种资源与其具备的独特经济利益作为国家和社会公共利益予以保护，能够促使我们广泛讨论"环境公益"的范围问题，有益于推动具有中国特色的"环境公益"及其诉讼理论研究的深化。

综上，如果没有这些大量活生生的案例，我们很难单从理论上界定或者归纳什么是公益及其类型。

二、本案检察机关发出的检察建议执行十分高效

《宽甸满族自治县长白山型中华蜜蜂品种资源保护条例》2019年5月10日起施行，宽甸县检察院于2019年6月24日发出检察建议书后，立即受到政府部门的重视，起到了环境公益保护的作用，具体表现在：

第一，县农业农村局在收到检察建议后，迅速组织整改工作，在保护区内主要交通路口、重要地段共设立了10处"长白山型中华蜜蜂品种资源保护标识牌"；第二，在政府相关网站、县有线电视台、县报及《丹东日报》等各种新闻媒体平台进行宣传，在保护区内外的各个乡镇共发放上述条例文本410本，发放宣传单3300余份。同时对保护区内加大了巡查执法力度，劝离外来意大利蜂养殖户20余户。

正是因为检察机关的迅速反应，本案中这个长期未受到基层各方重视的问题才能够迅速得以解决，最终也取得了非常好的效果。

由此可以看出，如果我们各级人民检察院都能像辽宁省宽甸满族自治县人民检察院那样关注并发现环境公益侵害并及时督促政府部门依法履职的

话，那么许许多多因行政机关懈怠履职义务所造成正在发生或者将要发生的环境公益侵害将会迅速得到有效遏制。

检察机关通过检察建议书的方式督促行政机关履职作为一种公益保障机制，也体现出预防性的特征，能够促使地方政府主管部门及时发现其职能配置等方面存在的问题并加以解决，有效遏制和制止涉及公益侵害的现象。试想，在人力物力相对不足的条件下，如果没有检察建议书的话，能否会在短期内一下子就把十多年的问题一下子给解决了？

所以本案看似简单，但是如果我们各级人民检察院有这样的工作效率，政府执行保护措施也会更加地积极。

三、本案促使我们对制度实施的保障机制作出反思

诉前程序对公益保障具有很大的意义，这也是生态文明体制改革赋予检察机关的一项新的职能。一方面，及时发出检察建议在中国现有的生态环境保护体制下显得很有必要；另一方面，还需要总结经验和存在的问题，研究确立环境保护公益的范围和类型化，逐渐将其实体法律化，增强可操作性。

从政府执法效能看，站在政府主管监督执法部门立场上，本案虽有典型价值但不应当常态化。各级政府及其主管部门应当根据相关法律法规依法履职，为什么主管部门未及时执行条例，而非得到检察机关通过检察建议书督促履职的方式才得以重视呢？如下问题值得重视：从影响法律实施的立法因素看，站在立法者的立场上，我们创设新的制度时，是否应当考虑法律实施的人力和资金成本？因为涉及党政有关编制、职能配置和财政事权配置，这也是生态文明体制改革的重大课题。这些是当前的普遍问题，这也是我们在生态文明体制改革中应当多多思考的问题。

既然国务院农业主管部门已依法将中华蜜蜂列为国家级畜禽遗传资源保护品种，那么该主管部门在中华蜜蜂遗传资源保护方面采取的措施是否足

案例六　辽宁省宽甸满族自治县人民检察院督促宽甸满族自治县农业农村局对"中华蜜蜂资源保护"依法履职案

够、有效？

农业农村部在 2019 年 8 月 30 日答复人大代表提案的材料中提到，国家高度重视中华蜜蜂遗传资源保护工作，已经建立：1 个国家级蜜蜂基因库；5 个国家级蜜蜂保护区；6 个国家级蜜蜂保种场；各地也建设了一批保种场（区、库），初步形成了全国蜜蜂遗传资源保护体系和蜜蜂良种繁育体系；中央财政设立了专项资金支持中华蜜蜂保种场等单位开展中华蜜蜂资源保护工作。

综上所述，本案促使我们尤其是公权力机关针对上述问题进行反思，完善制度实施的保障机制，对于保护环境公益具有同样重要的意义。

文书指引

辽宁省宽甸满族自治县人民检察院检察建议书

宽检行公〔2019〕21062400034号

宽甸满族自治县农业农村局：

　　本院在履行职责中发现，宽甸满族自治县长白山型中华蜜蜂品种资源保护区内存在西蜂饲养者放蜂的行为，干扰保护区内蜂业生产秩序，可能致使国家和社会公共利益受到侵害。本院依法进行了调查，现查明：

　　根据辽宁省《宽甸满族自治县长白山型中华蜜蜂品种资源保护条例》第四条第一款"自治县人民政府农业农村主管部门负责养蜂活动的监督管理工作"之规定，你单位对辖区内养蜂活动具有监督管理职责。宽甸满族自治县人民政府根据行政区域内各乡镇蜜蜂品种、蜜粉源植物分布、地理位置等因素，设立宽甸满族自治县长白山型中华蜜蜂品种资源保护区，范围包括青山沟镇、牛毛坞镇、大川头镇、硼海镇、太平哨镇、步达远镇、下露河朝鲜族乡、振江镇、大西岔镇、红石镇、永甸镇、灌水镇、双山子镇、八河川镇。2019年5月以来，你单位灌水镇、双山子镇保护区内有西蜂饲养者放蜂，影响并干扰了保护区内蜂业生产秩序，可能破坏长白山型中华蜜蜂品种资源，侵害国家和社会公共利益。上述事实有书证、证人证言等证据予以证实。

　　本院认为，根据《辽宁省宽甸满族自治县长白山型中华蜜蜂品种资源保护条例》第十一条第一款"保护区内禁止引进非长白山型中华蜜蜂，任何组织或个人不得影响和干扰保护区内蜂业生产秩序。原保护区内西蜂饲养者限

案例六　辽宁省宽甸满族自治县人民检察院督促宽甸满族自治县农业农村局对"中华蜜蜂资源保护"依法履职案

期改养长白山型中华蜜蜂或迁出保护区"及第十七条第一项"违反本条例第九条规定,外来放蜂者未按要求到自治县人民政府农业农村主管部门联系放蜂场地擅自放蜂的,由自治县人民政府农业农村主管部门责令改正,并处每箱蜂100元罚款"之规定,你单位作为本地区养蜂活动监管责任主体,对在保护区内饲养西蜂的行为未及时作出处理,未完全履行相应的监管职责。现根据《中华人民共和国行政诉讼法》第二十五条第四款和最高人民法院、最高人民检察院《关于检察公益诉讼案件适用法律若干问题的解释》第二十一条的规定,向你单位提出如下检察建议:

建议你单位依法全面履行法定职责,对在保护区内饲养西蜂的情况及时作出处理,采取有效措施保护长白山型中华蜜蜂品种资源。

请于收到本检察建议书后十五日内依法履行职责,并书面回复本院。

2019年6月24日

关于中华蜜蜂品种资源保护检察建议的回函

宽农发〔2019〕104号

宽甸满族自治县人民检察院:

县农业农村局收到县检察院《关于长白山型中华蜜蜂品种资源保护检察建议》后,局领导高度重视,立即组织相关单位和人员召开了整改和完善相关工作紧急会议,并对整改工作进行了详细部署。会后相关单位立即行动起来，按照整改内容认真抓落实，期间县检察院部门领导多次亲临现场督查和指导，为各项工作全面整改落实奠定了基础，在农业农村局相关单位的认真而努力工作下，利用很短时间圆满完成了相关整改工作。总结如下：

一、对存在的主要问题进行了全面整改和完善

1. 在保护区内加强《条例》宣传力度

（1）在保护区内主要交通路口、重要地段共设立了10处"长白山型中华蜜蜂品种资源保护标识牌"，期间得到了保护区内各乡镇政府、村委会、动监所的大力支持和协助，为本项工作快速完成提供了保证。保护区内标识牌的设立，对外来养蜂者将起到广泛宣传和警示作用。

（2）在保护区内采取各种方式，利用各种平台进行《条例》宣传：①《条例》颁布时利用政府网站发布《条例》信息，并利用县有线电视台进行《条例》宣传，利用县报、丹报等报纸进行《条例》宣传。②《条例》施行后利用各乡镇赶集人多机会进行《条例》宣传，在保护区内7个乡镇（大川头、红石、灌水、硼海、青山沟、永甸、太平哨）共发放《条例》文本410本，发放宣传单3300份。通过多种方式、各种平台宣传《条例》，让更多的农民了解《条例》主要内容，反响很好，广大蜂农一致认为《条例》颁布很及时，很有用，收到了良好社会效果。

2. 在保护区外同时进行了《条例》广泛宣传

对保护区外石湖沟、青椅山镇等外来养蜂者进行了登记备案并对他们进行了《条例》法规的宣传和讲解，受训人次达20人次，发放《条例》文本15本，让他们知晓，以后再来宽甸放蜂，在保护区外的要事先向自治县农业农村养蜂主管单位联系，到指定场地放蜂；保护区内禁止入内放蜂。通过以上方式，对保护区外的外来放蜂者起到了一定的宣传警示作用，为今后监管打下了有利基础。

案例六 辽宁省宽甸满族自治县人民检察院督促宽甸满族自治县农业农村局对"中华蜜蜂资源保护"依法履职案

3. 对保护区内外来养蜂者加大巡查执法力度

对保护区内外来养蜂者引起的混乱现象加大了巡查执法力度,进行了有效整治。(详见执法单位汇报材料,数字以他们为准)

二、下一步工作计划

1. 继续深入乡镇进行《条例》宣传。

2. 组织《条例》普法培训。

3. 成立长白山型中华蜜蜂品种鉴定专家组,计划7月末完成。

4. 制定《宽甸县蜂业普查方案》,启动对全县蜂业普查工作,计划8月末完成。

5. 根据普查信息进行登记备案工作,于9月末完成。

6. 起草《宽甸满族自治县长白山型中华蜜蜂品种资源保护条例实施办法》。目前,《条例实施办法》初稿已完成,待组织相关部门和专家修改定稿后,报县政府批复实施,计划10月末完成。

7. 起草《宽甸满族自治县长白山型中华蜜蜂品种资源保护和产业发展规划》。目前,《规划》初稿已完成,待修改完善后,报县政府批复实施。计划于11月末完成。

8. 根据普查备案信息,印制《养蜂证》和发放《养蜂证》,计划12月末完成。总之,县农业农村局将在县委、县政府的领导和支持下,在县人大、县检察院的监督和指导下,站在振兴乡村的政治高度,针对长白山型中华蜜蜂品种资源保护工作中存在的问题,认真总结经验,举一反三,克服各种困难,积极行动起来,全面落实和完善了各项整改工作,首先进行自我完善,加强《条例》法条学习,深刻理解《条例》内涵,让每名工作人员都成为宣传和解读《条例》的行家里手。同时,利用各种平台大力宣传《条例》,让域内域外人人皆知,广泛知晓,形成人人知蜂懂蜂、依法养蜂的良好社会氛围,对我县长白山型中华蜜蜂品种资源保护和产业健康有序发展起到巨大推动作用。我们将按照下一步工作计划，努力完成各阶段的工作任务，为宽甸蜂业发展，建设美丽乡村做出应有的贡献。

宽甸满族自治县农业农村局

2019 年 7 月 18 日

案例七　河北省石家庄市人民检察院督促国家税务总局石家庄市税务局对十家企业违规申请环保退税依法履职案

案情简述

根据《资源综合利用产品和劳务增值税优惠目录的通知》，已经享受本通知规定的增值税即增即退政策的纳税人，因规范税收环境保护的法律法规受到处罚的，自处罚决定下达的次月起，不得享受即征即退政策。2019年7月2日，石家庄市检察院收到省院第八检察部关于石家庄市违规申请环保退税企业退税追缴的线索，落实检察长责任制，成立以检察长为主办检察官的办案组。首先向环境保护部门调取相关企业受到行政处罚的案件相关信息，再通过税务部门调取企业环保退税的信息，核实享受的环保退税政策情况以及企业受到处罚后税务部门应征缴和实际缴纳的税额。检察机关发现共有10家企业在享受增值税即征即退政策期间受到环保部门行政处罚，税务机关未及时追缴10家企业的即征即退税款。截至2019年7月15日，10家企业中仍有4家企业未返还应退税款。在前期走访调查过程中，办案组主动配合税务机关向涉案企业释法说理，立案前，其中两家企业主动将需退缴的732.4万元税款全部上缴税务机关。2019年8月8日，检察机关向国家税务总局石家庄市税务局（以下简称"石家庄市税务局"）发出诉前检察建议，督促石家庄市税务局及时追缴剩余两家企业的环保退税，加强对下级税务机关减免税、退税管理工作的监管，加强与生态环境部门信息共享。税务部门高度重视，采取了查封、冻结等多种执法手段积极追缴税款。2019年9月16日，国家税务总局石家庄市税务局对检察建议作出回复，剩余两家企业所欠1134.4421万元税款已成功追缴，避免了国家财产的损失。

推选理由

本案是由检察长亲自主办的防止国有财产流失类行政公益诉讼诉前案件。检察机关在监督过程中，督促职能部门履行了职责，追缴税款1800余万元。与此同时，行政公益诉讼的诉前办案机制还为环境保护机关与税务机关的各自信息孤岛构架起信息流通的桥梁，通过信息汇集分析，督促税务部门依法履职，间接提升了企业的环境保护意识，避免了国家的财产损失。案件将监督与被监督的办案模式变为合作治理的双赢模式，实现了良好的法治效果和社会效果。

办案人解读

积极行使调查核实权　督促行政部门依法履职

范雨濛*

石家庄市检察院督促石家庄市税务局对10家企业申请环保退税依法履职案是河北省首例由市院直接立案办理的行政公益诉讼案件。检察公益诉讼制度正式确立的三年来，石家庄市检察机关坚持以人民为中心，以公益保护为核心，积极探索，大胆实践，仅督促行政部门追缴相关税费就达1.56亿元，为维护国家利益和社会公共利益贡献了检察智慧和检察力量。

2019年7月2日，石家庄市检察院收到河北省检察院第八检察部关于石家庄市违规申请环保退税企业退税追缴的线索后，院党组高度重视，认真落实最高检要求各级检察长亲自办理案件的指示精神，随即成立了以检察长为主办检察官的办案组。办案中，充分发挥"一把手"在公益诉讼工作中的示范引领作用，分步骤调查核实证据，查明案件情况。

财政部、国家税务总局《资源综合利用产品和劳务增值税优惠目录》的通知（财税〔2015〕78号）以及财政部、国家税务总局关于新型墙体材料增值税政策的通知，均规定已享受本通知规定的增值税即征即退政策的纳税人，因违反税收、环境保护的法律法规受到处罚（警告或单次1万元以下罚款除外）的，自处罚决定下达的次月起36个月内，不得享受本通知规定的增值税即征即退政策的规定。同时，根据河北省税务局公示的《2017年度全省

---

* 范雨濛，河北省石家庄市人民检察院第八检察部副主任。

资源综合利用纳税人名单》中，石家庄市共有10家企业在享受增值税即征即退政策期间受到环保部门行政处罚（警告或单次1万元以下罚款除外），税务机关应及时追缴以上10家企业的即征即退税款。

据此，检察长会同办案组制订了翔实的调查方案。第一步，通过环境保护部门调取相关企业的违法行政处罚案卷，核实企业是否确实因环保问题受到过处罚，根据调查证据显示，10家企业全部受到过环保处罚，有的企业还是多次受到处罚。第二步，通过税务部门调取企业环保退税信息，核实企业享受的环保退税政策情况，企业受处罚后，税务部门应追缴的税款数额，实际追缴的税款数额。第三步，走访相关企业，询问相关人员，了解企业未及时退缴税款的原因。

经调查核实，截至2019年7月15日，仍有4家企业未返还应退税款，税务部门需追缴税款共计人民币1866.8万元。在前期走访调查过程中，办案组坚持双赢多赢共赢的理念，主动协助税务机关向涉及企业释法说理，督促企业主动缴纳税款。在市院立案前，A水泥有限公司（应退缴714.9万元）和石家庄市B新型墙体材料有限公司（应退缴17.5万元）两家企业主动将需退缴的732.4万元税款全部上缴税务机关。截至8月1日，还有C生物质能发电有限公司（应追缴金额为1155.8375万元）和石家庄市D建材有限公司（应追缴金额为人民币7.008万元）两家企业共计1134.4421万元即征即退税款应追缴未及时追缴到位。

根据《中华人民共和国税收征收管理法》第28条第1款、《中华人民共和国税收征收管理法实施细则》第43条第2款的规定，结合石家庄市税务局机构职能，石家庄市检察院向石家庄市税务局发出诉前检察建议：一是督促石家庄市税务局及时追缴两家企业共计1134.4421万元人民币的环保退税款，避免国家财产损失；二是加强对下级税务机关减免税、退税管理工作的监管，对全市享受资源综合利用增值税优惠政策的纳税人定期开展核查，避

案例七　河北省石家庄市人民检察院督促国家税务总局石家庄市税务局对十家企业违规申请环保退税依法履职案

免类似情况发生;三是加强与生态环境部门信息共享,避免因处罚信息掌握不及时导致相关受处罚企业享受税收优惠政策的情况再次发生。检察长向市税务局当面送达该检察建议后,税务部门高度重视,采取了召开约谈会、冻结账户资金等多种执法手段积极追缴税款。在案件办理过程中,办案组依据省检察院与省税务局会签的《关于加强行政公益诉讼协作配合的意见》相关规定,多次与税务机关磋商研究,将监督与被监督的办案模式变为相互合作解决问题的双赢模式,形成工作中的良性互动。通过办理此案,既践行了检察公益诉讼"诉前实现保护公益目的是最佳司法状态"理念,又进一步健全了税务监管工作机制,有效防范和化解税收执法风险。

2019年9月,市税务局对检察建议作出回复,经过税务机关的依法履职,两家公司所欠税款1134.4421万元人民币已成功追缴。至此,应缴未缴的1866.8万元税款已全部追缴完毕,避免了国家财产的损失,实现了良好的法律效果和社会效果。

专家评析

一次税收行政公益诉讼案件的有益探索 *
——评石家庄市检察院对石家庄市税务局怠于履行环保退税税款追缴职责行政公益诉讼案

王敬波　朱超然 **

石家庄市检察院对石家庄市税务局怠于履行环保退税税款追缴职责行政公益诉讼案入选2019年度检察公益诉讼十大典型案例，也是河北省检察机关唯一入选的公益诉讼案件，为税务行政公益诉讼树立了典范，和之前不同地区探索的税务行政公益诉讼案件一起，推动了行政公益诉讼的发展。总结该案的示范意义对于深化行政公益诉讼的理论和实践无疑具有重要价值。

一、有序扩大公益诉讼的受案范围

《行政诉讼法》第25条第4款规定："人民检察院在履行职责中发现生态环境和资源保护、食品药品安全、国有财产保护、国有土地使用权出让等领域负有监督管理职责的行政机关违法行使职权或者不作为，致使国家利益或者社会公共利益受到侵害的，应当向行政机关提出检察建议，督促其依法履行职责。行政机关不依法履行职责的，人民检察院依法向人民法院提起诉讼。"从行政公益诉讼的实践来看，目前的行政公益诉讼案件主要以生态环境

---

* 本文已刊发在《人民检察》2020年第18期，收入本书时略有修改。

** 王敬波，法学博士，对外经济贸易大学副校长、教授；朱超然，中国有色矿业集团有限公司副处长。

案例七　河北省石家庄市人民检察院督促国家税务总局石家庄市税务局对十家企业违规申请环保退税依法履职案

和资源保护为主，但随着公益诉讼的发展，一些新类型案件也开始出现。本案作为税务行政公益诉讼的典型案例说明国有财产保护领域的公益诉讼也获得较快的发展。税收是国家的主要经济来源，税务机关对应征税款不能及时征收可能造成国家财产损失。依据《税收征收管理法》第28条第1款规定："税务机关依照法律、行政法规的规定征收税款，不得违反法律、行政法规的规定开征、停征、多征、少征、提前征收、延缓征收或者摊派税款。"如果税务机关不征、少征或者错误征收税款，会影响国家财政收入，并因此造成公共利益的损害。

同时，我们需要注意到检察公益诉讼的范围是富含治理内涵的司法体制创新，体现了我国国家治理体系和治理能力现代化所具有的在执政党领导下，改革与建构并重，注重社会主义公益保护，兼具国家主导与半开放性等特征。[1] 检察公益诉讼的范围并不局限于行政诉讼法明确列举的事项。首先，公共利益不是一成不变的，具有发展性、延展性，特别是其内容随经济社会发展不断变化，纳入公益诉讼的范围也必然呈现逐渐扩大的趋势。社会公共利益本身所具有的广泛性、多元性及多层次性，使得涉及公共利益的诉讼纠纷必然呈现相同的特点。其次，公共利益是一种社会主体平等参与利益分享的社会秩序。[2] 公共利益是整体利益而不是局部利益，公共利益归属于社会主体，但又不被任何主体单独占有，甚至公共利益的归属主体在数量上无法予以精确化。检察机关提起行政公益诉讼实质是对"诉的利益"理论进行了扩展，是该理论在行政公益诉讼领域的演变与强化，"诉的利益"理论的内涵与诉讼主体的变化是与行政权力不断扩展相适应的，检察机关提起行政公益诉讼，以抗衡行政机关的行政违法行为和不作为，是基于保护国家和社会

---

[1] 刘艺：《论国家治理体系之下的检察公益诉讼》，载《中国法学》2020年第2期。
[2] 蔡恒松：《论公共利益的主体归属》，载《前沿》2010年第15期。

公共利益需要，并不是基于维护个人利益或者与个人利益直接相关的利益需要，其打破了传统诉权理论。如果依据传统诉之利益的观念和标准审查，很多新型诉讼很可能因欠缺诉的利益而被拒之门外，得不到司法救济。[①] 因此，基于裁判解决诉讼纠纷保护权益和形成政策导向的功能，逐渐克服诉的利益理论的消极影响，而尽量充实扩大诉的利益，以扩大、发挥诉的利益保护范围和解决纠纷的作用。最后，相对于我国行政公益诉讼范围，美国、日本、印度、韩国、德国及我国台湾地区的公益诉讼涵盖的领域更加宽泛，包括公民基本权利，文化遗产保护，教育与性别歧视、重大项目资金使用、违法发放抚恤金及其他社会福利案件等多个方面。

我国目前的公益诉讼的范围还是比较有限的，随着社会的发展，扩大行政公益诉讼范围将成为必然的选择。例如，妇女、儿童、老年人及残疾人等弱势群体的利益，如果不能妥善及时处理，则有可能转化为群体性事件，激化社会矛盾，可以将其归结为须特殊保护界别的利益，并作为公共利益的特殊存在形式，纳入检察机关可以提起行政公益诉讼的案件范围。再如，规范性文件的性质决定了其与国家和社会公共利益密切相关，一旦规范性文件本身是违反宪法和法律规定的，或者是违反法定程序的，则会给公共利益造成重大损失，或者使公共利益处于被侵害的风险状态。对于规范性文件的监督，目前主要有政府主导的规范性文件的合法性审查、行政复议的附带审查和行政诉讼的附带审查等方式，但是实际效果有限。将行政规章以下的规范性文件纳入行政公益诉讼受案范围，有助于加大规范性文件审查力度，避免违法的规范性文件成为阻碍依法行政的制度性障碍。

---

① 金文彪：《公益诉讼与我国传统诉讼理念的冲突与平衡》，载《环境公益诉讼》，法律出版社2007年版，第283页。

案例七　河北省石家庄市人民检察院督促国家税务总局石家庄市税务局
　　　　对十家企业违规申请环保退税依法履职案

二、提高检察机关的行政专业能力

检察行政公益诉讼的本质是在宪法规定框架下，以维护国家和社会公共利益为目标，将检察权、行政权、审判权相互监督制约的关系通过诉讼体现出来的一种表现形式。行政事务具有较强的专业性，无论是明确行政机关履职的依据还是认定行政行为违法或者不当都需要建立在全面了解相关法律制度和行政权运行规律的基础上。检察机关提起行政公益诉讼体现了检察机关的法律监督功能，也是司法权对行政权的制约与平衡。一方面，司法权需尊重行政权的"专业性"，另一方面，涉及面日益广泛的行政公益诉讼对于检察机关的行政专业能力提出严峻的挑战，检察机关需要不断提高行政专业能力。从本案中涉及的税收征收行为看，其直接依据是《税收征收管理法》和《税收征收管理法实施细则》等一系列的税收法律制度和政策。其中2013年《税收征收管理法实施细则》第43条第2款规定："享受减税、免税优惠的纳税人，减税、免税条件发生变化的，应当自发生变化之日起15日内向税务机关报告；不再符合减税、免税条件的，应当依法履行纳税义务；未依法纳税的，税务机关应当予以追缴。"该案是由于行政处罚案件引发的税务机关追征行为的履行不到位。根据财政部、国家税务总局《关于印发〈资源综合利用产品和劳务增值税优惠目录〉的通知》（财税〔2015〕78号）第4条：已享受本通知规定的增值税即征即退政策的纳税人，因违反税收、环境保护的法律法规受到处罚（警告或单次1万元以下罚款除外）的，自处罚决定下达的次月起36个月内，不得享受本通知规定的增值税即征即退政策。河北省税务局公示的《2017年度全省资源综合利用纳税人名单》显示，石家庄市有10家受到环保部门行政处罚（警告或单次1万元以下罚款除外）的企业享受过增值税即征即退政策，税务机关应及时追征。但截至2019年8月1日，尚有2家企业共计1134.4421万元即征即退税款未追征到位。从本案可以看出，检察机关不仅需要对于税收管理相关的法律法规和政策有比较深入的了解，还需要了解税务机关的管理规律，否则不仅无法发现案件来源，更无法让行政机关信服。

第一，提高检察机关发现案件来源的能力。在浩如烟海的行政事务和相对封闭的行政管理中发现违法行为的线索本身就是一个难题。要解决行政公益诉讼案件线索，检察机关应当加强内外沟通协作机制，扩大调查核实渠道发现案源。其一，建立内部沟通协作机制。检察机关民事行政部门要与检察机关内部其他部门建立联动协作机制，对于相关行政违法行为线索，建立线索登记、分流、移送、办理、反馈等相关机制，形成监督合力。其二，健全完善刑事司法与行政执法相衔接工作机制。对于重大行政措施并及时向检察机关通报。

第二，提高检察机关提出检察建议的专业能力。税收征收、退税、追征等行政行为具有高度专业性和技术性的特点，检察机关在办理行政公益诉讼中需要了解方方面面的行政事务，具有极高的难度。一方面，要进一步规范检察机关调取行政执法卷宗、完善调查取证机制。另一方面，借助专业力量提高检察机关的专业能力。例如，建立动态调整的专家库，聘任国土资源、环境保护、市场监督等相关领域的专家学者，开展专业技术咨询，确保检察机关开展调查核实、提出检察建议等行为的精准度及专业性，避免"外行监督内行"。

三、强化行政机关公益诉讼的应诉能力

对于大部分行政机关而言，行政公益诉讼是个全新的课题，大部分行政公务人员缺乏对于行政公益诉讼价值和制度的充分认识，这是造成行政机关在行政公益诉讼案件中应对不力的主要原因。本案中暴露的问题通过诉前程序得到较好的解决，但是有些案件中仍然存在行政机关漠视检察建议，甚至不回复检察建议或者虽然回复检察建议，但是执行不到位的现象。例如，安

徽省合肥市蜀山区人民检察院因合肥市税务局怠于履行职责,向蜀山区人民法院提起的行政公益诉讼案件中,因为数家企业虚开增值税专用发票作为进项税票抵扣税款涉嫌违法,合肥市税务局作为管理机关一直未根据税收征收管理法、发票管理办法及相关规定对该违法行为进行查处。2016年10月10日,合肥市包河区人民检察院向合肥市税务局发出检察建议书,建议该局对上述税收违法行为进行查处。但是合肥市税务局收到检察建议后未回复检察机关,亦未依法查处涉案违法行为。再如,山东省聊城市东昌府区人民检察院因聊城经济开发区税务局怠于履行税收征管职责行政公益诉讼案件中,针对聊城经济开发区税务局作为管理机关,应当对非法抵扣的税款进行追缴而未予追缴,未及时追回国有资产损失的行为,2016年12月23日,东昌府区人民检察院向聊城经济开发区税务局发出检察建议,建议该局履行职责,为国家挽回税款损失。2017年1月19日,聊城经济开发区税务局对检察建议作出回复,但未采取有效措施挽回税款损失。

目前还有相当部分的行政机关对于行政公益诉讼认识不到位,需要尽快完善包括税务机关在内的行政机关诉前和诉讼应对制度。行政机关在接到检察机关送达的检察建议后,应高度重视,迅速组织专业部门研究应对,并在规定的时限内及时作出回复。对工作中确实存在不依法履职或者违法履职的,应迅速整改;对因客观情况难以在短期内整改的,例如企业经济困难无法及时缴纳税款、滞纳金,也应和检察机关做好沟通,避免被错误提起公益诉讼及被错误追究相关人员的渎职责任,从而最大限度地保护国家和社会公共利益,节约司法资源,提高司法效率,更好地配置检察权、行政权与审判权的关系,推进审判权的规范有序运作。

四、推动行政机关积极依法履责

税务行政公益诉讼有助于实现保护国家财产和依法治税的双重目标。根据税收征收管理法相关的规定,税务机关是征税主体,代表国家依法履行税收征管职责,税收的开征、补税由税务机关依法执行。检察机关提出检察建议既要尊重行政机关的专业权威和行政裁量权,也需要发挥法律监督的作用。本案中石家庄市检察院在检察建议中针对税务机关提出:"加强对下级税务机关减免税、退税管理工作的监督,对全市享受资源综合利用增值税优惠政策的纳税人定期开展核查,避免类似事情发生。"以及"加强与生态环境部门信息互通,避免因处罚信息掌握不及时而导致税款减免的情况再次发生。"上述检察建议有助于增强税务机关执法风险防范意识,在进一步健全行政执法制度上,实现了公益诉讼"办理一案,规范一片"的目的。

行政公益诉讼产生的根本原因是行政机关的不作为或者乱作为,而通过诉前程序解决矛盾能够实现行政自制[1]、有效发挥行政机关的专业性和主动性。行政机关的自我控制是行政机关通过内部自身运作实现控权效果,防止权力滥用,是相对于外部的高成本的监督控制。行政自制具有积极主动、成本低、节约司法资源和社会资源等优点。行政机关通过自身的组织架构、内部规制和行政伦理,可以自发地纠错、监督,自觉地、主动地自我纠正、自我预防,使得行政主体对自身违法或不当行为可以自我发现、自我遏制、自我纠错。[2] 在诉前程序中,行政机关如能认真对待检察机关的检察建议或者特定社会组织的法律建议,依法正确履行职责,使检察机关或特定社会组织无须再向法院提起行政公益诉讼,既节约了司法资源,也能使公共利益得到充分保护。

---

[1] 应松年:《行政公益诉讼试点亟待解决的几个问题》,载《人民论坛》2015年第24期。
[2] 崔卓兰:《行政自制理论的再探讨》,载《当代法学》2014年第1期。

案例七　河北省石家庄市人民检察院督促国家税务总局石家庄市税务局对十家企业违规申请环保退税依法履职案

检察机关内部交办、外部协同办案程序的探索与规范

高家伟 *

笔者经过认真阅读相关的文书和规范依据，从学术理论研究的视角进行了初步的思考，认为本案的典型意义有：

一、上级人民检察院"交办"下级人民检察院程序的规范化建设

石家庄市检察院于 2019 年 8 月 7 日向石家庄市税务局发出的检察建议书是根据河北省人民检察院于 7 月 2 日《关于协助办理即征即退税款案件的通知》进行的，上级"交办"下级的程序是本案的一个重要过程环节。从法理的角度来看，该"通知"在法律上按照"移交"的程序还是按照"指令"的程序来处理，案件的决定权归属机关不同，前者的案件决定权主体是接受移交案件的检察机关即石家庄市检察院，后者的案件决定权主体是作出指令的检察机关即河北省人民检察院。本案是按照"移交"程序进行的，表明进一步细化检察公益诉讼案件的"移交""指令"等程序规则是有必要的。

二、检察建议程序开启前的案前关系人督促程序的规范化建设

学界关注的重点是检察公益诉讼程序的建构，而诉前检察建议程序一直是实践关注的重点。本案的一个亮点却是检察建议前的关系人义务督促程序。本案实际上涉及 4 家企业，涉及 1866.8 万元税款。其中的两家在市检察

---

* 高家伟，法学博士，中国政法大学诉讼法学研究院教授。

院正式启动检察建议程序之前就补缴了700多万元的税款,可见检察机关介入的"威力"之大!市检察院发布检察建议书针对剩下的两家拖延补缴税款的企业,涉及税款1134.4421万元。

从学理的角度来看,两家企业在检察机关发出检察建议之前积极补缴税款的行为,更加充分地彰显了检察公益诉讼制度在维护国家和社会公共利益方面的独到优势。因此,建立专门的督促关系人及时履行公益(法)义务的"案前督促催告程序",拟定相关的程序规则,把大量的案前协调程序纳入规范化的轨道上,是有必要的,这也许是顺着本案的步伐进行配套制度创新的一个着力点。

三、检察机关与行政机关协同维护公益程序机制的积极探索

从石家庄市税务局于2019年10月12日报送的答复函来看,该税务局在接到检察建议书之后立刻采取税务保全等措施,此前未及时依法追缴相关税款的客观原因在于行政机关之间内部数据共享机制和相关业务信息通报机制不健全。因此,石家庄市检察院本着实事求是的立场,在检察建议书中建议采取完善相关税收征收管理机制,而这些机制的完善还涉及生态环境部门。市检察院因此没有明确认定市税务局构成了"怠职"或者"不作为"。

从学理的角度来看,本案不属于通常所说的"行政机关不作为"或者"怠职"的情形,而是检察机关与行政机关在各尽职守的基础上谋求如何加强协调配合程序、共同维护国家税收利益和税收征管秩序的检察公益法律监督案件。从这一点来看,河北省人民检察院与河北省税务局会签的《关于加强行政公益诉讼协作配合的意见》的制度创新意义是不言而喻的。

文书指引

石家庄市人民检察院检察建议书

石检行公〔2019〕13010000001 号

国家税务总局石家庄市税务局：

2019年7月2日，河北省人民检察院第八检察部根据上海市某环保信息技术服务中心移送的《关于对河北省违规申请环保退税企业退税追缴进行监督的申请》，向本院下发了《关于协助办理即征即退税款案件的通知》，要求石家庄市检察院调查核实不符合即征即退政策的企业组织。本院依法进行了调查。现查明：

根据财政部、国家税务总局《关于印发〈资源综合利用产品和劳务增值税优惠目录〉的通知》（财税〔2015〕78号）第四条：已享受本通知规定的增值税即征即退政策的纳税人，因违反税收、环境保护的法律法规受到处罚（警告或单次1万元以下罚款除外）的，自处罚决定下达的次月起36个月内，不得享受本通知规定的增值税即征即退政策。河北省税务局公示的《2017年度全省资源综合利用纳税人名单》显示，石家庄市有10家受到环保部门行政处罚（警告或单次1万元以下罚款除外）的企业享受过增值税即征即退政策，税务机关应及时追征。但截至2019年8月1日，尚有2家企业共计1134.4421万元即征即退税款未追征到位。具体如下：

A公司，法定代表人胡某，地址晋州市纺织工业园区。2016年至2018年期间，该公司被石家庄市环保局处罚4次、被晋州市环保局行政处罚1次

（单次罚款均在1万元以上），上述事实有环保局处罚案卷材料证明，证实A公司因违反环境保护法律法规受到行政处罚。税务部门对该公司应追征金额为1155.8375万元人民币，截至2019年7月份实际追征27.6059万元人民币，仍有1128.2316万元人民币未追征到位。

石家庄市B公司，法定代表人王某某，地址新华区××村南。2017年5月，该公司被石家庄市新华区环保局处罚3万元，上述事实有环保局处罚案卷材料予以证明。税务部门对该公司应追征金额为人民币7.008万元人民币，截至2019年7月份实际追征0.7975万元人民币，仍有6.2105万元人民币未追征到位。

本院认为，税收是国家的主要经济来源，税务机关对应征税款不能及时征收可能造成国家财产损失。依据《中华人民共和国税收征收管理法》第二十八条第一款规定："税务机关依照法律、行政法规的规定征收税款，不得违反法律、行政法规的规定开征、停征、多征、少征、提前征收、延缓征收或者摊派税款。"《中华人民共和国税收征收管理法实施细则》第四十三条第二款规定："享受减税、免税优惠的纳税人，减税、免税条件发生变化的，应当自发生变化之日起15日内向税务机关报告；不再符合减税、免税条件的，应当依法履行纳税义务；未依法纳税的，税务机关应当予以追缴。"上述两家企业应追征税款未及时追征，国家利益持续处于受侵害状态，贵局作为石家庄市税务主管部门，依法负有对辖区内各项税收征收管理的职能。现根据《中华人民共和国行政诉讼法》第二十五条第四款和最高人民法院、最高人民检察院《关于检察公益诉讼案件适用法律若干问题的解释》第二十一条的规定，提出如下检察建议：

一、及时督促所涉区、县税务机关做好上述两家企业共计1134.4421万元的税款追征工作，避免造成国家财产损失。

二、加强对下级税务机关减免税、退税管理工作的监督，对全市享受资

案例七　河北省石家庄市人民检察院督促国家税务总局石家庄市税务局对十家企业违规申请环保退税依法履职案

源综合利用增值税优惠政策的纳税人定期开展核查,避免类似事情发生。

三、加强与生态环境部门信息互通,避免因处罚信息掌握不及时而导致税款减免的情况再次发生。

请在收到本检察建议书后两个月内依法办理,并将办理情况书面回复本院。

2019年8月7日

石家庄市税务局关于对市检察院环保处罚退税追征税款《检察建议书》有关情况的回复

石家庄市人民检察院：

8月7日,我局收到贵单位《检察建议书》后,立即约谈有关单位,经过两个月的努力,在采取了税收保全措施等手段下,两户企业已全部追缴税款,现将具体情况回复如下。

一、核查情况

（一）C生物质能发电有限公司自2015年1月至2017年10月期间多次被石家庄市、晋州市环保部门予以了行政处罚,处罚金额均已超过1万元,符合财税〔2015〕78号文件规定追征已退税款条件,应追征C生物质能发电有限公司增值税11558375.25元。

（二）D建材有限公司,于2017年5月接受环保处罚共计3万元,符合财税〔2015〕78号文件规定追征已退税款条件,应追征增值税税款70080.90元,

二、采取的措施

（一）召开推进约谈会

市局组织召开了追征已退税款推进约谈会，进一步对被环保处罚追征已退税款事项进行了落实，要求两户企业足额及时入库税款。

（二）取消了相应增值税即征即退资格备案

2018年12月20日，向C生物质能发电有限公司下达《税务事项通知书》（税收优惠资格取消通知冀石晋州税通〔2018〕18964号），取消了该公司增值税即征即退税收优惠资格。同时，对D建材有限公司的增值税即征即退税收优惠资格进行了终止，终止日期为2017年5月31日。

（三）下达通知追征税款情况

对C生物质能发电有限公司，多次下达《税务事项通知书》《责令限期改正通知书》《限期缴纳税款通知书》，通知其在限期内缴纳应追缴税款。具体情况：2018年12月28日下达《税务事项通知书》（晋税通〔2018〕0702号）、2019年3月22日下达《税务事项通知书》（晋槐税通〔2019〕001号）、2019年5月10日下达《税务事项通知书》（晋税通〔2019〕0701号）、《限期缴纳税款通知书》（晋税通限〔2019〕510号）、2019年8月9日下达《责令限期改正通知书》（冀石晋州税第二分局限改〔2019〕6号）。

（四）停供（收缴）发票

2019年8月13日，根据《中华人民共和国税收征收管理法》第七十二条之规定，对该纳税人采取了停供（收缴）发票处理。停供（收缴）发票文书：《收缴、停止发售发票决定书》（冀石晋州税第二分局停票〔2019〕1号），收缴空白增值税专用发票19份、增值税普通发票59份。

（五）按征管法有关规定予以行政处罚

2019年8月22日，依据《税收征收管理法实施细则》第九十六条之规定，对该纳税人"提供虚假资料，不如实反映情况"的税收违法行为处

案例七　河北省石家庄市人民检察院督促国家税务总局石家庄市税务局对十家企业违规申请环保退税依法履职案

以2000元的行政处罚。行政处罚文书：《责令限期改正通知书》（冀石晋州税第二分局限改〔2019〕15号）、《税务行政处罚事项告知书》（冀石晋州税第二分局〔2019〕3号）、《税务行政处罚决定书》（冀石晋州税第二分局罚〔2019〕3号）。

（六）税收保全措施

对C生物质能发电有限公司，经晋州市税务局局长批准，于2019年8月13日下达了《税收保全措施决定书》（晋税保冻〔2019〕17号），于2019年8月22日对该公司在中国建设银行石家庄桥西支行、中国银行石家庄裕华支行的存款账户采取了税收保全措施《冻结存款通知书》（晋税冻通〔2019〕17号、晋税冻通〔2019〕18号），共冻结资金37141.99元，其中：中国银行石家庄裕华支行存款账户余额16141.99元，中国建设银行石家庄桥西支行存款账户余额21000.00元，共冻结资金5933374.74元。其中：中国银行石家庄裕华支行金额101641.99元，中国建设银行石家庄桥西支行金额5831732.75元。

对D建材有限公司，由于企业经营比较困难，一次全部追征企业难度较大，2018年12月追征7975.54元。于2019年7月1日冻结银行存款，并对企业下达税收保全措施决定书。

三、完成情况

C生物质能发电有限公司，晋州市税务局于2019年9月4日开具两份缴款书，其中中国银行石家庄裕华支行金额101641.99元于2019年9月5日已入库，中国建设银行石家庄桥西支行金额5831732.75元于9月11日已入库完成。9月30日晋州市税务局对该公司开户银行强制扣缴税款4898358.01元。至此，该公司应追征税款11558375.25元已全部追征到位。

D建材有限公司，2018年12月追征7975.54元，2019年8月9日将剩余62105.36元应追征税款缴纳入库。

四、后续工作

（一）建立税务系统内部的数据交换机制

继续与上级主管机关加强沟通，及时完成上级交办的相关数据，形成上下一体的联动机制；加强与环保部门的横向联系，及时取得相关信息；要求县市区税务机关及时与同级政府部门做好信息共享，确保税收政策落实到位，全力做好涉及环保罚款即征即退企业的税款追征工作。

（二）加强税收政策的宣传和培训

首先加强系统内部政策培训，让每个税务管理人员掌握政策，并对享受即征即退企业进行定期核查，及时发现问题并予以纠正，保证国家税款不流失；其次是对享受优惠政策的相关企业进行税收宣传和纳税辅导，确保政策落实到位。

国家税务总局石家庄市税务局

2019 年 10 月 12 日

案例八　江西省龙南县人民检察院督促龙南县文化广电新闻出版旅游局依法完全履行客家围屋保护监管职责案

案情简述

2019年5月，经龙南县人民检察院调查查明，多处赣南客家围屋存在年久失修、不同程度的自然破败和人为破坏情况，有较大安全隐患或者现实危险。龙南县人民检察院率先探索客家围屋保护公益诉讼案件办理机制，经报请赣州市检察院、江西省检察院批复同意，7月19日向本行政区域内承担文物保护工作的龙南县文化广电新闻出版旅游局"座谈送达"、公开宣告检察建议，与该局沟通交流案件办理情况，介绍检察机关公益诉讼办案职责、理念，进行释法说理，达成保护客家围屋共识。同时，将检察建议报县人大常委会备案。客家围屋保护行政公益诉讼诉前检察建议书发出后，龙南县人民检察院加强了与文物保护主管行政单位龙南县文化广电新闻出版旅游局及其内设部门文物局沟通协作，指定专人对接办案，形成日常沟通联系机制。公益诉讼办案组分别于8月28日和9月16日与龙南县文化广电新闻出版旅游局工作人员现场核实检察建议事项整改落实情况。截至9月26日，案涉五座客家围屋的整改情况最终进展顺利,也推动了其他龙南客家围屋维修工作加快进行。

▎推选理由

赣南客家围屋是珍贵的历史文化遗产,具有重要的历史、艺术、科学文化价值,但围屋保护标志不全,年久失修,部分围屋存在较大的安全隐患或者现实危险。环境保护法将"环境"解释为影响人类生存和发展的各种天然的和经过人工改造的自然因素的总体,其中包括自然遗迹、人文遗迹、自然保护区、风景名胜区等。对赣南客家围屋的保护属于一种广义的生态环境和资源的保护。因此,检察机关有权办理人文遗迹保护类行政公益诉讼案件。龙南县检察机关结合当地文化特色,积极督促文物保护部门履行人文遗迹保护职责,推动了保护围屋行政执法工作的开展,最终形成了与行政主管机关共同保护文物治理机制,推动了地方政府落实人大立法,具有法治治理与多元治理的典型意义。

办案人解读

积极探索"等"外领域 发力客家围屋保护公益
——对江西省龙南县人民检察院督促县文化广电新闻出版旅游局依法完全履行客家围屋保护监管职责一案的说明

曾萌芽*

客家围屋是"中国五大特色民居建筑"之一,是珍贵的历史文化遗产,具有重要历史、艺术、科学、文化等价值。而赣州市龙南县围屋数量之多、风格之全、保存之完好,属全国之最,以"龙南围屋"为主题的赣南围屋被列入中国世界文化遗产预备名单。但受自然或人为等因素影响,客家围屋保护现状堪忧。

2019年3月1日,为赣南客家围屋提供有力法律保护的《赣南客家围屋保护条例》开始施行,龙南县人民检察院发挥公益诉讼办案作用,在"等"外领域大胆探索,发力客家围屋保护公益,就里仁镇人大代表在审议检察工作报告过程中提出"里仁镇渔仔潭围和沙坝围无人管理,有安全隐患,希望县检察院加强保护公益"的意见,于2019年5月24日决定启动龙南县文化广电新闻出版旅游局对客家围屋保护未依法完全履行监管职责一案的立案调查程序,对关西新围、燕翼围、乌石围等具有代表性围屋进行了现场调查,对围屋保护存在的突出问题进行拍照固定、收集证据,询问当地群众、行政执法工作人员,调取有关围屋普查、维修、开发、利用的书证等。

---

* 曾萌芽,龙南县人民检察院党组成员、副检察长。

2019年7月19日，经上级检察院批复同意，龙南县人民检察院向龙南县文化广电新闻出版旅游局"座谈送达"、公开宣告检察建议，并成立办案专班持续跟进检察建议事项整改落实，及时向人大代表反馈办理情况，以检察办案实效积极回应群众关切。

在检察建议整改落实阶段，龙南县人民检察院与龙南县文化广电新闻出版旅游局形成日常沟通联系机制，积极推动其依法、及时、有效履行客家围屋保护职责。公益诉讼办案组利用常态化"回头看"多次到案涉燕翼围、乌石围、关西新围维修整改项目现场协同、督促整改，并结合龙南县"全域旅游"战略打造客家围屋文化项目，积极向龙南县委县政府建言献策，将具有旅游开发、利用价值的客家围屋纳入旅游规划，实现了在保护中开发、利用，在开发、利用中保护，案涉客家围屋全部维修整改到位或列入2020年维修整改计划，还示范带动了龙南其他客家围屋整改维修保护。龙南县文化广电新闻出版旅游局进一步明确了客家围屋保护标准和方法，建立健全了围屋保护管理机制，在资金有限的情况下，实现客家围屋最大化保护，使文物和文化遗产保护成果更多惠及人民群众，促进当地社会经济文化发展，实现双赢多赢共赢目标。

客家围屋保护始终在路上，龙南县人民检察院将牢记习近平总书记对文物保护的重要批示指示精神，秉持双赢多赢共赢、精准监督等工作理念，继续发挥好公益诉讼等检察职责，在客家围屋文物和文化遗产保护工作中主动作为、勇于担当，努力走出一条符合本地实际的文物和文化遗产保护利用之路，实现城镇化发展与历史文化遗产合理利用协调发展。

案例八　江西省龙南县人民检察院督促龙南县文化广电新闻出版旅游局依法完全履行客家围屋保护监管职责案

专家评析

试论文物行政公益诉讼的类型化

——以龙南县客家围屋保护监管案为对象

竺　效　梁晓敏*

文物是文明的载体，保护文物是强化社会主义精神文明建设的重要一环。自十八大以来，文物保护工作的力度不断加强、手段越来越多样化。文物保护的司法手段表现为以保护文物为目的的公益诉讼。就诉讼的种类而言，已有涉及文物的公益诉讼实践曾包括环境民事公益诉讼、行政公益诉讼和刑事附带民事公益诉讼。江西省龙南县人民检察院就该地区客家围屋损害与破坏情况向龙南县文化广电新闻出版旅游局提起的检察公益诉讼是文物行政公益诉讼的典型代表。

文物行政公益诉讼的类型应当依据个案的违法行为和损害后果进行类型化，包括环境行政公益诉讼、落实国家财产保护的行政公益诉讼和针对督促文物管护履职的行政公益诉讼。最后一类是基于法律规定的"等"外领域创新。类型化基础上的文物行政公益诉讼才能完整实现受损利益充分救济，实现行政公益诉讼之目的。

一、本案的诉讼类型

（一）救济"历史风貌"损害属环境行政公益诉讼

我国现行法关于"环境"的定义采取了"概括+列举"的界定方式。《环

---

* 竺效，法学博士，中国人民大学法学院教授；梁晓敏，中国人民大学法学院博士研究生。

境保护法》第2条规定:"本法所称环境,是指影响人类生存和发展的各种天然的和经过人工改造的自然因素的总体,包括大气、水、海洋、土地、矿藏、森林、草原、湿地、野生生物、自然遗迹、人文遗迹、自然保护区、风景名胜区、城市和乡村等。"依据该规定,环境保护法保护的具体环境要素包括自然环境和人工环境,或者指经过人力改造的环境因素,其中后者也称为人文环境,较为典型的代表如人文遗迹。

将人文环境纳入"环境"概念范围有较广泛的比较法经验。1993年的《卢加诺公约》第2条第(10)款明确界定了"环境"包括作为文化遗产组成部分的财产;1993年欧共体委员会发表的《环境损害补救的绿皮书》提出的"环境"概念包括"作为文化遗产组成部分的财产和景观的特有属性"。① 根据2002年《俄罗斯联邦环境保护法》第1条的规定,环境包括"人文客体","人文客体指人为了社会需要造就的不具有自然客体属性的客体"。②

本案所涉的文物遗迹属于立法上"环境"定义中的人文遗迹。由于人文遗迹属于法定的"环境"类型,对人文遗迹的损害属于造成生态破坏、环境污染、资源破坏的范畴。同时由于人文遗迹具有公共性,针对这类违法行为和损害后果可以提起环境公益诉讼。司法实践中已经存在针对这类客体保护的公益诉讼案例,如中国生物多样性保护与绿色发展基金会以郑州市上街区峡窝镇马固村村民委员会、郑州市上街区人民政府、郑州市上街区峡窝镇人民政府和郑州市上街区文化广电新闻出版局为被告提起的人文遗迹(文物)保护公益诉讼③。

---

① (1993) Green Paper on Remedying Environmental Damage,[Online] Available at: http://aei.pitt.edu/archive/00000950/01/environmental_damage_gp_COM_93_47.pdf [Last visited 2004 December 15], p.10.
② 马骧聪译:《俄罗斯联邦环境保护法和土地法典》,中国法制出版社2003年版,第1~2页。
③ 河南省郑州市中级人民法院民事调解书(2015)郑民二初字第125号。

案例八　江西省龙南县人民检察院督促龙南县文化广电新闻出版旅游局依法完全履行客家围屋保护监管职责案

与马固案中直接拆毁文物建筑本体不同的是,本案中的违法行为是"在文物保护范围内或建设控制地带有历史性建房,破坏围屋历史风貌"。"历史风貌"具有文化和环境双重属性①,"破坏围屋历史风貌"的行为造成对人文遗迹环境属性的损害。针对这类损害行为,检察机关以要求职能部门正确履行职权为目标提起的公益诉讼属于"在履行职责中发现生态环境和资源保护……领域负有监督管理职责的行政机关违法行使职权或者不作为,致使社会公共利益受到侵害"情形。因此,本案中针对这类损害行为和后果提起的诉讼不属于"等"外公益诉讼类型探索。②

（二）救济"文物的国有财产损害"属国家财产保护行政公益诉讼

文物是国有财产。《民法典》第253条规定"法律规定属于国家所有的文物,属于国家所有"。依据《文物保护法》第3条和第5条的规定,"……近代现代重要史迹和代表性建筑等不可移动文物……可以分别确定为全国重点文物保护单位,省级文物保护单位,市、县级文物保护单位";"……国家指定保护的……近代现代代表性建筑等不可移动文物,除国家另有规定的以外,属于国家所有"。本案所涉客家围屋有多处国家和省级文物保护单位,同时也有多处被列入市级县级文物保护目录。法律规定属于国家所有的财产属于国有财产范围,因此,本案中的客家围屋属于国有财产。

针对国有财产的保护,《民法典》规定"履行国有财产管理、监督职责的机构及其工作人员,应当依法加强对国有财产的管理、监督,促进国有财产保值增值,防止国有财产损失"。经检察机关调查,部分客家围屋存在的损害情况可能导致文物的毁损和灭失,如"渔仔潭围""乌石围"多处通道楼梯年

---

① 就文物的环境属性论述,可参见陈敏:《文物保护宜纳入公益诉讼范围》,载《检察日报》2018年6月3日,第3版。

② 类似观点可参见许光勇:《国有财产保护行政公益诉讼若干实务问题研究》,载《检察调研与指导》2019年第5期。

久失修,"沙坝围"大门屋檐长有乔木,对墙体和屋檐有破坏,楼梯、跳楼大片断裂、脱落。

这些自然或者人为导致的损害减损了文物遗迹作为国有财产的价值,造成了国家利益损害的后果。而这些是由于职能部门没有正确履行职责所导致的。因此,基于这些损害事实,依据法律和司法解释的相关规定,结合本案案情,检察机关针对文物损害造成的国有财产损失情况提起公益诉讼的情况符合"在履行职责中发现国有财产保护领域负有监督管理职责的行政机关违法行使职权或者不作为,致使国家利益受到侵害"的情况。针对此违法行为和损害后果提起的诉讼不属于"等"外的公益诉讼类型探索。

(三)规范文物管护失职行为属"等"外行政公益诉讼

除前述两类违法行为和损害后果外,本案还有第三类违法行为,即相关职能部门未正确履行文物管护的失职行为。《宪法》第22条第2款规定:"国家保护名胜古迹、珍贵文物和其他重要历史文化遗产。"文物保护法明确了具体履行文物保护职能的行政机关及其职责,如《文物保护法》第19条规定:"在文物保护单位的保护范围和建设控制地带内,不得建设污染文物保护单位及其环境的设施,不得进行可能影响文物保护单位安全及其环境的活动。对已有的污染文物保护单位及其环境的设施,应当限期治理。"该法第66条还规定了损毁文物保护单位标志应受到相应处罚。

本案中出现的违法行为,如"渔仔潭围""沙坝围""乌石围""燕翼围""关西新围"等存在围屋存放柴火等易燃物品、电线乱搭乱接、使用明火生产生活,围屋公共消防、安全设施设备不齐全、过期或报废,有较大火灾隐患情形,属于影响文物安全的违法行为;"渔仔潭围""沙坝围""燕翼围"等的文物保护标志被损毁、移动或掩盖,属于损毁文物保护标志的违法行为。针对这两类违法行为的处理属于相关职能部门的日常执法活动范畴。但是本案

案例八　江西省龙南县人民检察院督促龙南县文化广电新闻出版旅游局依法完全履行客家围屋保护监管职责案

中相关职能部门未履行或者未正确履行文物保护法规定的管护职责。因为文物具有公共属性和财产属性，职能部门未履行或未正确履行其职能的行为将导致国家利益和社会公共利益的损害。这类违法行为虽不属于现行法律已明文列举的行政公益诉讼可诉行为，但是对利益损害的救济可以通过"等"外解释的方式进行行政公益诉讼的积极探索。

二、文物行政公益诉讼的类型厘定

（一）本案行政公益诉讼的类型

从前述分析可知，文物具有文化和环境双重属性，同时其在一定条件下又可以成为国有财产的保护对象。这种复合属性使其所涵盖的利益具有多样性。因此，在以文物为对象提起的行政公益诉讼中，应当依据具体的违法行为和损害后果进行分类与整合，以实现法益的全面保护。就本案而言，建议可以分为三类：第一，针对人文遗迹本身的损害而导致文物的环境属性损害或者丧失，对职能部门提起的以救济生态、环境为目的之环境行政公益诉讼。第二，作为国有财产，针对文物被自然或者人为行为破坏后导致的财产本身的损害或者灭失而对职能部门提起的以落实国有财产保护为目的之行政公益诉讼。第三，针对职能部门未能正确履行文物管理和保护职责而提起的以督促职能部门正确履行职责为目的之其他行政公益诉讼。

这三类行政公益诉讼在本案中均有体现，但是前两者可以依据现有法律和司法解释直接提起，因此不属于"等"外创新。而上述第三类则是检察机关作为国家法定监督机关，为督促相关职能部门履行职责救济文物损害而发挥监督职能创新的"等"外可诉行为。

（二）文物行政公益诉讼类型厘定的必要性

进行文物行政公益诉讼在一定程度上是检察机关为正确履行其法律监督

职能而进行的制度创新。文物保护工作具有重要性和必要性，但从法治思维出发，不应为了追求及时的救济效果而破坏制度的规范刚性，好的制度必定是规范性与功能性的有效结合。因此，在个案中提起检察建议时应当明确违法行为和损害结果的类型，在此基础上明确提起的文物行政公益诉讼的类型。这是因为：

第一，文物涵盖的利益具有多样性，若未明确违法行为损害的利益类型，可能导致个案中受损利益未得到全面救济的情况出现。如本案中的两条检察建议主要是针对客观存在的安全风险和建筑客体损害，因此就救济利益全面的角度讲，本案未涉及文物所蕴含生态、环境利益的救济。

第二，不同类型的文物行政公益诉讼追求的救济效果不同，仅笼统进行检察建议可能无法准确判断该类诉讼应当实现的职能是否落实。如本案中，环境行政公益诉讼的目的应为恢复客家围屋的历史风貌；国有财产保护的行政公益诉讼目的则指向受损客家围屋的修复。若未明确区分两类行政公益诉讼，可能无法完全实现诉讼救济效果。

第三，不同类型的文物行政公益诉讼的落实和审查有不同的标准和要求。虽然行政公益诉讼均为督促相关职能部门正确履行职权，但是就特定行政机关而言，是否正确履行职权的要求和标准不同。就本案检察建议的内容予以理论分析可知，该检察建议第 2 条所列"责令限期改正、恢复原状"分别指向环境行政公益诉讼中要求的恢复历史风貌，以及国有财产保护行政公益诉讼中的围屋修复。但在个案的履职情况审查中两者的审查标准并不相同。

三、结语

虽然文物行政公益诉讼的理论探讨和诉讼实践操作尚有不足，但不可否认，本案是一例较为成功的文物行政公益诉讼案例。为强化保护文物的力

案例八 江西省龙南县人民检察院督促龙南县文化广电新闻出版旅游局依法完全履行客家围屋保护监管职责案

度，实现更好的保护效果，将文物纳入公益诉讼范围的呼声越来越高，不仅文物公益诉讼实践逐渐丰富，例如，福建晋江为救护安平桥而成立的文化遗产公益保护联盟①；四川仪陇检察机关为保护红色文物多次提出检察建议②；上海杨浦检察机关为保护历史建筑而提起检察建议③。同时文物公益诉讼实践逐渐规范化的文件也在进一步完善，例如，重庆市检察院发布《关于拓展公益诉讼案件范围的指导意见（试行）》，新增"文物保护、非物质文化遗产保护、历史文化资源保护"④；川渝为加强文化遗产保护公益诉讼进行跨区合作，四川省乐山市、重庆市大足区、重庆市武隆区检察机关签署《关于文物、文化遗产和自然遗产保护领域公益诉讼检察工作跨区域合作的意见》⑤。在不断地诉讼实践尝试和以此为前提逐渐完善的规范建构基础上，科学合理和法教义学基础上的文物公益诉讼类型化必将为我国的文物保护工作提供更加有力的支持。

---

① 韦新红、吴世舜：《两地齐心 护好一桥一海 福建晋江：文化遗产公益保护联盟破解跨域文物保护难题》，载《检察日报》2020年8月24日，第5版。

② 曹颖频、李敏、庄音：《守住红色记忆 四川仪陇：9份检察建议让12处红色文物重现光辉》，载《检察日报》2020年8月24日，第5版。

③ 林中明、张敏：《留存城市历史 上海杨浦：盯紧"空窗期"保护老建筑》，载《检察日报》2020年8月24日，第5版。

④ 刘新吾：《重庆检察系统拓展公益诉讼案件范围 新增公共安全、互联网公益保护等五大领域》，载《人民日报》2020年4月13日，第12版。

⑤ 参见曹颖频、李敏、陈杨：《川渝加强文化遗产保护公益诉讼跨区合作》，载《检察日报》2020年7月10日，第2版。

文化遗产保护成为公益诉讼"等"外领域探索的成功尝试

金国坤*

本案是探索"等"外公益诉讼的成功案例。根据最高检要求，检察机关在履行职责中发现生态环境和资源保护、国有资产保护、国有土地使用权出让等领域负有监督管理职责的行政机关违法行使职权或者不作为，造成国家和社会公共利益受到侵害，公民、法人和其他社会组织由于没有直接利害关系，没有也无法提起诉讼的，可以向人民法院提起行政公益诉讼。除了明确列举范围，对于公益诉讼，更重要的是确定了标准，一是负有监管职责的行政机关不履行职责，二是造成国家和社会公共利益的损害，三是没有直接利害关系人。符合这三个条件便可以成为行政公益诉讼案件。没有直接利害关系人，是因为这种违法行为侵害的往往是不确定的多数人。对历史文化街区、古村落、成片古民居的保护，涉及的不是一家一户的房产问题，而是涉及整个地区的历史风貌，需要由政府作为主体予以保护。本案中，据介绍，由于年久失修、自然破败和人为破坏等情况，赣南客家围屋有较大安全现实危险和隐患，县文化广电新闻出版旅游局存在怠于履职情形，导致社会公共利益受到持续侵害，社会各界保护客家围屋的呼声越来越强烈。在这种情况下，已经具备了提起行政公益诉讼的条件。尽管没有列入试点领域范围，但与试点领域范围内的公益诉讼案件没有本质的区别。本案启动"等"外公益

---

* 金国坤，法学博士，中共北京市委党校（北京行政学院）教授。

案例八　江西省龙南县人民检察院督促龙南县文化广电新闻出版旅游局依法完全履行客家围屋保护监管职责案

诉讼，为明确公益诉讼应重点关注的案件类型，逐步扩大公益诉讼的受案范围进行探索。

公益诉讼的目的在于保护社会公共利益，能够及时避免社会公共利益免受更大的损失是努力的方向。公益诉讼的结果最终还是要求法定义务机关履行法定职责，如果能在公益诉讼启动前通过一定的途径促使义务机关主动履行了职责，实现了诉前保护公益目的，这是最佳的司法状态。事实证明，大部分公益诉讼通过诉前程序就解决了问题，但这不等于说使公益诉讼虚置了，而恰恰是因为有公益诉讼的存在，才能更好地督促履行职责。

该案的典型意义还在于进一步证明了检察公益诉讼的推进，与争取地方党委、人大、政府和有关部门的支持密不可分。承担公益诉讼的部门第一时间向龙南县委主要领导专门汇报，县委书记当即指示明确分管县领导抓好对接落实，并且又分别向县人大常委会专题汇报，得到了县人大常委会充分肯定。在跟进监督落实检察建议整改事项过程中，与县文化广电新闻出版旅游局共同发力客家围屋保护工作。

检察建议可实现类案监督

胡　静*

一、关于"等"外的问题

1. 本案不宜认定为"等"外

《环境保护法》第 2 条规定：本法所称环境，是指影响人类生存和发展

---

*　胡静，法学博士，中国政法大学教授。

的各种天然的和经过人工改造的自然因素的总体，包括大气、水、海洋、土地、矿藏、森林、草原、湿地、野生生物、自然遗迹、人文遗迹、自然保护区、风景名胜区、城市和乡村等。这里的"人文遗迹"包括围屋。因而，还是属于"生态环境和资源保护"。

2. 从立法技术上，不宜认定为"等"外

检察机关作为公权力机关，遵循"法无授权即禁止"。这里的"授权"应该指明确的授权。如果作扩大解释，必然会侵蚀乃至架空"法无授权即禁止"原则。对于个人权利可以解释为"等"外，因为遵循"法无禁止即自由"。

3. 建议通过修法拓展检察行政公益诉讼的适用范围

如果将检察机关作为法律监督机关，应该监督所有的法律实施，仅对列举的"生态环境和资源保护、食品药品安全、国有财产保护、国有土地使用权出让等领域负有监督管理职责的行政机关"提起行政公益诉讼，逻辑上难以成立。仅监督部分法律的实施意味着检察机关作为法律监督机关的角色不完整。可以通过修法拓展检察行政公益诉讼的适用范围。

二、关于履职

从本案提供的材料来看，检察建议内容上应该涵盖龙南围屋较为全面的保护工作。检察机关利用检察建议，政府、人大等机构相互协调共同推动围屋保护最终取得良好效果。在这里，检察建议似乎变成了履行日常职务、建立正常工作机制的第一推动力。从社会效果来看，值得推广。不过，"履职"问题在一定程度被模糊了。本案其实是以检察建议为契机，集中实施围屋保护的工作，不限于个别围屋保护。但是如果是诉讼，对是否履职的认定应该限缩，不宜如此宽泛，应该针对具体行为进行，还应该指出法律法规规定的具体条文，必须指出哪个条文规定了什么职责。2018年《赣南客家围屋保护条例》规定的文物行政主管部门的职责行为包括：具体行政行为如对违反规

案例八　江西省龙南县人民检察院督促龙南县文化广电新闻出版旅游局依法完全履行客家围屋保护监管职责案

定行为责令改正或者罚款，批准在围屋附近从事工程建设等活动，批准围屋的修缮等；事实行为如对修缮提供信息和技术，负责赣南客家围屋保护利用的咨询、指导、评估，对申报提出意见，与赣南客家围屋所有人、使用人或者管理人签订保护责任书，监督检查等。在诉讼中需要指出具体行为违反了哪一项具体的职责。

所以，检察建议中的履职内容和诉讼中的履职内容可能存在差异。前者较为宽泛，后者较为具体。在诉讼中需要坚守：履职的认定以具体规定为依据。这一点需要引起注意。

文书指引

江西省龙南县人民检察院检察建议书

龙检行公〔2019〕36072700012号

龙南县文化广电新闻出版旅游局：

本院在履行公益诉讼检察职责中发现，龙南县多处客家围屋存在年久失修、不同程度的自然破败和人为破坏围屋历史风貌情况，以及存在安全隐患等问题。本院于2019年5月依法进行了调查。经实地核查查明：

本县赣南客家围屋多为土木建筑，除得到旅游开发保护的关西新围外，其他多处赣南客家围屋存在年久失修、不同程度的自然破败和人为破坏情况，有较大安全现实危险和隐患。一是围屋墙体、梁架倒塌塌陷造成较大安全隐患的，如"渔仔潭围""乌石围"多处通道楼梯年久失修，"沙坝围"大门屋檐长有乔木，对墙体和屋檐有破坏，楼梯、跳楼大片断裂、脱落。二是"渔仔潭围""沙坝围""乌石围""燕翼围""关西新围"等存在围屋存放柴火等易燃物品、电线乱搭乱接、使用明火生产生活，围屋公共消防、安全设施设备不齐全、过期或报废，有较大火灾隐患情形。三是"渔仔潭围""沙坝围""燕翼围"等的文物保护标志被损毁、移动或掩盖。四是"沙坝围""乌石围"等在文物保护范围内或建设控制地带有历史性建房，破坏围屋历史风貌等。

本院认为，根据《中华人民共和国文物保护法》第八条、第二十六条、第六十六条、第七十条，《赣南客家围屋保护条例》第四条、第四十条、第

案例八　江西省龙南县人民检察院督促龙南县文化广电新闻出版旅游局依法完全履行客家围屋保护监管职责案

四十一条等规定，以及按照中共龙南县委办公室、龙南县人民政府办公室《关于印发〈龙南县文化广电新闻出版旅游局职能配置、内设机构和人员编制规定〉的通知》（龙办字〔2019〕38号）的规定，你局作为龙南县文物局直属主管行政部门，是本行政区域内承担文物保护工作的法定职责主体，对辖区内赣南客家围屋保护实施监督管理，按规定保护赣南客家围屋建筑物及其附属文物的安全、及时修缮赣南客家围屋，依法保护文物历史风貌，对违反文物保护法及赣南客家围屋保护条例等规定的行为进行调查处理。赣南客家围屋具有重要历史、艺术、科学、文化等价值。客家围屋被誉为"东方的古罗马城堡、汉晋坞堡的活化石"，是客家文化重要的实物载体和象征，是中国五大民居特色建筑之一，也是稀缺的旅游资源，具有不可再生性。龙南县作为"拥有客家围屋最多的县""中国围屋之乡"，在本县境内仍保存有客家围屋376座，部分已列入地方以及全国重点文物保护单位，以龙南围屋为主题的赣南围屋在2012年11月被列入了中国世界文化遗产预备名单，2014年11月赣南围屋营造技艺被国务院列入了第四批国家非物质文化遗产代表性项目目录。本案中，对排查发现的有违客家围屋保护的问题，你局应依法完全履行行政监管职责，规范赣南客家围屋的开发利用，为传承客家文化提供有力保障，切实维护公益。现根据《中华人民共和国行政诉讼法》第二十五条第四款和最高人民法院、最高人民检察院《关于检察公益诉讼案件适用法律若干问题的解释》第二十一条的规定，向你局提出如下检察建议：

1. 针对排查发现的赣南客家围屋年久失修、日常管理不善、安全保障设施不到位等造成重大安全隐患的情形，依法履行保护监管职责。

2. 对发现案涉破坏、毁损赣南客家围屋的违法违规行为，及时制止，责令限期改正、恢复原状，依法追究相关责任人相应法律责任。

请于收到本检察建议书后两个月内依法履行职责，并书面回复本院。

2019年7月16日

关于县检察院客家围屋检察建议事项整改情况的回复

县人民检察院：

贵院发来关于客家围屋保护的检察建议书（龙检行公〔2019〕36072700012号）已收悉，我局高度重视，针对所提事项召开专题研讨会和工作布置会，并在贵院领导的关心指导、贵院具体负责同志的参与协助下，对我县客家围屋保护相关工作进行了推动和完善。我局依法履行文物保护监管能力得到了提升和改进，客家围屋保护和利用取得了有效进展。通过县人大对公益诉讼的调研，各级领导干部和广大人民群众对围屋保护意识有所增强。现将相关情况汇报如下：

一、龙南围屋基本情况

龙南县位于江西省最南端，与广东省接壤，是内陆通向广东沿海发达地区的交通"咽喉"，素有"江西南大门之称"。自南唐保大十一年（953年）建县以来，已有千余年历史。龙南是客家人重要的聚集地之一，是客家文化积淀最深、文化生态保存最完好的地区之一，至今全县境内仍保存有客家围屋376座，占赣南现存客家围屋的70%以上，其数量之多、规模之大、风格之全、保存之完好均属全国之最。2013年8月，龙南县被中国民间文艺家协会命名为"中国围屋之乡"。

2018年11月29日，《赣南客家围屋保护条例》获江西省第十三届人大常委会第九次会议批准，于2019年3月1日起正式施行。《赣南客家围屋保护条例》的颁布实施，意味着客家围屋获得了富有地方特色、针对性更强的法律保护。为贯彻落实《赣南客家围屋保护条例》的相关要求，切实做好龙

案例八 江西省龙南县人民检察院督促龙南县文化广电新闻出版旅游局依法完全履行客家围屋保护监管职责案

南客家围屋的保护、利用工作，我县主动作为、积极行动，扎实推进客家围屋的保护修缮和开发利用工作，并取得了一些工作成效。

二、保护利用相关情况

（一）成立工作机构，明确工作职责

围屋是龙南客家文化重要的实物载体，也是龙南经济社会发展的重要文化遗产资源。长期以来，龙南县党委、政府高度重视客家围屋保护工作，始终将围屋保护工作纳入政府重要议事日程。一是成立了龙南县围屋保护管理领导小组，2017年3月，高规格成立由县委书记任组长，政府县长为第一副组长，县委、县政府分管领导为副组长，文旅、财政、交通、住建、自然资源等部门和有关乡镇为成员的龙南县围屋保护管理领导小组。二是成立了龙南县客家围屋管理中心，2018年4月，设立了龙南县客家围屋管理中心，为县政府直属正科级事业单位，核定事业编制8名。围屋保护管理领导小组和客家围屋管理中心的成立，是县委、县政府切实保护、合理开发客家围屋的重要举措。旨在全力打造"江西省旅游强县""国家全域旅游示范区"，建设赣深高铁沿线"旅游旺"的明珠县，实现将龙南打造成为"世界围屋之都"的战略目标。三是成立了"客家围屋保护研究联盟"，为加大客家围屋保护的学术交流，龙南县文物局（博物馆）牵头成立了"客家围屋保护研究联盟"，联盟成员涵盖江西省龙南县、定南县、全南县、信丰县、安远县、寻乌县和广东省和平县、连平县，"客家围屋保护研究联盟"的成立为客家围屋的学术交流、经验探讨、互通有无搭建了平台，对赣南粤北地区客家围屋的保护修缮和开发利用具有积极推动作用。

（二）开展围屋普查，掌握原始数据

为全面掌握客家围屋的具体情况，龙南县文物主管部门开展了系统、深入、全面的调查摸底，掌握了龙南现存每一座客家围屋的名称、年代、地址、创建始祖、姓氏堂号、建筑形式、建筑面积、房间数量、产权情况、保

295

存现状、历史沿革等基础信息。并重点对具有较高文物价值的客家围屋进行了详细、全面的普查,普查期间发现了许多形态多样、功能各异的围屋,其中不少围屋具有很高的历史、艺术、科学价值。通过对全县客家围屋的全面普查,真正摸清了家底,明晰了龙南客家围屋保护维修工作实施的重点,为后续对客家围屋的开发利用奠定了良好基础。

(三)加大经费投入,开展文物维修

在上级相关部门的大力支持下,龙南积极向上争取资金,加大围屋保护维修力度。2009 年,争取国家文物保护专项资金 200 万元用于燕翼围的维修保护。2010 年争取省级基层文物保护资金 70 万元用于龙光围的维修保护。2012 年争取国家重点文物保护专项资金 980 万元用于关西新围保护维修。争取省级基层文物保护专项资金 292 万元修缮乌石围。2015 年争取国家文物保护专项资金 1640 万元用于关西新围、燕翼围安防、消防、防雷工程。2016 年争取资金 317 万元用于烟园围红四军局部旧址、中共信南县委旧址维修工程。2017 年争取省级基层文物保护专项资金 105.4 万元用于西昌围维修。争取国家文物保护专项资金 358 万元用于燕翼围本体修缮。2019 年,争取中央预算内投资 480 万元用于关西新围、燕翼围保护利用设施项目建设。争取公共文化专项资金 304 万元用于客家围屋的抢救性维修保护。累计向上争取各类客家围屋保护专项资金共计 4746.4 万元。

同时,我县在财力有限资金紧张的情况下,自筹经费对部分客家围屋进行了维修保护。2004 年为迎接第 19 届世界客属恳亲大会,县财政自筹资金 200 万元完成了关西新围的保护维修。

2008 年自筹经费 200 多万元用于渔仔潭围的维修保护,2009 年自筹经费 100 多万元用于沙坝围的维修保护。2010 年自筹经费 400 余万元完成了栗园围的保护维修。2011 年自筹经费 322 万元用于乌石围抢救性维修保护和三线改造,自筹经费 12 万元用于关西新围、燕翼围购置消防设备,自筹经费

案例八　江西省龙南县人民检察院督促龙南县文化广电新闻出版旅游局依法完全履行客家围屋保护监管职责案

130万元用于大纶祖祠维修保护。2017年，自筹经费1548万元完成了关西围屋群的保护修缮（其中：关西田心围454万元，鹏皋围401.1万元，大书房264.5万元，小花洲136.2万元，圳下围292.2万元）。此外，我县还自筹资金完成了福和围、杨屋围、佛仔围等一批客家围屋的维修工作，自筹客家围屋维修保护经费共计三千余万元。

（四）严把工程质量，还原围屋原貌

龙南县文广新旅局是客家围屋保护维修工作的具体执行者。龙南客家围屋在维修保护工程实施中始终严格执行《中华人民共和国文物保护法》《文物保护工程管理办法》等相关法律法规的要求，遵守《威尼斯宪章》《奈良真实性文件》关于"真实性、完整性"的规定，聘请具有古建筑维修设计资质的单位编制维修设计方案，严格履行项目招投标程序，确定具有国家文物保护施工资质的单位进行围屋维修保护工程施工。并聘请了有资质的施工监理单位，对工程质量进行全程把关。维修施工严格执行原位置、原形式、原材料、原工艺的准则，确保维修工程质量良好，有效保障了龙南客家围屋的真实性和完整性，还原了围屋的原始风貌。

（五）集中连片开发，促进文旅融合

客家围屋是龙南不可多得的珍贵历史文化遗产，同时也是龙南经济社会发展的重要资源。龙南县高度重视围屋的保护修缮和开发利用工作，按照"保护为主、抢救第一、加强管理、合理利用"的方针，在妥善保护的前提下，对客家围屋进行开发利用。坚持在保护中利用，在利用中保护，协调好文物保护和旅游开发的关系，以文化促旅游，以旅游传文化，促进文化和旅游深度融合，将龙南围屋文化旅游打造成最具特色的文化旅游品牌。

1.用"围屋+文化"模式打造关西围景区

龙南县融资2.2亿元用于关西围屋景区的开发，并对景区内的田心围、大书房、鹏皋围、圳下围、小花洲遗址、梅花书院等一批客家围屋进行了保护修缮，对围屋周边的环境进行了全面的整治提升。将客家围屋营造技艺、客家饮食、客家服饰、围屋习俗等龙南地方特色浓郁的文化元素融入景区中去。将关西围屋景区打造成集中展示客家围屋和龙南文化的平台。

2. 采用"围屋＋酒店"模式开发老屋下精品酒店

老屋下围位于金塘社区龙坡村，围屋因年久失修，围屋内民房大部分已损毁倒塌，几近废墟，仅留下围屋的围墙和炮楼。2018 年，龙南县人民政府与江西省铁路投资集团公司签约，拆除不协调建筑，保留并修缮围屋围墙，将上仁老屋下围建设成了以凸显围屋元素为特色的高端精品文化酒店，围屋的围墙、炮楼与酒店建筑相得益彰、珠联璧合，格调高雅，成了客家围屋保护与开发利用的典范。

3. 采用"围屋＋乡村"模式打造正桂美丽乡村

里仁镇正桂村地处县城以北约 8 公里处，是一个拥有 500 多年历史的客家古村落。正桂美丽乡村项目总建筑面积为 9.7 万平方米，项目总投资 6000 余万元。以正桂村大纶祖祠、老屋下围、新屋场围等客家围屋为核心，全面打造农业休闲观光旅游和文化旅游项目，进而带动民宿、农家乐、户外拓展、垂钓、家训文化教育基地等项目发展。现已形成以正桂为中心、辐射周边村组的集生态、文化、旅游为一体的花卉苗木产业示范基地。

4. 采用"围屋＋田园"模式打造宝贝田园景点

上游宝贝田园位于里仁镇上游美丽乡村，总投资 2000 万元，项目核心区用地面积 236 亩。景区依托核心位置的客家围屋猫柜围以及山水田园资源，以客家围屋结合"乡村休闲，亲子游乐"为主题。通过组建上游村宝贝田园旅游扶贫专业合作社，激发群众参与旅游热情，保障当地群众利益和项目后期正常运营。与此同时，通过土地入股、就业服务、农产品销售等方式拓宽农户收入来源，达到脱贫增收的目的，并在政策引导下，做旺乡村旅游、传播客家文化，培育本地产业，从而实现客家围屋与乡村文化、产业、生态、

案例八　江西省龙南县人民检察院督促龙南县文化广电新闻出版旅游局依法完全履行客家围屋保护监管职责案

组织、人才等全方位发展。

5. 采用"围屋＋动漫"模式打造动漫文旅创意城

土建背围位于龙南镇金塘社区石人村，地处政府重点开发打造区域石人片区的中心位置。土建背围因年久失修，原有房屋已破败不堪。2019年3月，龙南县主动邀请赣州市文物局（博物馆）党支部书记、国内知名古建筑专家万幼楠到龙南专程调研土建背围保护利用工作。并按专家意见对尚存的祠堂、炮楼、风水塘等围屋元素全部予以保留，并进行修缮保护。在现有古建筑元素得到保护的基础上鼓励大胆创新，将最现代、最新潮的现代建筑元素融入古老的围屋之中，力争做成古典与现代相结合的新型案例，成为围屋保护开发新模式的有益探索。

6. 采用"围屋＋乡村振兴"打造清华大学乡镇振兴工作站

武当镇位于龙南县南边，紧邻广东省连平县，武当镇客家围屋数量众多，分布集中成片。德辉第是武当镇围屋群中的一个。在2018年清华大学乡村振兴实践年会上，龙南县与清华大学正式签订了《共建清华大学学生社会实践基地协议》，双方共建清华大学乡村振兴工作站。德辉第成了清华大学在江西的第一个乡村振兴站工作站点。龙南县以德辉第的修缮为起点，突出重点，连点成线，以线带面，现已开始着手开展武当围屋群13座客家围屋的保护修缮，后续将以客家围屋为主线，以客家文化为核心，以周边环境景观为依托的一个集客家文化展示、交流、体验以及乡村休闲养生度假的文化旅游综合体。

此外，龙南按照"保护为主、抢救第一、加强管理、合理利用"的方针，重点对龙南县城至关西镇的"龙关线"、武当镇至杨村镇的"横黄线"两条交通道路上分布的，具有代表性的围屋进行科学开发。如今，已初步形成了一条异彩纷呈的客家围屋旅游精品线路。其中，对栗园围的改造，与新农村建设紧密结合在一起，使村庄整治与古围屋改造相得益彰，被评为"全国工农业旅游示范点""客家文化旅游新村",并获得了省、市"十佳和谐·魅力乡村"的称号;渔仔潭围则充分挖掘了客家酒文化的深刻内涵,开发成"客家酒堡",围绕酿酒、展酒、赏酒、品酒、藏酒五大主题,在渔仔潭围规划建设了酒文化收藏展览区、酒类品尝区、传统酿造工艺演示区、游客服务区等功能区,是人与自然和谐统一的杰作;沙坝围依托周边优美的环境,与闻名海内外的"油画村"深圳大芬村开展文化交流与合作,将其辟为画家进行生活体验,艺术创作及作品展示的场所,沙坝围成了展示客家文化的"艺术古堡"。

龙南县通过对客家围屋采取形式多样、各具特色的模式进行开发利用,真正使围屋保护的成果惠及百姓,家园变成了景点,村民成了受益者。文物保护成了改善民生、促进生态保护、增加村民就业、提高村民收入、改善村民生的重要举措。

三、现状隐患整改情况

贵院于今年5月对部分客家围屋的保存现状进行了调研,对存在的安全隐患行了排查。针对检查中发现的问题和隐患,我局积极行动,分批次逐步进行修缮和整改。

(一)关西新围存在问题的整改

关西新围位于关西镇关西村,是全国重点文物保护单位。针对关西新围居民生产生活用火导致火灾隐患较大等问题。我局向上争取消防、安防、防雷专项经费为关西新围安装了消防系统,对用电线路进行了整改、套管,极大地降低了火灾安全隐患,保障了关西新围的消防安全。

(二)燕翼围存在问题的整改

燕翼围位于杨村镇杨村村,是全国重点文物保护单位。我局向上争取专项资金对燕翼围进行全面维修,项目于7月上旬进场施工,目前已完成了一楼禾坪后期搭建低矮土坯房的拆除,完成了一楼房间的修缮,完成了围内原

案例八　江西省龙南县人民检察院督促龙南县文化广电新闻出版旅游局依法完全履行客家围屋保护监管职责案

有用电线路的整改。项目有望于年底全面竣工。

（三）乌石围存在问题的整改

乌石围即将被公布为第八批全国重点文物保护单位。近年来，我局向上争取资金和自筹资金相结合，对乌石围进行了修缮，对乌石围内的用电、通信、网络线路进行了整改，为乌石围配备了灭火器材。

（四）渔子潭围、沙坝围存在问题的整改

县委、县政府曾于2009年自筹资金三百余万元用于渔子潭围、沙坝围的保护维修，由于维修后的围屋无人居住、无人管理、无人检修，导致围屋荒废受自然因素影响破损情况十分严重；为做好渔子潭围、沙坝尾的保护和后续的开发利用。我县已将渔仔潭围、沙坝尾的开发利用作为2020年的重大项目来抓。该两处围屋将在得到修缮保护的基础上进行开发。

四、存在问题工作困难

（一）数量多，分布广，保护管理难度大

龙南是"中国围屋之乡"，全县辖区范围内保存有客家围屋376座，其中全国重点文物保护单位2处，省级文物保护单位5处，县级文物保护单位17处。级别以下文物点352处。龙南县围屋数量之多，分布之广，维修需求之迫切，唯龙南所仅有。376座客家围屋这一巨大的基数给客家围屋的保护修缮以及日常监管带来了巨大的困难。做好客家围屋的保护、管理工作所需的资金、人员需求量极大。龙南县文物局（博物馆）作为全县客家围屋保护的行政主管部门和保护管理机构，现有编制12名，但在编人员仅有4人，空编8人，人员缺口大。

（二）需求大，缺口大，维修资金严重不足

由于年久失修，建筑材料多为土坯砖，人为破坏等原因，目前，龙南县客家围屋保存现状普遍堪忧。除全国重点文物保护单位和江西省文物保护单位，以及位于景区或紧邻交通要道的少量客家围屋可以得到上级资金或者地方投融资金支持外，其余大部分客家围屋难以得到维修资金支持。

龙南县围屋数量庞大，围屋普遍建筑体量较大（建筑面积几千甚至上万平方米的围屋比比皆是），围屋维修单位面积造价高（1500—2000元每平方米）等原因，导致龙南客家围屋保护维修所需投入的资金量十分巨大。县财政难以支撑。围屋抢救性保护资金严重不足。

（三）修好围，无人住，加速围屋的自然损毁

由于客家围屋建立初期是以实现防御功能为第一诉求，建筑结构设计十分封闭。开放性、便利性普遍不足，难以适应当代生活需求。狭窄的居住空间，封闭的居住环境，导致大量围内居民搬离围屋外出建房，少数住房用地紧缺的地区甚至出现了拆围屋建新房的情况。部分客家围屋完成修缮后，因未进行有效利用，出现无人居住、无人监管、无人清扫、无人检修等情况。风霜雨雪、动物植物等自然因素的影响肆意蔓延，加速了客家围屋的自然损毁。十年前完成全面修缮的渔仔潭围、沙坝围因无人居住和管理，现已出现瓦面渗水、木构件腐朽、塌陷、断裂，植物疯长等严重的自然损毁情况。

（四）意愿低，筹钱难，居民自主修缮难以实施

根据《中华人民共和国文物保护法》第二十一条规定（国有不可移动文物由使用人负责修缮、保养；非国有不可移动文物由所有人负责修缮、保养。非国有不可移动文物有损毁危险，所有人不具备修缮能力的，当地人民政府应当给予帮助；所有人具备修缮能力而拒不依法履行修缮义务的，县级以上人民政府可以给予抢救修缮，所需费用由所有人负担），围屋的保护修缮主体责任是围屋的所有者或使用者。围屋所有者或使用者有依法履行围屋修缮的义务。文物主管部门仅对本行政区域内的文物保护具有监督管理职责。由于围内居民少，修缮意愿低，维修资金的筹措难度大等原因，导致围屋所有者或使用者自主修缮难以实施。且居民对围屋的修缮普遍采用钢筋、水泥、琉璃瓦等现代材料，将严重破坏围屋的建筑格局和原始风貌。

案例八 江西省龙南县人民检察院督促龙南县文化广电新闻出版旅游局依法完全履行客家围屋保护监管职责案

五、围屋保护工作建议

（一）建议加大围屋保护机构人员配备

龙南县客家围屋点多面广，保护难度大。作为直接担负围屋管理职能的龙南县文物局（博物馆），现有人员严重不足。建议县组织人事部门尽快为文物局（博物馆）配备补齐人员。同时，为缓解围屋数量众多，分布广泛，难以全面保护管理的难题，建议建立文物局（博物馆）、乡镇、村组理事会的围屋保护三级联动组织架构，逐级落实围屋保护管理职责，调动、发挥基层干部群众保护管理客家围屋的积极性和能动性。

（二）建议加大围屋维修资金扶持力度

龙南县客家围屋数量多，围屋维修资金需求量大，迫切需要各级部门加大对龙南县客家围屋保护维修的资金扶持力度。迫切需要上级文物主管部门加大对龙南县客家围屋维修资金申报工作的倾斜力度。

（三）建立围屋保护专项基金

龙南县围屋数量众多，资金缺口大，难以全面进行维修。建议建立围屋保护专项基金，用于围屋的日常管理，平时的瓦面修复、楼梁破损等日常维护修缮，避免因漏雨、渗水等小问题积年累月得不到解决而导致围屋坍塌等重大损毁情况发生。

（四）建议支持方案、规划编制工作

文物保护工作具有特殊性，要求维修设计方案、保护规划先行。为加大文物保护维修工作力度，龙南县文物主管部门计划于近期编制一批围屋维修设计方案。建议省、市上级文物主管部门加大对方案编制的业务指导和后期方案评审的支持力度。

六、下一步工作打算

（一）加大规划、方案编制力度

拟于邀请国内顶级设计团队编制《龙南客家围屋保护利用总体规划》，对龙南客家围屋保护利用长期发展进行战略指引，综合平衡和保护控制。同时，继续加大围屋维修设计方案的编制力度，邀请有资质的设计单位编制福和围、矮寨围、新屋场围等一批客家围屋的维修设计方案。

（二）加大资金筹措力度

以维修设计方案的编制、报批为基础，加大上级专项资金的申报力度，争取上级相关部门对龙南客家围屋保护工作资金支持的倾斜力度。同时，加大旅游投融资以及其他社会资金的吸纳、利用力度。鼓励更多的社会资本投入到客家围屋的保护、开发工作中来。

（三）做好围屋的开发利用

在客家围屋妥善保护的前提下，按照"整体规划、突出特色、保护原貌、循序渐进"的原则，注重文化与旅游深度融合，采用"尊重历史、尊重现实、修旧如旧、体现特色、提高品位"的思路，采取"一围一品、一围一业态"的手法，分阶段、分批次打造龙南客家围屋精品旅游线路，真正的保护好、传承好、开发好、利用好客家围屋这一珍贵的历史文化遗产资源。全面擦亮"中国围屋之乡"名片，唱响"世界围屋之都"的品牌。

2019 年 9 月 16 日

案例九 广东省东莞市人民检察院支持东莞市环境科学学会诉袁某某等三人环境污染民事公益诉讼案

案情简述

2016年6月至2017年1月期间，袁某某等3人通过私设的暗管，将约700吨电镀废水直接排放到市政下水道，电镀废水流入中心涌，并最终流向东江、中堂水道。经检测，倾倒点电镀废水各类重金属超出《电镀水污染物排放标准》（DB44/1597—2015）排放限值700—8000多倍，偷排的废水被认定为有毒物质。该行为严重破坏生态环境，损害社会公共利益。东莞市人民检察院对该线索依法立案，于2017年8月9日在《检察日报》上发表公告，督促适格机关和有关组织起诉。2017年8月10日，东莞市环境科学学会函复将对此案提起民事公益诉讼，并请求检察机关支持起诉。2018年7月24日，检察机关支持东莞市环境科学学会向广州市中级人民法院对袁某某等3人提起水污染责任环境民事公益诉讼。2019年7月23日，广州市中级人民法院作出一审判决，判决被告共同赔偿生态环境修复费用875万元、环境损害鉴定评估费用22万元及其他各项费用共计927万余元，并公开赔礼道歉。被告不服一审判决，向广东省高级人民法院提起上诉。2020年2月25日，广东省高级人民法院作出二审判决，驳回上诉，维持原判。

推选理由

本案是检察机关在环境民事公益诉讼中支持起诉的典型案件。民事诉讼法最初制定时便规定了支持起诉作为重要的法律原则。2017年全国人大常委会在《民事诉讼法》第55条中增加第2款，明确授权给检察机关除提起民事公益诉讼之外，可以支持法律规定的机关和有关组织提起公益诉讼，是对民事诉讼法支持起诉原则的细化与扩展。本案检察机关前期案件证据收集工作非常规范、扎实，在收到广东省东莞市环境科学学会支持起诉的申请之后，将案件材料全部移交。如果没有检察机关的支持，作为初次提起民事公益诉讼的社会组织则很难启动调查、起诉等程序。本案在检察机关支持起诉的具体支持内容和履职方式等方面都具有实践示范与理论研究的典型意义。

办案人解读

检察机关支持起诉为民事公益助力

丁春波 *

本案是检察机关发挥公益诉讼支持起诉职能，支持社会组织成功提起的环境保护领域公益诉讼案件。在发现本案环境污染线索后，东莞市人民检察院经调查核实，认为袁某某、陈某某、何某某3人违反法律规定，私设暗管向外环境排放有毒物质的行为，严重污染环境，损害社会公共利益，应依法承担侵权责任。遂依照民事公益诉讼诉前程序的规定，于2017年8月1日在《检察日报》进行公告，督促有权提起诉讼的机关或有关组织提起民事公益诉讼，东莞市环境科学学会回复将对袁某某、陈某某、何某某3人提起民事公益诉讼，并请求检察机关支持起诉。

东莞市人民检察院受理环境科学学会支持起诉的申请后，采取以下措施，支持学会向广州市中级人民法院提起民事公益诉讼：

第一，协助调查取证，固定起诉证据。（1）查阅卷宗，确定违法主体及事实。通过查阅刑事卷宗，认定违法主体及事实，并询问在押被告，完成刑事证据到民事公益诉讼证据的转化，精准确定侵权责任人及倾倒电镀废水的数量。（2）实地勘查，查明电镀废水流向。东莞市人民检察院协同生态环境局工作人员赶赴现场，实地查看污染情况，并调取该区域水文流向图，确定电镀废水流向及污染区域，查明电镀废水最终流向东江及作为东莞饮用水源

---

* 丁春波，广东省东莞市人民检察院第六检察部主任、四级高级检察官。

地的中堂水道,并已经对沿途土壤造成污染。(3)结合专业意见,确定索赔金额。案涉电镀废水重金属严重超标,已经被认定为有毒物质。为精准提出诉求,明确环境损害程度和修复成本,东莞市人民检察院建议并督促原告委托有资质的环境评估鉴定机构进行环境损害评估鉴定,并先行联系行业协会及市价格认证中心,调查案涉废水的处理价格,为鉴定机构确定损害后果提供参考,最终按照虚拟成本计算方法确定环境修复费用为875万元。

第二,提供法律咨询,保障起诉效果。在案件办理过程中,东莞市人民检察院发挥司法实践工作优势,与法院沟通,明确诉讼流程,全面提交材料,确保诉讼顺利进行。同时,为避免被告转移财产,使判决成为一纸空文,检察机关还依法查询了被告房产等相关财产信息,提示并协助原告完成诉前保全,为案件后续执行提供了保障。

第三,出庭支持起诉,践行检察公益诉讼职责。东莞市人民检察院作为公益诉讼支持起诉人,先后派员出席一审、二审法庭,发表出庭支持起诉意见,协助原告方进行举证、参与质证与辩论,对被告人破坏生态环境、损害社会公共利益的行为、后果及因果关系进行全面、客观的论述,不仅增加了法官的确信,也有效宣传检察公益诉讼职责,彰显了公益诉讼的法律价值与社会意义。

本案经过广州市中级人民法院一审、广东省高级人民法院二审,均支持原告和公益诉讼支持起诉人的主张,认为何某某、陈某某、袁某某3人污染环境的行为已经损害了社会公共利益,判决3人赔偿生态环境修复费用875万元,承担鉴定评估费、律师费、保险费以及其他合理支出524686.4元,在东莞市的市级媒体发表赔礼道歉声明。目前案件已经进入执行阶段。

专家评析

检察机关支持民事公益诉讼起诉的制度体系
——东莞市人民检察院支持市环境科学学会诉袁某某等三人环境污染民事公益诉讼案评析

汤维建[*]

东莞市人民检察院支持市环境科学学会诉袁某某等3人环境污染民事公益诉讼案（以下简称"东莞案"）是检察机关支持公益诉讼中的典型一例，而且对东莞市检察院来说也是其有史以来第一宗[①]。该案历经了诉前公告程序、资格审查程序、证据协助调查、提供法律咨询与诉讼指导、协助鉴定和保全、出庭支持起诉、协助进入执行程序等全链条、全流程的支持起诉所能经历的所有环节和程序，包括诉前支持、一审支持、二审支持以及保全支持，使用了支持起诉所能够采用的几乎所有的手段、技术和方法、方式，因而既具有区域性的开创意义和可复制的推广价值，也具有理论分析的标本价值[②]。

一、"东莞案"展示出检察机关在支持公益诉讼中的主体责任

新中国成立后，支持起诉作为民事诉讼法上的一项基本原则，从1982

---

[*] 汤维建，中国人民大学法学院教授。
[①] 该案由广州市中级人民法院作出一审判决书（2018）粤01民初707号，由广东省高级人民法院作出二审判决书（2019）粤民终2169号。广东省东莞市人民检察院提出"支持起诉意见书"东检民（行）支〔2017〕44190000003号。
[②] 该案与2016年1月31日被最高人民法院（2015）民申字第1366号民事裁定书裁定驳回再审申请的、历经3年备受理论界关注的泰州市环保联合会诉锦汇、常隆等公司环境污染侵权纠纷案（也被简称为"1.6亿天价泰州赔偿案"）有诸多相似之处，同具有理论分析价值。

年《民事诉讼法（试行）》直至现今，中间历经1991年、2007年、2012年、2017年多次修改，一直存在于《民事诉讼法》第一编"总则"第一章之中。现行《民事诉讼法》第15条规定："机关、社会团体、企业事业单位对损害国家、集体或者个人民事权益的行为，可以支持受损害的单位或者个人向人民法院起诉。"2012年修改《民事诉讼法》，增设了第55条关于公益诉讼的规定，从此，支持起诉原则的适用范围从通常的民事诉讼或私益诉讼扩展到了公益诉讼。2017年对《民事诉讼法》再次修改，在第55条公益诉讼条款上加上了一个第2款，即"人民检察院在履行职责中发现破坏生态环境和资源保护、食品药品安全领域侵害众多消费者合法权益等损害社会公共利益的行为，在没有前款规定的机关和组织或者前款规定的机关和组织不提起诉讼的情况下，可以向人民法院提起诉讼。前款规定的机关或者组织提起诉讼的，人民检察院可以支持起诉。"在解释论上人们必然要追问：《民事诉讼法》第15条规定的支持起诉原则和第55条第2款关于检察机关支持公益诉讼的规定之间是一种什么样的关系？

笔者认为，《民事诉讼法》第55条第2款的规定并不是立法的简单重复，而是支持起诉原则的立法发展和制度进步，表现在：其一，拓宽了支持起诉原则的适用范围。《民事诉讼法》第15条规定的支持起诉原则尽管也涉及对损害国家利益和集体利益侵害行为的支持起诉，但它主要是立足于对普通民事诉讼或曰私益诉讼而言的，而《民事诉讼法》第55条第2款的规定则仅针对公益诉讼的支持起诉，《民事诉讼法》第55条第2款的规定可视为是对《民事诉讼法》第15条规定的一个补充和拓展，二者相结合我们可得出结论认为，我国的支持起诉原则不仅适用于传统的私益诉讼案件，而且也适用于公益诉讼案件。其二，检察机关是支持公益诉讼的第一责任主体。《民事诉讼法》第55条第2款虽然仅规定了检察机关支持公益诉讼的制度，但这并不意味着对公益诉讼的支持主体就只有检察机关一个，此外的任何主体都不具

案例九　广东省东莞市人民检察院支持东莞市环境科学学会诉袁某某等三人环境污染民事公益诉讼案

备支持公益诉讼的法律资格。从体系解释的角度看,《民事诉讼法》第15条规定机关、团体和企事业单位都有对公益诉讼的支持起诉资格和权利,就像检察机关对私益诉讼也具有支持起诉的法律资格一样。然而,与其他机关、团体和企事业单位相比,检察机关的支持公益诉讼因具有法律的直接规定而处在突出的位置,可以说,检察机关是支持公益诉讼的第一责任主体,也是第一权利主体。其三,实现了支持起诉从原则到制度的转换和发展。支持起诉长期被人们诟病,认为其不足以构成一个基本原则,甚至有人主张将其从民事诉讼法中废弃,其中一个重要的理由就是凡原则均应有制度和程序的配套,孤零零的一个原则犹如缺乏轮子的车辆无法运转和发挥作用,然而,支持起诉这样一种只有原则而无制度和程序配套的立法尴尬局面在《民事诉讼法》增设第55条第2款后业已消除,因为第55条第2款的规定不仅包含主体、范围等制度性因素,而且包含前置程序等程序性因素,因而尽管其仍不够完善和健全,也尽管其制度性效果仅存在于公益诉讼领域,但毕竟它已拉动《民事诉讼法》第15条规定的支持起诉基本原则实现了制度化、规范化、程序化的局部转变,为支持起诉原则进行全面的制度性、规则性和可操作性转变开启了新的篇章。

二、"东莞案"显示出检察机关支持公益诉讼具有重要的价值与功能

"东莞案"中人们自然会提出一个疑问,既然检察机关有了更加完整、更加有力度、更加有效果、更加有影响力、更能彰显检察职能的提起公益诉讼制度,那么,检察机关这种约束力不强、立法规范粗疏、理论上饱受争议的支持公益诉讼制度是否还有存在的必要性和重要性?对此笔者认为,通过"东莞案"以及其他类似案例可知,检察机关支持社会组织提起公益诉讼具有重要的功能和价值,甚至在一定意义上说,它还是检察机关维护公益、实现检察公益职能的带有方向性、趋势性和规律性并蕴含巨大制度生命价值的主

要制度形式。具体理由阐述如下：

（一）制度创新价值

回溯历史，我国的检察制度一直处在深化发展和制度转型之中，检察改革是其主要的推动力，通过检察改革，在以刑事检察为主导的检察职能体系中，民事检察、公益诉讼检察相继产生并强劲发展，如今在公益诉讼检察中，除提起公益诉讼外，支持公益诉讼成为检察制度发展的新的支点或增长点，其具有巨大的制度创新价值，表现在：一是职能创新。提起公益诉讼和支持公益诉讼是检察机关所肩负的两种既有关联又有区别的检察职能，从实践逻辑来看，支持公益诉讼的探索在先，为检察机关提起公益诉讼提供了经验基础，目前经过否定之否定，检察机关支持公益诉讼再次焕发出其内在的生命价值，成为与检察机关提起公益诉讼并行发展的重要制度。二是理念创新。检察机关支持公益诉讼具有谦抑性、嵌入性、平和性和伸缩性等特点，与双赢多赢共赢的检察理念相契合。三是模式创新。检察机关支持公益诉讼呈现出来的司法理念具有后现代性的特点，比如它主张多元参与而非独占公益诉权；它主张沟通、交流、协商、互动、扁平化司法而非科层、控制、职权化、垂直性司法；它主张公益诉讼应当以多元价值、社会自治、预防侵权、公益恢复为追求的目标而非对侵权者采取简单的惩罚主义等，在检察机关支持公益诉讼中所呈现出来的这些新型诉讼理念，不仅有助于公益诉讼的制度良性发展，而且有助于整个检察制度的现代化转轨。可见，检察机关支持公益诉讼蕴含着巨大的制度创新价值，新时代的检察改革可以从该项看似边缘实则前瞻的制度建设和实践中发掘出指引前进方向的诸多启迪，检察机关支持公益诉讼制度中所蕴含的新职能、新理念、新范式、新引擎和新境界将在整个检察制度体系之中发挥出无法比拟、难以替代的制度功能。

（二）扶持社会组织发展的功能

《民事诉讼法》第55条第1款规定："对污染环境、侵害众多消费者合法

案例九　广东省东莞市人民检察院支持东莞市环境科学学会
　　　　诉袁某某等三人环境污染民事公益诉讼案

权益等损害社会公共利益的行为，法律规定的机关和有关组织可以向人民法院提起诉讼。"就民事公益诉讼而言，与检察机关并肩作战共担公益维护职责和使命的主体主要就是社会组织，立法将社会组织的公益诉权挺在前面，被寄予厚望。然而反观我国社会组织的发展现状，其情形并不容乐观。一般认为，我国的社会组织存在准入门槛高、独立性差；组织不成熟、监管不到位；与有关组织合作欠缺；相关法律法规不健全等问题[①]。社会组织提起公益诉讼不仅面临着信息障碍、公益诉讼案件线索发现难的问题，更会面临着举证困难等现实障碍，有时还会遭遇地方保护主义的困扰和阻力，可以说，社会组织提起公益诉讼举步维艰。这既可能表现为社会组织在主观上不愿意提起公益诉讼，也可能表现为社会组织提起公益诉讼心有余而力不足。"据报道，全国有700余个社会组织符合法律和有关司法解释规定具备环境诉讼起诉资格。然而，2015年仅有九家社会组织成为环境公益诉讼的原告"[②]。为了使社会组织消除提起公益诉讼的各种障碍，克服其困难，检察机关有必要发动职能，支持其提起公益诉讼。通过检察机关支持公益诉讼，使社会组织有勇气走上法庭行使立法赋予其的公益诉权，充分行使诉讼权利，履行诉讼义务，获得应该获得的胜诉判决，实现保护公共利益的最终目标。通过提起公益诉讼，社会组织不仅自身得到了锤炼和提升，而且也有助于其总结经验教训，完善其自身的治理结构，强化其组织能力，更好地通过包括提起公益诉讼在内的各种法律途径维护社会公共利益，实现其组织目标。

（三）解救检察公益诉讼之困

检察机关提起公益诉讼对维护公益做出了极大贡献，但与此同时还应看到，检察机关提起公益诉讼还面临着许多困境：一是覆盖困境。检察机关毕

---

① 史学瀛等：《基于环境保护的我国非政府组织的现状、问题与完善》，载《怀化学院学报》2016年第7期。

② 李楯主编：《环境公益诉讼观察报告（2015年卷）》，法律出版社2016年版，第262页。

竟机构有限,人员配备不足,办理公益案件的专业能力受限①,而损害公益的情形却较为普遍,目前提起公益诉讼的重担主要压在检察机关身上,社会组织提起公益诉讼仅仅是被动响应检察机关的公告号召,基本上流于形式,行政机关提起公益诉讼立法并无明确授权,也只能以实践探索的名义偶尔涉足该一领域。检察机关几乎包揽着所有形式的公益诉讼,包括民事公益诉讼和行政公益诉讼,而这实际上是勉为其难的,检察机关提起公益诉讼不能不带上极大的偶发性、政策推动性、运动性,一定程度上的选择性司法在所难免,大量需要公益诉讼制度介入的领域仍如久旱盼甘霖,而往往落空②,公益诉讼的覆盖领域十分有限,其点缀性色彩极为浓厚。二是判断困境,某一行为究竟是否损害了公共利益,这一判断极具有专业特性,检察机关在这方面并无优势。三是选择困境,面临着公益诉讼,检察机关究竟是提起行政公益诉讼还是民事公益诉讼,其中的选择并无确定性标准可以遵循。四是兑现困境,检察机关提民事公益诉讼获得胜诉后一般就无力跟踪其最终的执行,执行往往难以全面及时有效到位,公益保护有时难免浮于表面;检察机关提起行政公益诉讼,则可能出现法院一判行政违法责令行政机关继续履职而了之,至于行政机关是否切实履职,公益保护是否切实达到预期目标等,往往便无下文。检察机关提起公益诉讼之所以面临着这么多困境,原因固然有多方面,但其中有一个重要原因就是它往往冲在公益诉讼的第一线,试图包

---

① 有学者甚至基于此而指出:检察机关并不是提起公益诉讼的最佳主体。吕忠梅:《环境司法理性不能止于"天价"赔偿:泰州环境公益诉讼案评析》,载《中国法学》2016年第3期。

② 2016年4月,由北京市朝阳区环保组织"自然之友"和中国生物多样性保护与绿色发展基金会对涉嫌污染土壤的常隆公司、常宇公司、华达公司提起环境民事公益诉讼(被称为"常州毒地案"),该案污染事实虽被确认,但历尽一审、二审却均以原告败诉告终。被学者质疑的是,该案中以维护公益为天职的检察机关始终处在缺席状态,没有介入诉讼进行公益诉讼的支持活动。参见吴华聪:《"常州毒地案"再审检察机关支持起诉问题探讨》,载《法制与社会》2019年第9期。

案例九 广东省东莞市人民检察院支持东莞市环境科学学会诉袁某某等三人环境污染民事公益诉讼案

揽公益诉讼的全部发动权,因而陷入上述种种困境之中。为了解救检察机关走出上述种种困境,有必要反思、更新公益检察职能的排列组合,形同虚设几乎处在抛荒状态的支持起诉原则有重新被拾起的必要。通过检察机关的支持而非提起公益诉讼,使大量的社会公益组织在检察机关的有力扶助和帮助下卓然有序地提起该提起的公益诉讼,并同时开放社会组织提起行政公益诉讼之大门,使社会组织更加精准地选择是提起民事公益诉讼抑或行政公益诉讼,这样检察机关因亲自提起公益诉讼而不能不陷入的上述诸多困境便迎刃而解。尤其是这样做,不仅不影响检察机关实现公益保护的检察职能,而且还产生诸如辅助社会组织、匡扶社会弱者、助力接近正义、接济公益司法等法治副产品,一举而多得。

(四)有助于构筑公益维护的多元模式,从而实现多元共治价值

意大利法学家卡佩莱蒂教授曾对现代社会超个人分散性利益遭遇侵害时的起诉资格问题指出,"第一,应赋予个人和社会组织维护普遍或团体利益的起诉权,以激发其主动和热情;第二,应将他们的主动、热情和政府的主动或监控整合起来"①。笔者认为,就公益保护的司法模式而言,大体上依其主体属性可分为起诉资格私法模式、起诉资格社会模式、起诉资格公私合作模式以及起诉资格公法模式等4种类型,公益诉讼的私人起诉资格我国目前立法并未赋予之,因而存而不论,在剩余的3种公益诉讼起诉模式中,依其所占份额或曰起诉的数量比例而言,笔者认为最佳组合应当是递减接力关系,社会组织的公益诉权应当发挥出最大效应,其次应当是混合模式,最后才是国家出面的公益诉讼起诉模式。然而,如前所述,我国的社会组织在公益司法上能够发挥的作用极其有限,更多的重担是压在检察机关身上,而检察机

---

① [意]莫诺·卡佩莱蒂:《比较法视野中的司法程序》,徐昕、王奕译,清华大学出版社2005年版,第389页。

关本身对此又面临诸多困境，甚至围绕检察机关在公益诉讼中的地位、权利义务以及保障机制等问题还始终存在争论，这种局面在一定程度上影响公益诉讼的理想效果之实现。为了改变此一局面，我们有必要改变和调整公益诉讼起诉模式的排列组合方式。笔者认为，以社会组织为起诉主体、检察机关为支持诉讼主体的公私混合模式应当成为我国目前公益司法的主导性模式，社会组织的起诉模式和检察公益诉讼模式成为该模式的"两翼"。公益司法的这种力量组合具有多方面的优势，其中最为重要的是符合合作共赢的社会治理需求[①]。公益诉讼是社会治理的善治方式之一，将公益诉讼中的社会力量和国家力量有效地融为一体整合起来，有助于克服传统公益诉讼模式中存在的以公私分离为特征的非此即彼的直线式、二元化、对立性思维，使社会救济和公力救济在公益诉讼中呈现出最大化的力量组合。检察机关支持公益诉讼制度的内在机理就是让最适合的人在最适合的情境下做最适合的事，它与多中心主义和公法上的辅助性原则相关联；当个人或社团无法完成某项诉讼，或者诉讼任务的完成已经超过他的能力、预期效益等，且当该项诉讼的完成又极具价值，可能影响国家、社会公共利益时，国家以支持起诉的方式去保障不同层次的公益显然必要且富有效率[②]。可见，检察机关支持社会组织提起公益诉讼具有杠杆效应，有助于国家治理体系和治理能力现代化建设水平的提升。

三、检察机关支持公益诉讼应当遵循的原则

（一）公益性原则

公益性原则而非私益救济原则是将检察机关支持私益诉讼和检察机关支

[①] 参见张牧遥：《检察机关支持公益诉讼新论》，载《内蒙古社会科学（汉文版）》2015年第5期。

[②] 黄学贤、张牧遥：《检察机关支持公益诉讼制度论》，载《甘肃社会科学》2016年第1期。

案例九 广东省东莞市人民检察院支持东莞市环境科学学会诉袁某某等三人环境污染民事公益诉讼案

持公益诉讼区分开来的标志性原则。由于支持起诉原则覆盖了公私两大诉讼领域,检察机关既可以根据《民事诉讼法》第 15 条的规定支持私益诉讼,也可以根据《民事诉讼法》第 55 条第 2 款的规定支持公益诉讼。这两种诉讼的检察支持或检察介入表面上看比较接近,但实际上二者之间的差异乃是本质性的,具体有:

一是目的不同。检察机关支持私益诉讼的目的在于救济弱势群体,为诉讼上的弱者得以行使诉权消除障碍、开辟通道,确保司法公正的实现和私法秩序的维持;检察机关支持公益诉讼的目的则在于确保公益不受损害,而不在于救济弱势群体。

二是依据不同。检察机关支持私益诉讼所依据的原则是社会干预,检察机关支持公益诉讼所依据的原则是国家干预。

三是支持的身份不同。在私益诉讼的支持起诉中,检察机关的身份本质上属于"社会机构"或国家机关社会化形态,而不是以国家机构的名义进行诉讼;但检察机关对公益诉讼的支持则是检察机关履行检察职能的具体方式之一。

四是诉讼地位不同。在私益诉讼的支持中,检察机关处在原告辅助者的诉讼地位,是否需要这种支持由原告决定,检察机关没有强行干预的权力;检察机关对于公益诉讼的支持则不仅仅是诉讼原告的辅助者,更重要的是公益诉讼的监督者,原告的申请固然是启动检察机关参与公益诉讼进行诉讼支持的动因之一,但原告的申请并不具有决定意义,检察机关依职权进行诉讼的支持并通过这种支持进行诉讼中的监督是其职责所在。

基于上述区别,检察机关在启动职权进行诉讼支持之时,首要的任务就是要准确判断所需支持的诉讼之性质如何,如果属于私益性质的诉讼,则检察机关应当根据《民事诉讼法》第 15 条的规定进行起诉性的支持;如果属于公益性质的诉讼,检察机关则应根据《民事诉讼法》第 55 条第 2 款的规定进行诉讼性的支持,二者之间的界限不宜混淆。值得注意的是,公益性原则从严格意义上理解应当局限于公益诉讼,但从广义上理解还可包括具有公益性因素的私益诉讼[①],笔者认为应当从广义上对该原则加以界定。

(二)必要性原则

所谓必要性原则,从反面理解,是指如果公益诉讼能够顺利地被发动并能够有效地达到公益保护的最终目标,则检察机关并无支持诉讼的必要性;反之,如果公益诉讼不能被顺利地发动,或者虽然被发动了但却不能有效地获得胜诉并予以执行,则检察机关便有介入诉讼进行公益诉讼支持的必要性。分解开来看,必要性原则中包含着这样几个要素:一是重要性要素。原则上说,凡公益诉讼均具有重要性,但由于检察机关的支持资源是有限的,在公益诉讼中,检察机关还需分轻重缓急进行选择性判断,而不可能做到来者不拒。二是障碍性要素。根据《民事诉讼法》第 55 条第 2 款的规定,检察机关支持公益诉讼的对象包括法律规定的有关机关和社会组织,理论上说,检察机关的诉讼支持应当包括对有关机关的支持和社会组织的支持。但法律规定的有权提起公益诉讼的有关机关一般是指对公益具有监管权的行政

[①] 最高人民检察院 2016 年发布的检察机关保护知识产权十大典型案例中的"讯达科技集团股份有限公司因商标权纠纷申请支持起诉系列案"就是这样的一例。在该案中,讯达科技集团股份有限公司向假冒"迅达"商标的燃气灶销售商和制造商提起侵权诉讼,检察机关支持起诉获得法院支持。黄舟:《关注社会公益,审慎支持起诉》,载《人民检察》2017 年第 16 期。在该案中,原告的私人利益获得了保护,同时广大消费者的合法权益也即公共利益同时受到了司法保护,因而可称之为具有公益性因素的私益诉讼,这类诉讼在实践中还有许多,检察机关应当同时依据《民事诉讼法》第 15 条和第 55 条第 2 款进行支持起诉。

案例九 广东省东莞市人民检察院支持东莞市环境科学学会诉袁某某等三人环境污染民事公益诉讼案

机关,[①]行政机关提起公益诉讼,包括生态环境损害赔偿诉讼,由于其自身力量强大,检察机关无须进行诉讼的支持,检察机关只需在发现问题时进行法律监督即可。但对社会组织而言,它们提起公益诉讼将会面临各种主客观困难,尤其在当下,检察机关对它们提起公益诉讼原则上予以支持是必要的。但如果社会组织具有足够的诉讼资源、强大的诉讼能力和丰富的诉讼经验,则检察机关仍无支持的必要性。三是穷尽性要素。尽管社会组织提起公益诉讼具有一定的困难,但它若能获得其他来源的诉讼支持,如行政机关的诉讼支持或其他社会组织的诉讼支持,这些诉讼支持如果足以保障和支撑社会组织开展公益诉讼活动,则检察机关也无须进行此类诉讼支持。

(三)适当性原则

在检察机关决定对公益诉讼进行支持后,适当性原则便成为检察机关实施具体支持行为的指导性原则。所谓适当性原则,是指检察机关应当以最适当的方式来实施支持公益诉讼的行为。检察机关支持公益诉讼有多种手段,这些支持手段有待于检察机关根据个案的需要及支持目标而选择适用,在支持的手段和支持的目标之间要能够形成内在的逻辑关联,手段不足则公益保护的目标无法实现,手段过多、全面包办则影响社会组织的诉讼能动性。

[①] 《海洋环境保护法》第89条第2款规定:"对破坏海洋生态、海洋水产资源、海洋保护区,给国家造成重大损失的,由依照本法规定行使海洋环境监督管理权的部门代表国家对责任者提出损害赔偿要求。" 2017年12月,中共中央办公厅、国务院办公厅印发《生态环境损害赔偿制度改革方案》,2019年6月5日实施的最高人民法院《关于审理生态环境损害赔偿案件的若干规定(试行)》均规定了"省级、市地级人民政府及其指定的相关部门、机构,或者受国务院委托行使全民所有自然资源资产所有权的部门,因与造成生态环境损害的自然人、法人或者其他组织经磋商未达成一致或者无法进行磋商的,可以作为原告提起生态环境损害赔偿诉讼……"。

四、检察机关支持公益诉讼的模式选择

(一)全面支持模式

在该模式中,检察机关不仅全程参与公益诉讼的全部活动领域,而且还采用所有的支持手段对原告进行全方位的支持,该一模式中的检察机关实质上等同于检察机关提起公益诉讼,检察机关在所提起的公益诉讼中会怎么做,在该模式的支持诉讼中就会也就能怎么做。该模式类似于共同诉讼的制度,支持者与被支持者尽管名义不同,但诉讼地位并无根本区别①。"东莞案"所呈现给我们的,其实就是全面支持模式。该模式适用于原告初涉公益诉讼、诉讼能力极为薄弱的情形。

(二)取代支持模式

检察机关支持公益诉讼不同于行政机关支持公益诉讼或社会组织支持公益诉讼的一大特点在于,检察机关不仅是显在的诉讼支持者,还是潜在的诉讼发动者,更为重要的是,它还是自始至终的诉讼监督者。检察机关在支持公益诉讼中这三重角色是统一在一起的。如果检察机关认为社会组织在公益诉讼中存在诸如未能勤勉履职、屈服于外在压力懈怠实施诉讼行为甚至与被告恶意串通损害公益谋取私利等具有道德可责性之情形,检察机关则不能坐等听之任之,而应当行使法律监督权,适时向法院提出司法建议,裁定撤销社会组织在本案中的公益诉讼资格认定,在该建议得到法院认可后,检察机关便成为本案中的公益诉讼人,而不再是诉讼支持人,相应的社会组织则退

---

① 《法国民事诉讼法》第421条规定,"检察官可以作为主要当事人进行诉讼或者作为共同当事人参与诉讼";第422条规定,"在法律专门规定的案件中检察官可以作为主要当事人提起诉讼"。这里的"主要当事人"应当是指检察机关提起相关民事诉讼,"共同当事人"应当是指检察机关以当事人的身份支持其他利害关系人提起相关民事诉讼,后者与笔者所提出的"全面支持模式"比较接近,该模式中的检察机关既是诉讼的支持者,也是诉讼的原告人,因而称之为"联合当事人"较为适当,这需要我国民事诉讼法对支持起诉制度作出相应修改才能实现;在修改前,应仍称之为"支持起诉人"。

出公益诉讼。该一模式大体上类似于诈害防止型第三人制度。尽管该模式在现行法上找不到明确的依据，但在相关立法和司法解释的字里行间也不难推导出此一模式存在的必要性与合理性。《环境保护法》第58条第3款规定，"提起诉讼的社会组织不得通过诉讼谋取经济利益"，最高人民法院《关于审理环境民事公益诉讼案件适用法律若干问题的解释》第34条第1款规定，"社会组织有通过诉讼违法收受财物等牟取经济利益行为的，人民法院可以根据情节轻重依法收缴其非法所得、予以罚款；涉嫌犯罪的，依法移送有关机关处理"。据此可以设想一下，如果有社会组织以牟利为目的而提起了公益诉讼，且在公益诉讼过程中接受来自被告方的贿赂，法院对此进行了处罚，甚至将该案作为犯罪线索移送到了有关机关进行处理，此时若还继续保持该社会组织的诉讼原告资格由其决定性地推进诉讼，则显然不太适宜；如果不允许社会组织继续进行诉讼，法院也不可仅以此为依据裁定或判决驳回原告的起诉或诉讼请求，社会公共利益受损的问题依然未获解决，因而，法院不裁定终结诉讼而是在检察院的建议下实行当事人的更换，乃是更为合乎程序法理的选择。不仅如此，这样做较之于在法院作出不利于公益保护的司法裁判后，通过检察监督启动再审改变该一司法裁判从而纠正错误、保护公益而言，更加符合效率和经济原则，同时也有利于对社会组织的诉讼行为实施监督。

（三）辅助支持模式

如果检察机关认为提起公益诉讼的社会组织在诉讼能力和诉讼保障上基本能够胜任，而仅在某些方面存在诉讼短板，则检察机关予以取长补短，通过诉讼支持手段的适当择取强化社会组织的诉讼力量，使之与相对方当事人处在诉讼的平衡状态，由此顺利地实现公益诉讼的预期目标。

上述三种支持公益诉讼的模式由检察机关根据具体案情和实际需要进行选择；需加注意的是，这三个模式并非诉前预定、绝对固定的，而是随诉讼之进展动态地予以适用和调适的。

五、检察机关支持公益诉讼的程序构建

（一）管辖问题

支持公益诉讼的管辖，是指对法院受理的公益诉讼案件，应当由哪一个级别和哪一个地方的检察机关出面进行支持，其他主体的支持公益诉讼不在讨论范围之内。一般而言，检察机关支持公益诉讼的管辖是由法院对公益诉讼的管辖来决定的，法院对公益诉讼的管辖确定在先，支持公益诉讼的检察机关的管辖确定在后，这一点，与检察机关提起公益诉讼的逻辑是相反的。用以确定支持公益诉讼的检察机关的管辖的基本规则就是一个，原则上而言，对公益诉讼的支持应当与管辖法院相对应，包括级别上的对应和地域上的对应，不能出现级别上的差异或地域上的差异。其原因主要在于，检察机关的支持公益诉讼是履行法定职责的表现，该职责的履行不是任意的，而是由法律预先规定的，管辖制度由此而产生；更深层次的理据还在于，这是由检察机关法律监督的司法体制和原则所决定的。支持起诉是检察机关履行法律监督权的一种表现方式，法律监督与司法审判存在一一对应关系，上下级的关系不能紊乱，平行的地域关系也不能错位。比如说，位于北京市朝阳区的某社会组织在广东某地提起了公益诉讼，不能由北京市朝阳区检察院或北京市检察院去支持起诉，而应当由广东当地的与法院相平行的区级检察院、市级检察院或省级检察院进行支持起诉。有时刑事诉讼中发现的公益受损案件线索与管辖公益诉讼的法院并不在同一级别或同一区域，此时，相应的办理刑事案件的检察机关应当将案件线索移送至管辖公益诉讼的法院所在地的同级检察机关进行支持起诉，而不得由异域的低级别的检察机关进行跨行政区划或越级的支持诉讼活动。如果一审结束后当事人提出了上诉，则检察机关应当进行二审支持，此时，支持公益诉讼的检察机关应当调整为与二审法

案例九　广东省东莞市人民检察院支持东莞市环境科学学会诉袁某某等三人环境污染民事公益诉讼案

院平级的上级检察机关，参与一审支持的检察机关可以在二审中以协助支持诉讼人的身份继续进行支持。"东莞案"在提出上诉后，将支持起诉人由东莞市检察院更换为广东省检察院，同时保留东莞市检察院在二审中协助支持者的诉讼地位，是正确的。

（二）程序启动

检察机关支持公益诉讼的程序启动应当实行以申请主义为主，职权主义为辅的原则。具体又分两种情形：一是社会组织主动提起公益诉讼，检察机关此时应当依社会组织的申请启动支持公益诉讼的程序；二是在检察机关发出公益诉讼公告后，社会组织响应检察机关的公告，从而提起公益诉讼，此时，一般而言，只有当社会组织提出申请后，检察机关方启动支持公益诉讼的程序；但如果社会组织没有提出申请，检察机关认为社会组织所提出的公益诉讼案件，不仅影响重大，而且社会组织单独进行诉讼也面临着诸多实际的困难，那么，即便社会组织鉴于种种考虑而没有向检察机关提出支持公益诉讼的申请或请求，检察机关仍然可以主动介入公益诉讼进行公益诉讼的支持活动。检察机关根据社会组织的申请进行公益诉讼的支持无须多论，这是检察机关应负的法律职责；但为何在社会组织没有提出支持的申请而检察机关可以依职权进行公益诉讼的支持呢？原因在于，检察机关具有公益维护的法律监督权，检察机关介入诉讼虽也有支持诉讼的含义和实质内容，但主要的是侧重于进行法律监督。除申请支持和职权支持外，人民法院在审理公益诉讼案件过程中，如果认为有必要，也可将案件线索通报给检察机关，并通知检察机关可以介入诉讼进行支持，检察机关一般应当根据法院的职权通知参与诉讼，对公益诉讼实施具体的支持和监督活动。

（三）诉讼地位问题

行政机关以及社会组织在支持公益诉讼中的地位比较明确和单纯，就是诉讼的支持者、协助者、辅助者，它们的支持行为不得与原告的诉讼行为相冲突。然而如前所述，检察机关支持公益诉讼的地位比较多元，其集诉讼的支持者、诉讼的监督者以及诉讼的潜在原告人于一身。如果认为检察机关的诉讼地位仅是单纯的诉讼支持者，则无异于抹杀了检察机关的法律监督属性，否定了检察机关支持公益诉讼的特殊性。其实，检察机关之所以能够支持公益诉讼，其根本的原因还在于它是宪法和法律规定的法律监督者，它对公益保护负有法律上的监督职责，正是从其法律监督的性质和地位中才派生出了它的公益诉讼支持者的身份和地位，由此并决定着它在公益诉讼过程中所享有的特殊的诉讼权利并负有特殊的诉讼义务。如果检察机关不同意社会组织提出的公益请求，则应当提出补充的诉讼请求作为支持的内容，法院应当将其纳入司法审判的对象范围之内进行判断。如果一审败诉后，被检察机关支持的社会组织拒绝提起上诉，检察机关可以提出检察建议促使其提出上诉，如果该检察建议依然被拒绝，则检察机关有权代替它提出上诉；二审如果依然败诉，检察机关可以进行抗诉，通过抗诉启动再审程序对错误的裁判进行纠正。极端的情形则是检察机关取代社会组织成为公益诉讼中的原告人。

（四）支持的方式选择问题

前已述及，检察机关支持公益诉讼的方式选择应当按照适当性原则加以确定，而不可一概而论。主要可分为两种方式的组合：一是辅助性方式，二是监督性方式。辅助性方式包括提供法律咨询、提出法律意见书、协助调查取证、出庭参与法庭调查和法庭辩论等，监督性方式包括建议更改诉讼请求、建议提出上诉、建议申请再审、建议申请执行、对撤诉、放弃诉讼请求、和解与调解等实体性处分行为实施监督、向有关部门提供刑事案件线索追究公益犯罪、建议行政处罚等。监督性方式是贯彻公益诉讼之始终的，因而其程序形态为全程参与；辅助性方式则既可以仅限于诉前程序的支持，也可以扩展至诉讼过程的支持。由于检察机关支持公益诉讼的监督性方式具有

案例九　广东省东莞市人民检察院支持东莞市环境科学学会
　　　　诉袁某某等三人环境污染民事公益诉讼案

贯彻始终性，因而即便其辅助性方式具有阶段性、局部性的特点，但总体上而言，辅助性方式必须依附于监督性方式，监督性方式是检察机关支持公益诉讼的主要方式和主要内容，辅助性方式仅是监督性方式的合理延伸，因而，辅助性方式原则上也应当是贯彻始终的。要而言之，检察机关对社会组织提起的公益诉讼，通过辅助性方式进行协助固然是支持，通过监督性方式进行监督也是一种支持，所谓寓监督于支持之中，说的就是这个意思。"东莞案"以及许多支持公益诉讼的案件之所以显示出检察机关对公益诉讼的全程参与，其原因就在此。

（五）参与程度

检察机关对公益诉讼的参与程度因案而异，大体上有如下情形：一是诉前支持，二是一审支持，三是二审支持，四是再审支持，五是执行支持。这五种支持公益诉讼的情形中，检察机关既可以仅参与其中一个程序或某个阶段，也可以从头到尾全程参与，作何抉择视案件需要以及实际状况而定。如果通过诉前支持，检察机关认为社会组织提起和实施公益诉讼并无大碍，则可以止步于此，而不再进行诉讼中的过程性支持；反之，如果检察机关认为仅诉前支持尚不足以保证社会组织能够游刃有余地从事公益诉讼的后续活动，而有可能中途遇挫，或者检察机关认为进行诉讼程序的全程支持不仅有利于诉讼公正结果的产生，而且有利于诉讼程序的顺畅运行，同时还有利于检察机关择机进行公益诉讼的法治宣传，则检察机关可以参与诉讼进行深度支持。在一审程序结束后，如果原告因败诉而提出上诉，检察机关应当跟踪进行二审支持，而不宜就此退出诉讼。同理，二审结束后如原告仍为败诉，检察机关仍应坚持再审支持。反之，如果一审结束后被告因败诉而提出上诉，检察机关是否需要进行二审支持，则要视情形而定，而不是必须跟踪进行二审支持。在实践中，有时检察机关并未参与一审实施公益诉讼的支持行为，但其认为二审有必要进行支持，则也可直接进行二审支持；同理，检察机关未参与一审或二审，如果认为有必要，也可以直接进行再审支持。执行支持也是如此。"东莞案"不仅进行了诉前支持，而且进行了一审、二审、保全和执行的支持，展现出了检察机关支持公益诉讼的完整图景。

（六）从支持起诉到支持诉讼

《民事诉讼法》第 15 条和第 55 条第 2 款所采用的说法均为"支持起诉"，这一概念的涵盖力和解释力均明显存在不足，从前面关于检察机关支持公益诉讼所涉及的内容以及"东莞案"等司法实践中检察机关支持公益诉讼的实际状况而言，支持起诉都是一个有缺陷的概念。顾名思义，支持起诉仅仅是在起诉环节发挥作用，其着力点在于支持原告当事人行使起诉权，使横亘在原告当事人行使起诉权的"不能""不敢""不愿"等障碍予以消除即达支持之目的，至于原告当事人在支持起诉人将其导入、引入、扶入诉讼程序后如何进行诉讼尤其是诉讼的命运如何则概非所问，也正因如此，基于诉讼原则的贯彻始终之特性使然，有学者质疑支持起诉是否够格成为一项真正的诉讼原则，甚至有人主张将其废除了事。笔者当然不赞同将支持起诉原则予以废除的极端观点，但衡之以检察机关支持公益诉讼的实践，将支持起诉原则改为支持诉讼原则是一个值得认真探讨的课题。支持诉讼原则既包括支持私益诉讼也包括支持公益诉讼，检察机关支持公益诉讼是其内容之一。检察机关支持公益诉讼是一个内涵丰富、外延广泛、功能强大的独立的公益诉讼制度，显而易见，该一制度远非一个支持起诉就可以涵盖得了的，因而，作为立法论上的建议，将来民事诉讼法修改时，将《民事诉讼法》第 15 条和第 55 条第 2 款中的"支持起诉"改为"支持诉讼"确有必要。

案例九　广东省东莞市人民检察院支持东莞市环境科学学会诉袁某某等三人环境污染民事公益诉讼案

环境民事公益诉讼中的支持起诉

秦天宝*

本案最大的亮点在于检察机关支持社会组织提起民事公益诉讼。2017年修改《民事诉讼法》时，通过增修第55条第2款的方式，规定人民检察院可以支持起诉。在此之前，最高人民法院通过司法解释的方式，简单规定了检察机关在支持社会组织依法提起环境民事公益诉讼时可以采取的具体措施和方式，如提供法律意见、提交书面意见、协助调查取证等。

支持起诉是一项非常重要的制度，在平衡多元起诉主体之间的内在关系、推动构建多元共治的环境治理体系，特别是在提升参与环境救济的能力方面发挥着非常重要的作用。但是，司法实践中存在部分支持起诉被替代化的倾向，突出表现为社会组织提起环境民事公益诉讼的空间受到行政机关和检察机关的挤压，环境民事公益诉讼呈现出"国家化"的表现。本案中东莞市人民检察院探索出从线索发现到督促起诉、协助起诉再到派员出庭这样一个系统化全过程的支持起诉方式，充分发挥了其在支持起诉方面的作用，尊重社会组织的诉讼权利，具有非常重要的典型意义和示范作用。

首先，在案件线索收集阶段，本案依托协作机制实现了环境执法和司法的协调，在督促起诉的同时发挥了检察机关的监督职能。东莞市人民检察院协助原告提起诉讼、申请诉前的财产保全、进行调查取证，最后在案件审理阶段派员出庭。本案还经过了二审程序，省检和市检共同参与了二审活动。

---

* 秦天宝，武汉大学法学院教授。

总体来看这个案件效果还是非常好的。在推进国家治理体系和治理能力现代化的背景下，在鼓励和支持社会组织提起环境公益诉讼、优化社会治理结构、打造多元环境治理体系方面，环境民事公益诉讼中的支持起诉可以说是非常重要的抓手。以后如果进一步完善这一制度，可以考虑进行一种体系化的制度考量，如可以考虑以社会组织的申请为原则构建支持起诉规则。本案中就是由环境科学学会主动向东莞市人民检察院提出支持起诉的请求，东莞市人民检察院也在案件审理的整个过程中给予了市环境科学学会全面充分的支持和帮助。

其次，检察机关可以以诉讼程序的推进过程为标准来支持起诉。检察机关支持起诉的方式应当以社会组织的原告主体地位为前提，有且仅能享有诉讼程序性权利。本案中，东莞市人民检察院协助原告申请诉前财产保全，协助进行调查取证、鉴定，案件审理阶段派员出庭。东莞市人民检察院支持起诉的方式是以诉讼程序的推进为标准，充分尊重市环境科学学会的主体地位，为其提供必要的帮助。

最后，应当以社会组织的良性发展为最终目标，构建支持起诉的保障机制。具体包括三点：（1）公权力机关明确各自的职责定位。（2）为社会组织提供资金上的支持与激励。针对本案，市环境科学学会的秘书长也提到在诉讼过程中存在资金不足等问题。可以通过资金激励的方式，鼓励社会组织积极履行环境民事公益诉讼诉权。针对案件受理费用及其他必要费用，确立相应的保障机制，如费用缓交、败诉减半收取等。（3）专业人才供给的政策扶持。中央和地方政府可以鼓励专业人才积极加入环保社会组织，为其提供政策扶持。通过一系列保障机制推动社会组织的良性发展，切实助力我国环境民事公益诉讼的发展，充分有效保护环境公共利益。

东莞市环境科学学会民事起诉状

原告：东莞市环境科学学会。

住所地：广东省东莞市环保大楼。

法定代表人：黄某某。

被告一：何某某，男，汉族，1966年××月××日出生，住广东省东莞市××镇××街××号，身份证号码：4425271966×××××××。

被告二：陈某某，男，汉族，1980年××月××日出生，住广东省广州市增城区××镇××村××号，身份证号码：4401831980×××××××。

被告三：袁某某，男，汉族，1964年××月××日出生，住广东省东莞市××镇××村××号，身份证号码：4425271964×××××××.

案由：环境民事公益诉讼纠纷。

诉讼请求：

一、请求贵院判令三被告承担生态环境损害修复费用8750000元，并协助恢复生态环境的原状；

二、请求贵院判令三被告在广东省东莞市的市级媒体上公开赔礼道歉；

三、请求贵院判令三被告承担本案生态环境损害修复评估费220000元；

四、请求贵院判令三被告承担原告为提起本案诉讼而支出的律师费244400元及支付给保险公司用以担保的保险费用55286.40元；

五、请求贵院判令三被告承担原告为提起本案诉讼而支出的合理费用（包括但不限于差旅费）；

六、三被告承担本案诉讼费用。

事实与理由：

1. 原告诉讼主体资格。

原告是经广东省东莞市民政局注册，东莞市科学技术协会主管，是由东莞市环境科技工作者、环境管理工作者、环境教育工作者以及热爱环保事业、积极参与和支持社会工作的社会各界人士自愿组织的学术性、地方性、非营利性的社会组织。开展环境影响评价技术评估工作、突发环境事故应急预案评估工作及维护环境公共利益是原告的工作领域和主要职能之一。原告已成立五年以上，且无违法记录。根据《环境保护法》第58条及《民事诉讼法》的有关规定，原告提起本案环境公益诉讼符合法律规定。

2. 三被告存在污染环境、破坏生态的行为。

2016年6月至2017年1月，被告三袁某某雇用被告二陈某某为其在广州市增城区经营的电镀厂的司机，并指示陈某某驾驶货车将电镀厂生产过程中产生的废水，运送到被告一何某某经营的东莞市××镇××路××号的废品收购站内，通过私设的暗管将废水直接排放到市政下水道。被告一何某某默许被告三袁某某偷排废水的行为。

在此期间，三被告合谋共偷排废水约700吨，在废品回收站的电镀废水倾倒点总铬超标14.3倍，总镍超标1429倍，总铜超标8566倍，总锌超标752倍，总氰化物超标120倍，化学需氧量超标11.6倍，氨氮超标5.7倍，导致当地环境严重污染，生态环境受到严重损害。据此，被告一、被告二犯环境污染罪，并于2017年5月19日被广东省东莞市第一人民法院判处刑罚，被告三仍然在逃。

3. 被告应承担的法律责任。

基于上述污染环境、破坏生态的行为，三被告违反《环境保护法》《侵权责任法》等法律法规以及相关司法解释的规定，应当承担停止侵害、消除危险、恢复原状、赔偿损失、赔礼道歉等民事责任。根据广东省环境科学研究院出具的《东莞市××镇××路××号废品收购站内排放电镀废水事件环境损害评估报告》可得,案涉环境损害修复费用为8750000元。

为维护环境公共利益,原告现依法向贵院提起本次环境公益诉讼,请求贵院支持原告的诉讼请求。

此致
广州市中级人民法院

具状人:东莞市环境科学学会
法定代表人:黄某某
日期:二〇一八年六月二十二日

广东省东莞市人民检察院支持起诉意见书

东检民(行)支〔2017〕44190000003号

支持起诉机关:东莞市人民检察院。

原告:东莞市环境科学学会,住所地:广东省东莞市环保大楼。

法定代表人:黄某某。

被告一:何某某,男,汉族,1966年××月××日出生,住广东省东莞市××镇××街××号,身份证号码:4425271966×××××××。

被告二:陈某某,男,汉族,1980年××月××日出生,住广东省广州市增城区××镇××村××号,身份证号码:4401831980×××××××。

被告三:袁某某,男,汉族,1964年××月××日出生,身份证号码:4425271964×××××××。

本院在履行职责过程中发现，袁某某、陈某某、何某某三人违反环境保护法律、法规，偷排放电镀废液。本院经审查认为，三被告的行为已损害社会公共利益，遂于2017年8月9日在《检察日报》发出公告，督促法律规定的机关和有关组织提起民事公益诉讼。本案原告于2017年8月10日函复本院，表示将依法对袁某某、陈某某、何某某三人污染环境行为提起民事公益诉讼，并请求本院支持起诉。本院依法进行审查后，决定支持起诉。经审查查明：

何某某为东莞市××镇××路××号无牌废品收购店的经营者，袁某某为广州市增城区××镇××区××号无牌电镀厂经营者。2016年6月至2017年1月，袁某某雇用司机陈某某驾驶五十铃货车将其电镀厂产生的共约700吨废液陆续运至何某某经营的废品收购店，通过私设的暗管直接排放到市政下水道，流入河流造成环境污染。经检测，倾倒的废液中铬、镍、铜、锌、氰化物等的含量严重超出《电镀水污染物排放标准》（DB44/1597—2015）的排放限值。经环境保护部华南环境科学研究所鉴定，三被告排放的废水属于"有毒物质"，具有毒害性，对环境造成污染。

本院在审查过程中，依法到东莞市第一市区人民法院调阅了（2017）粤1971刑初1090号刑事案件卷宗材料，并于2017年9月20日向东莞市价格认证中心咨询处理案涉700吨废液所需费用。东莞市价格认证中心于2017年9月28日出具东价认函〔2017〕1571号《东莞市价格认定结论书》，确定在2017年1月13日处理案涉700吨废液的价格为175万元。

本院认为，袁某某、陈某某、何某某三人违反法律规定，私设暗管向外环境排放有毒物质，严重污染环境，损害社会公共利益。根据《中华人民共和国侵权责任法》第八条、第六十五条，袁某某、陈某某、何某某均应承担侵权责任。为保护生态环境，维护社会公共利益，依据《中华人民共和国民事诉讼法》第五十五条第二款之规定，特支持东莞市环境科学学会提起环境

案例九 广东省东莞市人民检察院支持东莞市环境科学学会
诉袁某某等三人环境污染民事公益诉讼案

民事公益诉讼,请依法裁判。

此致

广东省广州市中级人民法院

2018 年 7 月 17 日

广东省广州市中级人民法院
民事判决书

(2018)粤 01 民初 707 号

原告:东莞市环境科学学会,住所地:广东省东莞市环保大楼。法定代表人:黄某某,该会秘书长。

委托诉讼代理人:刘某某,广东××律师事务所律师。

代理委托诉讼代理人:萧某某,广东××律师事务所律师(代理权至 2019 年 5 月 30 日终止)。

支持起诉人:广东省东莞市人民检察院,住所地:广东省东莞市东城西路 185 号。

法定代表人:来某某,该院检察长。

出庭人员:冯某某,该院检察官。

出庭人员:江某某,该院检察官(2019 年 1 月 23 日出庭)。

出庭人员:丁某某,该院检察官(2019 年 6 月 10 日出庭)。

被告:何某某,男,1966 年××月××日出生,汉族,住广东省东莞市××镇××村。

委托诉讼代理人:李某甲,广东××律师事务所律师。

委托诉讼代理人：刘某甲，广东××律师事务所律师。

被告：陈某某，男，1980年××月××日出生，汉族，住广东省广州市××区××镇××村。

委托诉讼代理人：董某某，广东××律师事务所律师。

被告：袁某某，男，1964年××月××日出生，汉族，住广东省东莞市××镇××村。

委托诉讼代理人：李某乙，广东××律师事务所律师。

委托诉讼代理人：霍某某，安徽××律师事务所律师。

原告东莞市环境科学学会与被告何某某、陈某某、袁某某水污染责任环境民事公益诉讼一案，本院于2018年7月24日立案后，依法适用普通程序，于2018年8月1日公告了案件受理情况。本院于2019年1月23日公开开庭进行了审理，原告东莞市环境科学学会的委托诉讼代理人刘某某律师、萧某某律师，被告何某某的委托诉讼代理人刘某甲律师，被告陈某某及其委托诉讼代理人董某某律师，被告袁某某及其委托诉讼代理人李某乙律师、霍某某律师到庭参加诉讼。本院于2019年6月10日对被告袁某某庭审时提交的证据公开进行了补充质证，原告东莞市环境科学学会的委托诉讼代理人刘某某律师、叶某某律师，被告何某某的委托诉讼代理人李某甲律师，被告陈某某及其委托诉讼代理人董某某律师，被告袁某某及其委托诉讼代理人李某乙律师到庭参加诉讼。广东省东莞市人民检察院向本院提交书面意见，协助原告调查取证，支持提起公益诉讼，指派丁某某检察官、江某某检察官、冯某某检察官参加庭审。本案现已审理终结。

东莞市环境科学学会向本院提出诉讼请求：1.判令何某某、陈某某、袁某某承担生态环境损害修复费用875万元，并协助恢复生态环境的原状；2.判令何某某、陈某某、袁某某在广东省东莞市的市级媒体上公开赔礼道歉；3.判令何某某、陈某某、袁某某向东莞市环境科学学会支付本案生态环境损

案例九　广东省东莞市人民检察院支持东莞市环境科学学会诉袁某某等三人环境污染民事公益诉讼案

害修复评估费用 22 万元；4. 判令何某某、陈某某、袁某某向东莞市环境科学学会支付为提起本案诉讼而支出的律师费 244400 元及支付给保险公司用以担保的保险费用 55286.40 元；5. 判令何某某、陈某某、袁某某向东莞市环境科学学会支付为提起本案诉讼而支出的合理费用 5000 元（包括但不限于差旅费）；6. 何某某、陈某某、袁某某承担本案诉讼费用。庭审中，东莞市环境科学学会变更诉讼请求第一项为判令何某某、陈某某、袁某某承担生态环境损害修复费用 875 万元，不再要求其协助恢复生态环境的原状。

事实和理由：一、东莞市环境科学学会是经广东省东莞市民政局注册，东莞市科学技术协会主管，由东莞市环境科技工作者、环境管理工作者、环境教育工作者以及热爱环保事业、积极参与和支持社会工作的社会各界人士自愿组织的学术性、地方性、非营利性的社会组织。开展环境影响评价技术评估工作、突发环境事故应急预案评估工作及维护环境公共利益是东莞市环境科学学会的工作领域和主要职能之一。东莞市环境科学学会已成立五年以上且无违法记录。根据《环境保护法》第 58 条及《民事诉讼法》有关规定，东莞市环境科学学会提起本案环境公益诉讼符合法律规定。二、何某某、陈某某、袁某某存在污染环境、破坏生态行为。2016 年 6 月至 2017 年 1 月，袁某某雇用陈某某为其在广州市增城区经营的电镀厂司机，并指示陈某某驾驶货车将电镀厂生产过程中产生的废水运到何某某经营的东莞市××镇××路××号的废品收购站内，通过私设的暗管将废水直接排放到市政下水道。何某某默许袁某某偷排废水的行为。在此期间，何某某、陈某某、袁某某合谋共偷排废水约 700 吨，在废品回收站的电镀废水倾倒点总铬超标 14.3 倍，总镍超标 1429 倍，总铜超标 8566 倍，总锌超标 752 倍，总氰化物超标 120 倍，化学需氧量超标 11.6 倍，氨氮超标 5.7 倍，导致当地环境严重污染，生态环境受到严重损害。三、基于上述污染环境、破坏生态的行为，何某某、陈某某、袁某某违反《环境保护法》《侵权责任法》等法律法规以及相关司法解释的规定,应当承担停止侵害、消除危险、恢复原状、赔偿损失、赔礼道歉等民事责任。根据广东省环境科学研究院出具的《东莞市××镇××路××号废品收购站内排放电镀废水事件环境损害评估报告》可知,何某某、陈某某、袁某某排放电镀废水事件的排放电镀废水偷排时间、持续时间长,污染水环境为地表水,流动性强,环境损害不易表征,无法进行有效应急处置等原因导致无法通过恢复工程完全恢复其造成的生态环境损害。根据最高人民法院《关于审理环境民事公益诉讼案件适用法律若干问题的解释》第20条规定,在无法完全修复的情况下,可以采用替代性修复方式,人民法院在判决时也可以直接判决被告承担生态环境修复费用。根据上述评估报告,通过虚拟治理成本法计算得出案涉环境损害修复费用为875万元。为维护环境公共利益,依法提起本次环境公益诉讼。

广东省东莞市人民检察院支持起诉称,广东省东莞市人民检察院在履行职责过程中发现袁某某、陈某某、何某某违反环境保护法律、法规,偷排放电镀废液,已损害社会公共利益,遂于2017年8月9日在《检察日报》发出公告,督促法律规定的机关和有关组织提起民事公益诉讼。东莞市环境科学学会于2017年8月10日函复广东省东莞市人民检察院,表示将依法对袁某某、陈某某、何某某污染环境行为提起民事公益诉讼,并请求广东省东莞市人民检察院支持起诉。广东省东莞市人民检察院依法审查后决定支持起诉。经审查查明,何某某为东莞市××镇××路××号无牌废品收购店的经营者,袁某某为广州市增城区××镇××区××号无牌电镀厂经营者。2016年6月至2017年1月,袁某某雇用司机陈某某驾驶五十铃货车将其电镀厂生产的共约700吨废液陆续运至何某某经营的废品收购店,通过私设的暗管直接排放到市政下水道,流入河流造成环境污染。经检测,倾倒的废液中铬、镍、铜、锌、氰化物等的含量严重超出《电镀水污染排放标准》(DB44/1597—2015)的排放限值。经环境保护部华南环境科学研究所鉴定,

案例九　广东省东莞市人民检察院支持东莞市环境科学学会诉袁某某等三人环境污染民事公益诉讼案

何某某、陈某某、袁某某排放的废水属于有毒物质，具有毒害性，对环境造成污染。广东省东莞市人民检察院在审查过程中，依法到东莞市第一市区人民法院调阅了（2017）粤1971刑初1090号刑事案件卷宗材料，并于2017年9月20日向东莞市价格认证中心咨询处理案涉700吨废液所需费用。东莞市价格认证中心于2017年9月28日出具东价认函〔2017〕1571号《东莞市价格认定结论书》，确定在2017年1月13日处理案涉700吨废液的价格为175万元。袁某某、陈某某、何某某违反法律规定，私设暗管向外环境排除有毒物质，严重污染环境，损害社会公共利益。根据《中华人民共和国侵权责任法》第八条、第六十五条，袁某某、陈某某、何某某均应承担侵权责任。为保护生态环境，维护社会公共利益，依据《中华人民共和国民事诉讼法》第五十五条第二款规定，广东省东莞市人民检察院支持东莞市环境科学学会提起环境民事公益诉讼，请依法裁判。

何某某辩称，一、东莞市环境科学学会的主体不适格，没有达到最高院司法解释及环境保护法所要求的条件。从东莞市环境科学学会提交的章程及所有工作报告书上，看不到专门从事环境保护公益活动的主营范围。二、东莞市环境科学学会的诉讼请求没有法律依据，且是本末倒置，其要求何某某、陈某某、袁某某承担生态环境损害修复费用，并协助恢复生态环境的原状。而最高院司法解释要求的是先恢复原状，如果不能恢复原状，再承担修复费用，这是先后顺序的问题，东莞市环境科学学会应修正诉讼请求第一项。东莞市环境科学学会变更诉讼请求第一项的根据是最高院2015年1号令，而最高院2015年12号令第14条规定侵权人还是要先承担修复责任，在其怠于承担修复责任后才可要求其承担赔偿责任。如果东莞市环境科学学会撤销应先承担修复责任的请求，何某某怎么承担修复费用？根据后法优于前法原则，应以2015年12号令为准，2015年12号令第19条也有相应的规定。三、修复费用875万元所依据的本案评估报告在程序和实体上都违反法律规定，其结论也与事实相悖。第一，委托主体不正确，通过该报告看到的首先是东莞市环境科学学会与鉴定主体磋商、讨论之后，再进行委托，双方再讨论再得出结论，这一结果是东莞市环境科学学会与鉴定机构讨论后的结果，已经违反了公正；第二，东莞市环境科学学会单方委托也是违反最高院司法解释，委托鉴定主体只能是法院和环境保护部门，而东莞市环境科学学会并不是环境保护部门，只是一个社会组织。四、何某某只是当时一个废品站的责任人，与陈某某、袁某某没有共谋也没有获得任何利益，所以何某某并不是本案的直接侵权人，也没有动机，即何某某没有直接的侵权行为，不应当承担侵权责任。五、何某某已经承担了刑事责任，而且也判处了罚金，在判决书上也没有讲到700吨废水的问题，只是说查到现场的1.77吨。既然何某某已经承担了相应的责任，也就不应该对本案再承担相应的责任。六、本案证据体现的都是查到有1.77吨废水，而没有700吨。处理废水要175万元没有事实基础，价格过高。七、东莞市环境科学学会诉求修复评估费，根据评估报告，该费用不是修复评估费，评估报告称22万元是事务性费用而不是评估费，费用也过高，应重新鉴定，另行委托。八、根据诉讼请求和证据提交，律师费用不应是244400元。支付保险担保费用的诉求没有法律依据。

陈某某辩称，一、东莞市环境科学学会提起的生态环境损害修复费用及评估费过高，请法院予以调整。虽然上述两费用有相应的评估报告，但该报告中东莞市环境科学学会在2017年11月20日才书面委托广东省环境科学研究院对涉案的环境污染进行评估，而广东省环境科学研究院在2017年10月30日即委派相关工作人员到事发现场进行核查，采集数据，在程序上有违先委托后评估的顺序，使其结果可能出现实体的不公。同时，该报告无法确定陈某某等人的排放是导致环境污染的唯一污染源。东莞市价格认证中心作出的东价认函〔2017〕1571号认定的污水处理单价2500元/吨过高，因陈某某了解市场上处理类似的污水才1800元/吨，故请求法院予以调整。二、

案例九　广东省东莞市人民检察院支持东莞市环境科学学会诉袁某某等三人环境污染民事公益诉讼案

陈某某因家庭生活困难，自身学历低，难以找到稍好的工作，同时需抚养三个小孩，迫于家庭生活压力才应聘3500元/月的司机一职。陈某某受雇于袁某某，其工作范围、内容均由袁某某指定，因而陈某某在工作是履行职务行为。现陈某某在履行职务行为时致环境污染，作为雇主袁某某应当承担损害赔偿责任，而非由雇员承担。三、因陈某某的行为造成了环境污染，通过司法机关教育及监管场所的法律学习，陈某某对此前的行为深感惭悔，今后将好好学习相关法律法规，做个守法守纪的公民，并对受影响的广大市民作诚恳的道歉。同时，陈某某也是本案受害者，其本想以打工赚点小钱帮补家庭，改善生活，却因此受到牢狱之苦，对自己、家庭及社会均带来了伤害，现深感愧疚，希望家人及社会能对陈某某谅解。四、东莞市环境科学学会请求的律师费244400元、保险费55286.4元以及所谓的支出5000元过高且不合理，请求法院予以调整。东莞市环境科学学会提起的环境民事公益诉讼目的出于公益，其及代理人不得有牟取经济利益的行为，现其提出的律师费、保险费之巨，有别于公益目的，纯粹是商业性。为诉讼支出的其他合理费用应当以相关票据为凭。五、对于评估报告和评估费用，陈某某同意何某某的意见。从评估报告看是2017年10月30日委托人员去现场采纳数据和双方协商，直到一个多月后才是正式委托，程序上出现了不公，最终导致实体不公。因此，陈某某对评估报告有异议，其余的同意何某某的意见。六、同意东莞市环境科学学会对诉讼请求的调整，但本案是公益诉讼，其目的是环境得以保护和修复，而东莞市环境科学学会调整的目的是出于公益还是盈利性？同时司法解释也明确规定是在被告拒不修复或者无法修复过程中才赔偿修复费用。《评估报告》中写明是应急，应急只不过是针对当时情况的紧急措施，而非之后经过其他方法或手段将环境污染减免、减少到最低的损害，故陈某某不同意东莞市环境科学学会的意见。

袁某某辩称，一、东莞市环境科学学会据以主张中心涌生态修复费用的主要证据《东莞市××镇××路××号废品收购站内排放电镀废水事件环境损害评估报告》存在重大瑕疵，不能作为本案证据使用。1.《评估报告》形式不合法，存在重大瑕疵。依据《环境损害鉴定评估推荐方法（第Ⅱ版）》第九条《鉴定评估报告的编制》及其附录C《环境损害鉴定评估报告书的编制要求》《司法鉴定文书规范》第七条第（九）项和第十一条、《中华人民共和国民事诉讼法》第七十七条第二款规定，环境损害评估报告必须有评估人签名、评估机构盖章，且必须将相关的鉴定依据（即评估报告所谓的支撑材料）作为附件使用。但本案《评估报告》没有任何鉴定人签名，没有附鉴定人资格材料，评估报告由什么人实际作出不明，同时评估报告没有加盖评估机构印章，相关鉴定依据只有东莞市环保局出具的《复函》《环境监测报告》《价格认定结论书》、案发地的污水管网图及评估委托书，不符合上述条文中关于鉴定报告基本的形式要件。2.《评估报告》内容不完整，其附件仅有上述鉴定依据，对于核心基础资料包括但不限于监测报告、现场勘验监测方案、现场勘查监测报告等所有相关支撑材料均没有作为附件提供给当事人及人民法院，不符合上述《环境损害鉴定评估报告书的编制要求》C.7及《司法鉴定文书规范》第八条关于附件内容的规定。3.《评估报告》关于基线确认错误。《环境损害鉴定评估推荐方法（第Ⅰ版）》规定基线的确定方法包括利用未受污染环境或破坏生态行为影响的相似现场数据即"对照区域"数据，本案《评估报告》认定案涉基线为案涉废水倾倒点上游100米下水道区域，而该区域的地表水已经发生污染损害，以此时的监测数值作为基线，与推荐办法明显不符。如按上述基线，只能说明此时案涉废水只是对下水道造成了污染。同时，监测报告系对下水道四个点取值监测分析，仅证明下水道含有污染物，但没有对中心涌水质进行监测，没有证据证明中心涌水质因本次事件受到了污染，更不能以此证明中心涌地表水系统受到了污染。4.《评估报告》没有就中心涌生态环境损害确认进行评估认定。《评估报告》关于

案例九　广东省东莞市人民检察院支持东莞市环境科学学会诉袁某某等三人环境污染民事公益诉讼案

环境损害确认直接认定为依据《生态环境损害鉴定评估技术指南总纲》，生态环境损害确认应满足下列任一条件：评估区域空气、地表水、沉积物、土壤、地下水等环境介质中特征污染物浓度超过基线20%以上。同时，《评估报告》确认"本次事件未造成评估区域内关键物种死亡率增加、种群数量减少、生物物种组成发生变化、生物身体变形等状况，没有对因污染导致的生物物种损害、生物死亡率、种群数量减少、生物物种组成变化、生物身体变形等状况，而事件造成地表水环境中特征污染物（总镍、总铜、总锌及总氰化物）浓度超过基线20%以上，故本次事件造成了一定的生态环境损害。"由于《评估报告》对基线的确认错误，案涉废水是否造成中心涌河流生态环境损害以及需要修复的条件和标准不明，《评估报告》也未就此进行评估确认。5.《评估报告》没有按照推荐方法规定确定生态环境修复或者恢复目标，对该问题只字未提。而按照《环境损害鉴定评估推荐方法（第Ⅱ版）》8.3.2规定："基于恢复目标的生态环境损害评估，应首先确定修复或恢复的目标按恢复目的的不同，可将恢复划分为基本恢复、补偿性恢复和补充性恢复。基本恢复的目的是使受损的环境及其生态系统服务复原至基线水平……如果环境污染或生态破坏导致的生态环境损害持续时间不超过一年，则仅开展基本恢复……"袁某某在案涉废品收购站倾倒电镀废水的时间只有6个月，且不是每一天都倾倒，从《评估报告》可以看出，案涉污染物损害持续时间不超过上述规定的一年时限，故假定需要进行基本恢复，本案生态环境恢复目标只能确定为基本恢复目标。6.本案在确定基本恢复目标后，应该在确认生态环境损害发生处确定其时空范围并判定污染环境或破坏生态行为与生态环境损害间因果关系的基础上，选择合适方法、确定最优的恢复方案，估算实施最优恢复方案所需的费用。但《评估报告》没有论证基本恢复方案的筛选，也没有确定修复方案，该部分内容严重缺失，此后的损失计算显然缺少前提和基础。7.《评估报告》所依据的东莞市环境保护局《复函》对中心涌的环境功能区定的目标是Ⅲ类,但此处的目标值不是背景值。中心涌实质上应认定为劣Ⅴ类水环境质量功能区。根据《广东省地表水环境功能区划》规定,Ⅲ类水环境质量功能区主要适用于集中式生活饮用水地表水源地二级保护区、鱼虾类越冬场、洄游通道、水产养殖区等渔业水域及游泳区。而从《评估报告》所述"东莞市环境保护局石碣分局出具的《关于袁某某、陈某某和何某某等三人倾倒电镀废水去向的情况说明》文件,石碣中心涌流经石龙、石碣、高埗三镇,未做硬底化,中心涌流至环城路与崇焕路交接高架桥下后,一部分水体被截留至污水处理管网,引入石碣沙腰污水处理厂处理后进入北排涌,部分被用于农田灌溉、最终流入东江"可知,中心涌的水质已经受到了严重污染需要引入沙腰污水处理厂处理,经处理后才能用于农田灌溉,其水质不符合Ⅲ类水环境质量功能区的标准。对比《广东省地表水环境功能区划》的标准,中心涌的水环境功能最多只能认定为Ⅴ类水环境质量功能区。《广东省2016年5月地级以上城市集中式生活饮用水水源水质状况报告》和《广东省2017年8月地级以上城市集中式生活饮用水水源水质状况报告》显示中堂水道即中心涌的上游的水质现状为Ⅲ类水,与《评估报告》中的Ⅱ类水是不一致的。8.东莞市价格认证中心向东江环保股份有限公司、深圳市深投环保科技有限公司(原深圳固废站)及广州绿由工业弃置废物回收处理有限公司询价,事件发生地在东莞,而其中两家是深圳的公司,一家是广州的公司,后两家公司均是从事工业废物处理的企业,从其网站上没有发现其具有工业废水的处理资质,故该两家公司的报价不具有参考价值。东莞市环境保护局公开了东莞市40家污水处理企业的信息,该40家污水处理企业均为东莞本土企业,他们的报价才能代表当地的市场行情。经袁某某咨询东莞的污水处理企业,涉案监测指标废水的处理药剂成本每吨在40—60元之间,处理价格在100元/吨左右。《评估报告》中电镀水处理单价为2500元/吨,严重脱离了东莞当地电镀废水处理实际市场价格行情,按此价格计算生态环境损

案例九 广东省东莞市人民检察院支持东莞市环境科学学会诉袁某某等三人环境污染民事公益诉讼案

害数额对袁某某极为不公。袁某某通过大数据查到2016年全球电镀污水的治理费用大约在13.28元/吨（引用自《电镀污水处理市场价格分析》2017年）。袁某某通过有效收集38份环境公益诉讼中生态环境修复义务的判决样本得知，电镀水的处理价格从25元到45元不等，远低于《评估报告》2500元/吨的价格标准。电镀污水处理价格应以公益为目的，而不能以暴利为目的。9.《评估报告》认定的700吨废水排放量没有事实依据。（2017）粤1971刑初1090号刑事判决书对袁某某排放的电镀废水量并未予以认定，排放量约700吨只是评估机构根据陈某某在刑事侦查阶段和行政执法询问时的单方面口头陈述而推算出来，没有其他证据予以证实。而刑事讯问笔录和行政询问笔录都不是民事证据的法定形式。袁某某经营的是一家无经营许可证的小微型电镀厂，业务不稳定，不可能每天产生5吨清洗废水，水量多少视电镀厂业务好差不定，陈某某不是每天拉废水，且每次拉的废水数量多少也不确定，不是每次都有《评估报告》认定的2.5吨之多。《评估报告》所依据的《关于袁某某、陈某某和何某某等三人倾倒电镀废水案件废水去向的情况说明》没作为附件，东莞市环境保护局石碣分局也没有进行全面科学调查，只是凭借东莞市环境保护局2017年1月3日调查询问陈某某的口供所陈述的"基本上每个星期一至星期五都有拉，每天两车"含糊笼统表述统计算，不符合民事证据"证据确实充分"的证明标准。二、根据《生态环境损害赔偿制度改革方案》规定，本案不符合启动生态环境损害赔偿的标准。同时，东莞市生态环境局发布的《2017年度东莞市环境状况公报》显示"全市水质良好，水质达标率100%"。由此可知，袁某某的违法行为并未造成对东莞市地表水的生态破坏，东莞市环境科学学会诉请袁某某协助恢复中心涌生态环境的主张没有事实基础，不能成立。三、本案应适用《生态环境损害赔偿制度改革方案》作为法律依据，东莞市环境科学学会引用《侵权责任法》并诉请袁某某在市级媒体上公开赔礼道歉属于适用法律错误，不应得到支持。

343

四、对于东莞市环境科学学会诉讼请求的调整，袁某某同意何某某的意见。综上所述，东莞市环境科学学会的诉讼请求没有事实和法律依据，应予驳回。

当事人围绕诉讼请求依法提交了证据；何某某申请本院向东莞市环境保护局和东莞市城乡规划局调取案涉排污口和管道布置图及对案涉排污口和管道进行现场勘查，本院不予准许。本院组织当事人进行了证据交换和质证。对当事人无异议的证据，本院予以确认并在卷佐证，对有争议的证据和事实，本院认定如下：

一、关于东莞市环境科学学会提起环境民事公益诉讼的主体资格的争议事实。

东莞市环境科学学会提交其在东莞市民政局登记的《社会团体法人登记证书》、其2013年度工作报告书和2014年度至2017年度检查报告书、其出具的成立五年以上没有违法记录的《未受处罚声明书》及《东莞市环境科学学会章程》，用以证明东莞市环境科学学会提起本案环境公益诉讼符合法律规定的资格。何某某认为上述年度检查报告是东莞市环境科学学会单方制作，未列明主营业务范围是从事维护社会公共利益，主营业务每年收取的费用也未载明是用于公益活动，章程中的九项业务范围及宗旨没有确定是维护社会公共利益且从事环境保护公益活动，故东莞市环境科学学会的主体不适格。陈某某、袁某某同意何某某的意见。经审查，《东莞市环境科学学会章程》第七条载明的业务范围包括普及环境保护知识，提供及开展环境保护技术及各类环保知识的培训，开展环境保护公益活动，兴办社会公益事业等；上述年度工作报告书和年度检查报告书显示东莞市环境科学学会每年均组织涉及环境保护的公益活动。上述证据能够证明东莞市环境科学学会依法在设区的市级以上人民政府民政部门登记，专门从事环境保护公益活动连续五年以上且无违法记录的事实，本院予以认定。何某某、陈某某、袁某某所述东莞市环境科学学会不具备提起环境民事公益诉讼主体资格的抗辩意见不成立。

案例九　广东省东莞市人民检察院支持东莞市环境科学学会诉袁某某等三人环境污染民事公益诉讼案

二、关于何某某、陈某某、袁某某排放废水的行为是否构成污染水环境行为的争议事实。

东莞市环境科学学会提交广东省东莞市第一人民法院（2017）粤1971刑初1090号刑事判决书和该案相关证据材料、广东省东莞市第一人民法院（2017）粤1971刑初3286号刑事判决书、东莞市环境保护局移交东莞市公安局关于何某某、陈某某、袁某某污染环境的资料及《东莞市××镇××路××号废品收购站内排放电镀废水事件环境损害评估报告》，用以证明何某某、陈某某、袁某某偷排废水，对案涉地点的环境造成了严重污染。何某某认为上述证据不能作为本案定案依据，其没有与陈某某、袁某某共谋，也没有获益，污染源的环境监测报告不符合逻辑，取水程序不对。何某某提交石碣镇截污次支管工程（污水管道总平面图）及排污口现场图，用以证明案涉废水是排放到污水管后流入沙腰污水处理厂，废水并未直接用于农地灌溉。陈某某同意何某某的意见。袁某某认为刑事判决不能证明其排污行为造成了东莞市环境科学学会所主张的环境损害结果，勘查时的取样点只有三处，未包含东莞市用恒电子实业有限公司下水道，不认可环境监测报告的合法性、关联性。经审查，何某某、陈某某、袁某某通过私设的暗管将超过国家规定排放标准的电镀废水直接排放到市政下水道，严重污染环境的事实，已为上述发生法律效力的刑事判决所确认。何某某提交的证据不能推翻该事实，陈某某、袁某某并无提供相反证据足以推翻该事实。因此，本院对何某某、陈某某、袁某某排放废水，污染水环境的事实予以认定。何某某、陈某某、袁某某否认其污染水环境的抗辩意见不成立。

三、关于何某某、陈某某、袁某某对东莞市环境科学学会委托广东省环境科学研究院编制的《东莞市××镇××路××号废品收购站内排放电镀废水事件环境损害评估报告》提出异议的争议事实。

鉴定人广东省环境科学研究院出庭对何某某、陈某某、袁某某提出的异议答复如下：1.委托鉴定程序是鉴定人先初步调查现场，然后对评估费用的依据出具工作方案，由委托方根据其能接受的程度决定是否委托，再出具委托书，签订合同，最后经过调查、报告、编制等流程出具报告书；2.该评估报告是依据2016年环保部发布的《生态环境损害鉴定评估技术指南总纲》附录A的格式规范要求制作的，有列明鉴定人项目组负责成员的姓名，加盖了鉴定人的技术成果专用章，因当时没有司法鉴定的印章；3.本案具有特殊性，污染物的排放行为是在2016年6月到2017年7月，鉴定人于2017年11月20日接受委托，此期间因为水体的扩散、稀释等问题，再去提取证据已无意义。因无法对液体进行再次取证，故本案采用虚拟治理成本法，鉴定人以环保部门出具的应急监测数据评估，通过资料收集、分析研判、现场勘查、因果关系论证及环境损害价值核算等方式最终完成该评估报告；4.该评估报告涉及的环境功能区划问题以环境保护管理部门认定的文件为准，虚拟成本法计算当中涉及的环境功能区划情况以环保部门管理目标为准；5.废水倾倒点明显为未经任何处理设施处理的高浓度电镀废水，超标2000—6000多倍，其上游100米处下水道监测结果显示也有超标情况，大概十倍到几十倍，两相比较，废水倾倒点下水道上游虽然有污染，但最终作为基线比较合情合理；6.东莞市环保局石碣分局提供的《关于袁某某、陈某某、何某某等三人倾倒电镀废水去向的情况说明》有关于废水的去向及数量700吨的说明，鉴定人认同该情况说明的数据；7.废水排放口周边为硬化地面，从整个中心涌流动路径来看，有硬化管网也有未硬化管网，还有部分废水被截流灌溉周边农田，部分进入沙腰污水处理厂无法处置进入东江，另一部分进入中心涌，所以本案环境损害不易表征；8.东莞市价格认证中心询问了行业内权威的三家企业的废水处置价格，报价从2500元/吨到3500元/吨，运费是100元/吨到400元/吨，鉴定人选取了最低的处置价格，没有计算运输费用；9.2017年9月15日环境保护部关于生态环境损害鉴定评估虚拟成本法应用

案例九　广东省东莞市人民检察院支持东莞市环境科学学会诉袁某某等三人环境污染民事公益诉讼案

有关问题的复函确定了敏感系数取值、采用区间等情形，鉴定人依据该文件确定环境功能区敏感系数取5倍；10.事务性费用是指评估费用，目前国内没有发布环境损害鉴定的相关收费标准，主要参考环境保护部规划院2016年《环境损害鉴定评估工作收费问题讨论会会议纪要》中的收费依据，鉴定人的费用低于该会议纪要。

经审查，最高人民法院《关于审理环境民事公益诉讼案件适用法律若干问题的解释》第十四条第二款规定："对于应当由原告承担举证责任且为维护社会公共利益所必要的专门性问题，人民法院可以委托具备资格的鉴定人进行鉴定。"该条款并无排斥原告自行委托具备资格的鉴定人进行鉴定的情形；最高人民法院《关于审理环境侵权责任纠纷案件适用法律若干问题的解释》第八条规定："对查明环境污染案件事实的专门性问题，可以委托具备相关资格的司法鉴定机构出具鉴定意见或者由国务院环境保护主管部门推荐的机构出具检验报告、检测报告、评估报告或者监测数据。"该条款并无将委托人限制在行政机关或者司法机关范围内。故东莞市环境科学学会作为环境保护社会组织，为维护社会公共利益及履行举证责任而委托具备资格的鉴定机构对环境损害专门性问题进行鉴定，并无不当，不存在委托人主体违法的情形。受托人广东省环境科学研究院系国家环境保护部推荐的环境损害鉴定评估机构，其就何某某、陈某某、袁某某对该评估报告的委托程序、鉴定程序、编制形式、编制依据、评估方法、数据采纳、收费标准等提出的异议作出的上述答复，理据充分，合法合理，并无不当。此外，该评估报告附有与鉴定评估相关的文件资料。因此，本院对该评估报告的事实予以认定。

何某某、陈某某、袁某某对该评估报告提出的异议不能成立。

根据当事人陈述和经审查确认的证据，本院认定事实如下：东莞市环境科学学会系在东莞市民政局登记的社会团体法人，专门从事环境保护公益活动连续五年以上且无违法记录，具备提起环境民事公益诉讼的主体资格。

2016年6月至2017年1月,袁某某雇用陈某某为其在广州市增城区经营的无牌电镀厂的司机,指使陈某某驾驶一辆货车将其无牌电镀厂生产过程中产生的废水运送到东莞市××镇××路××号何某某经营的无牌废品收购店,并经过何某某的同意,通过店内墙边私设的一条暗管,将废水共约700吨直接排放到市政下水道里。经检测,倾倒点的电镀废水的重金属浓度为铜2.57E+3mg/L、镍143mg/L、锌753mg/L、总氰化物24.3mg/L、总铬7.64mg/L,分别超过《电镀水污染物排放标准》(DB44/1597—2015)规定的排放标准8566倍、1429倍、752倍、120倍、14.3倍,属于有毒物质,严重污染环境。2017年5月19日,广东省东莞市第一人民法院对陈某某、何某某犯污染环境罪作出(2017)粤1971刑初1090号刑事判决;2017年12月28日,广东省东莞市第一人民法院对袁某某犯污染环境罪作出(2017)粤1971刑初3286号刑事判决。该两份判决认定了陈某某、何某某、袁某某上述污染环境的事实,判决陈某某、何某某、袁某某犯污染环境罪。该两份判决已经发生法律效力。

广东省环境科学研究院是国家环境保护部印发的《环境损害鉴定评估推荐机构名录(第一批)》中的环境损害鉴定评估机构之一,拥有国家发展和改革委员会颁发的工程咨询单位资格证书,具备生态建设和环境工程专业规划咨询、评估咨询、工程项目管理等资质。2018年4月26日,受东莞市环境科学学会的委托,广东省环境科学研究院对上述排放电镀废水事件环境损害进行了鉴定评估并出具《东莞市××镇××路××号废品收购站内排放电镀废水事件环境损害评估报告》,鉴定评估结论为:受污染区域主要为东莞市××镇××路××号废品收购站内排放口、排放废水流经百花路市政管道汇入的中心涌;本次事件排放废水(主要含有镍、铜、锌、氰化物)属于"有毒物质",具有毒害性;本次事件造成的环境污染损害主要包括生态环境损害修复费用875万元和事务性费用22万元两部分。具体内容有:

案例九 广东省东莞市人民检察院支持东莞市环境科学学会诉袁某某等三人环境污染民事公益诉讼案

一、鉴定评估的空间范围为本次事件排放区域及其排放水流经下水道、下游河涌，时间范围为首次偷排行为发生时至2017年1月13日××镇××路××号废品收购站被公安及环保部门查获停止废水偷排时。二、鉴定评估内容为事件可能涉及的生态环境损害、事务性费用，鉴定评估方法为现场勘查法和市场价格法。三、倾倒的电镀废水为明确污染来源，地表水中存在的污染源排放的污染物与污染源产生的污染物具有一致性，且其传输路径（废水排放口—百花路市政下水道—中心涌）合理。四、本次事件的生态环境损害评估对象为地表水环境损害，评估内容包括生态环境基线的确定，生态环境损害的确认，污染环境或破坏生态行为与生态环境损害间的因果关系判定和损害数额量化。五、本次事件中，污染物浓度无历史调查或监测数据，根据现场调查，东莞市××镇××路××号废品收购站内排放电镀废水进入地表水环境，将其上游对照区域（废水倾倒点上游100米处下水道）监测数据作为基线。事件造成地表水环境中特征污染物（总镍、总铜、总锌及总氰化物）浓度超过基线20%以上，造成了一定的生态环境损害。六、本次事件排放电镀废水偷排持续时间长；污染水环境为地表水，流动性强，环境损害不易表征，无法进行有效应急处置等原因导致无法通过恢复工程完全恢复其造成的生态环境损害，故本次事件可适用虚拟治理成本法量化生态环境损害数额。七、本次事件中受污染区域水体为中心涌，根据《关于石碣中心涌水功能区划有关情况的复函》（东环函〔2018〕750号），中心涌以《地表水环境质量标准》中的Ⅲ类标准值作为水环境功能目标，环境功能区敏感系数取5倍。东莞市价格认证中心向东江环保股份有限公司、深圳市深投环保科技有限公司及广州绿由工业弃置废物回收处理有限公司三家专业处置单位进行询价，于2017年9月28日出具《东莞市价格认定结论书》（东价认函〔2017〕1571号），得出2017年1月13日时排放的电镀废水处理单价为2500元/吨（因不确定运输距离，故该价格不含运输费用）。根据东莞市环境保护局石碣分局出具的《关于袁某某、陈某某和何某某等三人倾倒电镀废水案件废水去向的情况说明》文件，本次事件期间每周一至周五，每天两次将电镀废水装载在容量约2.5吨的水箱内，计算得出排放的电镀废水共约700吨，故废水处理总价为175万元，乘以环境功能区敏感系数5倍，本次事件排放废水造成的生态环境损害数额为875万元。八、东莞市环境科学学会为调查本次事件所造成的环境损害，减轻事件影响，确定事件责任，委托广东省环境科学研究院开展事件环境损害评估，共支出损害鉴定评估费用即事务性费用22万元等。东莞市环境科学学会于2018年1月25日向广东省环境科学研究院支付了损害鉴定评估费用（即事务性费用）22万元。

2018年6月22日，东莞市环境科学学会与广东××律师事务所就本案诉讼代理事宜签订《民事诉讼委托合同》，约定律师费244400元和办案费5000元。2018年7月2日，东莞市环境科学学会向广东××律师事务所支付律师费244400元。本案立案后，东莞市环境科学学会申请财产保全，并以中国平安财产保险股份有限公司广东分公司出具的担保金额为9214400元的诉讼财产保全责任保险保单保函提供担保。东莞市环境科学学会为此于2018年7月13日支付保险费55286.40元。本院根据东莞市环境科学学会的申请，作出（2018）粤01民初707号民事裁定，冻结何某某、陈某某、袁某某的银行存款9214400元，或者查封、扣押其等值的其他财产。

本院认为，对何某某、陈某某、袁某某共同污染环境，损害社会公共利益的行为，东莞市环境科学学会依法可以提起环境民事公益诉讼。依照最高人民法院《关于审理环境民事公益诉讼案件适用法律若干问题的解释》第十一条关于检察机关依据民事诉讼法第十五条的规定，可以通过提供法律咨询、提交书面意见、协助调查取证等方式支持社会组织依法提起环境民事公益诉讼的规定，广东省东莞市人民检察院通过提交书面意见、协助调查取证、指派人员参加庭审等方式，支持东莞市环境科学学会依法提起本案环境

案例九 广东省东莞市人民检察院支持东莞市环境科学学会诉袁某某等三人环境污染民事公益诉讼案

民事公益诉讼,符合该司法解释规定,本院予以支持。

《中华人民共和国侵权责任法》第六十五条规定:"因污染环境造成损害的,污染者应当承担侵权责任。"最高人民法院《关于审理环境民事公益诉讼案件适用法律若干问题的解释》第十八条规定:"对污染环境、破坏生态,已经损害社会公共利益或者具有损害社会公共利益重大风险的行为,原告可以请求被告承担停止侵害、排除妨碍、消除影响、恢复原状、赔偿损失、赔礼道歉等民事责任。"本案中,何某某、陈某某、袁某某共同污染水环境的事实,已为人民法院发生法律效力的刑事判决所确认。陈某某、袁某某否认其偷排电镀废水的行为污染了环境,但并无提供相反证据足以推翻该刑事判决所认定的事实,故本院不予采信。虽然何某某、陈某某、袁某某已因污染环境行为被追究刑事责任,但根据上述法律规定,何某某、陈某某、袁某某仍应为其污染环境行为共同承担环境污染损害的民事侵权责任。因此,何某某、陈某某、袁某某提出不承担环境污染损害民事责任的抗辩不成立,本院不予采纳。

最高人民法院《关于审理环境侵权责任纠纷案件适用法律若干问题的解释》第八条规定:"对查明环境污染案件事实的专门性问题,可以委托具备相关资格的司法鉴定机构出具鉴定意见或者由国务院环境保护主管部门推荐的机构出具检验报告、检测报告、评估报告或者监测数据。"本案中,对涉案排放电镀废水事件环境损害事实的专门性问题,东莞市环境科学学会委托广东省环境科学研究院进行鉴定评估并出具的《东莞市××镇××路××号废品收购站内排放电镀废水事件环境损害评估报告》,程序合法,依据充分,本院予以采纳。根据该评估报告,涉案水污染事件排放电镀废水偷排持续时间长,污染水环境为地表水,流动性强,环境损害不易表征,无法进行有效应急处置等原因导致无法通过恢复工程完全恢复其造成的生态环境损害。故东莞市环境科学学会在起诉后变更诉讼请求,不再请求判令何某某、陈某某、袁某某协助恢复生态环境的原状，有相应的事实依据，本院予以准许。何某某、陈某某、袁某某认为该变更请求事项不符合法律规定的抗辩不成立，本院不予采纳。最高人民法院《关于审理环境民事公益诉讼案件适用法律若干问题的解释》第二十条第二款规定："人民法院可以在判决被告修复生态环境的同时，确定被告不履行修复义务时应承担的生态环境修复费用；也可以直接判决被告承担生态环境修复费用。"第二十二条规定："原告请求被告承担检验、鉴定费用，合理的律师费以及为诉讼支出的其他合理费用的，人民法院可以依法予以支持。"第二十四条第一款规定："人民法院判决被告承担的生态环境修复费用、生态环境受到损害至恢复原状期间服务功能损失等款项，应当用于修复被损害的生态环境。"本案中，经广东省环境科学研究院评估，涉案环境污染损害数额包括生态环境损害修复费用875万元和事务性费用即损害鉴定评估费用22万元。东莞市环境科学学会已经支付了该损害鉴定评估费用。因此，东莞市环境科学学会提出何某某、陈某某、袁某某共同承担生态环境修复费用875万元和涉案环境损害鉴定评估费用22万元的诉讼请求，有事实及法律依据，本院予以支持。但生态环境修复费用应当用于修复被损害的生态环境。东莞市环境科学学会为本案诉讼支出的律师费244400元，符合《广东省物价局、司法厅律师服务收费管理实施办法》规定的律师服务收费标准；东莞市环境科学学会为申请财产保全而提供诉讼财产保全责任保险担保，为此支出保险费55286.40元；东莞市环境科学学会主张为本案诉讼支出差旅费等其他费用5000元，上述三项费用属于东莞市环境科学学会为诉讼支出的合理费用，东莞市环境科学学会请求何某某、陈某某、袁某某共同承担，依照上述最高人民法院《关于审理环境民事公益诉讼案件适用法律若干问题的解释》第二十二条规定，本院予以支持。何某某、陈某某、袁某某提出上述修复费用、鉴定费用、律师费、保险费及其他费用过高、不合理或者没有法律依据的抗辩意见，并无相反证据足以支持或者缺乏法律依

案例九　广东省东莞市人民检察院支持东莞市环境科学学会诉袁某某等三人环境污染民事公益诉讼案

据,本院不予采信。此外,何某某、陈某某、袁某某污染环境的行为导致水环境损害,已经损害了社会公共利益,故依照上述最高人民法院《关于审理环境民事公益诉讼案件适用法律若干问题的解释》第十八条规定,何某某、陈某某、袁某某还应当通过公开赔礼道歉以示真诚悔过。因此,东莞市环境科学学会提出何某某、陈某某、袁某某在广东省东莞市的市级媒体上公开赔礼道歉的诉讼请求,有事实及法律依据,本院予以支持。

袁某某提出东莞市环境科学学会诉请公开赔礼道歉属于适用法律错误的抗辩意见,与上述司法解释规定相悖,本院不予采纳。

综上所述,东莞市环境科学学会的诉讼请求成立,应予支持。依照《中华人民共和国侵权责任法》第六十五条,最高人民法院《关于审理环境侵权责任纠纷案件适用法律若干问题的解释》第八条,最高人民法院《关于审理环境民事公益诉讼案件适用法律若干问题的解释》第十八条、第二十二条、第二十四条规定,判决如下:

一、被告何某某、陈某某、袁某某于本判决发生法律效力之日起十日内共同赔偿生态环境修复费用875万元(该费用上缴国库用于修复被损害的生态环境);

二、被告何某某、陈某某、袁某某于本判决发生法律效力之日起十日内共同向原告东莞市环境科学学会赔偿环境损害鉴定评估费用22万元、律师费244400元、保险费55286.40元及为诉讼支出的其他合理费用5000元;

三、被告何某某、陈某某、袁某某自本判决发生法律效力之日起十日内共同在广东省东莞市的市级媒体发表经本院认可的赔礼道歉声明。

如果未按本判决指定的期间履行给付金钱义务,应当依照《中华人民共和国民事诉讼法》第二百五十三条规定,加倍支付迟延履行期间的债务利息。

本案受理费76723元,财产保全申请费5000元,均由被告何某某、陈某某、袁某某共同负担。

如不服本判决,可以在判决书送达之日起十五日内,向本院递交上诉状,并按对方当事人的人数提出副本,上诉于广东省高级人民法院。

审　判　长　庞智雄
审　判　员　李　琦
审　判　员　茹艳飞
人民陪审员　王香梅
人民陪审员　周小燕
人民陪审员　何田生
人民陪审员　吴杭辉
二〇一九年七月二十三日
书　记　员　江亭利
　　　　　　林丽敏

广东省高级人民法院民事判决书

（2019）粤民终 2169 号

上诉人（一审被告）：何某某，男，1966 年××月××日出生，汉族，住广东省东莞市××镇××村。

委托诉讼代理人：李某乙，广东××律师事务所律师。委托诉讼代理人：霍某某，安徽××律师事务所律师。

上诉人（一审被告）：陈某某，男，1980 年××月××日出生，汉族，

案例九 广东省东莞市人民检察院支持东莞市环境科学学会诉袁某某等三人环境污染民事公益诉讼案

住广东省广州市增城区××镇××村××大街。

委托诉讼代理人：李某乙，广东××律师事务所律师。委托诉讼代理人：霍某某，安徽××律师事务所律师。

上诉人（一审被告）：袁某某，男，1964年××月××日出生，汉族，住广东省东莞市××镇××村。

委托诉讼代理人：李某乙，广东××律师事务所律师。委托诉讼代理人：霍某某，安徽××律师事务所律师。

被上诉人（一审原告）：东莞市环境科学学会。住所地：广东省东莞市环保大楼。

法定代表人：黄某某，秘书长。

委托诉讼代理人：叶某某，广东××律师事务所律师。

委托诉讼代理人：刘某某，广东××律师事务所律师。支持起诉人：广东省东莞市人民检察院。住所地：广东省东莞市××路××号。

法定代表人：来某某，检察长。

出庭人员：丁某某，检察员。

出庭人员：江某某，检察员。

检察机关广东省人民检察院出庭人员赵某某，广东省人民检察院检察员。

上诉人何某某、陈某某、袁某某与被上诉人东莞市环境科学学会（以下简称"东莞环境学会"）、支持起诉人广东省东莞市人民检察院水污染责任环境民事公益诉讼一案，上诉人何某某、陈某某、袁某某（以下简称"何某某等上诉人"）均不服广州市中级人民法院（以下简称"一审法院"）（2018）粤01民初707号民事判决，向本院提起上诉。本院于2019年9月5日立案后，依法组成合议庭进行了审理。2019年10月16日本院开庭审理本案，何某某、袁某某、袁某某等上诉人的共同委托诉讼代理人李某乙、东莞环境学会的委托诉讼代理人叶某某、刘某某到庭参加诉讼；支持起诉人广东省东莞市人民检察院指派丁某某、江某某检察员、支持起诉人的上一级检察机关广东省人民检察院指派赵某某检察员到庭参加庭审；鉴定机构广东省环境科学研究院指派该院的环境损害鉴定研究室主任陈某甲到庭接受询问并陈述意见。本案现已审理终结。

何某某等上诉人上诉称，一审法院对部分事实认定错误，上诉请求依法撤销（2018）粤01民初707号民事判决，发回重审或依法改判，本案一审、二审案件诉讼费用由东莞环境学会承担。事实和理由是：

一、东莞环境学会在一审中提交的《东莞市××镇××路××号废品收购站内排放电镀废水事件环境损害评估报告》（以下简称《报告》）没有加盖鉴定单位公章及鉴定人签名，《评估报告》不符合证据标准，多处违法，不应作为证据采纳，一审法院以《报告》作为赔偿依据违反了法律规定。《中华人民共和国民事诉讼法》第七十七条第二款规定："鉴定人应当提出书面鉴定意见，在鉴定书上签名或者盖章。"最高人民法院《关于民事诉讼证据的若干规定》第二十九条规定：审判人员对鉴定人出具的鉴定书，应当审查是否具有下列内容：（一）委托人姓名或者名称、委托鉴定的内容；（二）委托鉴定的材料；（三）鉴定的依据及使用的科学技术手段；（四）对鉴定过程的说明；（五）明确的鉴定结论；（六）对鉴定人鉴定资格的说明；（七）鉴定人员及鉴定机构签名盖章。《司法鉴定文书规范》第七条第（九）项规定：落款，由司法鉴定人员签名或者盖章，并写明司法鉴定人的执业证号，同时加盖司法鉴定机构的司法鉴定专用章，并注明文书制作日期等；第十一条规定"司法鉴定人应当在司法鉴定文书上签名或者盖章；多人参加司法鉴定，对鉴定意见有不同意见的，应当注明。司法鉴定文书经过复核的，复核人应当在司法鉴定机构内部复核单上签名"。《环境损害鉴定评估报告书的编制要求》附录C.6：评估报告必须"签名""盖章"；C.7附件包括环境损害鉴定评估工作过程中依据的各种证据、鉴定评估实施方案、现场勘查监测方案、现场

案例九 广东省东莞市人民检察院支持东莞市环境科学学会诉袁某某等三人环境污染民事公益诉讼案

勘查监测报告、实验方案与分析报告等。《报告》属于司法鉴定文书,依据上述规定,必须有鉴定人鉴定、鉴定机构盖章,且必须将相关的鉴定依据(即评估报告所谓的支撑材料)作为附件使用。涉案《报告》没有任何鉴定人签名,没有附鉴定人资格材料,没有加盖鉴定机构印章,根本不符合上述条文中关于鉴定报告法定形式要件。一审法院在明知《报告》不符合证据标准的情况下,依然作出了对《报告》真实性予以认定的判决(一审判决书第20页),严重违反了法律规定。一份合法的生态环境鉴定报告出具必须具备鉴定人签字,且有鉴定评估单位公章才能生效,但是《报告》在两者都不具备的情况下,被东莞环境学会直接认定,并且以对外可具有法定效力的理由要求支付巨额费用,东莞市人民检察院亦予以认定,并作为支持诉讼的理由。对此,我方保持向有权部门进行检举报告的权利。

同时,一审法院却无视鉴定人陈述与鉴定人陈述的规范规定明显不符的事实,而将鉴定机构的身份合法混同为《报告》合法,据此直接认定"受托人广东省环境科学研究院系国家环境保护部推荐的环境损害鉴定评估机构,其就何某某、陈某某、袁某某对该评估报告的委托程序、鉴定程序、编制形式、编制依据、评估方法、数据采纳、收费标准等提出的异议作出的上述答复,理由依据充分,合法合理,并无不当"。

另外,鉴定人在《报告》中对其已经进行现场调查作出虚假陈述。鉴定人广东省环境科学研究院出庭对何某某、陈某某、袁某某提出的异议答复:"委托鉴定程序是鉴定人先初步调查现场,然后对评估费用的依据出具工作方案,由委托方根据其能接受的程序决定是否委托,再出具委托书,签订合同,最后经过调查、报告、编制等流程出具报告书。"但是,根据其提供的鉴定依据,即2016年环保部发布的《生态环境损害鉴定评估技术指南总纲》的规定,需要在损害调查确认阶段,对损害行为与损害事实调查确认,但鉴定人明确表示"鉴定人于2017年11月20日接受委托,此期间因为水体的扩散、稀释等问题，再去提取证据已无意义。因无法对液体进行再次取证，故本案采用虚拟治理成本法，鉴定人以环保部门出具的应急监测数据评估，通过资料收集、分析研判、现场勘查、因果关系论证及环境损害价值核算等方式最终完成该评估报告"。明显可见，鉴定人只是在鉴定评估前进行现场勘查，而在正式接受委托、确定委托鉴定范围之后未对现场进行查看，与其陈述的"通过资料收集、分析研判、现场勘查、因果关系论证及环境损害价值核算等方式最终完成该评估报告"事实不符。同时，生态损害鉴定评估所包含的内容，但评估报告中对因果关系分析中涉及污染物质同源性、迁移路径合理性、受体暴露性分析明显不足甚至未予提及，而直接得出受体（中心涌）损害可能性的分析，亦未说明是否或如何通过文献查阅、专家咨询、样方调查和生态实验等方法，阐明破坏生态行为导致生态环境损害可能的作用机制，建立破坏生态行为导致生态环境损害的生态链条，分析破坏生态行为导致生态环境损害的可能性。

二、《报告》中计算生态环境损害数额的依据是《东莞市价格认定结论书》，该份认定结论书所采用的电镀废水处理报价超过了市场标准约40倍，一审法院在上诉人提出有力证据证实的情况下，仍机械认定《报告》中的数据，不具有合理性，作出的判决与同类案件认定的电镀废水处理单价存在天壤之别。一审判决书第19页认定："东莞市价格认证中心询问了行业内权威三家企业的废水处置价格，报价从2500元/吨到3500元/吨，运费是100元/吨到400元/吨，鉴定人选取了最低的处置价格，没有计算运输费用。"被上诉人在一审中提交的《报告》第25页第三段表述："电镀废水处理价格方面，东莞市价格认证中心向东江环保股份有限公司、深圳市深投环保科技有限公司（原深圳固废站）以及广州绿由工业弃置废物回收处理有限公司三家专业处置单位进行询价，于2017年9月28日出具了《东莞市价格认定结论书》（东价认函〔2017〕1571号），得出2017年1月13日排放的电镀水处

案例九　广东省东莞市人民检察院支持东莞市环境科学学会诉袁某某等三人环境污染民事公益诉讼案

理单价为 2500 元/吨（因不确定运输距离，故该价格不包含运输费用）。"上诉人在一审质证中提出，涉案废水的排放地在东莞石碣，而三家被询价的单位其中两家是深圳的公司，一家是广州的公司，深圳市深投环保科技有限公司、广州绿由工业弃置废物回收处理有限公司两家公司均是从事工业废物处理的企业，从其公司网站上没有发现该两家公司具有工业废水的处理资质，因此该两家公司的报价均不合法，不代表真实的市场价格。东莞市环境保护局官方网站上公开了东莞市 40 家污水处理企业的信息，该 40 家污水处理企业均为东莞本土企业，当地企业报价才能代表当地的市场行情。上诉人在一审过程中，提交了新生活塑胶（东莞）五金公司排放的电镀废水处理价格为 40 元/吨，用以证明东莞同行业的电镀废水处理的市场价格，继而证明《报告》认定的 2500 元/吨处理价格远远偏离了市场行情，但一审法院根本不予理会，令人费解。

2019 年 6 月 18 日，东莞市生态环境局微信公众号"东莞生态环境"2017 年 6 月 18 日发布了熊某徕私排电镀废水案的官方报道，从官方公布的数据看，熊某徕排放的电镀废水中，总铬超标 21.4 倍，总镍超标 727 倍，总铜超标 372 倍，总锌超标 30.4 倍，总铁超标 76.5 倍。该案中，东莞市第二市区人民检察院与东莞市水务局、公安局、生态环境局经协商并询价，最终确认的电镀废水处理价格为 60 元/吨。上诉人排放的废水监测因子中只有总镍、总锌高于熊某徕案指标 2—3 倍，部分还未达到前述标准。对此同一地区同类型案件，东莞市法院对熊某徕私排电镀废水案作出的判决较为客观公允，而本案一审法院罔顾事实，机械认定上诉人排放的电镀废水处理价格为 2500 元/吨不具有合理性，判决结果对上诉人极为不公平。

三、一审判决认定中心涌以《地表水环境质量标准》中的三类标准值作为水环境功能目标，环境功能区敏感系数取 5 倍与事实不符。一是《报告》中对基线的认定有误。根据一审期间鉴定人广东省环境科学研究院出庭对何某某、陈某某、袁某某提出的异议答复"该评估报告涉及的环境功能区划问题以环境保护管理部门认定的文件为准,虚拟成本法计算当中涉及的环境功能区划情况以环保部门管理目标为准",将环境保护部门的管理目标作为本案的基线确定标准与2016年环保部发布的《生态环境损害鉴定评估技术指南总纲》所规定的确定方法明显不符。大纲的2.1基线的确定方法包括:a) 利用污染环境或破坏生态行为发生前评估区域近三年内的历史数据确定基线,数据来源包括历史监测、专项调查、学术研究等反映生态环境质量状况的历史数据;b) 利用未受污染环境或破坏生态行为影响的相似现场数据确定基线,即"对照区域"数据。"对照区域"应与评估区域的生态环境特征、生态系统服务等具有可比性;c) 利用模型确定基线。可考虑构建环境污染物浓度与种群密度、物种丰度等生态环境损害评价指标间的剂量—反应关系来确定基线;d) 参考环境基准或国家和地方发布的环境质量标准,如GB3095、GB3096、GB3097、GB3838、GB10070、GB11607、GB15618和GB/T14848等确定基线。二是一审判决对中心涌环境功能区敏感系数取5倍与事实不符。《广东省地表水环境功能区划》明确,环境保护部门依据《地表水环境质量标准》(GB3838—2002),实施水域分类管理。结合水域使用功能要求,地表水环境功能区分为五类:Ⅰ类水环境质量功能区,主要适用于源头水、国家自然保护区;Ⅱ类水环境质量功能区,主要适用于集中式生活饮用水地表水源地一级保护区、珍稀水生生物栖息地、虾产卵场、仔稚幼鱼的索饵场等;Ⅲ类水环境质量功能区,主要适用于集中式生活饮用水地表水源地二级保护区、鱼虾类越冬场、洄游通道、水产养殖区等渔业水域及游泳区;Ⅳ类水环境质量功能区,主要适用于一般工业用水区及人体非直接接触的娱乐用水区;Ⅴ类水环境质量功能区,主要适用于农业用水区及一般景观要求水域。

根据上引规定:Ⅲ类水环境质量功能区,主要适用于集中式生活饮用水

案例九　广东省东莞市人民检察院支持东莞市环境科学学会诉袁某某等三人环境污染民事公益诉讼案

地表水源地二级保护区、鱼虾类越冬场、洄游通道、水产养殖区等渔业水域及游泳区；而涉案《报告》第 19 页最后一段显示：东莞市环境保护局石碣分局出具的《关于袁某某、陈某某和何某某等三人倾倒电镀废水去向的情况说明》文件，石碣中心涌流经石龙、石碣、高埗三镇，未做硬底化，中心涌流至环城路与崇焕路交接高架桥下后，一部分水体被截流至污水处理管网，引入石碣沙腰污水处理厂处理后进入北排涌，部分被用于农田灌溉，最终流入东江。据此可知，中心涌的水质已经受到了严重污染需要引入沙腰污水处理厂处理，经处理后才能用于农田灌溉，其水质不符合Ⅲ类水环境质量功能区的标准。对此《广东省地表水环境功能区划》的标准，中心涌的水环境功能最多只能认定为Ⅴ类环境功能区。

2016 年 3 月 11 日，《东莞阳光台》报道：东莞投 6 亿元整治挂影洲围中心涌，该文第二段提到中心涌水质为劣Ⅴ类，作为东莞北部的重要河涌，挂影洲围中心涌自 2014 年以来一直颇受关注。该中心涌因为横贯挂影洲而得名，其始于石龙镇镇内旧城区，自东向西经石碣镇最后于高埗镇高埗村汇入东江南支流，总长 16.1KM。中心涌流域水网密集，20 条内河涌的总长度约 64 公里，水质为劣Ⅴ类，沿途排污口密集，污水来源复杂……据此官方发布的数据，一审法院将中心涌的水质认定为Ⅲ类水与事实不符，二审法院应予纠正。中心涌流经石龙、石碣、高埗三镇，在《东莞市环境保护和生态建设"十三五"规划》第 82 页，三处水质在 2015 年已为劣Ⅴ类，2020 年整治目标才为Ⅴ类水质。虽然上诉人客观上造成了一定环境损害，但并不能将生态环境恢复至超出原有劣Ⅴ类水质之上，这一目标并不能由上诉人来完成。恳请二审法院依照《东莞市环境保护和生态建设规划》中对中心涌认定的劣Ⅴ类水质为水环境功能目标，环境功能区敏感系数取 1 倍。

四、东莞环境学会未与何某某、陈某某、袁某某等赔偿义务人磋商即提起诉讼、一审法院在审理过程中亦未予纠正或补救，违反了法律原则性规定。《生态环境损害赔偿制度改革方案》第二条规定的工作原则,主动磋商,司法保障。生态环境损害发生后,赔偿权利人组织开展生态环境损害调查、鉴定评估、修复方案编制等工作,主动与赔偿义务人磋商。磋商未达成一致,赔偿权利人可依法提起诉讼。本案中,东莞环境学会在起诉前未与何某某、陈某某、袁某某等赔偿义务人进行磋商即向法院提起诉讼,违反了《生态环境损害赔偿制度改革方案》原则性规定,一审法院在审理过程中,亦未对此予以纠正或补救,程序违法。

综上所述,一审法院在审理本案过程中,对何某某等上诉人提交的20份证据置之不顾,完全不作任何分析评述,而对被上诉人私自委托的、连证据的形式要件都不具备的《报告》却一一确认,并依据该份漏洞百出的《报告》作出判决,认定上诉人共同承担9274286.4元的损害赔偿责任,明显袒护东莞环境学会。何某某等上诉人因为错误的行为已经承担了刑事责任。对本案东莞环境学会因同一事件提起的公益诉讼所主张的损害赔偿,何某某等上诉人愿意在公平合理的范围内承担民事责任。请求二审法院依法查明事实,撤销一审判决,发回重审或依法改判,以维护上诉人的合法权益,维护社会的公平正义。

东莞环境学会答辩称,一审法院认定事实清晰、适用法律正确,请求依法驳回何某某等上诉人的上诉请求,维持原判。事实与理由:

一、《报告》合法有效,一审法院采纳该报告并无不妥。

(一)何某某等上诉人提交的所谓"有力证据",所能证明的仅仅是电镀污水处理及普通污水处理的费用,与本案需要处理的重度污染电镀废水没有关联性。

何某某等上诉人提交的证实《东莞市价格认定结论书》超过市场标准约40倍的所谓"有力证据",是以偏概全的证据。因其仅仅为电镀污水处理及普通污水处理的费用,并非如本案中所涉及的重度污染电镀废水,更未考虑

案例九 广东省东莞市人民检察院支持东莞市环境科学学会诉袁某某等三人环境污染民事公益诉讼案

到本案对生态环境被污染后的修复费用。这些"有力证据"对本案没有参考意义,原审法院对此不予采纳,认定事实正确。

对于何某某等上诉人提及的熊某徕私排电镀废水处理价格为60元/吨的问题。首先,在本案中,何某某等上诉人向案涉下水道排放的重度污染电镀废水约700吨,而熊某徕中排放的废水仅为60吨,相差约10倍。其次,在本案中,何某某等上诉人向案涉下水道排放重度污染电镀废水倾倒点的铜超标8566倍、镍超标1429倍、锌超标752倍、总氰化物超标120倍、总铬超标14.3倍,系熊某徕排放的废水中:铜的超标倍数的约23倍、锌的超标数的约24倍,镍的超标倍数的约2倍。进一步来看,以上对比是倍数的倍数,即处理难度是呈指数性地增加,不可以简单地将熊某徕案的处理价格套用在本案中。最后,熊某徕案因排放的废水较少,交由鉴定机构出具相应的鉴定报告需要的费用比处理费用要高。为实事求是,东莞市第二市区人民检察院才与东莞市水务局、公安局、生态环境局协商并询价最终确认的电镀废水处理价格为60元/吨。而本案,排放废水约700吨,污染物的超标倍数巨大,只能经过专业的评估机构出具专业的意见才能确定价格。熊某徕案的处理价格与本案的重度污染电镀废水处理价格没有任何的可比性。在本案中,对于何某某等上诉人排放的重度污染废水的处理价格即有毒物质的处理价格,东莞市价格认证中心询问了行业内权威的三家企业的废水处置价格,报价从2500元/吨—3500元/吨,运费是100元/吨—400元/吨,鉴定人最终选取了最低的处置价格,因为运输距离无法确认,没有将运输费用计算在内,鉴定人对于处置价格选取,合法有效。

在本案中,何某某等上诉人排放的重度污染电镀废水中的污染物超标特别严重,属于有毒物质,严重污染环境。而何某某等上诉人提交材料无一能证明处理如此严重污染的有毒物质的费用,一审法院不采纳何某某、陈某某、袁某某的主张以及证据,合理合法,应当予以支持。

（二）何某某等上诉人认为案涉受污染区域的水体不属于Ⅲ类水的主张，不属于本案的审理范围。何某某等上诉人的主张不应被采纳。2017年9月15日，环境保护部关于生态环境损害鉴定评估虚拟成本法应用有关问题的复函确定了敏感系数取值、采用区间等情形。一审法院认为本次事件受污染区域水体为中心涌，根据《关于石碣中心涌水功能区划有关情况的复函》（东环函〔2018〕750号），中心涌以《地表水环境质量标准》中的Ⅲ类标准值作为水功能目标，最终认定环境功能区敏感系数取5倍。一审法院对于环境功能区敏感系数的认定并无不妥。

何某某等上诉人援引的《广东省地表水环境功能区划》及挂影洲围中心涌的报道，认为案涉中心区水质为劣V类，不属于本案的审理范围。首先，根据《广东省地表水环境功能区划》（2011年）确定的中堂水道Ⅱ类水质目标。其次，东莞市环境保护局为确保中堂水道水源地水质安全达标，出具了《关于石碣中心涌水功能区划有关情况的复函》（东环函〔2018〕750号）认定案涉中心涌的水质保护目标应为Ⅲ类。然后，何某某等上诉人认为案涉中心涌的水质应为V类，即认为《关于石碣中心涌水功能区划有关情况的复函》（东环函〔2018〕750号）侵犯了其合法权益，应当另循行政复议以及行政诉讼的程序进行救济，而非在本案中处理。最后，在《关于石碣中心涌水功能区划有关情况的复函》（东环函〔2018〕750号）没有被撤销前，案涉中心涌应当以Ⅲ类标准值作为水功能目标。

综上，《东莞市××镇××路××号废品收购站内排放电镀废水事件环境损害评估报告》合法有效，一审法院采纳该报告并无不妥。

二、何某某等上诉人认为"双方未经磋商，违反了法律原则性规定"，系再次采用以偏概全的理由，不应当予以支持。在本案一审程序中，东莞环境学会与何某某等上诉人曾就赔偿问题进行磋商，但未能达成一致意见。而何某某等上诉人却认为未进行过磋商，不符合事实。何某某等上诉人援引《生

案例九 广东省东莞市人民检察院支持东莞市环境科学学会诉袁某某等三人环境污染民事公益诉讼案

态环境损害赔偿制度改革方案》第二条的工作原则,却故意忽视该方案第四条工作内容中关于"明确赔偿权利人"的规定。该方案明确规定了"国务院授权省级、市地级政府(包括直辖市所辖区县级政府,下同)作为本行政区域内生态环境损害赔偿权利人",而东莞环境学会并非该方案调整的赔偿权利人,即东莞环境学会无须根据该方案第二条"先磋商后起诉"的规定处理本案诉讼。且何某某等上诉人提出的《生态环境损害赔偿制度改革方案》系由中央全面深化改革领导小组发布的规范性文件,并不能直接对抗法律、法规。在没有任何法律、法规明确规定提起民事公益诉讼以外先行磋商为前置程序的情况下,一审法院作出一审判决并未违反任何程序性规定,应当予以维持。

综上,何某某等上诉人屡屡采用以偏概全的理由企图误导法院的审理,应当驳回其上诉请求,维持原判。

支持起诉人东莞市人民检察院称,我们认为本案一审判决程序合法,认定事实清楚,证据确实充分,适用法律正确,判决公平合理,恳请二审法院予以维持。首先何某某、陈某某、袁某某非法倾倒未经处理的高浓度电镀废水,污染环境的事实已经生效的刑事判决确认,袁某某专门雇用了陈某某将其无牌电镀厂生产的未经任何处理的高浓度电镀废水,跨区域偷运至东莞市××镇何某某经营的废品收购站。袁某某由此每个月向何某某支付3000元的租金,向陈某某支付3500元的酬劳。可见,三个上诉人对污染环境的行为具有明显的主观故意,对污染环境的后果是明知和放任的,存在严重的过错。其次,广东省环境科学研究院出具的评估报告程序合法,依据充分,结果公允客观。广东省环境科学研究院是国家原环境保护部推荐的首批环境损害评估鉴定的评估机构,具有较高的专业性,对案涉高浓度的电镀废水的危害性和处理工艺等都均有专业的分析和判定,由此得出的评估结论具有合法性、科学性、公允性和客观性。三上诉人在没有提供充足证据推翻该鉴定结论、亦未提出重新鉴定申请的情况之下，一审判决对该鉴定予以采纳没有违反法律规定。而三上诉人提交的其他案件的判决情况，由于各案排放的废水浓度、数量以及污染的外环境等情况均不相同，与本案没有直接的关联性，对本案亦没有参考的意义。最后，何某某、陈某某、袁某某的行为严重污染环境，损害社会公共利益，应承担相应的生态环境修复费用。根据一审多次开庭查明的事实，本案三上诉人倾倒电镀废水的行为持续的时间很长，案涉的废水已经进入了外环境，无法进行有效应急处置。根据最高人民法院《关于审理环境民事公益诉讼案件适用法律若干问题的解释》第二十条第二款的规定，何某某、陈某某、袁某某等三人应承担相应的生态环境修复费用。一审判决具有事实和法律依据，判决公平合理，请依法予以维持。

广东省人民检察院的出庭人员口头发表意见称，广东省东莞市人民检察院支持东莞环境学会起诉何某某、陈某某、袁某某水污染责任环境民事公益诉讼一案，何某某等人不服一审法院（2018）粤01民初707号民事判决，向你院提起上诉。我们受广东省人民检察院指派，代表检察机关出席二审法庭依法履行职务，并对二审庭审过程进行监督。针对本案的有关情况和一审判决发表意见如下：一、一审查明事实清楚，适用法律恰当，程序合法，应予维持。一审法院全面审查了东莞环境学会的诉讼请求和何某某、陈某某、袁某某的答辩意见。对所有证据均组织庭审质证并予以认定。依法判决何某某、陈某某、袁某某共同连带赔偿生态环境修复费用及诉讼合理支出费用。一审判决认定事实清楚，适用法律正确，应予维持。二、何某某、陈某某、袁某某违法行为造成环境污染的事实清楚。袁某某经营无牌电镀厂，雇用司机陈某某将生产过程中产生的电镀废水运送到何某某经营的无牌废品收购站，并经过何某某的同意，私设暗管，将电镀废水直接排放到市政下水道，根据专业机构的评估报告和已经生效的刑事判决所认定的证据材料，足以证明何某某、陈某某、袁某某的行为造成了水环境污染的严重后果。根据侵权

案例九　广东省东莞市人民检察院支持东莞市环境科学学会诉袁某某等三人环境污染民事公益诉讼案

责任法第 65 条、环境保护法第 6 条第 3 款和第 64 条的规定，何某某、陈某某、袁某某三人应承担环境污染损害的民事责任。三、一审法院对何某某、陈某某、袁某某赔偿责任的认定无误。根据最高人民法院《关于审理环境侵权责任纠纷案件适用法律若干问题的解释》第八条的规定，东莞环境学会有权委托广东省环境科学研究院对本案非法排放电镀废水造成环境损害事实的专门性问题进行鉴定。广东省环境科学研究院出具的评估报告程序合法，依据充分。该鉴定报告在一审过程中经过了双方当事人的质证，鉴定人员也出庭对何某某、陈某某、袁某某的异议进行了答复，可作为认定案件事实的依据。因此，一审法院依据该鉴定报告确认何某某、陈某某、袁某某共同连带赔偿生态环境修复费用 875 万元有据可循，符合法律规定。综上，检察机关支持东莞环境学会提起本案的公益诉讼是基于对公共利益的保护，一审判决认定事实清楚，适用法律正确，应依法予以维持，请合议庭依法审理。我们认为，二审程序合法。

东莞环境学会向一审法院提出诉讼请求是：1. 判令何某某、陈某某、袁某某承担生态环境损害修复费用 875 万元；2. 判令何某某、陈某某、袁某某在广东省东莞市的市级媒体上公开赔礼道歉；3. 判令何某某、陈某某、袁某某向东莞环境学会支付本案生态环境损害修复评估费用 22 万元；4. 判令何某某、陈某某、袁某某向东莞环境学会支付为提起本案诉讼而支出的律师费 244400 元及支付给保险公司用以担保的保险费用 55286.40 元；5. 判令何某某、陈某某、袁某某向东莞环境学会支付为提起本案诉讼而支出的合理费用 5000 元（包括但不限于差旅费）；6. 何某某、陈某某、袁某某承担本案诉讼费用。

一审法院认定的事实：东莞环境学会系在东莞市民政局登记的社会团体法人，专门从事环境保护公益活动连续五年以上且无违法记录，具备提起环境民事公益诉讼的主体资格。

2016年6月至2017年1月，袁某某雇用陈某某为其在广州市增城区经营的无牌电镀厂的司机，指使陈某某驾驶一辆货车将其无牌电镀厂生产过程中产生的废水运送到东莞市××镇××路××号何某某经营的无牌废品收购店，并经过何某某的同意，通过店内墙边私设的一条暗管，将废水共约700吨直接排放到市政下水道里。经检测，倾倒点的电镀废水的重金属浓度为铜2.57E+3mg/L、镍143mg/L、锌753mg/L、总氰化物24.3mg/L、总铬7.64mg/L，分别超过《电镀水污染物排放标准》（DB44/1597—2015）规定的排放标准8566倍、1429倍、752倍、120倍、14.3倍，属于有毒物质，严重污染环境。2017年5月19日，广东省东莞市第一人民法院对陈某某、何某某犯污染环境罪作出（2017）粤1971刑初1090号刑事判决；2017年12月28日，广东省东莞市第一人民法院对袁某某犯污染环境罪作出（2017）粤1971刑初3286号刑事判决。该两份判决认定了陈某某、何某某、袁某某上述污染环境的事实，判决陈某某、何某某、袁某某犯污染环境罪。该两份判决已经发生法律效力。

广东省环境科学研究院是国家环境保护部印发的《环境损害鉴定评估推荐机构名录（第一批）》中的环境损害鉴定评估机构之一，拥有国家发展和改革委员会颁发的工程咨询单位资格证书，具备生态建设和环境工程专业规划咨询、评估咨询、工程项目管理等资质。2018年4月26日，受东莞环境学会的委托，广东省环境科学研究院对上述排放电镀废水事件环境损害进行了鉴定评估并出具《东莞市××镇××路××号废品收购站内排放电镀废水事件环境损害评估报告》，鉴定评估结论为：受污染区域主要为东莞市××镇××路××号废品收购站内排放口、排放废水流经百花路市政管道汇入的中心涌；本次事件排放废水（含有镍、铜、锌、氰化物）属于"有毒物质"具有毒害性；本次事件造成的环境污染损害主要包括生态环境损害修复费用875万元和事务性费用22万元两部分。具体内容

案例九 广东省东莞市人民检察院支持东莞市环境科学学会诉袁某某等三人环境污染民事公益诉讼案

有：一、鉴定评估的空间范围为本次事件排放区域及其排放水流经下水道、下游河涌，时间范围为首次偷排行为发生时至2017年1月13日××镇××路××号废品收购站被公安及环保部门查获停止废水偷排时。二、鉴定评估内容为事件可能涉及的生态环境损害、事务性费用，鉴定评估方法为现场勘查法和市场价格法。三、倾倒的电镀废水为明确污染来源，地表水中存在的污染源排放的污染物与污染源产生的污染物具有一致性，且其传输路径（废水排放口—百花路市政下水道—中心涌）合理。四、本次事件的生态环境损害评估对象为地表水环境损害，评估内容包括生态环境基线的确定，生态环境损害的确认，污染环境或破坏生态行为与生态环境损害间的因果关系判定和损害数额量化。五、本次事件中，污染物浓度无历史调查或监测数据，根据现场调查，东莞市××镇××路××号废品收购站内排放电镀废水进入地表水环境，将其上游对照区域（废水倾倒点上游100米处下水道）监测数据作为基线。事件造成地表水环境中特征污染物（总镍、总铜、总锌及总氰化物）浓度超过基线20%以上，造成了一定的生态环境损害。六、本次事件排放电镀废水偷排持续时间长，污染水环境为地表水，流动性强，环境损害不易表征，无法进行有效应急处置等原因导致无法通过恢复工程完全恢复其造成的生态环境损害，故本次事件可适用虚拟治理成本法量化生态环境损害数额。七、本次事件中受污染区域水体中心涌，根据《关于石碣中心涌水功能区划有关情况的复函》（东环函〔2018〕750号），中心涌以《地表水环境质量标准》中的Ⅲ类标准值作为水环境功能目标，环境功能区敏感系数取5倍。东莞市价格认证中心向东江环保股份有限公司、深圳市深投环保科技有限公司及广州绿由工业弃置废物回收处理有限公司三家专业处置单位进行询价，于2017年9月28日出具《东莞市价格认定结论书》（东价认函〔2017〕1571号），得出2017年1月13日排放的电镀废水处理单价为2500元/吨（因不确定运输距离，故该价格不含运输费用）。根据东莞市环境保护局石碣分局出具的《关于袁某某、陈某某和何某某等三人倾倒电镀废水案件废水去向的情况说明》文件，本次事件期间每周一至周五，每天两次将电镀废水装载在容量约2.5吨的水箱内，计算得出排放的电镀废水共约700吨，故废水处理总价为175万元，乘以环境功能区敏感系数5倍，本次事件排放废水造成的生态环境损害数额为875万元。八、东莞环境学会为调查本次事件所造成的环境损害，减轻事件影响，确定事件责任，委托广东省环境科学研究院开展事件环境损害评估，共支出损害鉴定评估费用即事务性费用22万元等。东莞环境学会于2018年1月25日向广东省环境科学研究院支付了损害鉴定评估费用（即事务性费用）22万元。

2018年6月22日，东莞环境学会与广东××律师事务所就本案诉讼代理事宜签订《民事诉讼委托合同》，约定律师费244400元和办案费5000元。2018年7月2日，东莞环境学会向广东××律师事务所支付律师费244400元。本案立案后，东莞环境学会申请财产保全，并以中国平安财产保险股份有限公司广东分公司出具的担保金额为9214400元的诉讼财产保全责任保险保单保函提供担保。东莞环境学会为此于2018年7月13日支付保险费55286.40元。一审法院根据东莞环境学会的申请，作出（2018）粤01民初707号民事裁定，冻结何某某、陈某某、袁某某的银行存款9214400元，或者查封、扣押其等值的其他财产。

一审法院审理认为，对何某某、陈某某、袁某某共同污染环境，损害社会公共利益的行为，东莞环境学会依法可以提起环境民事公益诉讼。依照最高人民法院《关于审理环境民事公益诉讼案件适用法律若干问题的解释》第十一条关于检察机关依据民事诉讼法第十五条的规定，可以通过提供法律咨询、提交书面意见、协助调查取证等方式支持社会组织依法提起环境民事公益诉讼的规定，广东省东莞市人民检察院通过提交书面意见、协助调查取证、指派人员参加庭审等方式，支持东莞环境学会依法提起本案环境民事公

案例九　广东省东莞市人民检察院支持东莞市环境科学学会诉袁某某等三人环境污染民事公益诉讼案

益诉讼,符合该司法解释规定,一审法院予以支持。

《中华人民共和国侵权责任法》第六十五条规定:"因污染环境造成损害的,污染者应当承担侵权责任。"最高人民法院《关于审理环境民事公益诉讼案件适用法律若干问题的解释》第十八条规定:"对污染环境、破坏生态,已经损害社会公共利益或者具有损害社会公共利益重大风险的行为,原告可以请求被告承担停止侵害、排除妨碍、消除危险、恢复原状、赔偿损失、赔礼道歉等民事责任。"本案中,何某某、陈某某、袁某某共同污染水环境的事实,已为人民法院发生法律效力的刑事判决所确认。陈某某、袁某某否认其偷排电镀废水的行为污染了环境,但并无提供相反证据足以推翻该刑事判决所认定的事实,故一审法院不予采信。虽然何某某、陈某某、袁某某已因污染环境行为被追究刑事责任,但根据上述法律规定,何某某、陈某某、袁某某仍应为其污染环境行为共同承担环境污染损害的民事侵权责任。因此,何某某、陈某某、袁某某提出不承担环境污染损害民事责任的抗辩不成立,一审法院不予采纳。

最高人民法院《关于审理环境侵权责任纠纷案件适用法律若干问题的解释》(以下简称《环境侵权责任解释》)第八条规定:"对查明环境污染案件事实的专门性问题,可以委托具备相关资格的司法鉴定机构出具鉴定意见或者由国务院环境保护主管部门推荐的机构出具检验报告、检测报告、评估报告或者监测数据。"本案中,对涉案排放电镀废水事件环境损害事实的专门性问题,东莞环境学会委托广东省环境科学研究院进行鉴定评估并出具的《报告》,程序合法,依据充分,一审法院予以采纳。根据该评估报告,涉案水污染事件排放电镀废水偷排持续时间长,污染水环境为地表水,流动性强,环境损害不易表征,无法进行有效应急处置等原因导致无法通过恢复工程完全恢复其造成的生态环境损害。故东莞环境学会在起诉后变更诉讼请求,不再请求判令何某某、陈某某、袁某某协助恢复生态环境的原状,有相应的事实依据，一审法院予以准许。何某某、陈某某、袁某某认为该变更请求事项不符合法律规定的抗辩不成立，一审法院不予采纳。最高人民法院《关于审理环境民事公益诉讼案件适用法律若干问题的解释》第二十条第二款规定："人民法院可以在判决被告修复生态环境的同时，确定被告不履行修复义务时应承担的生态环境修复费用；也可以直接判决被告承担生态环境修复费用。"第二十二条规定："原告请求被告承担检验、鉴定费用，合理的律师费以及为诉讼支出的其他合理费用的，人民法院可以依法予以支持。"第二十四条第一款规定："人民法院判决被告承担的生态环境修复费用、生态环境受到损害至恢复原状期间服务功能损失等款项，应当用于修复被损害的生态环境。"本案中，经广东省环境科学研究院评估，涉案环境污染损害数额包括生态环境损害修复费用875万元和事务性费用即损害鉴定评估费用22万元。东莞环境学会已经支付了该损害鉴定评估费用。因此，东莞环境学会提出何某某、陈某某、袁某某共同承担生态环境修复费用875万元和涉案环境损害鉴定评估费用22万元的诉讼请求，有事实及法律依据，一审法院予以支持。但生态环境修复费用应当用于修复被损害的生态环境。东莞环境学会为本案诉讼支出的律师费244400元，符合《广东省物价局、司法厅律师服务收费管理实施办法》规定的律师服务收费标准；东莞环境学会为申请财产保全而提供诉讼财产保全责任保险担保，为此支出保险费55286.40元；东莞环境学会主张为本案诉讼支出差旅费等其他费用5000元，上述三项费用属于东莞环境学会为诉讼支出的合理费用，东莞市环境科学学会请求何某某、陈某某、袁某某共同承担，依照上述最高人民法院《关于审理环境民事公益诉讼案件适用法律若干问题的解释》第二十二条规定，一审法院予以支持。何某某、陈某某、袁某某提出上述修复费用、鉴定费用、律师费、保险费及其他费用过高、不合理或者没有法律依据的抗辩意见，并无相反证据足以支持或者缺乏法律依据，一审法院不予采信。此外，何某某、陈某某、袁某某污染环境的行为导

案例九　广东省东莞市人民检察院支持东莞市环境科学学会诉袁某某等三人环境污染民事公益诉讼案

致水环境损害,已经损害了社会公共利益,故依照上述最高人民法院《关于审理环境民事公益诉讼案件适用法律若干问题的解释》第十八条规定,何某某、陈某某、袁某某还应当通过公开赔礼道歉以示真诚悔过。因此,东莞环境学会提出何某某、陈某某、袁某某在广东省东莞市的市级媒体上公开赔礼道歉的诉讼请求,有事实及法律依据,一审法院予以支持。袁某某提出东莞环境学会诉请公开赔礼道歉属于适用法律错误的抗辩意见,与上述司法解释规定相悖,一审法院不予采纳。

综上所述,东莞环境学会的诉讼请求成立,应予支持。依照《中华人民共和国侵权责任法》第六十五条,最高人民法院《关于审理环境侵权责任纠纷案件适用法律若干问题的解释》第八条,最高人民法院《关于审理环境民事公益诉讼案件适用法律若干问题的解释》第十八条、第二十二条、第二十四条规定,一审法院判决如下:一、何某某、陈某某、袁某某于本判决发生法律效力之日起十日内共同赔偿生态环境修复费用875万元(该费用上缴国库用于修复被损害的生态环境);二、何某某、陈某某、袁某某于本判决发生法律效力之日起十日内共同向原告东莞市环境科学学会赔偿环境损害鉴定评估费用22万元、律师费244400元、保险费55286.40元及为诉讼支出的其他合理费用5000元;三、何某某、陈某某、袁某某自本判决发生法律效力之日起十日内共同在广东省东莞市的市级媒体发表经一审法院认可的赔礼道歉声明。本案受理费76723元,财产保全申请费5000元,均由何某某、陈某某、袁某某共同负担。

本院二审期间,何某某等上诉人请求本院委托司法部推荐首批不预先收取鉴定费用的环境损害司法鉴定机构对本案电镀废水事件进行环境损害评估,按照最高人民法院《关于民事诉讼证据的若干规定》第二十五条的规定,当事人申请鉴定,应当在举证期限内提出。何某某等上诉人在一审举证期限内未提出鉴定申请,二审提出鉴定申请且欠缺正当理由,本院不予准许。

何某某等上诉人向本院提交两组共八份证据。第一组五份证据，第一组第一份证据，是东莞市环境保护和生态建设"十三五"规划，拟证明中心涌水质在2015年水质类别为劣V类，2017年、2020年整治目标才为V类水质，这是东莞市人民政府官网的材料。第一组第二份证据，是东莞投6亿元整治挂影洲围中心涌的信息，拟证明2016年中心涌水质为劣V类，这是东莞阳光网挂网的信息。第一组第三份证据，是石碣镇镇长坚决打赢治水攻坚战提升群众幸福指数的新闻报道，拟证明石碣镇内地表水水质为劣V类，至2020年的水环境治理目标才为地表水水体断面消除劣V类，这是东莞时间网上的信息。第一组第四份证据，是东莞市全面提速水污染治理工作建设的报道，拟证明东莞市2020年河涌整治目标才为基本达到地表水V类水质标准，这是东莞市政府门户网站的信息。第一组第五份证据，是中心涌水环境明显改善示范工程受群众好评的报道，拟证明中心涌整治工程（包括水利工程、截污工程、沙腰污水处理厂扩建工程）于2016年9月已经完成并且投入使用，水质还是属于劣V类，这也是东莞市政府门户网站上的一个报道。第二组三份证据，第二组第一份证据，是有关东莞方面进驻环保基地污水处理费或涨1.8倍的信息，拟证明2014年电镀企业搬迁至东莞环保专业基地内建设投产前，电镀污水处理价为每吨15元左右，价格暴涨后环保专业基地运营方的污水处理价报价也才为41.32元/吨，而麻涌豪丰环保基地污水处理价为23元/吨，均远低于东莞环境学会所列的2500元/吨的污水处理价，这是东莞阳光网的信息。第二组第二份证据，是男子偷排60吨电镀废水入海，获刑一年还要赔偿环境修复费的信息，拟证明电镀厂产生的废水未经处理直接排放到厂外下水道，每吨治理成本为60元，远低于东莞环境学会所列的2500元/吨的污水处理价，这是东莞时间网的信息。第二组第三份证据，是关于虎门镇电镀印染专业基地B区增量污水应急处理项目的公示信息，拟证明经东莞市政府、虎门镇政府同意，以应急工程方式确定由深圳市清研环境科技有限

案例九　广东省东莞市人民检察院支持东莞市环境科学学会诉袁某某等三人环境污染民事公益诉讼案

公司、中国市政工程中南设计研究总院有限公司联合体实施的电镀印染专业基地B区增量污水应急处理项目,解决污水未经处理污水环境问题,其污水处理单价仅为2.376元/吨,东莞环境学会所列的涉案污水处理价为2500元/吨畸高,这是东莞市政府门户网站公布的信息。

东莞环境学会质证认为,三上诉人当庭提交的两组证据,并不属于民事诉讼法规定的新证据,也与本案无关。对于环境功能区敏感系数的确定,是根据环境功能区类别的级别来认定。而类别级别的认定并不是以某些新闻报道或者某些人员在公众场合或者在其他场合的一些发言为准,是以环境保护部门的复函为准,从环境功能以及用途等综合情况来认定。所以说,对于本案环境所在地的环境功能区的认定,应当以当地环保部门出具的文件为准。如果对方认为我方在答辩中所述的损害其合法权益,可以依法提起行政诉讼或者其他途径进行救济。本院认为,何某某等上诉人提交的上述材料属于新闻报道及公开的资料性信息,并不能证明案涉中心涌的环境功能区类型,且超过一审举证期间提交,其逾期提交证据的理由不能成立,本院不予认定。

东莞环境学会、广东省东莞市人民检察院向本院提交2017年10月23日东莞市环境保护局石碣分局出具的《关于袁某某、陈某某和何某某等三人倾倒电镀废水案件废水去向的情况说明》(以下简称《情况说明》),拟证明案涉电镀废水的排放量及废水去向,《情况说明》提到,2017年1月13日,市环境保护局会同石碣环保分局、石碣镇公安分局查获一起向市政下水道倾倒电镀废水的环境犯罪案件。经查实,从2016年6月中旬开始,增城市××镇某电镀厂经营者袁某某雇佣货车司机陈某某,每周一至周五,每天两次通过一辆车牌为粤S×××××的白色五十铃货车,将其电镀厂产生的电镀废水装载在一个容量约2.5吨的白色塑胶水箱内,运送至××镇××路××号一无牌无证废品收购站,在废品收购站经营者何某某的默许和帮助下,倾倒至厂界外南边的下水道,并再流入南面的中心涌。经我局向石碣农林水务局了解，石碣中心涌流经石龙、石碣、高埗三镇未做硬底化处理。中心涌在石碣部分路段已做地面覆盖，覆盖区域从石碣唐洪村至环城路与石碣崇焕路交接高架桥下。中心涌流至环城路与崇焕路交接高架桥下后，部分水体被截流至污水处理管网，引入石碣沙腰污水处理厂经处理后排入北排涌，北排涌水体流入高埗镇，部分被用于农地灌溉，最终流入东江。该部分废水虽经污水处理厂处理，但石碣沙腰污水处理厂只处理COD、悬浮物、氨氮等污染因子，并不能处理铬、镍等重金属离子；中心涌流至环城路与崇焕路交接高架桥下后，另一部分水体流向高埗镇中心涌，并最终流入中堂水道。何某某等上诉人质证认为，一、《情况说明》不能单独作为上诉人倾倒电镀废水去向的证明依据。东莞环境学会与东莞市环境保护局之间存在频繁的业务往来，而且东莞环境学会第二届、第三届理事会理事长均是东莞市环境保护局主要负责人，存在可能影响证据公正性的身份、利益上的密切关系。二、对《情况说明》内容真实性不予认可，无相应证据证明石碣中心涌流经石龙、石碣、高埗三镇，且未做硬底化处理，也无相应证据证明只处理COD、悬浮物、氨氮等污染因子，并不能处理铬、镍等重金属离子。三、《情况说明》证明水体从中心涌流经高埗镇，即便倾倒废水中含有铬、镍等重金属，经沉淀稀释后，也无法实质性影响中堂水道水质。东莞环境学会与东莞市环境保护局存在利害关系，《情况说明》系其单方制作，没有石碣农林水务局及石碣沙腰污水处理厂出具的相应文件资料予以辅证，三上诉人对该份证据真实性、合法性不予认可。何某某等上诉人虽提出反驳意见，但是没有提供相反证据予以证明，本院对何某某等上诉人的质证意见不予采纳，何某某等上诉人并没有证据证明《情况说明》是东莞环境学会单方制作，作为负有行政管理职能的东莞市环境保护局石碣分局出具的《情况说明》，证明力相对较强，且《报告》也已经引用《情况说明》，在二审庭审中各方当事人对《情况说明》没有明确提出异议，本院对《情况说明》予以采信。

案例九 广东省东莞市人民检察院支持东莞市环境科学学会诉袁某某等三人环境污染民事公益诉讼案

经审查，对于一审法院认定的事实，本院予以确认。

本院认为，本案是水污染责任环境民事公益诉讼案件。根据《中华人民共和国民事诉讼法》第一百六十八条"第二审人民法院应当对上诉请求的有关事实和适用法律进行审查"及最高人民法院《关于适用〈中华人民共和国民事诉讼法〉的解释》第三百二十三条第一款"第二审人民法院应当围绕当事人的上诉请求进行审理"的规定，根据各方当事人的诉辩意见、支持起诉意见及广东省人民检察院的意见分析，本案争议的主要焦点是：一、广东省环境科学研究院对案涉电镀废水事件环境损害评估后出具的《报告》可否作为定案依据；二、本案在程序处理上是否应先由政府与何某某、陈某某、袁某某等上诉人先行磋商。对此，本院的具体意见分析如下：

广东省环境科学研究院对案涉电镀废水事件环境损害评估后出具的《报告》可否作为定案依据。

对于《报告》是否存在违反法定形式及评估鉴定不符合要求致不能采用的问题。何某某等上诉人认为《报告》违反法定形式，不应作为证据采纳，在正式接受委托、确定委托鉴定范围之后未对现场进行查看，鉴定人在《报告》中对其已经进行现场调查作出虚假陈述，且《报告》对基线的认定错误。本院认为，鉴定机构广东省环境科学研究院指派的该院环境损害鉴定研究室主任陈某甲在本案一审、二审庭审期间均到庭接受询问及陈述意见，从广东省环境科学研究院及陈某甲的陈述看，委托鉴定程序是鉴定机构先初步调查现场，然后对评估费用的依据出具工作方案，由委托方根据其能接受的程度决定是否委托，再出具委托书，签订合同，最后经过调查、报告、编制等流程出具报告书；因电镀废水进入地表水环境，废水倾倒点明显为未经任何处理设施处理的高浓度电镀废水，多数超标100—8000多倍，其上游100米处下水道监测结果显示也有超标情况，大多数超过十倍到几十倍，两相比较，废水倾倒点下水道上游虽然有污染，但鉴定机构最终将其上游对照区域

（废水倾倒点上游100米处下水道）监测数据作为基线合情合理；本案具有特殊性，环境损害不易表征，鉴定机构接受委托时，因为水体的扩散、稀释等问题，无法再次监测提取证据，故本案采用虚拟治理成本法，鉴定机构以环保部门出具的应急监测数据评估，通过资料收集、分析研判、现场勘查、因果关系论证及环境损害价值核算等方式最终完成该评估报告；《报告》列明了鉴定机构、项目组负责人及成员等的姓名，加盖了鉴定机构的技术成果专用章印章。广东省环境科学研究院鉴定的依据及使用的科学技术手段、鉴定过程规范、合法，符合本案实际，鉴定程序并不存在严重违法的情形，鉴定结论的依据充分，该报告也列明项目组负责人陈某甲的姓名及相关人员名单，广东省环境科学研究院已加盖技术成果专用章，《报告》附有与鉴定评估相关的文件资料。《环境侵权责任解释》第八条规定："对查明环境污染案件事实的专门性问题，可以委托具备相关资格的司法鉴定机构出具鉴定意见或者由国务院环境保护主管部门推荐的机构出具检验报告、检测报告、评估报告或者监测数据。"广东省环境科学研究院是原环境保护部确定环保系统内第一批环境损害鉴定评估推荐机构，具备相关的鉴定资格，东莞环境学会委托广东省环境科学研究院对本案环境损害专门性问题进行评估鉴定，并无不妥。广东省环境科学研究院委派陈某甲到庭对《报告》的质证进行补充陈述等，何某某等上诉人认为一审法院将鉴定机构的身份合法混同《报告》合法的理由不能成立，何某某等上诉人未有证据足以反驳《报告》的鉴定结论，且未在一审举证期限内提出重新鉴定申请，何某某等上诉人的主张欠缺事实依据，本院不予采纳。

对于中心涌环境功能区敏感系数的确定应如何取值。案涉电镀废水直接排放进入中心涌水体，因为河涌的水流是活动的，案涉的高浓度电镀废水污染物进入水体后会稀释、扩散和沉降，经水流冲刷往下游转移、扩散，因污染物无法完全清理，案涉河涌及相关流域的生态环境系统受损害是客观存在

案例九　广东省东莞市人民检察院支持东莞市环境科学学会诉袁某某等三人环境污染民事公益诉讼案

的。虽然电镀废水排放点的水质会因水体流动而好转，但污染物质不能得到完全净化、清理，何某某等上诉人也没有证据证明电镀废水在排入中心涌后已得到完全清理或者自然净化，因此，对于长期偷排电镀废水造成的生态系统损害，何某某等上诉人主观恶意过大，应对生态环境损害予以赔偿。由于上诉人排放案涉的电镀废水持续时间长，污染水环境为地表水，流动性强，环境损害不易表征，无法进行有效应急处置等所致的生态环境损害无法通过恢复工程完全恢复，因此，本案可以参考原环境保护部制定的《环境损害鉴定评估推荐方法（第Ⅲ版）》及《关于生态环境损害鉴定评估虚拟治理成本法运用有关问题的复函》（环办政法函〔2017〕1488号），适用虚拟治理成本法量化生态环境损害数额。何某某等上诉人、被上诉人、支持起诉人及广东省人民检察院亦均同意按照虚拟治理成本法计算本案的生态环境损害修复费用。虚拟治理成本法是环境价值评估方法之一，是基于源头治理提出的方法。虚拟治理成本法适用于无法通过恢复工程完全恢复环境污染所致的生态环境损害、实施恢复工程的成本远远大于其收益或者排放污染物的事实存在、由于生态环境损害观测或者应急观测不及时等原因导致损害事实不明确或者生态环境已自然恢复等情形，本案符合适用虚拟治理成本法的情形。虚拟治理成本是按照现行的治理技术和水平治理排放到环境中的污染物所需要的支出，即工业企业或者专业污染治理企业治理等量的排放到环境中的污染物应该花费的成本，在计算上是污染物排放量与单位污染物虚拟治理成本的乘积。运用虚拟治理成本法计算生态环境损害修复费用，其计算方式是在虚拟治理成本基数的基础上，根据受污染影响区域的环境功能敏感程度乘以相应的环境功能区敏感系数确定生态环境损害数额。因案涉受污染区域水体为中心涌，虽然广东省、东莞市水环境功能区划及水功能区划相关文件均未对挂影洲中心涌划定有关功能目标，但是《广东省地表水环境功能区划》（2011）第四条第二款规定，各地表水环境功能区按照水质目标，对照《地表水环境质量标准》(GB3838—2002)的相应类别标准,进行单因子评价,衡量是否达标,各水体未列出的上游及支流的水体环境质量控制目标以保证主流的环境质量控制目标为最低要求,原则上与汇入干流的功能目标要求不能相差超过一个级别。鉴于中心涌的排水汇入东莞市重要水源地之一的中堂水道,而《广东省地表水环境功能区划》(2011)确定中堂水道为Ⅱ类水质目标,中心涌流经石龙、石碣、高埗三镇,未做硬底化处理。案涉中心涌流至环城路与崇焕路交接高架桥下后,部分水体被截流至污水处理管网,引入石碣沙腰污水处理厂经处理后排入北排涌,北排涌水体流入高埗镇,部分被用于农地灌溉,最终流入东江。中心涌另一部分水体进入高埗镇中心涌,最终流入中堂水道。虽然部分废水经污水处理厂处理,但石碣沙腰污水处理厂是生活污水处理厂,只处理COD、悬浮物、氨氮等污染因子,并不能处理铬、镍等重金属离子,案涉的高浓度电镀废水的特征污染物依然会流向中下游,中心涌的另一部分水体进入高埗镇中心涌,最终汇入中堂水道,从案涉电镀废水的去向情况来看,污染物汇入干流中堂水道是客观存在的,对人身与环境均存在暴露的可能,对河流及相关流域的生态环境会造成损害。东莞市环境保护局《关于石碣中心涌水功能区划有关情况的复函》(东环函〔2018〕750号)为确保中堂水道水源地水质安全达标,认定中心涌的水质保护目标为Ⅲ类,《报告》采用该复函意见,具有事实和法律依据,尽管中堂水道距离案涉中心涌较远,但是并不影响对东莞市生态环境保护行政部门对中心涌水体环境质量控制目标的确定。原环境保护部发布的《关于生态环境损害鉴定评估虚拟治理成本法运用有关问题的复函》(环办政法函〔2017〕1488号)附件附表中注明,"本表中所指的环境功能区类型以现状功能区为准,当环境功能区不明确时参考相关环境质量标准(包括征求意见稿)中的规定,确定原则如下:……Ⅲ类为集中式生活饮用水地表水源地二级保护区、鱼虾类越冬场、洄游通道、水产养殖区等渔业水域及游泳区……为农业

案例九 广东省东莞市人民检察院支持东莞市环境科学学会诉袁某某等三人环境污染民事公益诉讼案

用水区及一般景观要求水域……"因对各地表水环境功能区的评价等,一般按照水质目标,对照《地表水环境质量标准》(GB3838—2002)的相应类别标准等,衡量是否达标。环境功能区类型,一般指的是水环境功能目标,即规划需要达到的水环境功能,而不是受污染影响区域的水环境现实状况。对中心涌现状功能区的认定,仍然应考虑中心涌的水质保护目标,参考相关环境质量标准进行,原东莞市环境保护局认定中心涌的水质保护目标为Ⅲ类,并无不当。何某某等上诉人认为中心涌的水环境功能区划在未确定情况下,应按照电镀废水排放时的实际状况,即按中心涌的水质为劣Ⅴ类确定水环境功能区类别,应取1倍环境功能区敏感系数,因该上诉意见未考虑中心涌的水质目标等,欠缺依据,本院不予采纳。《报告》认为中心涌以《地表水环境质量标准》中的Ⅲ类标准值作为水环境功能目标,相应的环境功能敏感系数取5倍,符合环境功能敏感系数的取值要求,本院予以采信。

案涉电镀废水的处理价格应如何确定。何某某等上诉人认为电镀废水的处理价格一般是几十元,本案一审法院认定电镀废水处理价格为2500元/吨畸高,如"熊某徕私排电镀废水案"确定的电镀废水处理价格是60元/吨。因在电镀的不同阶段、不同工序,产生的电镀废水的浓度和性质也有所不同,不同浓度和性质的电镀废水的处理工艺也会不同,处理价格也有相应的差异,本案中何某某等上诉人排放的电镀废水的重金属浓度极高,其中总铜超标8566倍、总镍超标1429倍、总锌超标752倍等,属于有毒物质,而"熊某徕私排电镀废水案"中熊某徕排放的电镀废水特征污染物的浓度明显低于本案,何某某等上诉人也没有证据证明熊某徕排放的电镀废水的各项重金属浓度超标程度与本案相同或者相近,因不同案件所涉排放的电镀废水的浓度、总量各不相同,污染的外部环境和危害程度也不同,何某某等上诉人未举证证明与本案相同或者相近浓度的电镀废水的处理价格,其主张的电镀废水处理价格对应的电镀废水浓度并不与本案的电镀废水浓度相同或者相近,何某某等上诉人以"熊某徕私排电镀废水案"等作为依据主张本案的电镀废水处理价格不应按照每吨2500元计算,欠缺依据,本院不予采纳。因案涉的电镀废水的重金属浓度严重超标,东莞市价格认证中心向三家专业处置单位进行了询价并出具了《东莞市价格认定结论书》(东价认函〔2017〕1571号),确定电镀废水的处理单价为每吨2500元,价格认定的程序和方法符合规范,确定处理价格的过程客观、公正,《报告》采用该处理单价,按照电镀废水的排放总量700吨,计算案涉电镀废水的处理总价为1750000元,是正确的,本院亦予采信。《报告》在计算案涉电镀废水排放造成的生态环境损害数额上,采用计算公式 $Cd=Cp×Q×M$,即 Cd:生态环境损害数额,单位:元;Cp:指治理单位达标污水处理成本,单位:元/吨;Q:指用水量体积,单位:吨;M:指虚拟治理成本环境功能区敏感系数,最终计算得出本案生态环境损害数额为8750000元,计算合规,本院予以采信。

《报告》计算案涉电镀废水排放造成环境污染损害数额总计为8970000元,其中生态环境损害修复费用为8750000元,事务性费用220000元,《报告》将生态环境损害数额作为生态环境损害修复费用,实际是采用虚拟治理成本法计算生态环境修复费用,并无不妥,符合原环境保护部制定的《环境损害鉴定评估推荐方法(第Ⅱ版)》。《报告》的计算意见及计算公式符合规定,计算结果正确。《环境侵权责任解释》第八条规定,对查明环境污染案件事实的专门性问题,可以委托具备相关资格的司法鉴定机构出具鉴定意见或者由国务院环境保护主管部门推荐的机构出具检验报告、检测报告、评估报告或者监测数据。东莞环境学会就涉案排放电镀废水事件环境损害事实的专门性问题,委托广东省环境科学研究院进行鉴定评估,符合上述规定,《报告》的鉴定评估过程程序合法、依据充足、结论公允,本院对《报告》予以采纳。

根据《中华人民共和国侵权责任法》第六十五条规定,因污染环境造成

案例九 广东省东莞市人民检察院支持东莞市环境科学学会诉袁某某等三人环境污染民事公益诉讼案

损害的,污染者应当承担侵权责任。最高院关于审理《环境民事公益诉讼案件适用法律若干问题的解释》(以下简称《环境民事公益解释》)第二十条规定,在无法完全修复的情况下,可以采用替代性修复方式,人民法院在判决时也可以直接判决被告承担生态环境修复费用,生态环境修复费用包括制定、实施修复方案的费用和监测、监管等费用。《环境民事公益解释》第二十二条规定,原告请求被告承担检验、鉴定费用,合理的律师费以及为诉讼支出的其他合理费用的,人民法院可以依法予以支持。第二十四条第一款规定,人民法院判决被告承担的生态环境修复费用、生态环境受到损害至恢复原状期间服务功能损失等款项,应当用于修复被损害的生态环境。因案涉生态环境损害修复费用8750000元,东莞环境学会为调查案涉电镀废水排放事件所造成的环境损害,委托广东省环境科学研究院开展了事件环境损害评估,已经支付环境损害鉴定评估费用220000元,东莞环境学会还为本案诉讼支出的律师费244400元,东莞环境学会为申请财产保全而提供诉讼财产保全责任保险担保,为此支出保险费55286.40元,东莞环境学会主张为本案诉讼支出差旅费等其他费用5000元,上述后四项费用属于东莞环境学会支出的鉴定评估费用、律师费以及为诉讼支出的其他合理费用,东莞环境学会要求何某某、陈某某、袁某某共同承担生态环境修复费用8750000元、生态环境损害修复评估费用220000元及其他各项费用的诉讼请求,具有事实和法律依据,一审判决予以支持正确,本院予以维持,东莞环境学会因此获得的生态环境修复费用应当用于修复被损害的生态环境。

二、本案在程序处理上是否应先由政府与何某某、陈某某、袁某某等上诉人先行磋商。何某某等上诉人认为按照《生态环境损害赔偿制度改革方案》(以下简称《方案》)第二条的规定,东莞环境学会在起诉前未与上诉人等赔偿义务人进行磋商即向法院起诉,违反了《方案》原则性规定,一审法院在审理过程中,亦未对此予以纠正或者补救,程序违法。按照《中华人民共和国环境保护法》第五十八条规定,对污染环境、破坏生态,损害社会公共利益的行为,符合下列条件的社会组织可以向人民法院提起诉讼:(一)依法在设区的市级以上人民政府民政部门登记;(二)专门从事环境保护公益活动连续五年以上且无违法记录。符合前款规定的社会组织向人民法院提起诉讼,人民法院应当依法受理。《环境民事公益解释》第二条、第三条规定,依照法律、法规的规定,在设区的市级以上人民政府民政部门登记的社会团体、民办非企业单位以及基金会等,可以认定为环境保护法第五十八条规定的社会组织,不设区的地级市可以认定为环境保护法第五十八条规定的"设区的市级以上人民政府民政部门"。该司法解释第四条、第五条还分别规定,社会组织章程确定的宗旨和主要业务范围是维护社会公共利益,且从事环境保护公益活动的,可以认定为环境保护法第五十八条规定的"专门从事环境保护公益活动"。社会组织提起的诉讼所涉及的社会公共利益,应与其宗旨和业务范围具有关联性。社会组织在提起诉讼前五年内未因从事业务活动违反法律、法规的规定受过行政、刑事处罚的,可以认定为环境保护法第五十八条规定的"无违法记录"。东莞环境学会一审时提交其在东莞市民政局登记的《社会团体法人登记证书》、2013年度工作报告书和2014年度至2017年度检查报告书、且出具成立五年以上没有违法记录的《未受处罚声明书》及《东莞市环境科学学会章程》等,足以证明东莞环境学会作为社会组织提起本案环境民事公益诉讼符合法律规定的原告主体资格。我国环境保护法并未规定社会组织提起环境民事公益诉讼应先与赔偿义务人进行磋商的前置程序,东莞环境学会作为社会组织提起本案环境民事公益诉讼属于依法行使诉讼权利,并无不当。况且,《方案》的规定与社会组织提起环境民事公益诉讼的相关规定并不相悖,《方案》弥补了索赔主体的有关制度,《方案》规定的赔偿权利人是国务院授权的省、市地级政府(包括直辖市所辖的区县级政府),但是并未限制或者禁止社会组织依法提起环境民事公益诉讼。何某某等上诉人

案例九　广东省东莞市人民检察院支持东莞市环境科学学会诉袁某某等三人环境污染民事公益诉讼案

也没有证据证明有权提起生态环境损害赔偿诉讼的主体就同一损害生态环境行为已提起诉讼,且生态环境损害赔偿诉讼案件已涵盖了本案的诉讼请求,因此,何某某等上诉人认为一审程序违法,理据不足,本院不予采纳。

一审判决认定的本案其他事实及阐述理由正确,依据充分,本院予以维持。

综上所述,何某某、陈某某、袁某某的上诉请求不能成立,依法应予驳回。一审判决认定事实清楚,适用法律正确,判决结果恰当,依照及《中华人民共和国民事诉讼法》第一百七十条第一款第一项、最高人民法院《关于适用〈中华人民共和国民事诉讼法〉的解释》第三百二十三条第一款规定,判决如下:

驳回上诉,维持原判。

本案二审案件受理费76688元,由何某某、陈某某、袁某某共同负担。

本判决为终审判决。

审　判　长　林振华

审　判　员　强　弘

审　判　员　洪望强

二〇二〇年二月二十五日

案例十　内蒙古自治区锡林郭勒盟东乌珠穆沁旗人民检察院诉王某庆等三人非法狩猎刑事附带民事公益诉讼案

案情简述

2017年12月20日，王某庆等3人驾车到内蒙古自治区锡林郭勒盟东乌珠穆沁旗乌里雅斯太镇，在第九加油站北侧一公里附近的草滩上先后毒杀了4484只百灵鸟。该行为严重破坏草原生态平衡和草原生物多样性，严重损害了社会公共利益。东乌珠穆沁旗人民检察院提前介入该案刑事侦查阶段，并引导公安机关重点侦查非法狩猎人毒杀鸟类的种类、数量、对草原生态环境的影响等公益损害方面的违法事实。2018年5月，东乌珠穆沁旗人民检察院以王某庆等3人涉嫌非法狩猎罪起诉至东乌珠穆沁旗人民法院，同时提起刑事附带民事公益诉讼，请求法院判令王某庆等3人对非法猎杀百灵鸟产生的国家财产损失、生态经济价值损失、鉴定费用等共计440.45万元承担连带赔偿责任，并在新闻媒体上向社会公开赔礼道歉。2018年11月21日，东乌珠穆沁旗人民法院作出一审判决，驳回诉讼请求中的赔偿国有财产损失。检察机关依法向锡林郭勒盟中级人民法院提出上诉，二审判决撤销原判决，依法改判支持了检察机关的全部诉讼请求。

案例十　内蒙古自治区锡林郭勒盟东乌珠穆沁旗人民检察院诉王某庆等三人非法狩猎刑事附带民事公益诉讼案

推选理由

野生动物保护类刑事附带民事公益诉讼案件的诉讼目的在于，惩罚刑事犯罪同时协力修复生态环境失衡问题。本案受损的社会公共利益不应限于被毒杀的野生动物本身之经济价值，毒杀百灵鸟可能会引发损害草原植被和土壤、危及生物物种安全等连锁性问题。办案检察机关坚持严惩刑事犯罪与赔偿损失、修复生态并重的办案理念，采取"一案双查"方式，在办理刑事案件时让公益诉讼部门检察官提前介入，引导公安侦查，收集证据，为办理附带民事公益诉讼案件打下牢固基础。人民法院支持检察机关追究刑事责任的同时，支持生态环境损害赔偿、赔礼道歉等诉讼请求，充分体现了恢复性司法理念，发挥了检察公益诉讼环境保护的积极治理功效。

> 办案人解读

利用刑事附带民事公益诉讼制度，
有效保护草原生态环境

白双全*

一、要旨

草原上的百灵鸟被毒杀导致草原生物多样性及生态平衡被破坏，检察机关坚持打击犯罪与保护生态并重的公益司法保护理念，在追究非法狩猎者刑事责任的同时一并追究其环境侵权责任，承担野生动物资源和生态价值赔偿责任，最大限度地保护草原生态环境，维护社会公共利益。

二、案情摘要

2017年12月20日，王某庆、王某财、郝某青3人以卖给他人食用为目的，驾车从吉林省松原市来到锡林郭勒盟东乌珠穆沁旗乌里雅斯太镇，在镇北第九加油站北侧一公里处的草滩上投撒事先用苜蓿草籽和克百威配置好的60斤毒饵，毒杀了4484只百灵鸟。其中，3735只蒙古百灵，165只角百灵，584只短趾百灵。

三、侦查及起诉

2018年2月1日，东乌珠穆沁旗森林公安局对该案立案侦查，并将犯罪

---

* 白双全，内蒙古自治区东乌珠穆沁旗人民检察院党组成员、副检察长。

案例十　内蒙古自治区锡林郭勒盟东乌珠穆沁旗人民检察院诉王某庆等三人非法狩猎刑事附带民事公益诉讼案

嫌疑人抓获归案。因案情重大,锡林郭勒盟检察分院及时介入指导,东乌珠穆沁旗人民检察院成立公益诉讼案件专案组提前介入、引导侦查取证。2018年5月22日,东乌珠穆沁旗人民检察院以王某庆等3人涉嫌非法狩猎罪向东乌珠穆沁旗人民法院提起刑事附带民事公益诉讼,请求法院判令王某庆等3人连带赔偿非法狩猎造成的国家野生动物资源损失395.97万元、生态经济价值损失43.28万元、鉴定费1.2万元,共计440.45万元;要求王某庆等3人在旗县以上新闻媒体向社会公开赔礼道歉。

四、法院判决

2018年11月21日,东乌珠穆沁旗人民法院作出一审判决,以东乌旗林业局关于百灵鸟资源价值认定资质不足为理由,对王某庆3人连带赔偿国家财产损失395.97万元的请求不予支持。经锡林郭勒盟检察分院和东乌珠穆沁旗人民检察院两级院共同研究决定,由东乌珠穆沁旗人民检察院于2018年11月29日向锡林郭勒盟中级人民法院提出上诉,请求支持检察机关的全部诉求。二审期间,东乌珠穆沁旗人民检察院委托张家口鼎盛林业司法鉴定中心出具4484只百灵鸟资源价值的鉴定意见,2019年5月11日,锡林郭勒盟中级人民法院终审判决,依法改判支持了检察机关的全部诉讼请求。

五、典型意义

野生动物资源是草原生态环境的重要组成部分,保护野生动物是维护草原生物多样性和生态平衡的主要内容。百灵鸟是内蒙古自治区"区鸟",是锡林郭勒草原的"代言人"。蒙古百灵和角百灵属于国家保护的"三有"(有重要生态、科学和社会价值)陆生野生动物。锡林郭勒盟检察机关发挥内蒙古自治区检察机关"三检合一"制度(刑事责任、民事责任、行政责任一并审查)"四位一体"(审查逮捕、审查起诉、行政公益诉讼、民事公益诉讼由一个办案组办理）制度优势，加强野生动物和草原生态司法保护力度。本案中，对王某庆3人毒杀百灵鸟4484只的犯罪行为，提前介入侦查，从刑事责任和民事责任两个方面引导侦查取证；"一案双诉"，同时提起刑事公诉和附带民事公益诉讼；不仅关注国家野生动物资源价值填补，更加关注草原生态环境的修复，让被告承担毒杀百灵鸟造成的生态服务价值损害，彰显严惩刑事犯罪与赔偿损失、修复生态并重的办案理念。

王某庆等人非法狩猎案公益诉讼说明

齐 山[*]

被告人王某庆等人到东乌珠穆沁旗猎野生鸟，以投放毒药的手段猎杀蒙古百灵3735只、角百灵165只、短趾百灵584只，蒙古百灵和角百灵被列入《国家保护的有重要生态、科学、社会价值的陆生野生动物名录》。3人的行为破坏野生动物资源，已构成非法狩猎罪，对3人均处以刑罚。对人民检察院提出的附带民事诉讼请求，经过判决，王某庆等3人赔偿涉案鸟类的生态经济价值损失43.28万元，野生动物资源损失395.97万元，互负连带责任。野生动物是大自然对人类的馈赠，是维护自然生态平衡促进经济社会可持续发展的重要基础。野生动物资源属国家所有，也是生态环境的组成部分。非法猎捕国家重点保护的野生动物，是犯罪行为，不仅造成了国家野生动物资源的损失，也侵害了社会公众的生态环境利益。因此，承担刑事责任的同时承担相应的民事责任。狩猎野生动物的赔偿范围包括因造成野生动物死亡导

---

[*] 齐山，内蒙古自治区锡林郭勒盟中级人民法院刑一庭副庭长。

案例十 内蒙古自治区锡林郭勒盟东乌珠穆沁旗人民检察院诉王某庆等三人非法狩猎刑事附带民事公益诉讼案

致的生态环境损失和野生动物资源损失。

检察机关对破坏野生动物资源的刑事案件,可以依法提起附带民事公益诉讼。在追究被告人的刑事责任的同时,由被告承担相应的民事责任。既保护了生态环境资源和社会公共利益,也有效发挥法律的预期效果,警示潜在的违法者。本案公益诉讼的提起加大了对非法狩猎行为的打击力度,对保护野生动物、保护生态环境具有积极意义。

专家评析

刑事附带民事公益诉讼的实践探索*
——东乌珠穆沁旗人民检察院诉王某庆等三人非法狩猎案评析

卞建林 谢澍**

近年来，刑事附带民事公益诉讼案件逐渐增多，成为检察公益诉讼的重要构成。其中，"内蒙古自治区锡林郭勒盟东乌珠穆沁旗人民检察院诉王某庆等3人非法狩猎刑事附带民事公益诉讼案"，即是司法实践中一起具有代表意义的典型案件，不仅遵循了规范依据，也符合刑事附带民事公益诉讼的制度定位。检察机关在刑事附带民事公益诉讼中证明具体赔偿数额存在难度，可以借助"有专门知识的人"出庭提供专业意见，以更为灵活的证明方式降低鉴定成本。刑事附带民事公益诉讼制度是检察职能延伸的重点领域，可能成为检察机关有效履行法律监督职能的又一增长点。

改革开放以来，我国刑事诉讼制度走过了雏形设计、初步实践、广泛探索和深化改革四个重要历史阶段，取得了非凡成就，但基于本土需求的制度创新并未由此停滞，[①] 其中，刑事附带民事公益诉讼制度即是近年来备受关注的改革动向。探索建立检察机关提起公益诉讼制度是党的十八届四中全会

---

* 本文系国家社科基金重大项目"十八届四中全会以来我国刑事诉讼制度重大改革实施效果的实证研究"（17ZDA126）的阶段性成果。

** 卞建林，中国政法大学诉讼法学研究院教授；谢澍，法学博士，中国政法大学刑事司法学院副教授。

① 参见卞建林、谢澍：《新中国刑事诉讼制度的诞生和发展——写于中华人民共和国成立70周年暨〈刑事诉讼法〉颁布40周年之际》，载《暨南学报（哲学社会科学版）》2019年第10期。

案例十 内蒙古自治区锡林郭勒盟东乌珠穆沁旗人民检察院诉王某庆等三人非法狩猎刑事附带民事公益诉讼案

所作出的重大部署；2018年，"两高"联合发布的最高人民法院、最高人民检察院《关于检察公益诉讼案件适用法律若干问题的解释》（以下简称《检察公益诉讼解释》），明确增加了刑事附带民事公益诉讼类型。检察机关对在履行职责中发现的生态环境和资源保护、食品药品安全、国有财产保护、国有土地使用权出让、英烈权益保护等领域损害国家利益或者社会公共利益的案件，应当根据刑事诉讼法、民事诉讼法、行政诉讼法等法律规定，以诉讼方式履行宪法所赋予的法律监督职责。自此，司法实践中刑事附带民事公益诉讼案件逐渐增多，成为检察公益诉讼的重中之重，所占比例超过七成至八成。"内蒙古自治区锡林郭勒盟东乌珠穆沁旗人民检察院诉王某庆等3人非法狩猎刑事附带民事公益诉讼案"，即是司法实践中一起具有代表意义的典型案件。本文将通过梳理此案，明晰刑事附带民事公益诉讼的制度定位，总结检察机关在办理刑事附带民事公益诉讼案件中的有益经验，以期推动刑事附带民事公益诉讼制度的完善。

一、刑事附带民事公益诉讼的制度定位

《检察公益诉讼解释》第20条规定："人民检察院对破坏生态环境和资源保护、食品药品安全领域侵害众多消费者合法权益等损害社会公共利益的犯罪行为提起刑事公诉时，可以向人民法院一并提起附带民事公益诉讼，由人民法院同一审判组织审理。人民检察院提起的刑事附带民事公益诉讼案件由审理刑事案件的人民法院管辖。"本案显然属于破坏生态环境和资源保护这一损害社会公共利益的犯罪行为，东乌珠穆沁旗人民检察院对本案提起刑事附带民事公益诉讼，不仅遵循了规范依据，也符合刑事附带民事公益诉讼的制度定位。

首先，刑事附带民事公益诉讼有利于发挥检察机关法律监督职能，维护宪法法律权威，维护社会公平正义，维护国家利益和社会公共利益。检察机

关是行使公权力的国家机关，办理公益诉讼案件是履行法律监督职能的职权行为，因此，检察机关的诉讼地位具有其特殊性。《检察公益诉讼解释》明确检察机关以"公益诉讼起诉人"的身份提起公益诉讼，更加合理、明确地界定了检察机关提起诉讼的身份。[①]本案中，东乌珠穆沁旗人民检察院一方面履行法律监督职能，无论是提前介入侦查、提起刑事附带民事公益诉讼，还是针对一审判决依法提出上诉，均有效地将法律监督职能贯穿程序始终；另一方面，牢牢坚持"保护公益"这一核心要旨，草原上的百灵鸟被大量毒杀导致草原生物多样性及生态平衡受到破坏，检察机关依法启动刑事附带民事公益诉讼程序，追究非法狩猎者的环境侵权责任，保护了草原生态资源，维护了受损的社会公共利益。

其次，刑事附带民事公益诉讼彰显出检察机关坚持打击刑事犯罪与赔偿损失、修复生态并重的办案理念，加强了维护生态平衡和生物多样性的司法保护力度。独立的刑事或民事诉讼无法形成合力，以致私益和公益之保护难以协同，甚至本应兑现的制度功能亦遭遇尴尬。例如，过往我国污染环境罪的量刑大多适用基础量刑，仅5%左右的案件适用加重量刑，而在97%的基础量刑中还适用缓刑。结果即是，传统刑罚既不能遏制污染环境犯罪，也无法恢复破坏的环境。而在此类案件中适用刑事附带民事公益诉讼，其客观效果不仅表现在可以直接修复环境，或让被告人承担生态修复和功能损失的费用，也大大提升了环境刑事制裁的威慑力。[②]本案中，二审法院最终支持了检察机关的全部诉讼请求，被告人王某庆等3人除了负刑事责任外，还对其犯罪行为造成的损失，依法承担民事赔偿责任，包括非法猎杀百灵鸟产生

---

① 参见张雪樵：《〈关于检察公益诉讼案件适用法律若干问题的解释〉的理解与适用》，载《人民检察》2018年第7期。

② 参见刘艺：《刑事附带民事公益诉讼的协同问题研究》，载《中国刑事法杂志》2019年第5期。

案例十　内蒙古自治区锡林郭勒盟东乌珠穆沁旗人民检察院诉王某庆等三人非法狩猎刑事附带民事公益诉讼案

的国家财产损失、生态经济价值损失、鉴定费用等共计440.45万元，并在新闻媒体上向社会公开赔礼道歉。可见，刑事附带民事诉讼不仅保护私益，更保护公益，以强有力的制裁手段对此类犯罪产生震慑作用，进而呈现出过往未曾有过的司法保护力度。

最后，刑事附带民事公益诉讼有助于提高办案效率、节约司法资源。本案中，检察机关在办案过程中发现，犯罪嫌疑人王某庆等3人猎杀4484只百灵鸟，严重破坏草原生态平衡和草原生物多样性，严重损害了社会公共利益。这种行为破坏了野生动物资源与生态环境保护，将对国家利益和社会公共利益造成严重损害，因此依法提起刑事附带民事公益诉讼。通过刑事附带民事公益诉讼，检察机关在依法追究行为人刑事责任的同时，能够一并追究其损害社会公共利益的民事责任，提高了诉讼效率，节约了诉讼资源，对破坏野生动物资源与生态环境的犯罪行为进行及时惩治。与独立的民事公益诉讼相比，刑事附带民事公益诉讼往往能够形成追责合力。东乌珠穆沁旗人民检察院即坚持"一案双查"，提前介入侦查，并引导公安机关就公益受损事实进行补充侦查，为公益诉讼案件办理奠定了扎实基础。同时，刑事附带民事公益诉讼不仅在个案层面加大了对破坏野生动物资源与生态环境犯罪的打击力度，对保护野生动物、保护生态环境具有积极意义；另外，针对在野生动物与生态环境保护中的监管漏洞，检察机关也能够依法提出检察建议，督促相关机关履职整改。

二、刑事附带民事公益诉讼中的赔偿数额认定

本案一审中，对于附带民事公益诉讼起诉人提出的要求被告人共同赔偿涉案鸟类的国家财产损失395.97万元的主张，附带民事公益诉讼起诉人向一审法院提交了东乌珠穆沁旗林业水利局出具的《野生动物价值说明》。对此，一审法院认为，东乌珠穆沁旗林业水利局不具有价格鉴定资质，故不予

支持,并驳回赔偿国有财产损失的诉讼请求。东乌珠穆沁旗人民检察院提出上诉,请求改判被上诉人赔偿涉案鸟类的国家财产损失 395.97 万元,并承担连带责任,其事实及理由在于:其一,一审判决已经对被上诉人涉案犯罪事实给予依法认定,可以证实毒杀百灵鸟的事实客观存在;其二,被上诉人毒杀百灵鸟的数量及品种是明确的;其三,被上诉人毒杀的百灵鸟的价格认定标准是明确的;其四,东乌珠穆沁旗林业水利局出具的《野生动物价值说明》符合相关文件及附件的规定,该证明能够证实涉案百灵鸟的国家经济损失价值。

不难发现,在东乌珠穆沁旗人民检察院所提出的 4 项上诉请求的事实和理由中,第二、三项均涉及被毒杀鸟类的数量、品种和价值,是需要相关鉴定机构进行判断并出具意见的,而第四项则关乎《野生动物价值说明》是否具备证明相关经济价值损失的效力。一审法院之所以驳回赔偿国有财产损失的诉讼请求,也正是因为认定出具《野生动物价值说明》的东乌珠穆沁旗林业水利局不具有价格鉴定资质。而在二审审理过程中,上诉人东乌珠穆沁旗人民检察院提交了由张家口鼎盛林业司法鉴定中心出具的司法鉴定意见书,经鉴定,被鉴定的百灵鸟共计 4484 只,价值 395.97 万元。对此,二审法院认为,这一司法鉴定意见符合法律规定,法院予以支持,被上诉人应共同予以赔偿,并承担连带责任。

由此观之,本案中关于被毒杀鸟类的数量、品种和价值实际上是相对清楚的,只是在一审过程中,检察机关提交了东乌珠穆沁旗林业水利局出具的《野生动物价值说明》,但法院否定了林业水利局的价格鉴定资质。二审过程中,检察机关提交了由张家口鼎盛林业司法鉴定中心出具的司法鉴定意见书,其意见与东乌珠穆沁旗林业水利局出具的《野生动物价值说明》基本相同,但因为二审法院认可了张家口鼎盛林业司法鉴定中心的鉴定资质,因而支持了相关上诉请求。实际上,检察机关在本案办理之初,即提交了张家口

案例十　内蒙古自治区锡林郭勒盟东乌珠穆沁旗人民检察院诉王某庆等三人非法狩猎刑事附带民事公益诉讼案

鼎盛林业司法鉴定中心出具的两份鉴定意见，只是其内容仅涉及被毒杀的鸟类是否被列入《国家重点保护野生动物名录》《国家保护的有益的或者有重要经济、科学研究价值的陆生野生动物名录》，并未涉及相关经济价值损失的评估和鉴定。

在刑事附带民事公益诉讼中，检察机关需要证明社会公益损害、国有财产损失的具体数额。但传统上，公安机关并不收集此类证据，只是证明物质损害数额，而环境公共利益损害、国有财产损失难于证明，修复费用更要重新评估，一般需要通过鉴定的方式证明。但在我国基层许多县市，并没有符合要求的鉴定机构，且鉴定费用较高，甚至一些案件中鉴定费用超过损害数额。相关鉴定费用主要由检察机关支付，但长年来检察机关办案费用始终紧张，可能导致检察机关在刑事附带民事公益诉讼中证明具体赔偿数额存在难度。①本案即是实例之一。为解决这一问题，可能的方向是借助"有专门知识的人"出庭提供专业意见，以更为灵活的证明方式降低鉴定成本。2015年最高人民法院《关于审理环境侵权责任纠纷案件适用法律若干问题的解释》规定："当事人申请通知一至两名具有专门知识的人出庭，就鉴定意见或者污染物认定、损害结果、因果关系等专业问题提出意见的，人民法院可以准许。当事人未申请，人民法院认为有必要的，可以进行释明。具有专门知识的人在法庭上提出的意见，经当事人质证，可以作为认定案件事实的根据。"涉及生态环境和资源保护的案件中，损害行为和损害结果之间的因果关系以及具体赔偿数额的认定，均具有一定专业性，因此需要"有专门知识的人"为

---

① 有实证研究发现，部分案件的鉴定费用由被告人承担，多数在3万元以内，少数几个案件鉴定费用达到近10万元。鉴定费用过高成为阻碍刑事附带民事公益诉讼的重要因素，为了化解该难题，实践中很多鉴定由主管行政部门作出，大大降低了鉴定费用，但也带来鉴定不准确等新问题。参见谢小剑：《刑事附带民事公益诉讼：制度创新与实践突围》，载《中国刑事法杂志》2019年第5期。

法庭审理和司法裁判提供知识上的帮助。本案中，王某庆等3位被告人不满一审裁判结果并提出上诉，其理由包括被毒杀百灵鸟的数量、撒药面积和地点、是否存在其他导致百灵鸟死亡的可能以及赔偿额度过高，这些争议点均是需要基于"专门知识"进行判断的。

但现实问题在于，根据刑事诉讼法规定和司法实践样态，"有专门知识的人"提供的意见仅仅是控辩双方质证意见的组成部分，并没有独立的证据效力，并且法律将"有专门知识的人"出庭定位于"就鉴定人作出的鉴定意见提出意见"。虽然相关条文并未明确"有专门知识的人"出庭的前提是鉴定人出庭，但显然，"鉴定意见"与"有专门知识的人"之意见缺乏"同等地位"，并且"有专门知识的人"出庭需要申请法庭通知；而基于"质证意见"的定位，司法机关完全可能将申请"有专门知识的人"出庭之前提理解为鉴定人出庭。因此，在刑事附带民事公益诉讼的实践中，可以考虑适当突破相关规定，以试点的方式激活"有专门知识的人"，并为下一步规则的修改和制定奠定基础：其一，即使未申请鉴定人出庭或法院认为鉴定人没有必要出庭的，控辩双方也可以申请"有专门知识的人"出庭，法院应当同意相关申请；其二，"有专门知识的人"出庭发表意见，在范围上不应仅局限于"就鉴定人作出的鉴定意见提出意见"，还可以就案件中鉴定意见以外其他涉及"专门知识"的问题发表意见，使其意见由"依附性"转化向"独立性"和"主动性"。[1]进而，在"以审判为中心"及"庭审实质化"的改革语境下，控辩双方就经济价值损失的具体数额展开质证，以利于法庭对刑事附带民事公益诉讼中相关鉴定问题及赔偿数额有更加全面客观的判断。

---

[1] 参见谢澍：《刑事司法证明中的专门知识：从权力支配到认知偏差》，载《法律科学》2018年第4期。

案例十 内蒙古自治区锡林郭勒盟东乌珠穆沁旗人民检察院诉王某庆等三人
非法狩猎刑事附带民事公益诉讼案

三、刑事附带民事公益诉讼中的检察职能延伸

当前，刑事附带民事公益诉讼中有些问题仍存有争议。其中就包括刑事附带民事公益诉讼制度的基本法律规范依据，以及规范授权的职能边界。有学者即认为，我国民事诉讼法是刑事附带民事公益诉讼的基本法依据，刑事附带民事公益诉讼的起诉书不应列我国刑事诉讼法为法律依据。[①] 其实，在2018年《刑事诉讼法》修改之时，就有观点提出应当在刑事诉讼法中及时增加有关刑事附带民事公益诉讼制度的基本规定。但2018年《刑事诉讼法》修改时间紧、任务重，主要聚焦于监察法与刑事诉讼法的衔接、建构刑事缺席审判制度、完善认罪认罚从宽制度和增加速裁程序，并没有对刑事附带民事公益诉讼制度加以规范。[②] 因而，在未来的一段时间里，刑事附带民事公益诉讼制度仍是"摸着石头过河"。但对于检察机关而言，2018年《刑事诉讼法》修改为了和监察法相衔接，对检察职能进行了相应调整，职务犯罪侦查权实行转隶，检察机关为有效履行宪法和法律赋予的法律监督职能需要找寻新的着力点和增长点，发展和完善公益诉讼制度应该大有可为、大有作为。

其一，服务"四大检察"的战略格局，拓展检察机关与行政机关、社会组织的密切关联。张军检察长曾明确提出"做优刑事检察、做强民事检察、做实行政检察、做好公益诉讼检察"的工作目标，为检察工作转型发展指明了基本方向。作为"四大检察"中较为"年轻"的业务范畴，检察公益诉讼应当始终坚持"当好党委政府的法治助手"这一定位不偏离，把开展公益诉讼特别是行政公益诉讼工作的出发点和落脚点，放在以法治手段帮助党委政

[①] 论者进一步认为，如果一味等待我国刑事诉讼法的未来修改并拒绝把民事诉讼法作为刑事附带民事公益诉讼的上位法，一方面相当于指责刑事附带民事公益诉讼的过往运行欠缺合法性，另一方面相当于默认刑事附带民事公益诉讼在我国刑事诉讼法未来修改前仍可违法运行。参见刘加良：《刑事附带民事公益诉讼的困局与出路》，载《政治与法律》2019年第10期。

[②] 参见卞建林、谢澍：《刑事诉讼法再修改：解读与反思》，载《中共中央党校学报》2018年第6期。

府解决仅凭行政手段难以解决的公益难题上，树牢公益协同保护和效果导向理念，积极稳妥开展工作。[①] 检察公益诉讼服务于社会公益，本就是国家治理中的关键一环，2019年，最高人民检察院与生态环境部、国家发改委、司法部、自然资源部、住房和城乡建设部、交通运输部、农业农村部、水利部、国家林业和草原局等9个部委联合发布《关于在检察公益诉讼中加强协作配合依法打好污染防治攻坚战的意见》，正是检察机关与各级行政机关协同治理的体现。本案中，检察机关便积极寻求了行政机关的协助和配合，取得良好效果。对于涉及生态环境和资源保护的检察公益诉讼，因为涉及相关专业问题，检察机关可以并且应当与对口行政管理机关相互配合。在诉前，检察机关应当把握好检察建议、诉前督促等手段，借助诉前督促来促进行政机关履职整改；坚持监督与支持并重，与行政机关建立常态化沟通平台，不断创新诉前督促的形式和机制，进而形成整体协同。[②] 还要注意调动和保护社会组织参与公益保护的积极性、主动性，壮大生态环境和资源保护的队伍和力量。

其二，在刑事附带民事公益诉讼中，检察机关需要转变办案思路，从单向的刑事或民事思维，转向刑事与民事思维并重，进而形成合力。在过往涉及生态环境和资源保护、食品药品安全等领域的检察公益诉讼中，一个特别的现象即是，检察民事公益诉讼线索大多是通过刑事检察部门移交获取的。由于相关刑事案件涉及公益损害及赔偿问题，检察机关需要再次提起民事公益诉讼。因而，刑事附带民事公益诉讼显然存在其制度必要性，对于疏通刑民关系，提升司法治理的全面性均具有积极意义。[③] 但刑事附带民事公益诉讼

---

① 参见顾雪飞：《落实落细推动"四大检察"全面协调充分发展》，载《检察日报》2019年4月9日，第3版。
② 参见张雪樵：《检察公益诉讼的"智慧之门"》，载《检察日报》2019年4月9日，第3版。
③ 参见刘艺：《刑事附带民事公益诉讼的协同问题研究》，载《中国刑事法杂志》2019年第5期。

案例十　内蒙古自治区锡林郭勒盟东乌珠穆沁旗人民检察院诉王某庆等三人非法狩猎刑事附带民事公益诉讼案

不同于一般的刑事或民事诉讼，无论在制度定位、程序设计、证明标准、实践样态上均存在显著差异，不能简单地套用刑事诉讼或民事诉讼中的惯常操作来解决刑事附带民事公益诉讼中的诸多疑难问题。司法实践中，即有办案人员总结和梳理了一系列需要刑民协同的关键点：例如，针对实践中刑事附带民事公益诉讼案件线索过滤不恰当、移送不及时、不到位等问题，需要建立起公益诉讼检察部门与刑事检察部门公益诉讼案件线索移送机制；又如，民事公益诉讼部分的侵权事实调查是起诉的前提和基础。案件调查根据立案阶段不同，可以在刑事侦查环节展开，也可能在刑事审查起诉环节启动。不论在哪个环节，都会涉及调查与侦查的协同问题。为做好公益诉讼的前期准备，与刑事侦查的协同要强调预见性和前瞻性。①

其三，在刑事附带民事公益诉讼中，检察机关应坚持提前介入侦查，并根据需要进行补充侦查。本案中，东乌珠穆沁旗人民检察院提前介入侦查，并引导公安机关就公益受损事实进行补充侦查，为公益诉讼案件办理奠定了扎实基础。实际上，检察提前介入、公诉指导侦查本就是近年来刑事诉讼制度改革的一项重点内容。为了保证起诉的效果和质量，履行公诉职能的检察官对从事侦查活动的警察，在侦查取证方面予以指导和在法律事务方面提供咨询，具有正当性且十分必要。因此，检察提前介入、公诉指导侦查作为公诉职能向侦查阶段延伸与拓展的具体制度，值得探索；同时，检察机关提前介入侦查也为进一步强化侦查监督提供可能，将原有的事后监督改为同步监督，实现公诉职能与监督职能同时向前延伸。②检察机关提前介入重大疑难案件的类型范围，实践中通常包括案件有重大影响、认定有重大分歧、犯罪

---

① 参见刘昌强：《刑事附带民事公益诉讼应注意六方面衔接协调》，载《检察日报》2020年1月21日，第3版。

② 参见卞建林、谢澍：《刑事检察制度改革实证研究》，载《中国刑事法杂志》2018年第6期。

手法特殊新颖、社会舆论广泛关注等几类。刑事附带民事公益诉讼涉及破坏生态环境和资源保护、食品药品安全领域侵害众多消费者合法权益等损害社会公共利益的犯罪行为，关乎国家利益和社会公益，本就属于具有重大影响并且社会舆论高度关注的案件，检察机关适时介入和指导侦查很有必要。当然，出于效率的考量，检察机关在刑事附带民事公益诉讼中可以坚持专案介入与类案引导相结合。通过召开刑事附带民事公益诉讼案件联席会议、个案交流、专案研讨以及同类案件反馈等方式在证据收集和规范侦查活动方面的共性问题上进行整理和剖析，致力于通过一件案件明确同类案件的侦查取证范围；对几类难点案件的证据特点进行分析归纳，制定证据收集指引，使侦查人员在侦查该类案件、收集相关证据时有章可循，重点明确，起到事半功倍的效果。

关于内蒙古自治区东乌珠穆沁旗检察院刑事附带民事公益诉讼王某庆等人毒杀百灵鸟一案的评论

刘荣军 *

首先，从合法性和正当性角度看，本案被告人触犯刑法规定构成犯罪的事实成立，这一点毫无疑问。而且，检察机关基于被告人侵犯国家利益和社会公共利益的事实提起刑事附带民事公益诉讼也符合民事诉讼法和"两高"关于公益诉讼的司法解释的规定。因此可以肯定，本案刑事附带民事公益诉讼的合法性及正当性没有瑕疵。

---

* 刘荣军，北京师范大学教授。

案例十　内蒙古自治区锡林郭勒盟东乌珠穆沁旗人民检察院诉王某庆等三人非法狩猎刑事附带民事公益诉讼案

其次，从社会公共利益的角度看，本案的社会公共利益受到损害的事实如何看待，是值得讨论的问题。从检察机关的刑事附带民事公益诉讼的起诉书可以看出，本案受到损害的利益的内容主要有：一是根据被毒杀的百灵鸟的数字，由单价计算得出总价从而确定属于国家所有的资产损失，二是根据毒杀的百灵鸟测算出造成的生态失衡经济损失。因此，本案附带的民事公益诉讼部分主要以追究被告人的经济责任为中心。

单纯得从社会公共利益角度看，本案的社会公共利益可能不仅限于可用金钱计算的损失。我们应该注意到，无论是检察机关的起诉书还是法院的两审判决书都提到了生态的失衡问题。结合案件的基本事实，即从被告人投毒到发现鸟类死亡差不多有一个月时间，由此可见，药的毒性具有时间持续性。因此，对生态系统的破坏也是持续甚至是较长的，应该予以重视。

同时，应该注意到，既然是对生态系统的破坏，那绝非仅仅是毒杀百灵鸟等受保护的鸟类这么简单，其他非受保护鸟类、草原和土壤的损害也不应忽视，这就涉及生态系统的认识问题。如果将本案社会公共利益的范围定位于生态系统，在此范围内将百灵鸟等受保护的鸟类毒杀，与其他生态环境因素结合考量，则更能准确地把握社会公共利益受害的实情。

最后，需要说明的是，如果关于公共利益的定位明确，那么本案的证据收集将会进一步拓宽，事实也将更为明确。不仅如此，基于生态环境的恢复需要，被告人除了接受刑罚和赔偿损失之外，一定的修复环境行为也是必需的。

文书指引

内蒙古自治区东乌珠穆沁旗人民检察院
刑事附带民事公益诉讼起诉书

东乌检刑附民公诉〔2018〕3号

公益诉讼起诉人：东乌珠穆沁旗人民检察院。

刑事附带民事公益诉讼被告人，王某庆，男，1969年××月××日出生，居民身份证号码：2223231969××××××××，汉族，高中文化程度，户籍所在地：吉林省松原市长岭县，住址：吉林省松原市长岭县××镇××楼，个体。因涉嫌非法狩猎罪，于2018年2月3日被东乌珠穆沁旗森林公安局刑事拘留，于2018年3月12日执行逮捕，现羁押于东乌旗看守所。

刑事附带民事公益诉讼被告人，郝某青，男，1964年××月××日出生，居民身份证号码：2223231964××××××××，汉族，小学文化程度，农民，户籍所在地：吉林省松原市长岭县，住址：吉林省长岭县××乡××村××屯。因涉嫌非法狩猎罪，于2018年2月3日被东乌珠穆沁旗森林公安局刑事拘留，于2018年3月12日执行逮捕，现羁押于东乌旗看守所。

刑事附带民事公益诉讼被告人，王某财，男，1964年××月××日出生，居民身份证号码2223231964××××××××，汉族，初中文化程度，个体，户籍所在地：吉林省松原市长岭县，住址：吉林省松原市长岭县××乡××村××屯。因涉嫌非法狩猎罪，于2018年2月3日被东乌珠穆沁旗森林公安局刑事拘留，于2018年3月12日执行逮捕，现羁押于东乌旗看守所。

案例十　内蒙古自治区锡林郭勒盟东乌珠穆沁旗人民检察院诉王某庆等三人非法狩猎刑事附带民事公益诉讼案

诉讼请求：

1. 判令被告人王某庆、郝某青、王某财赔偿国家财产损失395.97万元，并承担连带责任；

2. 判令被告人王某庆、郝某青、王某财连带赔偿生态经济价值损失43.28万元；

3. 判令被告人王某庆、郝某青、王某财承担评估鉴定费1.2万元；

4. 责令被告人王某庆、郝某青、王某财在旗县级以上新闻媒体上公开赔礼道歉。

诉讼过程：

2018年5月3日，东乌旗森林公安局以被告人王某庆、郝某青、王某财涉嫌非法狩猎罪对本案移送审查起诉，2018年5月22日本院以东乌检诉刑诉〔2018〕55号刑事起诉书提起公诉，2018年5月7日对该刑事附带民事公益诉讼案立案调查。

事实和理由：

2017年12月20日，由王某财领路，王某庆、郝某青、王某财三人到东乌旗乌里雅斯太镇第九加油站北侧一公里处路东500米草滩内踩点并发现众多野生鸟类，王某庆、郝某青、王某财三人回到入住的东乌旗国泰旅店房间内，郝某青、王某财二人将带来的苜蓿草籽和克百威配置好，由王某庆驾车将郝某青、王某财二人送至发现野生鸟的地点，郝某青、王某财二人将配置好的约60斤重的毒饵全部投放在草滩内。2017年12月21日晚，王某庆、王某财、郝某青三人到投放毒饵现场，郝某青、王某财捡起被毒死的百灵鸟十余只。2018年1月16日，东乌旗森林公安民警在履职中发现东乌旗乌里雅斯太镇第九加油站北侧一公里处路东500米草滩内870只野生百灵鸟死体。2018年3月12日，东乌旗森林公安民警再次到上述地点巡查时又发现3614只野生百灵鸟死体。

经张家口鼎盛林业司法鉴定中心鉴定，被毒杀的3735只蒙古百灵和165只角百灵被列入《国家保护的有益的或者有重要经济、科学研究价值的陆生野生动物名录》，584只短趾百灵未被列入《国家重点保护野生动物名录》《国家保护的有益的或者有重要经济、科学研究价值的陆生野生动物名录》；经内蒙古自治区草原勘察规划院评估和鉴定，毒杀百灵鸟造成草原生态经济价值损失43.28万元；经东乌珠穆沁旗林业水利局对野生动物价值说明证明，被毒杀的4484只百灵鸟的价值为395.97万元。

上述事实有被告人供述、证人证言、司法鉴定书、评估报告和鉴定意见等予以佐证。

公益诉讼起诉人认为，野生动物资源属于国家所有，百灵鸟属于国家保护的陆生野生动物。王某庆、郝某青、王某财毒杀百灵鸟行为，破坏生物多样性及生态平衡，严重损害国家利益和社会公共利益。根据《中华人民共和国野生动物保护法》第三条，《中华人民共和国物权法》第四条，《中华人民共和国环境保护法》第六十四条，《中华人民共和国侵权责任法》第六条第一款、第八条、第十三条、第十五条规定，应当承担其对破坏生态造成损害的民事侵权责任。

依照《中华人民共和国民事诉讼法》第五十五条第二款和最高人民法院、最高人民检察院《关于检察公益诉讼案件适用法律若干问题的解释》第二十条规定，特向你院提起刑事附带民事公益诉讼，请依法裁判。

此致
东乌珠穆沁旗人民法院

2018年5月22日

案例十　内蒙古自治区锡林郭勒盟东乌珠穆沁旗人民检察院诉王某庆等三人
非法狩猎刑事附带民事公益诉讼案

内蒙古自治区锡林郭勒盟中级人民法院
刑事附带民事判决书

（2019）内 25 刑终 40 号

上诉人（原审附带民事公益诉讼起诉人）东乌珠穆沁旗人民检察院。

上诉人（原审被告人）王某庆，男，1969 年××月××日出生，身份证号码：2223231969××××××××，汉族，小学文化，无职业，户籍所在地：吉林省松原市长岭县，捕前住吉林省松原市长岭县××镇××门，无前科。因涉嫌非法狩猎罪，于 2018 年 2 月 3 日被东乌珠穆沁旗森林公安局刑事拘留，同年 3 月 12 日被逮捕，于 2018 年 3 月 22 日被东乌珠穆沁旗森林公安局取保候审，同年 4 月 1 日被东乌珠穆沁旗森林公安局逮捕，现羁押于东乌旗看守所。

被上诉人（原审被告人）郝某青，男，1964 年××月××日出生，身份证号码：2223231964××××××××，汉族，小学文化，无职业，户籍所在地：吉林省松原市长岭县，捕前住吉林省松原市长岭县××乡××村××屯，无前科。因涉嫌非法狩猎罪，于 2018 年 2 月 3 日被东乌珠穆沁旗森林公安局刑事拘留，同年 3 月 12 日被逮捕，于 2018 年 3 月 22 日被东乌珠穆沁旗森林公安局取保候审，同年 4 月 1 日被东乌珠穆沁旗森林公安局逮捕，现羁押于东乌旗看守所。

被上诉人（原审被告人）王某财，男，1964 年××月××日出生，身份证号码 2223231964××××××××，汉族，初中文化，无职业，户籍所在地：吉林省松原市长岭县××乡××村××屯，捕前住吉林省松原市长岭县××乡××村××屯，无前科。因涉嫌非法狩猎罪，于2018年2月3日被东乌珠穆沁旗森林公安局刑事拘留，同年3月12日被逮捕，于2018年3月22日被东乌珠穆沁旗森林公安局取保候审，同年4月1日被东乌珠穆沁旗森林公安局逮捕，现羁押于东乌旗看守所。

东乌珠穆沁旗人民法院审理东乌珠穆沁旗人民检察院指控被告人王某庆、郝某青、王某财犯非法狩猎罪，东乌珠穆沁旗人民法院作出（2018）内2525刑初55号刑事附带民事判决。宣判后，附带民事公益诉讼起诉人东乌珠穆沁旗人民检察院不服，提出上诉。本院受理后依法组成合议庭，因事实清楚决定书面审理。本案现已审理终结。

原判认定，2017年12月，被告人王某庆与王某财商量到东乌珠穆沁旗猎野生鸟。被告人王某财负责寻找狩猎野生鸟的地方，被告人王某庆负责提供交通工具和相关的支出，并且联系被告人郝某青一同前往东乌珠穆沁旗狩猎野生鸟。被告人郝某青负责提供狩猎野生鸟时使用的谷物糜子、克百威、食用油，三人商量所得经济利益进行平分。2017年12月20日，三人到达东乌珠穆沁旗乌里雅斯太镇第九加油站北侧一公里处路东500米草滩进行踩点，随后回到乌里雅斯太镇，在其居住的东乌珠穆沁旗国泰旅店房间内由被告人郝某青、王某财二人配置了狩猎野生鸟使用的毒物，由被告人王某庆驾车将郝某青、王某财二人送至作案地点，由郝某青、王某财二人将配置好的约60斤重的毒饵投放在东乌珠穆沁旗乌里雅斯太镇第九加油站北侧一公里处路东500米处草滩，后乘坐被告人王某庆的车辆离开现场。2018年1月16日，森林公安局民警在巡查中发现位于东乌珠穆沁旗乌里雅斯太镇第九加油站北侧一公里处路东500米处草滩内有大量野生鸟类死亡，经现场勘验共有870只疑似百灵鸟死体；2018年3月12日，森林公安局民警在巡查时又发现大量野生鸟类死体。经现场勘验，共有3614只疑似百灵鸟死体。2018年1月31日，民警在巡查发现百灵鸟死体现场时发现被告人王某财出现在案发

案例十　内蒙古自治区锡林郭勒盟东乌珠穆沁旗人民检察院诉王某庆等三人
　　　　非法狩猎刑事附带民事公益诉讼案

现场，侦查人员对王某财进行询问，其未交代，侦查人员要求其 2 月 1 日上午九时到东乌旗森林公安局接受调查，王某财未按时到达，当日下午王某财联系乌里雅斯太镇居民刘某恒，到东乌珠穆沁旗森林公安局接受调查。2018 年 2 月 3 日中午，通过被告人王某财带领，东乌旗森林公安局民警在吉林省松原市长岭县，将被告人王某庆在自己开的饭店内抓获，在吉林省松原市长岭县××号××村××屯郝某青家里将其抓获。另查明，经鉴定上述疑似百灵鸟死体中蒙古百灵 3735 只、角百灵 165 只、短趾百灵 584 只。蒙古百灵和角百灵均属列入《国家保护的有重要生态、科学、社会价值的陆生野生动物名录》。经内蒙古自治区草原勘察规划院评估和鉴定，被毒杀的 4484 只百灵鸟造成草原生态经济价值损失 43.28 万元，鉴定费为 1.2 万元。

　　原判认定的证据如下：一、刑事附带民事公益诉讼立案决定书；二、立案决定书；三、辨认笔录及照片；四、辨认笔录及照片；五、辨认笔录及照片；六、现场勘验笔录、提取痕迹、物证登记表、现场照片现场方位图及现场示意图；七、现场勘验笔录、提取痕迹、物证登记表、现场照片、提取笔录及抽检照相；八、现场勘查说明；九、工作日志、2018 年 1 月 16 日发现百灵鸟死亡案件巡查记录、关于非法狩猎案案发地点巡查情况说明；十、张家口鼎盛林业司法鉴定中心出具的张林司〔2018〕林鉴字第 066 号司法鉴定意见书、鉴定机构资格证书、鉴定人资格证书；十一、张家口鼎盛林业司法鉴定中心出具的张林司〔2018〕林鉴字第 117 号司法鉴定意见书、鉴定机构资格证书、鉴定人资格证书；十二、赤峰市公安司法鉴定中心出具的赤公（司）鉴字〔2018〕第 2066 号检验报告、鉴定机构资格证书、鉴定人资格证书；十三、赤峰公安司法鉴定中心出具的赤公（司）鉴字〔2018〕第 2098 号检验报告、鉴定机构资格证书、鉴定人资格证书；十四、委托鉴定评估函、内蒙古自治区草原勘察规划院出具的《关于王某庆、郝某青、王某财毒杀百灵鸟对草原生态系统影响的评估报告和鉴定意见》；十五、评估鉴定费发票复印件；十六、证人图某某的证言；十七、证人刘某恒证言；十八、被告人王某庆的供述；十九、被告人郝某青的供述；二十、被告人王某财供述。

原审法院认为，被告人王某庆、王某财、郝某青违反狩猎法规，使用投放毒物的方法，猎杀百灵鸟4484只，破坏野生动物资源，情节严重，除负刑事责任外，对其犯罪行为造成的损失，依法应负民事赔偿责任。对附带民事公益诉讼起诉人要求被告人王某庆、王某财、郝某青共同赔偿涉案鸟类的生态经济价值损失43.8万元的主张，附带民事公益诉讼起诉人向我院提交了有内蒙古自治区草原勘察规划院出具的《关于王某庆、郝某青、王某财毒杀百灵鸟对草原生态系统影响的评估报告和鉴定意见》，该鉴定意见符合法律规定，本院予以支持。附带民事公益诉讼起诉人要求三被告人在旗县级以上新闻媒体上公开赔礼道歉等公益民事诉讼请求，本院认为三被告人猎杀百灵鸟的行为，对生态环境和资源保护造成影响，损害了社会公共利益，依据《中华人民共和国侵权责任法》第十五条规定，该请求符合法律规定，本院予以支持。本案鉴定费1.2万元由三被告人承担。对附带民事公益诉讼起诉人提出的要求三被告人共同赔偿涉案鸟类的国家财产损失395.97万元主张，附带民事公益诉讼起诉人向本院提交了东乌珠穆沁旗林业水利局对"野生动物价值说明"，对此本院认为，东乌珠穆沁旗林业水利局不具有价格鉴定资质，故不予支持。被告人王某庆、王某财、郝某青系共同侵权，故对涉案鸟类的生态经济价值损失43.28万元和鉴定费1.2万元应共同承担连带赔偿责任。依照《中华人民共和国刑事诉讼法》第一百零一条第二款、第一百零四条、《中华人民共和国侵权责任法》第四条、第六条第一款、第八条、第十五条、《中华人民共和国民事诉讼法》第六十四条第一款规定，判决如下：一、被告人王某庆、王某财、郝某青于本判决生效后赔偿涉案鸟类的生态经济价值损失43.28万元，三被告人互负连带责任。二、被告人王某庆、王某财、郝某青于本判决生效后赔偿鉴定费1.2万元，三被告人互负连带责任。三、被告人王

案例十　内蒙古自治区锡林郭勒盟东乌珠穆沁旗人民检察院诉王某庆等三人非法狩猎刑事附带民事公益诉讼案

某庆、王某财、郝某青于本判决生效后在旗县级以上新闻媒体上公开赔礼道歉。四、驳回附带民事公益诉讼起诉人东乌珠穆沁旗人民检察院的其他诉讼请求。

上诉人东乌珠穆沁旗人民检察院的上诉请求：撤销东乌珠穆沁旗人民法院（2018）内2525刑初55号刑事附带民事判决书的第四项；改判三被上诉人赔偿涉案鸟类的国家财产损失395.97万元，并承担连带责任。事实与理由：一审判决对三被上诉人毒杀的4484只百灵鸟的经济损失395.97万元没有认定是错误的。根据（2018）内2525刑初55号刑事附带民事判决书及上诉人一审提供的相关证据，完全可以证实三被上诉人毒杀百灵鸟的犯罪事实及所造成的国家财产损失的金额。1.（2018）内2525刑初55号刑事判决书对三被上诉人涉案犯罪事实给予了依法认定，并三被上诉人王某庆、郝某青、王某财以非法狩猎罪分别判处有期徒刑2年6个月、2年6个月、2年，该判决已经发生法律效力。由此可以证实三被上诉人毒杀百灵鸟事实客观存在。2.三被上诉人毒杀百灵鸟的数量及品种是明确的。经张家口鼎盛林业司法鉴定中心鉴定，被毒杀的蒙古百灵3735只，角百灵165只，短趾百灵584只。按照《陆生野生动物基准价值标准目录》，蒙古百灵、角百灵、短趾百灵是陆生野生动物雀形目百灵科类。3.三被上诉人毒杀的百灵鸟的价格认定标准是明确的。根据国家林业局第46号《野生动物及其制品价值评估方法》第四条规定"野生动物整体的价值按照《陆生野生动物基准价值标准目录》所列该种野生动物的基准价值乘以相应的倍数核算。具体方法是：（一）国家一级保护野生动物，按照所列野生动物基准价值的十倍核算；国家二级保护野生动物，按照所列野生动物基准价值的五倍核算；（二）地方重点保护的野生动物和有重要生态、科学、社会价值的野生动物，按照所列野生动物基准价值核算"。依据该规定蒙古百灵基准价1000元，角百灵和短趾百灵属于"其他所有种"基准价为300元。根据国家发展和改革委员会价格认证中心（发改价证办〔2014〕246号）《野生动物及其产品（制品）价格认定规则》第二条规定，价格明确或无争议时价格认证机构无须价格认证。4.东乌珠穆沁旗林业水利局出具的《野生动物价值说明》符合上述文件及附件的规定，该证明能够证实涉案百灵鸟的国家经济损失价值。综上，本案事实清楚，涉案百灵鸟的经济价值均按国家规定标准计算，不存在事实不清证据不足的情形。上诉人为了保护生态资源，维护国家利益，依据《中华人民共和国民事诉讼法》第55条及最高人民法院、最高人民检察院《关于检察公益诉讼案件适用法律若干问题的解释》第20条的规定，提起公益诉讼，请二审法院依法予以改判。

上诉人王某庆的上诉请求：撤销一审判决。事实及理由：我认罪，但是对判决书中百灵鸟的数量和撒药面积有异议。王某财、郝某青撒药的地点和死鸟的地点不一致，与判决书查明的事实不符。撒药的时间是2017年12月20日，经常下雪，经过雪水稀释，已经没有药效了，不排除有别人投药的可能性。

被上诉人郝某青辩称：上诉人东乌珠穆沁旗人民检察院提出的赔偿额度过高，无法赔偿。

被上诉人王某财辩称：上诉人东乌珠穆沁旗人民检察院提出的赔偿额度过高，无法赔偿。对百灵鸟的死亡，不排除有其他可能性。

经本院二审审理查明的事实及证据与一审法院查明的相同。另查明，在本院二审审理中，上诉人东乌珠穆沁旗人民检察院提交了由张家口鼎盛林业司法鉴定中心出具的张林司〔2018〕林鉴字第695号司法鉴定意见书，经鉴定，被鉴定的百灵鸟共计4484只，总价值为3959700.00元。其中蒙古百灵3735只，1000元/只，价值共计3735000.00元；角百灵165只，300元/只，价值共计49500.00元；短趾百灵584只，300元/只，价值共计175200.00元。

本院认为，被上诉人王某庆、王某财、郝某青违反国家狩猎法规，使用投放毒药的方法，猎杀百灵鸟4484只，破坏野生动物资源，造成国家资源损失，损害了国家和社会公共利益，除应负刑事责任外，对其犯罪行为造成

案例十　内蒙古自治区锡林郭勒盟东乌珠穆沁旗人民检察院诉王某庆等三人非法狩猎刑事附带民事公益诉讼案

的损失，依法应承担民事赔偿责任。原审法院作出的王某庆、王某财、郝某青赔偿涉案鸟类的生态经济价值损失432800.00元，赔偿鉴定费12000.00元，在旗县级以上新闻媒体上公开赔礼道歉判决，符合法律规定。关于上诉人东乌珠穆沁旗人民检察院提出的要求三被上诉人赔偿涉案鸟类的国家财产损失的上诉请求，根据张家口鼎盛林业司法鉴定中心出具的司法鉴定意见，涉诉百灵鸟的总价值为3959700.00元，该鉴定意见符合法律规定，本院予以支持，三被上诉人应共同予以赔偿，互负连带责任。以上赔偿款由三被上诉人向东乌珠穆沁旗人民检察院作出赔偿后，由东乌珠穆沁旗人民检察院上缴国库。依照《中华人民共和国环境保护法》第六十四条，《中华人民共和国侵权责任法》第四条、第六条第一款、第八条、第十五条，最高人民法院《关于审理环境民事公益诉讼案件适用法律若干问题的解释》第十八条、第二十条之规定，判决如下：

一、维持东乌珠穆沁旗人民法院（2018）内2525刑初55号刑事附带民事判决的第一项、第二项、第三项；

二、撤销东乌珠穆沁旗人民法院（2018）内2525刑初55号刑事附带民事判决的第四项；

三、被上诉人王某庆、王某财、郝某青赔偿涉案鸟类的国家财产3959700.00元，互负连带责任。

本判决为终审判决。

审　判　长　齐　　山
审　判　员　耿巍坪
审　判　员　斯日古楞
二〇一九年五月十一日
书　记　员　白健平